LUTZ VON ROSENSTIEL · PETER NEUMANN

EINFÜHRUNG
IN DIE MARKT- UND WERBEPSYCHOLOGIE

DIE PSYCHOLOGIE

Einführungen in Gegenstand, Methoden und Ergebnisse
ihrer Teildisziplinen und Hilfswissenschaften

WISSENSCHAFTLICHE BUCHGESELLSCHAFT
DARMSTADT

LUTZ VON ROSENSTIEL · PETER NEUMANN

EINFÜHRUNG IN DIE MARKT- UND WERBEPSYCHOLOGIE

WISSENSCHAFTLICHE BUCHGESELLSCHAFT
DARMSTADT

Einbandgestaltung: Studio Franz & McBeath, Stuttgart.

CIP-Titelaufnahme der Deutschen Bibliothek

Rosenstiel, Lutz von:
Einführung in die Markt- und Werbepsychologie /
Lutz von Rosenstiel; Peter Neumann. – 2., unveränd.
Aufl. – Darmstadt: Wiss. Buchges., 1991
(Die Psychologie)
ISBN 3-534-08310-5
NE: Neumann, Peter:

Bestellnummer 08310-5

2., unveränderte Auflage 1991
© 1982 by Wissenschaftliche Buchgesellschaft, Darmstadt
Gedruckt auf säurefreiem und alterungsbeständigem Papier
Satz: Fotosatz Janß, Pfungstadt
Druck und Einband: Wissenschaftliche Buchgesellschaft, Darmstadt
Printed in Germany
Schrift: Linotype Garamond, 9/11

ISSN 0174-0962
ISBN 3-534-08310-5

INHALT

Vorwort IX

Teil I. Grundlegung 1
1. *Begriffliche Klärungen* 1
1.1. Psychologie als empirische Wissenschaft 1
1.2. Theoretische, Angewandte und Praktische Psychologie . . 13
1.2.1. Marktpsychologie: eine Definition 17
1.2.2. Werbepsychologie: eine Definition 18
1.2.3. Zur Beziehung zwischen Markt- und Werbepsychologie . . 19
2. *Historische Entwicklung* 25
3. *Das Wertproblem in der Markt- und Werbepsychologie* . . 30
4. *Darstellung eines Modells beeinflußten Handelns* 39
4.1. Das S-R-Modell 39
4.2. Das S-O-R-Modell 41
4.3. Die Berücksichtigung der Situation 45
4.4. Der weitere Aufbau des Buches 48

Teil II. Stimulus-Variablen: Verbreitungspolitische Maßnahmen 50

Teil III. Organismus-Variablen: Vorgänge in der Person 54
1. *Wahrnehmungsprozesse* 56
1.1. Wahrnehmungsselektion und „unterschwellige" Wahrnehmung 57
    a) Theoretische Grundlagen 58
    b) Operationalisierung 64
    c) Beispiele empirischer Untersuchungen 67
    d) Anwendungsmöglichkeiten 72
1.2. Anmutung 73
    a) Theoretische Grundlagen 73
    b) Operationalisierung 75
    c) Beispiele empirischer Untersuchungen 80
    d) Anwendungsmöglichkeiten 81
1.3. Irradiation 81
    a) Theoretische Grundlagen 83
    b) Operationalisierung 86

c) Beispiele empirischer Untersuchungen   88
d) Anwendungsmöglichkeiten   95
2.   *Lernprozesse*   96
2.1.   Wissensspeicherung   97
        a) Theoretische Grundlagen   98
        b) Operationalisierung   101
        c) Beispiele empirischer Untersuchungen   103
        d) Anwendungsmöglichkeiten   108
2.2.   Lernen von Gefühlen   109
        a) Theoretische Grundlagen   110
        b) Operationalisierung   112
        c) Beispiele empirischer Untersuchungen   112
        d) Anwendungsmöglichkeiten   114
2.3.   Erwerben von Verhaltensmustern   115
        a) Theoretische Grundlagen   117
        b) Operationalisierung   118
        c) Beispiele empirischer Untersuchungen   119
        d) Anwendungsmöglichkeiten   120
3.   *Einstellungsbildung*   122
        a) Theoretische Grundlagen   124
        b) Operationalisierung   126
        c) Beispiele empirischer Untersuchungen   135
        d) Anwendungsmöglichkeiten   139
4.   *Aktivierung*   146
4.1.   Allgemeine Aktivierung   149
        a) Theoretische Grundlagen   149
        b) Operationalisierung   150
        c) Beispiele empirischer Untersuchungen   151
        d) Anwendungsmöglichkeiten   153
4.2.   Spezifische Aktivierung   154
        a) Theoretische Grundlagen   154
        b) Operationalisierung   157
        c) Beispiele empirischer Untersuchungen   158
        d) Anwendungsmöglichkeiten   161
5.   *Kognitive Verarbeitungsprozesse*   162
        a) Theoretische Grundlagen   164
        b) Operationalisierung   169
        c) Beispiele empirischer Untersuchungen   170
        d) Anwendungsmöglichkeiten   171

Teil IV. Reaktion: Verhalten der Person   173
   a) Theoretische Grundlagen   174
   b) Operationalisierung   176
   c) Beispiele empirischer Untersuchungen   178
   d) Anwendungsmöglichkeiten   179

Teil V. Konsequenzen des Verhaltens: die Nachentscheidungsphase   181
   a) Theoretische Grundlagen   182
   b) Operationalisierung   183
   c) Empirische Untersuchungen   184
   d) Anwendungsmöglichkeiten   185

Teil VI. Das Umfeld des Beeinflussungsprozesses: ökonomischer, so-
zialer und politischer Kontext   187
   a) Soziale Einflüsse: Theoretische Grundlagen   191
   b) Operationalisierung   193
   c) Beispiele empirischer Untersuchungen   195
   d) Anwendungsmöglichkeiten   198

Abschluß   200

Abkürzungen der zitierten Zeitschriften   201

Literaturverzeichnis   203

Autorenregister   229

Sachregister   236

Tafelteil   243

VORWORT

Die Markt- und Werbepsychologie hat einen schlechten Ruf: Viele, auch solche, die unserer Wirtschaftsordnung nicht grundsätzlich ablehnend gegenüberstehen, sehen in ihr ein Verführungsinstrument, das geeignet ist, bei Konsumenten Bedürfnisse für solche Güter zu wecken, die sie „eigentlich" gar nicht brauchen. In der Markt- und Werbespsychologie – so die Kritiker – wird die Psychologie zum Herrschaftswissen der ohnehin schon übermächtigen Anbieter. Sie setzen die Entdeckungen der modernen Psychologie dazu ein, um kritische Reflexion und Konsumentensouveränität auszuschalten, die Grundlagen der Marktprozesse, die auf Ausgleich und Harmonie der Interessen beruhen, aufzuheben und damit ihre Ziele einseitig und auf Kosten der Verbraucher durchzusetzen.

Analysiert man allerdings den Wissensstand dieser Kritiker hinsichtlich ihrer markt- und werbepsychologischen Kenntnisse, zeigt sich meist, daß mit der Schärfe der Kritik keine entsprechend kritische Kenntnis des Fachgebiets verbunden ist. So werden häufig Dinge kritisiert, die faktisch in der beanstandeten Form gar nicht existieren (vgl. Langer 1981). Beispielsweise wird angenommen, daß die Werbung hauptsächlich auf das Unbewußte, etwa über unterschwellige Wahrnehmung wirkt, obwohl wissenschaftlich nicht erwiesen ist, ob so eine gezielte Beeinflussung überhaupt möglich ist.

Die Zielsetzung des vorliegenden Buches ist vor diesem Hintergrund zu sehen:
- Es soll den Gegenstandsbereich der Markt- und Werbepsychologie in der gesamten Breite aufzeigen. Dabei soll erkennbar werden, daß die Markt- und Werbepsychologie keineswegs mit der Psychologie der Werbung für Konsumgüter gleichgesetzt werden darf, sondern sehr viel breiter angelegt ist. Die Psychologie des Marktgeschehens geht deutlich über die Konsumgüter-Werbepsychologie hinaus; sie fragt nach dem Erleben und Verhalten *aller* Marktteilnehmer (also der Anbieter, der Nachfrager und auch der Funktionäre), und sie beschäftigt sich dort, wo die Beeinflussung der Konsumenten im Vordergrund steht, keineswegs nur mit der Werbung, sondern auch mit anderen beeinflussenden Strategien, etwa der Gestaltung des Produkts, des Preises oder der Absatzwege. Dort, wo sich die Psychologie mit der Werbung auseinandersetzt, geht es keineswegs nur um die Werbung für Konsumgüter, sondern auch um Werbung, die über diesen Bereich hinausgeht: Es kann

auch für eine volkswirtschaftlich wünschenswerte Verkehrsmittelwahl, für ein gesundheitsgerechtes Verhalten etc. geworben werden. Diese Vielzahl der Möglichkeiten soll exemplarisch deutlich werden.
● Die Markt- und Werbepsychologie ist eine empirische Wissenschaft. Das vorliegende Buch hat sich das Ziel gesetzt, die Vorgehensweise in einer theoriegeleiteten, empirischen und pragmatischen Wissenschaft zu verdeutlichen. Entsprechend liegt ein spezifisches theoretisches Konzept, das S-O-R-Paradigma, dem gesamten Buch als Gliederungsprinzip zugrunde. Darüber hinaus wurden die Unterkapitel jeweils so gegliedert, daß zunächst die theoretische Ausgangsposition, dann die für die empirische Forschung unumgängliche Operationalisierung, als drittes verschiedene Beispiele empirischer Untersuchungen und schließlich konkrete Anwendungsmöglichkeiten aufgezeigt werden. Dieser einheitliche Aufbau soll zugleich eine rasche und knappe Orientierung innerhalb des Textes ermöglichen und seine Verwendbarkeit als Lehrtext sicherstellen.
● Das Buch richtet sich nicht nur an Psychologen, sondern auch an Betriebswirte, Volkswirte, Kommunikationswissenschaftler, Soziologen, Pädagogen, in der Praxis stehende Marketing-Fachleute, Funktionäre des Verbraucherschutzes, – letztlich an alle, die an markt- und werbepsychologischen Fragestellungen interessiert sind. Wir versuchten daher, beim Schreiben dieses Textes „psychologisches Fachchinesisch" weitgehend zu vermeiden. Wo Fachwörter eingeführt wurden, haben wir uns bemüht, sie zu erklären und an Beispielen zu verdeutlichen. Ein weiteres Ziel bestand darin, unsere zentralen Aussagen mit Hilfe grafischer Darstellungen zu veranschaulichen und für wesentliche Forschungs- und Anwendungsmöglichkeiten Beispiele in schriftlicher oder bildlicher Form zur Verfügung zu stellen. Eine allgemeine Verständlichkeit sollte dadurch – ohne Einbuße an Exaktheit – gewährleistet werden.

Falls es uns gelungen ist, diesen uns selbstgesetzten Zielen nahezukommen, haben wir Anlaß, uns dafür bei vielen zu bedanken. In besonderem Maße gilt dieser Dank Herrn Prof. Dr. Werner Kroeber-Riel und Herrn Dipl.-Oec. Guntram Ewald für vielfältige Anregung, die uns in freundschaftlichen Gesprächen und bereitwillig zur Verfügung gestelltem wissenschaftlichen Material zuteil wurde. Er gilt Fräulein cand rer. pol. Anita Rick für die kritische Durchsicht des Manuskripts und die Hilfe bei der Beschaffung relevanter Literatur und er gilt schließlich Frau Tesi Kneffel für ihr Engagement, ihr kritisches Mitdenken und ihre Gestaltungsvorschläge beim Schreiben des Manuskripts und der Anfertigung der vielen Darstellungen, deren Überarbeitung immer wieder erforderlich wurde.

München, im März 1981   Lutz von Rosenstiel, Peter Neumann

TEIL I

GRUNDLEGUNG

Markt- und Werbepsychologie sind zwei Teilgebiete der Psychologie. Sie zählen zu den angewandten bzw. zu den praktischen Disziplinen dieses Faches. Ähnlich wie in der modernen Psychologie werden auch auf diesen beiden Gebieten die Erkenntnisse mit Hilfe empirischer Forschung gewonnen. Die Ergebnisse, die erarbeitet werden, haben für die betroffenen Menschen zum Teil erhebliche Bedeutung. Diese Bedeutung sollte man nicht außer acht lassen, wenn man sich über die Markt- und Werbepsychologie Gedanken macht.

1. Begriffliche Klärungen

Fragen wir uns zuerst, was es bedeutet, daß die Psychologie eine empirische Wissenschaft ist, was der Unterschied zwischen Theoretischer, Angewandter und Praktischer Psychologie ist und wie Markt- und Werbepsychologie zu definieren sind.

1.1. Psychologie als empirische Wissenschaft

Die Psychologie wird häufig als *Wissenschaft vom Erleben und Verhalten* definiert: Verhalten ist dabei durch *Fremdbeobachtung* erfaßbar; Erlebnisprozesse können vom einzelnen durch Innenschau *(Selbstbeobachtung, Introspektion)* registriert und dann – sprachlich oder über andere Äußerungen vermittelt – anderen Personen (z. B. dem Forscher) zugänglich gemacht werden.

Die Betonung der Möglichkeiten zur Erfassung des Verhaltens und Erlebens entspricht der Ausrichtung der modernen Psychologie: Sie versteht sich weitgehend als empirische Wissenschaft; d. h. ihre Erkenntnisse werden durch die Erfahrung begründet.

Dies war nicht immer so. Die Psychologie hat eine lange Tradition, innerhalb derer sie mit der Philosophie und der Theologie eng verbunden war. Erkenntnisse psychologischer Art wurden damals mit Vorgehersweisen gewonnen, wie sie auch in der Philosophie oder Theologie üblich sind, d. h. vorzugsweise auf spekulativem Weg. Orientiert am Leitbild der exakten Naturwissenschaften kam es im Laufe des neunzehnten Jahrhunderts zum Wandel. Verhaltensweisen und Erlebnisprozesse wurden, wie auch die anderen Erscheinungen der Natur, mit jenen Methoden untersucht, die in den Naturwissenschaften ihre unbestreitbaren Erfolge hatten. Beispiel hierfür ist die sogenannte Psychophysik (vgl. WEBER 1834; FECHNER 1860). Übersehen wurde dabei, daß viele Erlebens- und Verhaltensweisen der Menschen durch das soziale und kulturelle Umfeld mitgeprägt werden, also einem historischen Prozeß unterliegen. Die Berücksichtigung dieses Umstandes führte dazu, daß viele, wenn nicht alle Bereiche der heutigen Psychologie den Sozialwissenschaften zugezählt werden.

Auch dann, wenn man die Psychologie den Sozialwissenschaften zurechnet, wird man sie als empirische Wissenschaft verstehen. Dies wirft die Frage auf, wie man in der psychologischen Forschung vorgeht, um ein System von Erkenntnissen zum Gegenstand „Erleben und Verhalten" aufzubauen. Darauf sei knapp eingegangen:

Auf empirischer Basis wissenschaftlich zu arbeiten heißt nicht, in beliebiger Weise Informationen zu sammeln und diese miteinander in Verbindung zu bringen, sondern bedeutet zunächst, ein zumindest minimales theoretisches Konzept zu entwickeln. Daraus lassen sich Hypothesen ableiten, die dann der empirischen Überprüfung zugänglich gemacht werden können. Bevor allerdings diese empirische Prüfung beginnt, ist ein Schritt ganz besonders wichtig: der der *Operationalisierung*. Das sei am Beispiel verdeutlicht. Man stelle sich vor, aus einer bestimmten Fassung der psychoanalytischen Theorie werde die Hypothese abgeleitet: „Frustration führt zur Aggression." Bevor man darangeht, diese Hypothese zu prüfen, muß eindeutig, d. h. durch Meßvorschriften, definiert werden, was man in diesem Zusammenhang unter Frustration, was unter Aggression verstehen will.

Reicht es etwa für die Definition der Frustration aus, einem Menschen nach der Untersuchung mit einem Intelligenztest zu sagen, er sei wenig intelligent? Ist es in diesem Zusammenhang adäquater, ihm eine Skala vorzulegen mit den beiden Polen „fühle mich frustriert" bzw. „fühle mich nicht frustriert" und ihn zu bitten, den Punkt anzukreuzen, der seiner emotionalen Lage entspricht? Ist es besser, ganz bestimmte physiologische Maße, etwa die Herzfrequenz oder den Blutdruck zu messen?

Für die Aggression lassen sich entsprechende Fragen stellen; z. B.: Ist derjenige aggressiv, der beim Deuten von Tintenklecksen überdurchschnittlich viele Raubtiere nennt? Ist der aggressiv, der den Versuchsleiter mit feindseligen Ausdrücken beschimpft? Ist Aggression nur dann gegeben, wenn handgreiflich Dinge zerstört oder Personen angegriffen werden?

Die eindeutige Beantwortung derartiger Fragen ist wichtig, weil die Hypothese sonst inhaltsleer wird. So ist es denkbar, daß ein Forscher in seinen Untersuchungen Bestätigung für die oben genannte Hypothese findet, ein anderer nicht. Der scheinbare Widerspruch verflüchtigt sich, wenn man sich genauer darüber informiert, auf welche Weise die Frustration bzw. die Aggression in den einander scheinbar widersprechenden Untersuchungen operationalisiert wurden.

Selbst wenn man sich dahingehend geeinigt hat, im Rahmen einer bestimmten Forschungsrichtung den Grad der Frustration z. B. durch ein Skalierungsverfahren zu bestimmen, bleiben noch vielfältige Probleme, denn ein Verfahren kann unterschiedlich gut funktionieren. Es gilt zu prüfen, ob es

– objektiv,

– reliabel und

– valide ist.

Die *Objektivität* eines Verfahrens ist dann gegeben, wenn damit verschiedene Versuchsleiter auf den Ebenen der Datengewinnung, -auswertung und -interpretation bei gleichen Personen zu gleichen Ergebnissen kommen. Die *Reliabilität* ist dann hoch, wenn das Verfahren das, was es mißt (unabhängig davon, was das ist), *genau* mißt. *Validität* ist dann gegeben, wenn das Verfahren das, was er zu messen vorgibt, auch *tatsächlich* mißt (vgl. hierzu z. B. LIENERT 1969; ATTESLANDER 1971; FRIEDRICHS 1973).

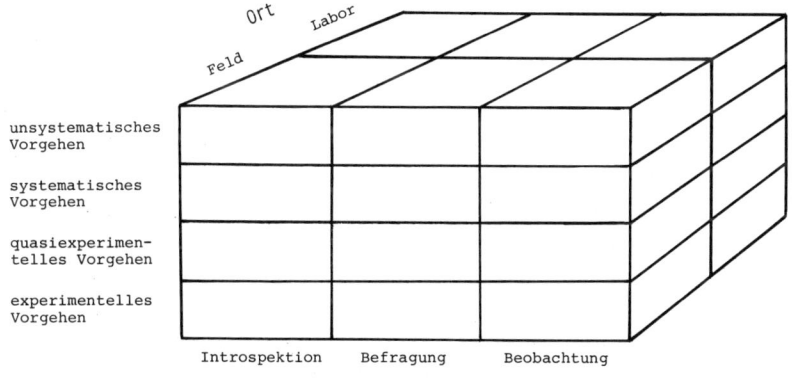

Abb. 1: Klassifikation der Methoden der empirischen Psychologie nach drei Dimensionen.

Wenn es gelungen ist, die Begriffe, die einen besonders interessieren, befriedigend zu operationalisieren, kann man darangehen, Verbindungen zwischen ihnen aufzuzeigen. Hier steht in der Regel die Frage im Vordergrund, was wodurch bedingt wird, d. h. die Frage nach der Kausalität. Um bei unserem Beispiel zu bleiben: Ist Frustration tatsächlich eine Ursache der Aggression? Zur Überprüfung derartiger „Wenn-Dann"-Vermutungen, die man zuvor theoretisch begründet hat, stehen dem Forscher verschiedene Vorgehensweisen zur Verfügung, die sich unter drei Aspekten klassifizieren lassen. Da diese Aspekte logisch voneinander unabhängig sind, können sie als senkrecht aufeinanderstehend dargestellt werden. Daraus ergibt sich ein Würfel, wie ihn Abbildung 1 zeigt (vgl. VON ROSENSTIEL 1980).

Die Abbildung sei kurz erläutert:

Unter dem Aspekt der _Aktivität_ des Forschers werden Introspektion, Befragung und Beobachtung voneinander abgehoben.

Die _Introspektion_ ist die Innenschau, mit der der einzelne die in ihm ablaufenden Erlebnisprozesse registrieren kann, z. B. Denkvorgänge, Motivaktivierungen, Gefühlsregungen, Stimmungslagen. Er erfaßt damit solche Beobachtungsgegenstände, die grundsätzlich nur ihm zugänglich sind. Einem anderen können sie nur über Zeichen und Symbole vermittelt werden. Dies hat zu erheblicher Kritik an der Introspektion geführt, deren Objektivität im Sinne der zuvor gegebenen Bestimmung nicht ermittelbar ist. Der Behaviorismus, eine Forschungsrichtung innerhalb der Psychologie, die auf WATSON (1913) zurückgeht, schloß diese Vorgehensweise daher ganz aus dem Arsenal der Methoden aus, die als wissenschaftlich gelten können. Demzufolge wurde auch der Gegenstand „Erleben" aus der Definition der Psychologie ausgeklammert, die dann konsequent nur noch als Verhaltenswissenschaft (Behaviorismus) definiert wurde.

Die _Befragung_, die mündlich (Interview) oder schriftlich (Fragebogen) erfolgen kann (SCHEUCH, 1967a), steht zwischen Introspektion und Fremdbeobachtung: Es läßt sich zum einen erfragen, was jemand bei sich introspektiv erfaßt hat – wobei zu prüfen ist, ob die Aussage das Erlebte adäquat beschreibt –, die Befragung kann sich aber auch auf Dinge richten, die durch Fremdbeobachtung erfaßbar wären; so kann man beispielsweise fragen, wie häufig jemand pro Woche ins Gasthaus geht.

Bei der _Beobachtung_ geht es um die Erfassung des von außen registrierbaren Verhaltens, das theoretisch beliebig vielen Beobachtern zugänglich ist. Die mit der Beobachtung gewonnenen Daten können somit auf ihre Objektivität hin überprüft werden. Besondere Schwierigkeiten ergeben sich hier nur daraus, daß in der Psychologie der Beobachtungsgegenstand meist vom Beobachter nicht unabhängig ist, also von diesem beeinflußt wird (zu den Beobachtungsfehlern vergleiche z. B. BRANDSTÄTTER 1970 a oder SCHULTE & KEMMLER 1976).

Unter dem Aspekt der *Strategie*, die vom Forscher gewählt wird, werden unsystematische, systematische, quasiexperimentelle und experimentelle Vorgehensweisen voneinander unterschieden.

Unsystematisches Vorgehen liegt dann vor, wenn der Forscher ohne zuvor aufgestellte Beobachtungsregeln (Vorgaben von spezifischen Verhaltens- und Zeitstichproben) das registriert, was ihm gerade interessant oder bedeutsam erscheint. So kann er, falls er auf dem Gebiet der Gefühlspsychologie arbeitet, ganz unsystematisch Gefühle dann bei sich (introspektiv) registrieren, wenn sie ihn besonders beunruhigen oder erschüttern; er kann, falls er Entwicklungspsychologe ist, jene kindlichen Verhaltensweisen beim Spiel beobachtend feststellen, die ihm vom Üblichen abzuweichen scheinen usw.

Wird die Informationsgewinnung *systematisch* betrieben, muß zuvor ein Plan entwickelt werden, nach dem die Information gesammelt wird. Beispielsweise kann zu bestimmten, zuvor festgelegten Zeitpunkten ein Summton ertönen, worauf die Versuchsperson ihre emotionale Lage skaliert; das Verhalten von Kindern im Kindergarten kann durch mehrere Beobachter in zuvor festgelegten Kategorien (z. B. BALES 1950, 1962) erfaßt werden.

Das *quasiexperimentelle* und *experimentelle Vorgehen* sollen zusammen beschrieben werden; wegen der leichteren Verständlichkeit das experimentelle Vorgehen zuerst.

Während bei der unsystematischen und der systematischen Datenerfassung der Beobachtungsgegenstand vom Forscher nicht beeinflußt wird, zumindest nicht beeinflußt werden sollte, ist dies beim Experiment grundsätzlich anders. Wenn man davon ausgeht, daß eine Variable als Ursache, die andere als Folge interpretiert werden soll, untersucht man dies bei einem Experiment dadurch, daß man jene Größe (man nennt sie unabhängige Variable), von der man annimmt, daß sie Ursache sei, systematisch variiert. Dann wird geprüft, ob sich mit der Veränderung dieser Variablen die andere ebenfalls ändert, die als abhängig von der unabhängigen Variablen gedacht und entsprechend auch als abhängige Variable bezeichnet wird. Dafür ein Beispiel: Ausgehend von den impliziten psychologischen Annahmen der Wirtschaftstheorie (BONGARD 1965) unterstellt man, daß die Nachfrage nach einem Gut um so größer ist, je weniger dieses Gut kostet. Im Experiment wird der Preis jetzt systematisch variiert, z. B. dadurch, daß für den gleichen Gegenstand in verschiedenen Geschäften in unterschiedlichen Städten (die sich allerdings in jenen Kategorien gleichen, die man für wichtig hält) ein jeweils anderer Preis gefordert wird. Geprüft wird dann, ob dort, wo der Gegenstand am billigsten angeboten war, der Umsatz am höchsten ist, dort, wo er am teuersten war, am geringsten, usw.

Zur Kennzeichnung von Experimenten werden vielfach (SELG 1974) folgende Kriterien genannt:

● *Willkür.*
Der Forscher kann die unabhängige Variable willkürlich modifizieren. Er ist also nicht darauf angewiesen zu warten, bis sich Veränderungen „von allein" ergeben. Dies ist der entscheidende Unterschied zum quasiexperimentellen Vorgehen.

● *Variierbarkeit.*
Die unabhängige Variable wird systematisch verändert. In klassischen Darstellungen (WUNDT 1913) wurde immer wieder gefordert, daß nur eine Variable verändert werden darf, da – falls mehrere Variablen zugleich variiert werden – sonst nicht zu ermitteln ist, auf welche der variierten Größen die Veränderungen bei der abhängigen Variablen zurückzuführen sind. Dieses Argument hat heute keine Gültigkeit mehr, da mit neuentwickelten multivariaten statistischen Verfahren (z. B. EIMER 1978, SCHUCHARD-FICHER et al. 1980) errechnet werden kann, welcher Anteil der Varianz bei der abhängigen Variablen auf die Veränderungen unterschiedlicher unabhängiger Variablen zurückzuführen ist.

● *Wiederholbarkeit.*
Das Experiment soll mehrfach unter gleichen Bedingungen mit jeweils gleichen Ergebnissen wiederholt werden können. Beim Experimentieren in der Physik erscheint diese Forderung sinnvoll; es ist z. B. nicht einsichtig, wieso ein Stein, den man unter gleichen Bedingungen jeweils aus gleicher Höhe fallen läßt, nicht jedes Mal die gleiche Zeit braucht, bis er auf den Boden aufschlägt. In der Psychologie dagegen ergeben sich hier entscheidende Schwierigkeiten. Wiederholt man ein Experiment unter „gleichen" Bedingungen, d. h. u. a. mit den „gleichen" Personen, so haben diese sich durch das vorausgehende Experiment unter einem sehr wichtigen Gesichtspunkt geändert: Sie kennen das Experiment bereits und werden sich daher möglicherweise beim zweiten Durchgang ganz anders verhalten. Will man diesen Fehler vermeiden, kann man zwar auf andere Personen zurückgreifen, die das Experiment noch nicht kennen, hat dann aber nicht mehr dieselben Personen. Eine Wiederholung im strengen Sinne ist also nicht möglich, man ist vielmehr auf Kompromisse angewiesen: Man wählt z. B. ein langes Zeitintervall zwischen beiden Experimenten und hofft, daß die Versuchspersonen inzwischen das erste Experiment vergessen, sich ansonsten aber nicht verändert haben, oder man zieht für den Erst- und den Zweitdurchgang des Experiments zwei unterschiedliche Stichproben aus der gleichen

Grundgesamtheit (MITTENECKER 1974) und geht dabei davon aus, daß sich diese beiden Gruppen nicht wesentlich voneinander unterscheiden.

● *Beschreibbarkeit* der Versuchsbedingungen.

Die Bedingungen, unter denen das Experiment durchgeführt wurde, müssen exakt registriert werden. Diese Forderung ist wichtig, damit von anderen Forschern das Ergebnis überprüft und Wiederholungen vorgenommen werden können. Fehlt die exakte Beschreibung der Versuchsbedingungen, so bleibt bei Folgeuntersuchungen fraglich, ob evtl. aufgetretene abweichende Ergebnisse auf einen zufälligen Effekt beim ersten Experiment zurückzuführen sind, oder auf systematisch gewählte andere Bedingungen. Beim psychologischen Experiment ergeben sich allerdings auch hier erhebliche Probleme. Da es unmöglich ist, alle zum Zeitpunkt des Experiments geltenden Bedingungen zu beschreiben (z. B. Stand des Mondes und der Sterne, politische Weltlage), wird man nur solche Bedingungen berücksichtigen, von denen man annimmt, daß sie möglicherweise für das Ergebnis und den Ablauf des Versuchs wichtig sind. Eine implizite Theorie geht also in die Auswahl mit ein. Möglicherweise waren aber gerade solche Nebenbedingungen, die der Forscher für völlig unwichtig hielt, für das Ergebnis entscheidend. So kann etwa in einem marktpsychologischen Experiment, bei dem die Produktgestaltung als unabhängige Variable, die zu messende Kaufbereitschaft als abhängige Variable behandelt wurden, ein Effekt der Produktvariation zunächst gänzlich ausbleiben. Eine spätere Wiederholung des Experiments führt zu ganz anderen Ergebnissen. Eine nachträgliche Analyse der Differenzen mag zeigen, daß gerade die politische Lage in Persien zum Zeitpunkt des ersten Experiments hierfür verantwortlich war: Das Konsumklima (KATONA 1960) war durch die politischen Ereignisse so entscheidend geprägt, daß geringfügige Produktvariationen in Relation dazu einflußlos blieben.

Trotz dieser Einschränkungen gilt das Experiment noch immer als der Königsweg (WUNDT 1913) der empirischen Forschung; insbesondere dann, wenn Ursache-Wirkungs-Zusammenhänge geklärt werden sollen. Häufig wird man jedoch auf das Experiment verzichten müssen, weil seine Durchführung aus praktischen Gründen unmöglich ist. So sind etwa in der Marktpsychologie Preisexperimente nur schwer zu realisieren, weil die Anbieter nicht bereit sind, die Preise – der Willkür des Forschers folgend – einer systematischen Variation auszusetzen.

In derartigen Situationen ist das *Quasi*experiment ein Kompromiß. Wenn etwa der Forscher erfährt, daß in verschiedenen Städten, Bundesländern oder Geschäften ein gleiches Produkt zu verschiedenen Preisen angeboten wird, kann er prüfen, ob dadurch das Kaufverhalten (als abhängige Variable betrachtet) modifiziert wurde.

Gegen die Durchführung echter Experimente sprechen häufig nicht nur praktische, sondern auch ethische Bedenken (SCHULER 1980). So ist etwa umstritten, ob es zu rechtfertigen ist, die Abhängigkeit der Leistungen von Schülern von den Erwartungshaltungen der Lehrer (ROSENTHAL & JACOBSEN 1968) dadurch zu prüfen, daß man die Erwartungshaltungen der Lehrer durch verfälschte Information über Intelligenztestergebnisse der Schüler systematisch variiert. Die Schüler könnten geschädigt werden. Diese Schädigung wiegt möglicherweise schwerer als der wissenschaftliche Erkenntnisgewinn. Obwohl das quasiexperimentelle Vorgehen große strukturelle Ähnlichkeit mit dem experimentellen Vorgehen aufweist, ist die Validität des quasiexperimentellen Vorgehens (COOK & CAMPBELL 1976) sehr viel skeptischer zu beurteilen. Der Grund ist naheliegend: Wenn der Forscher willkürlich, z. B. nach einem Zufallszahlensystem (MITTENECKER 1974), die unabhängige Variable beeinflußt, so ist es wenig wahrscheinlich, daß andere, nicht kontrollierte Größen damit korrelieren. Beim quasiexperimentellen Vorgehen sieht das anders aus. Die Geschäftsleitung eines Kaufhauskonzerns wird in der Regel Gründe dafür haben, warum ein Produkt hier billiger als dort angeboten wird. Wenn das Kaufverhalten jetzt jeweils anders aussieht, ist schwer zu beurteilen, ob der Preis oder diese anderen, von der Geschäftsleitung gesehenen Gründe dafür ausschlaggebend waren.

Als drittes sei schließlich noch der Aspekt *Ort* diskutiert; d. h. die Frage, ob die Forschung im Labor oder im Feld stattfindet. Unter dem Feld ist hier die reale Lebenssituation gemeint, innerhalb derer sich das interessierende Verhalten abspielt. Das Labor ist als eine Simulation, als eine Abbildung dieser natürlichen Lebenssituation unter wichtigen Aspekten zu verstehen. Eine solche Laborsituation bietet den großen Vorteil, daß nahezu alle bedeutsamen Variablen kontrolliert und andere, die stören könnten, weitgehend ausgeschlossen werden. Der Nachteil ist, daß die Ähnlichkeit mit der Realsituation deutlich zurückgeht und somit die erlebte Bedeutsamkeit für die Versuchspersonen kaum noch gegeben ist (HOLZKAMP 1964). In der Angewandten Psychologie, wo Fragestellungen aus der realen Lebenssituation im Vordergrund stehen, werden daher Untersuchungen in der Feldsituation bevorzugt. Strebt man allerdings eine präzise Bedingungskontrolle an, etwa im experimentellen Vorgehen, so ist man darauf angewiesen, in das Labor auszuweichen. Beispielsweise ist es von der konkreten Vorgehensweise her sehr schwierig, die Reaktion eines Zeitungslesers auf die Anzeigen dort zu prüfen, wo er die Zeitung normalerweise liest: am frühen Morgen in der Straßenbahn oder abends im Sessel seines Wohnzimmers. Man bittet ihn daher in das Labor eines Markt- und Meinungsforschungsinstituts und registriert bzw. kontrolliert dort seine Reaktionsweisen bei der Betrachtung verschiedener Annoncen.

Obwohl die hier genannten Aspekte bei der Klassifikation der Forschungsmethoden logisch weitgehend voneinander unabhängig sind, lassen sich in der Praxis doch Zusammenhänge aufweisen: So ist beispielsweise das experimentelle Vorgehen stärker an die Laborsituation gebunden – aus den Gründen, die soeben dargelegt wurden –, während die unsystematische und die systematische Vorgehensweise vorwiegend im Feld anzutreffen sind.

Voraussetzung für die hier angesprochenen Forschungsmethoden ist – wie bereits betont – eine angemessene Operationalisierung der theoretischen Konzepte.

Die Frage nach der *Operationalisierung* ist die Frage nach Indikatoren für nicht direkt erfaßbare Größen, wie sie etwa intervenierende Variablen oder hypothetische Konstrukte darstellen (siehe dazu auch Seite 41 dieses Buches und KROEBER-RIEL 1980, S. 38 ff. und S. 186: „Vom theoretischen Begriff zum Skalenwert"). Operationalisierung ist demnach die Bestimmung einer Größe anhand einer Meßvorschrift.

Hierzu ein Beispiel:

Eine Werbeagentur entwirft zu einem Thema drei verschiedene Annoncen und will diejenige schalten, die bei der Zielgruppe am besten „ankommt". In einem ersten Schritt muß zunächst geklärt werden, was im konkreten Fall „Ankommen" bedeutet:
– Gibt man sich schon damit zufrieden, daß die Annonce beachtet wird?
– Soll sie darüber hinaus positive Anmutungen auslösen?
– Soll ihr Inhalt leicht erlernt werden können und
– das Image des beworbenen Produkts bzw. die Einstellung zu diesem Produkt sich in eine definierte Richtung ändern?
– Soll sie aktivieren und
– die Zielgruppe zu ganz bestimmten Verhaltensweisen bringen?

Sehr oft wird man alle diese Fragen (und noch eine Reihe anderer) bejahen und dann – in einem zweiten Schritt – nach Indikatoren suchen, die Zeichen für den interessierenden Sachverhalt sein können (zum Problem Zeichen – Bezeichnetes bzw. Index – Indiziertes s. HÖRMANN 1964):
– Ist etwa die Tatsache, daß die wichtigsten Elemente eines Entwurfs schon bei einer tausendstel Sekunde (die des anderen erst bei einer hundertstel) wahrgenommen werden können, ein ausreichendes Indiz für die (spätere) Beachtung? Oder ist es besser, die Annonce in eine Illustrierte zu kleben und die Blickbewegungen einer Versuchsperson beim Durchblättern zu registrieren?

- Ist es richtig, die Versuchsperson zu fragen, wie ihr die Anzeigen gefallen und sie dann den entsprechenden Punkt einer fünfstufigen Skala ankreuzen zu lassen, die von „gut" bis „schlecht" reicht; ist ein Kreuz auf einer siebenstufigen Skala, die von „unangenehm" bis „angenehm" reicht, ein besserer Indiktor für die Art der Anmutung oder soll man die Versuchsperson lieber „projektiv" fragen, wie *andere* Personen vermutlich diese Anzeigen empfinden usw.?

- Reicht es aus, einer Versuchsperson 24 Stunden nach dem Kontakt mit der zu prüfenden Annonce dieselbe (zusammen mit anderen) noch einmal vorzulegen und sie zu fragen, ob sie sich daran erinnert, oder soll sie die Annonce ohne Vorgaben frei aus dem Gedächtnis reproduzieren?

- Soll der Erinnerungstest 24 Stunden, zwei Tage oder eine Woche, nach einem oder mehreren Kontakten durchgeführt werden?

- Soll man das Image vor und nach einem, drei oder zehn Kontakten mit der Annonce untersuchen? Sollte man dazu das Polaritätenprofil, den Ballontest, den Lückentest oder andere Verfahren verwenden?

- Ist die Aussage einer Versuchsperson, sie fühle sich angesprochen, ein brauchbares Maß für die Aktivierungswirkung der Anzeige, oder sind dafür physiologische Veränderungen (z. B. des Pupillendurchmessers oder des elektrischen Hautwiderstandes) bessere Indikatoren?

- Zeigt sich der Einfluß auf das (Kauf-)Verhalten daran, daß sich nach dem Kontakt mit den Annoncen der Umsatz oder der Marktanteil in einem (welchem?) Testmarkt verändert, oder sind diese Kennzahlen von so vielen anderen, nicht kontrollierbaren Variablen abhängig, daß man nach geeigneteren Indizes suchen muß?

Wie diese Aufzählung zeigt, kann die Operationalisierung ein und derselben Größe sehr unterschiedlich erfolgen. Entscheidend ist, daß die mit einer bestimmten Meßvorschrift erhaltenen Ergebnisse *objektiv*, *reliabel* und vor allem *valide* sind, also für die interessierenden Größen (z. B. Wahrnehmungs-, Gedächtnis-, Einstellungs-, Aktivierungs- oder Verhaltenswirkungen) gültige Indikatoren liefern (s. S. 3).

Die erhobenen Daten werden in aller Regel statistisch weiterverarbeitet (z. B. zu Mittelwerts-, Streuungs-, Korrelationsmaßen); sie müssen daher bestimmten Gütekriterien genügen: Je nach vorgesehener Rechenoperation ist ein *Ordinal-, Intervall-* oder *Verhältnisskalenniveau* Voraussetzung (s. z. B. ORTH 1974).

Da die aus einer relativ kleinen Untersuchungsstichprobe gewonnenen statistischen Kennwerte meist auf die Grundgesamtheit (z. B. alle Mitglieder einer Zielgruppe) übertragen werden, müssen die Personen der Stichprobe so ausgewählt werden, daß sie für die Grundgesamtheit zumindest unter den für wichtig erachteten Aspekten *repräsentativ* sind.

Diese kurz angedeuteten Probleme der Datenerhebung und der Daten-verarbeitung sollen hier nicht weiter diskutiert werden; es sei auf die relevanten Abschnitte einschlägiger Lehrbücher verwiesen (z. B. HASELOFF & HOFFMANN 1968; FRIEDRICHS 1973; KREYSZIG 1973; BEHRENS 1976; MIT-TENECKER 1974; BEREKOVEN, ECKERT & ELLENRIEDER 1977; HÜTTNER 1977; MAYNTZ, HOLM & HÜBNER 1978).

Wir wollen uns jetzt den verschiedenen Operationalisierungsansätzen, den Untersuchungsmethoden zuwenden.

Bei der Einteilung dieser Methoden, die nicht ganz ohne Überschnei-dungen möglich ist – hier sei auf die akzentuierende Begriffsbildung in der Psychologie (vgl. LERSCH 1964) verwiesen –, haben wir uns vom jeweiligen Gültigkeitsanspruch leiten lassen: also davon, was jede Methode messen *soll* (z. B. Wahrnehmungsprozesse, Lernvorgänge, Einstellungsbildung usw.). Ob und in welchem Ausmaß dieser Anspruch tatsächlich eingelöst werden kann, wird nicht ausführlich diskutiert, ebensowenig auch die an-deren Gütekriterien, d. h. die Objektivität und Reliabilität. Zu diesem Problem und auch zur weiterführenden Information (besonders was die technische Beschreibung einzelner Geräte betrifft) wird auf die Grundla-genliteratur und die darin angegebenen Veröffentlichungen verwiesen (s. z. B. JASPERT 1963; SPIEGEL 1970; BEHRENS 1976; KOEPPLER et al. 1974; HÜTTNER 1977; HARTMANN & KOEPPLER 1977, 1980 und KROEBER-RIEL 1980). Hier finden sich auch Verfahren, die in diesem Buch aus Platzgrün-den nicht erwähnt werden konnten*.

Die oben genannten Autoren klassifizieren die Methoden zum Teil nach anderen Gesichtspunkten als dem der vermuteten Validität.

So gliedert z. B. SPIEGEL (1970) die Verfahren danach, ob und wieweit sie von den Versuchspersonen durchschaut werden können (s. Tabelle 1).

SPIEGEL unterscheidet:
– Verfahren mit offener Versuchssituation,
– Verfahren mit nicht durchschaubarer Versuchssituation,
– Verfahren in quasibiotischer Situation und
– Verfahren in (voll-)biotischer Situation.

Die Verfahren der beiden ersten Gruppen sind den *reaktiven* Methoden (s. Abbildung 13) zuzurechnen, die der letzten Gruppe den *non-reaktiven* Methoden (vgl. hierzu WEBB et al. 1975 und die S. 176 dieses Buches).

---

* In diesem Zusammenhang mag auch ein Artikel der Zeitschrift „absatzwirt-schaft" (1980) interessant erscheinen, in dem die Stellungnahmen einiger Fachvertre-ter zur Leistungsfähigkeit der verschiedenen Methoden zusammengetragen sind, doch stellt sich auch hier die Frage nach der Repräsentativität und vor allem der Gül-tigkeit der getroffenen Aussagen.

Tab. 1: Klassifikation der Untersuchungssituationen nach ihrer Durchschaubarkeit (nach SPIEGEL).

Wissen der Versuchsperson / Benennung der Situation	Wissen um die Vorlage	Wissen um das Versuchsziel (graduell)	Wissen um eine, aber nicht die eigentliche Aufgabe	Wissen um die Versuchssituation
Selbstversuch	ja	ja	ja	ja
offene Situation	nein	ja	ja	ja
nicht durchschaubare Situation	nein	nein	ja	ja
quasibiotische Situation	nein	nein	nein	ja
(voll-) biotische Situation	nein	nein	nein	nein

Die Verfahren in quasibiotischer Situation sind dann reaktiv, wenn die Person in der zu messenden Variablen auf sie reagiert, wenn sich z. B. ein Proband aufgrund seines Wissens um die Versuchssituation anders verhält, als er dies ohne dieses Wissen täte; im anderen Falle sind sie als non-reaktiv anzusehen.

HÜTTNER (1977) differenziert nach

● Methoden der ökoskopischen Marktforschung und Erforschung der Objektivationen von Handlungen, z. B. Umsatz (siehe auch S. 176) und

● Methoden der demoskopischen Marktforschung (Erforschung der Handelssubjekte) und hier weiter in

  – Befragung,
  – Beobachtung und
  – Experiment;

SALCHER (1978) nach

– Methoden der Befragung,
– Methoden der Beobachtung und
– experimentelle Methoden;

SAUERMANN (1980) nach
- Befragungsmethoden,
- Beobachtungsmethoden,
- experimentalpsychologische Methoden und
- psychodiagnostische Verfahren.

Angesichts der in Abbildung 1 dargestellten Klassifikation psychologischer Untersuchungsmethoden erscheinen die Einteilungen von HÜTTNER, SALCHER und SAUERMANN problematisch: liegen doch Befragung und Beobachtung einerseits und Experiment andererseits auf zwei verschiedenen Dimensionen, die logisch voneinander unabhängig sind. So kann eine Befragung oder eine Beobachtung durchaus experimentell (aber auch nicht-experimentell) ablaufen.

Die experimentelle Vorgehensweise ist keine Frage des Meßinstruments bzw. der Aktivität des Forschers (welches Instrument verwendet er?), sondern eine Frage der Strategie, des Designs (wie wird ein bestimmtes Meßinstrument eingesetzt?).

Operationalisierung ist immer die Beantwortung *beider* Fragen: Die Auswahl bzw. die Entwicklung eines Meßinstruments *und* der Einsatz dieses Instruments nach einem bestimmten Plan, dem Versuchsdesign (neben der Klärung der Frage, wo die Untersuchung stattfinden muß und wie durchschaubar die Situation für die Versuchsperson zu gestalten ist). Wie die noch folgenden Abschnitte zur Operationalisierung zeigen werden, kann je nach der zu operationalisierenden Größe das Hauptproblem die Konstruktion eines geeigneten Instruments oder die Planung und Durchführung eines passenden Designs sein.

1.2. Theoretische, Angewandte und Praktische Psychologie

Jede Wissenschaft neigt dazu, sich im Laufe ihrer Entwicklung zu differenzieren und in Teilgebiete aufzuspalten. Die Psychologie als empirische Disziplin ist zwar erst jung, doch sind auch hier bereits Differenzierungstendenzen festzustellen. Diese Aufgliederung ist zum einen nach *inhaltlichen* Gesichtspunkten möglich – worauf erst etwas später eingegangen werden soll –, sie ist aber auch unter dem Aspekt der *Herkunft der Fragestellung* denkbar. Dominiert dieser Gesichtspunkt, so lassen sich *Theoretische, Angewandte* und *Praktische Psychologie* voneinander unterscheiden, wie es die Abbildung 2 verdeutlicht.

Man erkennt aus der Abbildung, daß sich die *Arbeitsinhalte* der Theoretischen und der Angewandten Psychologen nicht voneinander unterscheiden: Beide betreiben *Forschung und Lehre.* Deutliche Unterschiede beste-

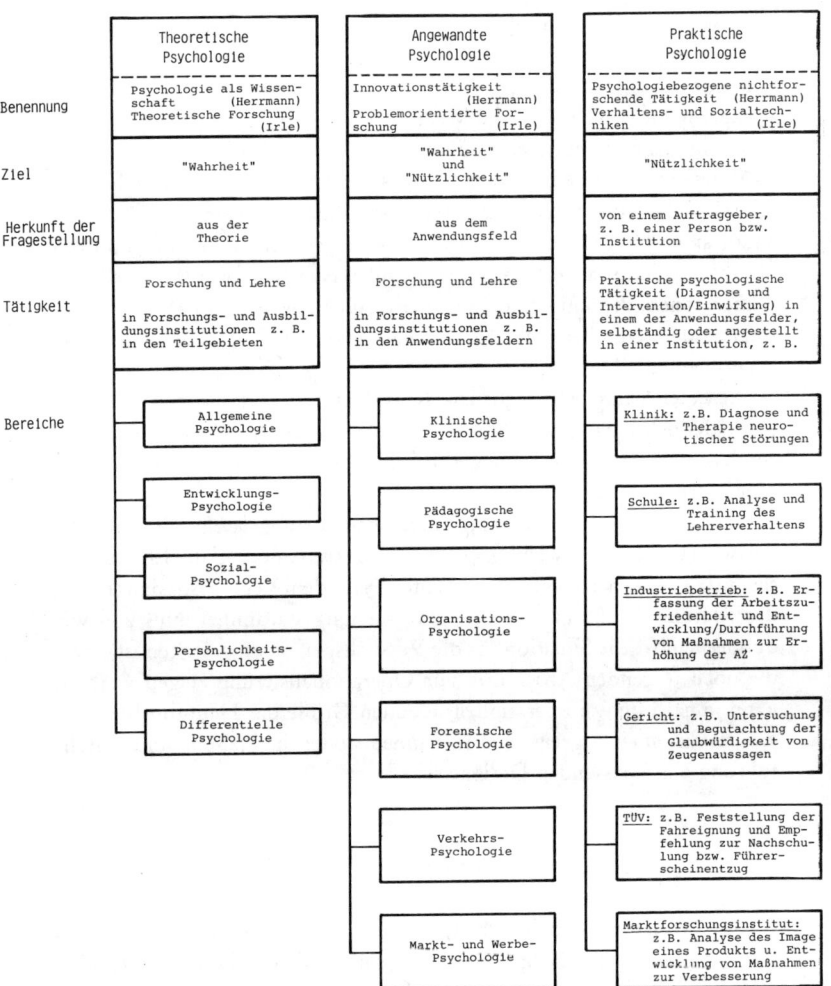

Abb. 2: Klassifikation psychologischer Arbeitsbereiche.

hen jedoch hinsichtlich der *Herkunft der Fragestellung* und des *Ziels der Arbeit*: In der Theoretischen Psychologie bemüht man sich darum, Widersprüche innerhalb des theoretischen Gefüges der Wissenschaft zu klären, Leerstellen zu füllen. Ob die so erarbeiteten neuen Erkenntnisse für die Gesellschaft oder den einzelnen nützlich sind, ob also *äußere* Relevanz gegeben ist, interessiert nicht oder nur am Rande (vgl. hierzu HOLZKAMP 1970);

falls sich dies ergibt, ist es mehr oder weniger zufällig. Entscheidend für die Beurteilung des Ergebnisses ist der Beitrag zur Theorie und somit die *innere* Relevanz.

Anders ist dies in der Angewandten Psychologie. Hier wird die Fragestellung *von außen* an die Psychologie herangetragen, um dann mit den gleichen Methoden bearbeitet zu werden, wie sie in der Theoretischen Psychologie üblich sind. Dafür ein Beispiel: Das Wirtschaftsministerium, das eine Gesetzesnovelle zum besseren Schutz der Verbraucher vorbereiten möchte, stellt die Frage an die Psychologie, ob der Verbraucher zu rationaleren Kaufentscheidungen befähigt werde, wenn die Ergebnisse der Stiftung Warentest auf den Packungen abgedruckt werden müssen. Durch ein entsprechendes experimentelles Vorgehen kann nun im Feld oder im Labor geprüft werden, ob und wie das Kaufverhalten sich durch die genannte Information ändern würde. Das Ergebnis hat möglicherweise für die Gesetzgebung eine große Bedeutung, d. h. die äußere Relevanz dieses Forschens ist groß, die innere dagegen bleibt fraglich. Möglicherweise wurde trotz eines großen Forschungsaufwandes kein nennenswerter Beitrag zur Weiterentwicklung der psychologischen Theorie geleistet. Diese Gefahr läßt HERRMANN (1979) den Vorwurf formulieren, daß der Angewandten Psychologie der Rang von Wissenschaftlichkeit nahezu abzusprechen sei, weil es sich dort fast ausschließlich um „Technologie", insbesondere Technologieentwicklung, handele.

Ähnlich wie in der Angewandten Psychologie kommt auch in der Praktischen die Fragestellung von außen, und zwar in der Regel von einem zahlenden Auftraggeber (HOLZKAMP 1966, HARTMANN 1973). Zur Beantwortung dieser Frage wird allerdings *keine* Forschung unternommen, sondern es wird auf bestehende und bewährte Technologien psychologischer Art zurückgegriffen, die dann *praktiziert* werden; nicht mit dem Ziel, neue generalisierbare Erkenntnisse zu gewinnen, sondern mit dem sehr viel bescheideneren, in der ganz konkreten Situation eine Antwort auf die Frage des Auftraggebers mit Hilfe wissenschaftlicher Methoden geben zu können.

Die soeben vorgenommene Unterscheidung zwischen Theoretischer, Angewandter und Praktischer Psychologie ist lediglich akzentuierend (LERSCH 1964); d. h. die Grenzen sind fließend und nicht klar zu ziehen. In vielen Fällen läßt sich schwer sagen, ob man eine Untersuchung eher der Theoretischen oder der Angewandten bzw. der Angewandten oder der Praktischen Psychologie zuzählen soll. Dies ist kein Nachteil, sondern positiv zu bewerten. Im Sinne der wissenschaftlichen Weiterentwicklung des ganzen Faches wäre es sogar wünschenswert, wenn die genannten Grenzen ganz verschwänden. SCHNEEWIND (1973) fordert beispielsweise, daß sich

die Psychologie insgesamt als eine anwendungsorientierte Wissenschaft
verstehen müsse und die Bedeutung der Forschung für die Gesellschaft
oder Einzelpersonen *und* die Weiterentwicklung der Theorie gleichermaßen beachtet werden sollte, womit auch die praktische Nutzung jeweils im
Kontext der theoretischen Weiterentwicklung stünde. IRLE (1975) führt
entsprechende Gedanken weiter: Er geht davon aus, daß in der Praxis des
psychologischen Handelns die vom Psychologen verwendeten Techniken
als Hypothesen anzusehen sind, mit deren Hilfe die Theorien überprüft
werden. Die Verwendung der Technologien in Bereichen, in denen die
Hilfe des Psychologen erforderlich erscheint, wird somit zugleich zum Experiment, das geeignet ist, zur Stützung oder Falsifikation von Hypothesen
beizutragen, die aus der Theorie abgeleitet sind.

Diese Forderung ist nicht nur wissenschaftstheoretisch begründet, sie
hat zugleich die Einheit der Psychologie zum Ziel. Man muß allerdings sehen, daß es sich hier um eine Forderung, um die Beschreibung eines Sollzu-
standes und nicht um die Darstellung des Istzustandes des Faches handelt.
Tatsächlich bestehen die zuvor geschilderten Grenzen. Die Kommunika-
tionsprobleme zwischen den „Theoretikern" und den „Praktikern" der
Psychologie sind groß. Die in der Praxis stehenden Psychologen berücksichtigen kaum den von LEWIN geprägten Satz, daß nichts praktischer sei als
eine gute Theorie. Sie verwenden ihre Technologien oder schreiben ihre Erfahrungen fort, ohne sich um die Weiterentwicklung der Theorie vom
menschlichen Erleben und Verhalten zu kümmern, wie sie von der Theoretischen Psychologie entwickelt wird. Den Praktikern allein ist dafür die
Schuld kaum zuzuschieben. Die Theoretiker kümmern sich meist wenig
darum, ob die von ihnen verwendete Sprache von den praktisch arbeiten-
den Kollegen überhaupt verstanden wird oder ob die Fragestellungen, denen sie sich zuwenden, äußere Relevanz zeigen. Deshalb ist es auch selten, daß die vielfältigen, in der Praxis anfallenden Daten zur Prüfung der
Hypothesen herangezogen werden, die aus neueren Theorien abgeleitet
werden.

Die Angewandte Psychologie nimmt hier die Position eines Mittlers ein:
Die theoretische Basis der an der konkreten Fragestellung orientierten Forschung ist meist von der Entwicklung in der Theoretischen Psychologie be-
fruchtet (vgl. z. B. die Beziehung zwischen der Feldtheorie von LEWIN,
1936, und dem psychologischen Marktmodells von SPIEGEL, 1961) und
stellt zugleich Routinetechnologien für den Praktiker parat, was – um beim
eben angesprochenen Beispiel zu bleiben – die Nutzung des SPIEGELschen
Marktmodells bei der Konzeption des Images der verschiedenen BMW-
Typen der sechziger Jahre zeigt (HAHNEMANN 1974).

1.2.1. Marktpsychologie: eine Definition

Die Abbildung 2 hatte bereits gezeigt, daß die Marktpsychologie – ähnlich wie die Werbepsychologie – zur Angewandten und Praktischen Psychologie zählt. Markt- und Werbepsychologie sind aber nicht identisch. Zunächst sei knapp geklärt, was unter Marktpsychologie zu verstehen ist. „Gegenstand der Marktpsychologie (ist) das Erleben und das Verhalten der Menschen im Markt, d. h. in ihrer Rolle als Anbieter und Nachfrager" (VON ROSENSTIEL & EWALD 1979a, S. 11). Diese Definition verdeutlicht, daß in der Marktpsychologie menschliches Erleben und Verhalten nicht generell interessieren, sondern nur ein schmaler Ausschnitt daraus, der durch die Situation bestimmt ist: Nur dann thematisiert sich Marktpsychologie, wenn ein Mensch innerhalb eines Marktes als Anbieter oder Nachfrager an andere herantritt; das Erleben und Verhalten des gleichen Menschen in anderen Situationen zählt nicht mehr zur Marktpsychologie. Beim derzeitigen Stand der Forschung muß allerdings gesagt werden, daß die oben zitierte Definition vor allem als Programm zu verstehen ist: Zur Psychologie des Nachfragers liegt vielfältige Information vor (vgl. z. B. ENGEL, KOLLAT & BLACKWELL 1968; VON ROSENSTIEL & EWALD 1979b; KROEBER-RIEL 1980). Dies überrascht nicht, wenn man bedenkt, daß diese Forschungsergebnisse für den Anbieter von besonderem Interesse sind und dieser zugleich aufgrund seiner finanziellen Möglichkeiten in der Lage ist, Forschung zu betreiben. Zur Psychologie des Anbieters liegen dagegen nur wenige Forschungsergebnisse vor (vgl. jedoch KATONA 1960), obwohl die Beantwortung von Fragestellungen, die hier aufgeworfen werden könnten, für Verbraucherverbände oder die Gesetzgebung zum Konsumentenschutz von nicht unerheblichem praktischen Nutzen wäre.

Marktpsychologie läßt sich nicht nur danach differenzieren, ob das Erleben und Verhalten der Anbieter, der Nachfrager *oder* der Funktionäre analysiert wird, sie läßt sich – zumindest akzentuierend – auch danach aufgliedern, ob betriebswirtschaftliche *oder* volkswirtschaftliche Fragestellungen im Vordergrund stehen (VON ROSENSTIEL & EWALD 1979a). Betriebswirtschaftlich orientiert wäre etwa eine marktpsychologische Fragestellung dann, wenn von der Psychologie untersucht würde, durch welche Gestaltung eines Markenartikels die Nachfrage gesteigert und somit ein einzelwirtschaftliches Ziel realisiert werden könnte. Ein Beispiel für eine volkswirtschaftlich orientierte marktpsychologische Forschung läge dann vor, wenn geprüft würde, unter welchen Bedingungen (z. B. bei welchen ökonomischen Vorgaben) Konsumenten mehr oder weniger sparen.

Aus der Kombination dieser Aspekte ergibt sich eine Sechsfeldertafel, wie sie Abbildung 3 zeigt:

		Psychologie der		
		Anbieter	Nachfrager	Funktionäre
Orientierung	betriebs- wirtschaftlich			
	volks- wirtschaftlich			

Abb. 3: Aspekte marktpsychologischer Arbeit.

Für jedes der sechs Felder lassen sich Beispiele marktpsychologischer Forschung aufzeigen; es ist jedoch unverkennbar, daß der Schwerpunkt der Operationalisierungsansätze, Meßmethoden und Forschungsergebnisse dort zu finden ist, wo die einzelwirtschaftliche Betrachtungsweise sich mit dem Untersuchungsansatz am Nachfrager schneidet. Auf diesem Gebiet hat man z. B. recht differenziert die Entscheidungsprozesse der Konsumenten untersucht (z. B. SCHULZ 1972) und zudem erkundet, durch welche Maßnahmen diese Entscheidungen so beeinflußt werden können, daß die Absatzziele der Unternehmen realisiert werden. Sieht man wie GUTENBERG (1970) in der Absatzmethode, der Produktgestaltung, der Werbung und der Preispolitik die vier Hauptinstrumente, die den Unternehmungen die Möglichkeit geben, Absatzpolitik zu treiben, so hat die Marktpsychologie ihr Hauptaugenmerk darauf gerichtet, die Wirkungen dieser Instrumente auf Erleben und Verhalten (in letzter Konsequenz auf das Kaufverhalten) der Nachfrager zu analysieren. Die Forschungsaktivitäten waren dabei über diese vier Instrumente nicht gleich verteilt; das höchste Interesse der Psychologen hat ganz offensichtlich die Werbung gefunden, was dann dazu führte, daß im Sinne einer „Pars-pro-toto-Bezeichnung" Werbe- und Marktpsychologie vielfach gleichgesetzt wurden.

1.2.2. Werbepsychologie: eine Definition

Die eben angesprochene Gleichsetzung von Werbe- und Marktpsychologie erklärt sich dadurch, daß jene psychologische Forschungsrichtung, die sich mit der Absatzwerbung in marktwirtschaftlichen Systemen auseinandersetzt, zum faktisch wichtigsten Arbeitsfeld der Marktpsychologie wurde. Würde man allerdings nur diese Tätigkeit als Werbepsychologie bezeichnen, wäre der Begriff zu eng gefaßt. Werbung ist weit mehr als Absatzwerbung (HOFFMANN 1972). In Anschluß an diesen Autor können wir definieren: „Werbung wird die geplante, öffentliche Übermittlung von Nachrichten dann genannt, wenn die Nachricht das Urteilen und/oder Handeln bestimmter Gruppen beeinflussen und damit einer Güter, Leistungen oder Ideen produzierenden oder absetzenden Gruppe oder Institution . . . dienen soll" (HOFFMANN, 1972, S. 9). Werbepsychologie wäre somit jener Zweig der Angewandten und Praktischen Psychologie, der den soeben definierten Kommunikationsprozeß unter dem Aspekt des Erlebens und Verhaltens analysiert.

Man sieht daraus, daß sich die Werbepsychologie keineswegs nur mit den Absatzbemühungen von Unternehmungen auseinandersetzt, sondern sehr wohl auch mit den beeinflussenden Aktivitäten der Parteien, der Kirchen (siehe z. B. W & V, 1980, S. 24: „Spots für Gläubige"), der Ministerien, Verbände etc. (siehe auch KOTLER 1978). Es wäre sogar denkbar, eine noch weitere Definition zu wählen, nämlich dann, wenn man alle Formen „beeinflussender Kommunikation" (KROEBER-RIEL 1973d) als Werbung bezeichnet, z. B. auch das Bemühen eines jungen Mannes um seine Freundin. Denkt man allerdings den soeben angedeuteten Gedanken weiter, so wird man kaum menschliche Kommunikation finden, die nicht implizit oder explizit das Ziel verfolgt, Einfluß zu nehmen. Werbung wäre somit annähernd mit Kommunikation gleichzusetzen. Eine darauf begründete Definition der Werbepsychologie geriete in die Gefahr, nach dem Schema „wenn Werbung alles bedeutet, bedeutet sie gar nichts" (vgl. dazu die entsprechende Kritik des Projektionsbegriffes von RAPAPORT 1942) als verwaschen und nichtssagend zurückgewiesen zu werden.

Forschung, die im Sinne der hier gegebenen Begriffsbestimmung als werbepsychologisch zu bezeichnen wäre, liegt in reichem Maße vor, obwohl sie häufig nicht unter dem Stichwort „Werbepsychologie" zu finden ist. Man denke beispielsweise an die vielfältigen Untersuchungen zu den Bedingungen der Einstellungsänderung durch Kommunikation, wie sie etwa von der Yale-Gruppe durchgeführt worden sind (vgl. zusammenfassend McGUIRE 1969; GRAUMANN 1972; SCHENK 1978).

1.2.3. Zur Beziehung zwischen Markt- und Werbepsychologie

Wer im Alltag von Markt- oder Werbepsychologie spricht, meint damit in der Regel einerseits zuviel und andererseits zuwenig, da er darunter fast immer die werblichen Aktivitäten der Unternehmungen und deren psychologischen Grundlagen versteht. Die absatzpolitischen Instrumente aber umfassen mehr als nur die Werbung (VON ROSENSTIEL 1975), der Begriff der Werbung ist andererseits umfangreicher als der der Absatzwerbung, wie die nachfolgende Abbildung 4 verdeutlicht.

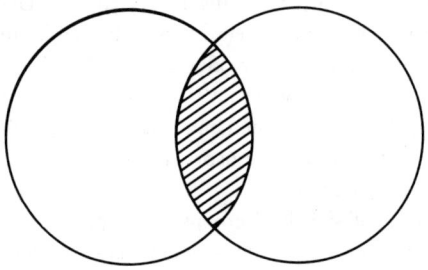

Marktpsychologie   Werbepsychologie

Abb. 4: Beziehung zwischen Markt- und Werbepsychologie.

Markterscheinungen gibt es vermutlich, seit Menschen zusammenleben und zum Zwecke der Bedürfnisbefriedigung in gegenseitigen Güteraustausch getreten sind. Es gibt sie vermutlich auch dort, wo keineswegs ein marktwirtschaftliches System herrscht, sondern sich andere Ordnungsvorstellungen durchgesetzt haben. Der wissenschaftlichen Analyse wurden allerdings Marktprozesse erst seit dem Beginn des neunzehnten Jahrhunderts unterworfen (SMITH 1759, 1776 und RICARDO 1809–1823). Diese klassischen Beschreibungen des Marktmodells und stärker noch spätere Darstellungen bleiben in einem eigenartigen Schwebezustand: Es ist häufig nicht klar zu entscheiden, ob hier ein Versuch vorliegt, die beobachtbare Realität einer spezifischen Form sozialen Verhaltens theoriegeleitet zu schildern, oder ob es vielmehr darum geht, ein *Soll*-Modell im Sinne einer Ordnungsvorstellung darzulegen (ALBERT 1964; 1967). Sieht man im Markt ein normatives System, so ist das Ergebnis einer konsequenten Verfolgung des eigenen Vorteils die größtmögliche Wohlfahrt aller, da ein interagierendes System positiver bzw. negativer Sanktionen den bestmöglichen Interessenausgleich gewährleistet. Dies sei am Beispiel des zentralen Prozesses innerhalb des Marktgeschehens, der Preisbildung, dargelegt.

Preise bilden sich beim Aufeinandertreffen von Angebot und Nachfrage, wie die Abbildung 5 zeigt:

Die Nachfrage ist dabei die Gütermenge, die die Konsumenten innerhalb einer bestimmten Periode zu einem bestimmten Preis erwerben wollen. Der Nachfrage steht nun das Angebot gegenüber, das sich als Gütermenge bestimmen läßt, die ein Verkäufer zu einem bestimmten Zeitpunkt und zu einem bestimmten Preis veräußern möchte. Nimmt man an, daß die Käufer bei niedrigen Preisen eine größere Menge des Gutes nachfragen, die Ver-

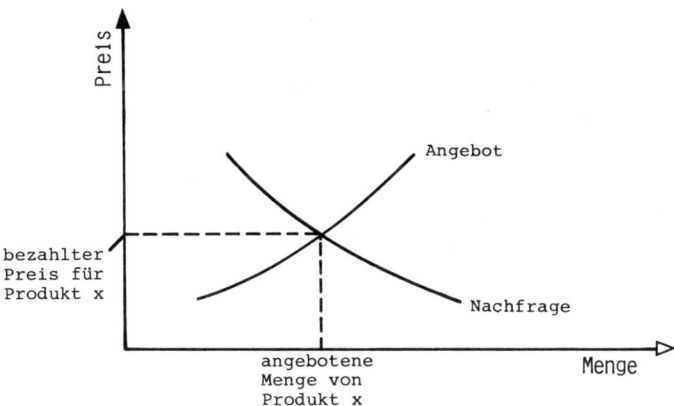

Abb. 5: Das Gesetz von Angebot und Nachfrage: Bildung des Marktpreises.

käufer allerdings bei niedrigen Preisen eine geringere Menge anbieten, so ist der Punkt, an dem sich Angebots- und Nachfragekurve schneiden, der Punkt der Preisbildung, der „dem Wohle aller" dienende Kompromiß zwischen Anbieter und Nachfrager. Diese Gesetzmäßigkeit – so wird von der klassischen Theorie angenommen – gilt nicht nur für den Konsumgütermarkt, sondern auf allen Bereichen, wo sich Preise bilden, also z. B. auch auf dem Arbeitsmarkt.

Die Erfahrung lehrt, daß die Realität diesem in sich so schlüssigen Modell nicht entspricht. Der Grund hierfür liegt wohl vor allem darin, daß die Voraussetzungen nicht erfüllt sind, die diesem Marktmodell zugrundeliegen. Es sind zum Teil Voraussetzungen psychologischer Art, die häufig unter dem Schlagwort „*Homo-oeconomicus-Prämisse*" zusammengefaßt werden (BONGARD 1965). Der Homo oeconomicus ist ein Mensch, der

„1. völlig zweckrational handelt,

2. Gewinn- bzw. Nutzenmaximierung anstrebt,

3. mit „Markttransparenz" und vollkommener Voraussicht in wirtschaftlichen Dingen begabt,

4. sofort, völlig, normal auf Datenänderungen reagiert..." (BONGARD 1965, S. 23).

Es bedarf wohl kaum des Verweises auf die von der modernen Psychologie erarbeiteten Erkenntnisse, um zu sehen, daß diese explizit psychologischen Voraussetzungen des Marktmodells unzutreffend sind. Der Homo oeconomicus ist eine „imaginäre Modellfigur" (KROEBER-RIEL 1980).

Psychologische Begrenzungen des Marktmodells gibt es darüber hinaus auch in anderer Hinsicht; soll das Marktmodell funktionieren, so wird von

den Marktpartnern auch hohe Moralität vorausgesetzt, d. h. Wirtschafts-
kriminalität ist nicht zugelassen, obwohl diese – gerade bei hohem „Durch-
blick" – nicht selten für denjenigen zweckrational wäre, der Gewinn bzw.
Nutzen maximieren möchte.

Darüber hinaus muß gesehen werden, daß es zu den Modellvoraussetzungen
gehört, ein individualistisches Handeln anzunehmen: Der Homo
oeconomicus ist ein Robinson; Absprachen gibt es nicht; eine Kartellge-
setzgebung zum Unterbinden von Preisabsprachen der Anbieter ist nicht
vorgesehen, da nicht erforderlich. Die Beobachtung der Realität dagegen
zeigt, daß die Preisbildung auf vielen Gebieten faktisch durch Zusam-
menschluß oder Absprache bestimmter Interessengruppen beeinflußt
wird; man denke nur an die soeben angesprochenen Preisabsprachen der
Anbieter oder aber an die Rolle der Gewerkschaften auf dem Arbeitsmarkt
(zur vielfältigen Kritik am Marktmodell und den daraus ableitbaren Theorien vgl. ALBERT 1964; 1967; STREISSLER & STREISSLER 1966; STREISSLER
1974; VON ROSENSTIEL & EWALD 1979 a). Da nun die Voraussetzungen für
das Marktmodell in seiner klassischen Form nicht gegeben sind, werden die
damit verbundenen Ordnungsvorstellungen auch nicht realisiert; die
größtmögliche Wohlfahrt aller findet nicht statt. Aus der Theorie wäre zu
folgern, daß das freie Spiel der Kräfte allen zugute käme. Die praktische
Erfahrung zeigt, daß gerade dieses freie Spiel der Kräfte für viele – und vor
allem für die Schwachen – inhumane und schädliche Effekte hat. Schwere
Wirtschaftskrisen, die es bei einer marktwirtschaftlichen Ordnung gar
nicht geben dürfte, sind gerade dort häufig beobachtet worden, so daß in
Folge nicht nur die Theorie erschüttert wurde und grundlegend modifiziert
werden mußte (KEYNES 1936), sondern auch im praktischen Handeln alternative Ordnungssysteme gesucht wurden. Diese nahmen in einigen Staaten
die Form einer zentral gelenkten Planwirtschaft an; sie blieben in anderen
grundsätzlich beim Marktmodell, das allerdings erhebliche Korrekturen
erfuhr, wie z. B. in der Bundesrepublik Deutschland, die sich einer „Sozialen Marktwirtschaft" verschrieben hat. Diese zeigt sich darin, daß der Staat
dort steuernd eingreift, wo aufgrund der marktwirtschaftlichen Ordnung
soziale Härten und Ungerechtigkeiten oder andere dysfunktionale Effekte
sichtbar werden.

Diese Steuerung kann auf ganz verschiedenartige Weise erfolgen, was die
nachfolgenden Beispiele verdeutlichen:

● *Wirtschaftliches Handeln des Staates:* Er tritt selbst als Anbieter oder als
Nachfrager auf, um auf diese Weise zu starken Schwankungen des Kon-
junkturverlaufs antizyklisch entgegenzuwirken, etwa dadurch, daß er in
Zeiten niedriger Beschäftigungslage Aufträge vergibt oder aber in Zeiten
überhitzter Nachfrage die Steuern erhöht.

● *Transferzahlungen:* Man versteht unter der Transferwirtschaft den Fluß von Geld oder Wirtschaftsgütern in nicht marktmäßiger Form; hierzu gehören etwa Sozialhilfen, wie Wohngeld bzw. Heizölzuschüsse, oder alle Zahlungen von Subventionen, wie sie beispielsweise in der Bundesrepublik Deutschland an die Bauern geleistet werden, um auf diese Weise die Lebensmittelpreise niedrig zu halten oder aber die Wettbewerbsfähigkeit der deutschen Bauern im Rahmen der Europäischen Gemeinschaft zu erhalten.

● *Gesetzgebung:* Bestimmten Formen der Produkt- oder Preisgestaltung werden Grenzen gesetzt, wenn diese unter dem Aspekt gesamtgesellschaftlichen Interesses oder im Interesse der „ungeborenen Enkel" nachteilig sein könnten. So verteuern sich beispielsweise die Automobile aufgrund gesetzlicher Auflagen, obwohl möglicherweise eine große Zahl von Konsumenten billige Fahrzeuge ohne Sicherheitsgurte, ohne Abgasentgiftung etc. erwerben würden. Auf einem eher gesamtwirtschaftlichen Niveau ist in diesem Zusammenhang auch das Stabilitäts- und Wachstumsgesetz von 1967 zu nennen, das die Regierung verpflichtet, durch entsprechende Maßnahmen Vollbeschäftigung, Preisstabilität, Wirtschaftswachstum und außenwirtschaftliches Gleichgewicht sicherzustellen.

● *Forschungspolitik:* Durch den gezielten Einsatz staatlicher Mittel für spezifische Forschungsvorhaben kann etwa die Information über bestimmte Teilbereiche des Marktgeschehens verbessert werden und dadurch im Kräftefeld Anbieter/Nachfrager die eine oder die andere Seite gezielt unterstützt werden (BIERVERT, FISCHER-WINKELMANN & ROCK 1977; 1978; BIERVERT 1980; KOORDINIERUNGSSTELLE DES FORSCHUNGSVERBUNDES 1980; FLEISCHMANN 1981).

● *Informationspolitik* durch das Bereitstellen bestimmter Information, z. B. – etwa über die Stiftung Warentest – auch solcher Information, die eine bewußt beeinflussende Intention hat. Hier handelt es sich also um Werbung, die nicht selten der Absatzwerbung der Unternehmen zuwiderläuft.

Gerade der letzte Punkt macht deutlich, warum im vorliegenden Band Markt- und Werbepsychologie gemeinsam dargestellt werden: Spezifische Formen der Werbung, die grundsätzlich auf den gleichen psychologischen Mechanismen beruhen wie die Absatzwerbung, werden, gerichtet auf die absatzpolitischen Bemühungen der Unternehmungen, eingesetzt, um diese zu korrigieren und möglicherweise das Wohl der Betroffenen dann zu schützen, wenn dies im Rahmen des freien Spiels der Kräfte auf dem Markt nicht mehr gewährleistet scheint.

Ein Beispiel, das wir in den folgenden Kapiteln dieses Buches immer wieder aufgreifen werden, soll dies verdeutlichen:

Viele Menschen rauchen gern, und viele Unternehmungen verkaufen ihnen gerne Zigaretten. Die absatzpolitischen Bemühungen der Zigarettenhersteller, die miteinander konkurrieren, haben zwar das Ziel, sich wechselseitig eine Scheibe vom Marktanteil zu nehmen, dennoch heben sie sich keineswegs auf, da sie alle eine gemeinsame Intention haben: Zigaretten zu verkaufen. Der „Kuchen" wird also größer, es rauchen mehr Menschen mehr Zigaretten. Ob dies dem Wohl der Betroffenen dient, ist vermutlich schon auf der Ebene ihrer eigenen Urteilskraft zumindest fraglich, auf der Ebene gesundheitspolitischer Überlegungen sicher eindeutig zu verneinen. Ein Staat, der ökonomisch die Folgekosten von Krankheit bedenken muß und gesundheitspolitische Aspekte in seinem Zielkatalog berücksichtigt, wird somit ein Interesse daran haben, Verbreitung und Intensität des Rauchens zu senken. Es stehen ihm hierfür unterschiedliche Instrumente zur Verfügung, die im Extremfall bis zum Verbot reichen würden. Realisierte Vorgehensweisen gehen meist nicht so weit, sondern sind etwa steuerpolitischer Art (hier kann ein Zielkonflikt deutlich werden, da die Besteuerung unerwünschter Verhaltensweisen diese für den Staat partiell wünschenswert macht, da sie ihm Einnahmen bringt). Steuerpolitische Maßnahmen wirken sich also auf den *Preis* aus.

Andere Aktivitäten können die übrigen absatzpolitischen Teilbereiche zum Ziel haben: Sie können die *Produktgestaltung* z. B. dadurch beeinflussen, daß die Zigarettenhersteller – evtl. freiwillig – Aufdrucke anbringen, die die Schädlichkeit des Rauchens betonen*. Sie können den *Vertriebsweg* betreffen, etwa dergestalt, daß Zigaretten zu bestimmten Zeiten, in bestimmten Geschäften, nur an bestimmte Gruppen verkauft werden dürfen, wie es etwa bei Alkohol oder jugendgefährdenden Schriften der Fall ist. Sie können sich auf die *Werbung* richten, die bestimmte Motive (z. B. Kinder oder inhalierende Personen) nicht zeigen darf, zu bestimmten Zeiten, in bestimmten Medien (z. B. im Fernsehen) nicht gestreut werden darf, bestimmte Argumente nicht verwenden darf oder generell in ihrem Umfang eingeschränkt werden muß (z. B. keine Doppelseiten in Illustrierten). Über die genannten Maßnahmen hinaus besteht die Möglichkeit, selbst werblich aktiv zu werden mit dem Ziel, jene Argumente zu verbreiten, die gegen das Rauchen sprechen, und durch beeinflussende Kommunikation zu erreichen, daß sich das Raucherverhalten in einer Weise ändert, die den Zielsetzungen der Zigarettenhersteller diametral widerspricht.

---

* „Der Bundesgesundheitsminister: Rauchen gefährdet Ihre Gesundheit. Der Rauch einer Zigarette dieser Marke enthält nach DIN durchschnittlich . . . mg Nikotin und durchschnittlich . . . mg Kondensat (Teer)." (Siehe SZ vom 12. 7. 80, S. 1).

2. Historische Entwicklung

Markt- und Werbepsychologie verdanken ihre Entstehung eigentlich dem Umstand, daß einerseits die Realität des Marktes nicht jenes perfekte Funktionieren zeigte, das nach der klassischen ökonomischen Theorie zu erwarten gewesen wäre, und daß man andererseits aus den Schwächen des Marktes in den westlichen Industrienationen nicht den Schluß zog, ganz auf die marktwirtschaftliche Ordnung zu verzichten. Da nun – was die Praktiker schon immer wußten – die vollkommene und vollständige Information der Marktpartner real nicht gegeben ist, versuchte man, die Lücken der Information so zu schließen, daß sie den Zielvorstellungen des Anbieters entsprach. Es entwickelte sich die Werbung. Konkret heißt dies, daß der Preis aus seiner entscheidenden und zentralen Rolle bei der Regulierung des Marktgeschehens entlassen wurde: Neben den Preiswettbewerb trat u.a. der „Werbungswettbewerb".

Die Entwicklung der Werbung, wie sie uns als Absatzwerbung in den Massenmedien bekannt ist, wurde faktisch erst durch die Massenproduktion von Konsumgütern möglich und war somit gebunden an die beginnende Industrialisierung. Während zuvor kleine Hersteller oder Händler ihre nicht markierten Güter in persönlichen Gesprächen dem Nachfrager anpriesen, führte die Industrialisierung dazu, daß die in großer Zahl hergestellten und verbreiteten Güter den Namen des Herstellers trugen und damit zu Markenartikeln wurden, für die weitgestreut zu werben sich lohnte; die Massenmedien traten in den Dienst der Werbetreibenden.

Die großen Hersteller und Anbieter hatten nicht nur die finanzielle Kapazität für derartige Maßnahmen, sondern zudem von ihrer Struktur her die Möglichkeit, von der Wissenschaft bereitgestellte Informationen für ihre Zwecke zu verarbeiten und bei der Werbegestaltung zu nutzen. Es überrascht somit nicht, daß Überlegungen, die aus der frühen Wahrnehmungs- und Gedächtnispsychologie stammen, in die klassischen Gestaltungsregeln für die Werbung einflossen. Die AIDA-Regel (Lewis 1898, nach Kroeber-Riel 1980, S. 542) ist ein bekanntes Beispiel dafür. Es bedeutet dabei:

$$A = \text{“Attention”} \quad (= Aufmerksamkeit),$$
$$I = \text{“Interest”} \quad (= Interesse),$$
$$D = \text{“Desire”} \quad (= Drang),$$
$$A = \text{“Action”} \quad (= Aktion).$$

Diese zugegebenermaßen elementenpsychologischen und damit überholten Vorstellungen von der Abfolge psychischer Prozesse wurden in konkrete Gestaltungsregeln für die „Reklame" umgesetzt (vgl.

Tod durch Berührung

Fliegen sind viel gefährlicher, als man denkt. Sie sitzen auf Kot und Mist, lecken an Schweiß und Wundsekreten, an Eiter und an den Ausscheidungen kranker Menschen und Tiere. Mit ihren Beinen, Borsten und Rüsseln übertragen sie Eier von Eingeweidewürmern und Milliarden von Bakterien auf unsere Speisen! Die Hausfrau, die Wert auf Sauberkeit und Hygenie legt, macht deshalb ihre Wohnung noch vor Beginn der heißen Jahreszeit fliegenfrei. Aber sie benützt dazu ein neues und gründliches Mittel mit Dauerwirkung. Im Gegensatz zu den vielen anderen Mitteln, die nur für den Augenblick helfen, wirkt DDT-Paral für Insekten wochenlang tödlich. Wenn Sie nach unserer Gebrauchsanweisung Wände, Schlupfwinkel und Lieblingsplätze der Fliegen mit Paral besprühen, bleibt Ihre Wohnung wochenlang fliegenfrei. Dabei ist die Paral-Flüssigkeit unsichtbar, geruchlos und für Mensch und Haustier unschädlich. Die kleine Flasche Paral ist für 95 Pfennig in Apotheken und Drogerien zu haben.

Gutschein

An die Böhme-Fettchemie GmbH., Düsseldorf-Holthausen, Abt. B 2
Senden Sie mir gegen diesen Gutschein kostenlos Ihre Aufklärungsprospekte:
1) Wie machen wir unsere Wohnung fliegenfrei?
2) Wie bekämpfen wir Tierungeziefer? (Zutreffendes unterstreichen)

Name ....

Ort und Straße ....
(Bitte deutlich schreiben)

Abb. 6: Aufbau einer Annonce („Reklame") nach der AIDA-Regel
(aus v. HOLZSCHUHER 1956, S. 135).

JACOBI 1963). Am Beispiel (siehe Abbildung 6) kann das verdeutlicht werden.

Werbung, die nach der AIDA-Regel konzipiert war, sollte also zunächst ein aufmerksamkeitserregendes „Element", einen *Eye-Catcher* enthalten (bei unserem Beispiel eine überdimensional große Fliege), dann das *Interesse* durch ungewöhnliche Formulierungen oder grafische Gestaltungen wecken („Tod durch Berührung"), schließlich den Wunsch, das Produkt zu besitzen, durch Hinweise auf die Bedeutung des Angebots für die persönlichen Bedürfnisse steigern (hier durch Erregen von Angst und Aufzeigen der Instrumentalität des Angebots für die Verringerung der Angst) und zuletzt zur *Aktion* auffordern (z. B. durch angehängte Gutscheine, die einzuschicken waren). Nach wissenschaftlichen Begründungen für diese (die sich dabei als unhaltbar erwies) und andere Empfehlungen wurde im Rahmen der empirischen, insbesondere der experimentellen Wirkungsforschung gesucht.

Die frühen Experimente von SCOTT (1908) und MÜNSTERBERG (1912) sind hierzu die ersten Ansätze. MÜNSTERBERG sah als das entscheidende Kriterium dafür, ob eine psychologische Arbeit wissenschaftlich sei, die experimentelle Methodik an.

SCOTT gestaltete frühe werbepsychologische Experimente wie folgt: Er wählte einhundert unterschiedlich große Anzeigen aus Illustrierten aus und klebte sie in ein Heft, das von insgesamt 50 Versuchspersonen durchzublättern war. Diese wurden nach einem kurzen Zeitintervall gefragt, welche der Anzeigen sie wiedererkannten. Auf diese Weise sollte die Beziehung zwischen der Größe von Anzeigen und ihrem Gedächtniswert erkundet werden. Derartige Experimente – am FECHNERschen Gesetz (FECHNER 1860) orientiert – führten dann z. B. zum sogenannten „Quadratwurzel-Gesetz der Aufmerksamkeitswirkung", das besagt, daß die Wirkung der Werbung mit der quadrierten Größe des Werbemittels variiert. Abbildung 7 zeigt dieses Gesetz grafisch veranschaulicht und im Kontrast dazu die Ergebnisse verschiedener experimentalpsychologischer Untersuchungen, die alle am Modell des SCOTTschen Experiments orientiert waren.

Andere Experimente analysierten die Abhängigkeit der Werbewirkung von der Plazierung der Werbung, der farblichen Gestaltung und anderer isolierbarer Bestandteile der Werbung (vgl. zusammenfassend JACOBI 1963; VON ROSENSTIEL 1973; ANASTASI 1973; BENDER 1976).

Das Problem dieser Untersuchungen (und auch die AIDA-Regel) besteht aus heutiger Sicht darin, daß hier die Werbewirkung aus isolierten Elementen der Werbegestaltung vorhergesagt werden sollte. Es wurde noch nicht berücksichtigt, daß das Ganze etwas anderes ist als die Summe seiner Teile, wie es uns die Gestaltpsychologie lehrt (VON EHRENFELS

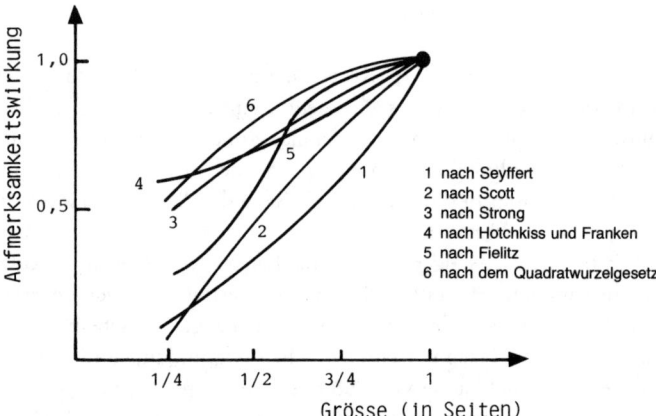

Abb. 7: Zusammenhang zwischen Aufmerksamkeitswirkung und Größe
von Anzeigen.

1890; Koffka 1919, 1935; Köhler 1928; zusammenfassend Metzger
1953).

Die Entwicklung der Werbewirkungsforschung ist im historischen Ablauf überhaupt dadurch gekennzeichnet, daß die Erkenntnisse der sich wei-
terentwickelnden psychologischen Theorienbildung erst mit einem gewis-
sen time-lag (zeilichen Verzögerung) in die Untersuchungen eingingen: So
wurden etwa, was die *grafische Gestaltung* betrifft, gestaltpsychologische
Aspekte explizit erst nach dem 2. Weltkrieg berücksichtigt (Jacobi 1963;
Klenger & Krautter 1972), obwohl die Gestaltpsychologie schon vor
dem 2. Weltkrieg in Blüte stand. Tiefenpsychologische Erkenntnisse wurden z. B. bei der *inhaltlichen Gestaltung* der Werbung beachtet (Feller
1932, Dichter 1961, 1964) – allerdings erst lange nach der Entwicklung der
Freudschen Theorie um die Jahrhundertwende.

Eine ähnliche Zeitverzögerung gilt für kommunikations- und sozialpsychologische Forschungsergebnisse: Es wurden aber auch hier zunehmend
die für die Beeinflussung wichtigen *Kommunikationsvariablen* – die Quelle, die Nachricht, der Kanal, der Empfänger und das Ziel – berücksichtigt,
wie sie von der sogenannten Yale-Forschungsgruppe untersucht worden
waren (vgl. zusammenfassend McGuire 1969; Schenk 1978), und es
wurde schließlich die Wirkung der Werbung nicht mehr in der „Robinson-
Situation" (der einzelne steht isoliert der Werbung gegenüber) untersucht,
sondern man begann, diesen einzelnen integriert in sozialen Netzwerken
und Kommunikationsflüssen zu sehen (Katz & Lazarsfeld 1955).

Die Analyse der Wirkung der Absatzwerbung und die daraus folgenden wissenschaftlich begründeten Hinweise für die Gestaltung der Werbemittel waren zwar der Beginn der Marktpsychologie, sie blieb aber nicht darauf beschränkt.

Pointiert ausgedrückt darf man sagen, daß der Markt als wirtschaftliches System ein „Experiment" ist, bei dem es sich entscheidet, ob ein bestimmtes Angebot Erfolg hat oder nicht. Im Gegensatz zum Laborexperiment ist der Mißerfolg für den „Experimentator" (in diesem Fall den Unternehmer) meist mit einem großen existentiellen Risiko verbunden. Es ist daher verständlich, daß er bemüht ist, dieses Risiko zu minimieren. Bevor er sein Angebot dem Markt aussetzt, versucht er zunächst in einer mit geringerem Risiko behafteten Situation zu prüfen, ob die Marktchancen seines Angebots ausreichen (HUPPERT 1974). Auf diesem Hintergrund entwickelte sich die Marktforschung; sie stellt für den Unternehmer das dar, was – folgen wir einer Überlegung FREUDS (1911) – das Denken für das Individuum ist: ein Probehandeln mit vermindertem Risiko. Dies sei durch Zahlen belegt: ROBERTSON (1970) teilt mit, daß in der Nahrungsmittelindustrie der USA von 1000 neuen Produktideen 957 verworfen werden, bevor 43 Produkte auf den Markt gelangen, von denen sich schließlich nur 36 behaupten. Der „Filter" ist u. a. die systematische Marktforschung, die in Teilbereichen psychologischer Art ist (SALCHER 1978). Dazu gehört zum einen die Befragung von Verbrauchern nach deren Wünschen und Bedürfnissen, um dann, diesen Bedürfnissen entsprechend, ein Angebot zu gestalten; eine Strategie, die zu der etwas zwiespältigen und ambivalenten Bezeichnung „verbraucherorientiertes Marketing" (BIDLINGMAIER 1973) führte. Es gehört dazu aber auch die Erprobung des aufgrund der Befragungsergebnisse konzipierten Angebots unter dem Aspekt der zuvor schon einmal angesprochenen absatzpolitischen Instrumente: Man überprüft Alternativen der Produktgestaltung im Labor (vgl. SPIEGEL 1970) oder in der realen Kauf- oder Konsumsituation mit Hilfe von Produkttests (HÜTTNER 1977); man erkundet die Wirkung des vorgesehenen Preises oder versucht obere und untere Preisschwellen zu bestimmen (GABOR & GRANGER 1965; GUTJAHR 1972; MONROE 1973; KAAS 1977; OLSON 1979); man versucht in sog. Copy-Tests (vgl. HÜTTNER 1977, S. 238) die Wirkung der Werbung in der bereits angedeuteten Weise mit immer differenzierteren Vorgehensweisen zu prognostizieren (BEHRENS 1976; BENDER 1976; KROEBER-RIEL 1980) oder ist bemüht, die Marktchancen des Angebots vorherzusagen, wenn man sich dabei spezifischer Absatzwege bedient (vgl. z. B. SPENCE, ENGEL & BLACKWELL 1970).

Die Marktpsychologie entwickelte sich somit in erster Linie zu einem Instrument, das das Risiko des Anbieters herabsetzt und sein existentielles Scheitern auf dem Markt weniger wahrscheinlich macht. Nicht der Nachfrager entscheidet mehr – unmittelbar – über die Annahme oder Ablehnung eines Angebots, sondern die Simulation des Verhaltens dieser Nachfrager im Rahmen sozialwissenschaftlicher Forschung. Für geplante Werbemaßnahmen, die über das Feld des Marktes hinausreichen, gilt Entsprechendes. Längst haben politische Parteien, Verbände, gemeinnützige Einrichtungen etc. den Wert einer wissenschaftlich fundierten Werbepsychologie erkannt: Sie lassen ihre geplanten werblichen Aussagen testen oder lassen sich in Fragen der Gestaltung beraten, um die gewünschte Wirkung mit einer größeren Wahrscheinlichkeit zu erzielen (vgl. z. B. KOTLER 1978).

3. Das Wertproblem in der Markt- und Werbepsychologie

Kaum ein anderes Teilgebiet der Angewandten oder Praktischen Psychologie ist auf so viel Kritik gestoßen wie die Markt- und Werbepsychologie. Diese Kritik betrifft weniger die theoretischen Grundlagen, die Operationalisierungen oder die Verarbeitung der Ergebnisse durch Fachvertreter als vielmehr die *Nutzung* dieser Ergebnisse bzw. die dadurch realisierten *Zielvorstellungen*. Als besonders prominentes Beispiel derartiger Kritik darf das Buch von PACKARD (1957) ›Die geheimen Verführer‹ gelten. Grundthese dieses Buches ist, daß die Markt- und Werbspsychologie (vor allem, wenn sie dem Absatz von Produkten dient) den Menschen dazu verführt, Dinge zu tun, die er eigentlich gar nicht beabsichtigt, wobei er sich wegen der Undurchschaubarkeit der Beeinflussung kaum dagegen wehren kann. Die Angriffe richten sich meist gegen die Werbung, was nicht überrascht, da sie das auffallendste der absatzpolitischen Instrumente ist (und ihrem Wesen nach wohl auch sein will). Grundsätzlich gilt die Kritik jedoch auch für die anderen absatzpolitischen Aktivitäten, soweit sie mit Hilfe psychologischer Kompetenz gestaltet werden.

Die Markt- und Werbepsychologie als angewandte Disziplin innerhalb der empirischen Psychologie ist in aller Regel als Fach einzustufen, das positivistisch orientiert ist, also von der Methodik her wert- und interessenneutral. Bedenkt man jedoch die Vielzahl möglicher Fragestellungen, so liegt in der konkreten Auswahl implizit oder explizit eine Wertsetzung. Analysiert man die markt- und werbepsychologische Forschung unter diesem Gesichtspunkt, so wird man feststellen, daß die Forschungsschwerpunkte ungleichmäßig verteilt sind. Wie schon einmal betont, finden wir gehäuft Arbeiten dort (vgl. S. 18), wo einzelwirtschaftliche Interessen im Vordergrund stehen und dem Anbieter geholfen werden soll, dem Nachfrager etwas zu verkaufen. Ginge man nun davon aus, daß der Markt – wie es die Klassiker annahmen – faktisch als „Harmoniemodell" funktioniert, so wäre das, was dem Anbieter dient, auch zugleich für den Nachfrager von Nutzen. Wir hatten zuvor schon dargelegt, warum diese Annahmen nicht stimmen. Die „Funktionsfähigkeit von Konsumgütermärkten" ist nur mit großen Einschränkungen gegeben (SCHERHORN 1982). Daraus zu folgern, daß alles, was dem Anbieter nutzt, für den Nachfrager von Nachteil sei, wäre ebenfalls unrichtig. Es gilt hier zu differenzieren: Obwohl Interessengegensätze zwischen Anbietern und Nachfragern fraglos gegeben sind (BIERVERT, FISCHER-WINKELMANN & ROCK 1977; 1978; BIERVERT et al. 1979; MATTHÖFER 1977; KROEBER-RIEL 1977a, 1977b, 1980; FLEISCHMANN 1981), sind sehr wohl Fälle denkbar, in denen Kongruenz der Interessen besteht: Beispielsweise steht das Bekanntwerden einer Preissenkung im Interesse des Anbieters und des Verbrauchers.

Ein weiterer Aspekt soll nicht übersehen werden: Die Markt- und Werbepsychologie steht nicht nur im Spannungsfeld der Interessen, die zwischen Anbietern und Nachfragern aufgezeigt werden können, sondern berührt auch Interessen der Gesamtgesellschaft, die durch ihre legitimierten Vertreter – z. B. Politiker – vertreten werden (VON ROSENSTIEL & EWALD 1979b). Dafür ein Beispiel: Operationalisiert man die Interessen der Anbieter und der Nachfrager an verbal geäußerten Wunschvorstellungen, so mögen beide z. B. daran interessiert sein, mehr Zigaretten zu verkaufen bzw. zu kaufen, obwohl unter dem Gesichtspunkt *gesellschaftspolitischer* Wertsetzungen – wie schon aufgezeigt – der Zigarettenkonsum zurückgeschraubt werden sollte. Für eine Vielzahl weiterer Konsumfelder gilt ähnliches.

Versucht man zu analysieren, wer von markt- und werbepsychologischen Erkenntnissen bisher profitierte, so kann man leicht aufzeigen, daß dies in erster Linie die Anbieter (von Produkten, Dienstleistungen und Ideen) waren. Die Nachfrager bzw. ihre Interessenvertreter, z. B. Verbrauchervereine (vgl. AGVP 1979) oder Politiker (es sei denn, sie führen einen Wahlkampf), haben bislang aus markt- und werbepsychologischen Untersuchungen kaum Nutzen ziehen können oder wollen (VON ROSENSTIEL & EWALD 1982).

An diesem bedauerlichen Zustand könnte sich allerdings durch die Installation des interdisziplinären Forschungsschwerpunktes „Anwendungsorientierte Verbraucherforschung" durch den Bundesminister für Forschung und Technologie (vgl. KOORDINIERUNGSSTELLE DES FORSCHUNGSVERBUNDES 1980) etwas ändern. So wird etwa innerhalb des Forschungsprojektes „Mannheim" (SILBERER et al. 1981) auf empirische Weise analysiert, wie sich die in der Zeitschrift ›Test‹ der Stiftung Warentest gebotene Information faktisch auf die Bedarfsreflexion, die Informiertheit und die Qualität der Kaufentscheidungen der Verbraucher auswirkt und welche

Rückwirkungen diese Information auf die Hersteller hat (vgl. hierzu kritisch KROEBER-RIEL 1981). Innerhalb des Projektes „Hohenheim" (DEDLER et al. 1981) wird untersucht, welche subjektiven Risiken für den Verbraucher mit dem Kauf bestimmter Produkte – dargestellt am Beispiel Automobil – verbunden sind, mit welcher Information der Anbieter zur Risikoreduktion aufwartet und welche Information kompensatorisch durch Verbraucheraufklärung angeboten werden sollte bzw. in welcher Form die Herstellerinformation durch gesetzliche Regelung bereitzustellen wäre (vgl. hierzu kritisch VON ROSENSTIEL 1981). Trotz dieser ersten Ansätze auf diesem Gebiet gilt bislang jedoch:

Die Mehrzahl markt- und werbepsychologischer Untersuchungen ist explizit darauf gerichtet, den Absatz einzelwirtschaftlicher Anbieter zu erhöhen. Dies liegt zum einen daran, daß viele der Untersuchungen direkt von den Anbietern in Auftrag gegeben wurden, zum anderen auch daran, daß Studenten, die an Lehr- und Forschungsinstitutionen studierten, spätere Berufschancen in erster Linie bei den Anbietern sahen und das Lehr- und Forschungsangebot somit entsprechend ausgerichtet wurde. Wir haben also hier einen sich wechselseitig verstärkenden Prozeß vor uns: Die Markt- und Werbepsychologie stellt sich in ihren Arbeiten auf die Nachfrage derer ein, die ihre Forschungsergebnisse nutzen, verstärkt somit wiederum diese Nachfrager und schreckt zugleich andere mögliche Interessenten ab. Die Nutzung markt- und werbepsychologischer Erkenntnisse gerade durch die Anbieter von Konsumgütern liegt nicht allein in den finanziellen Möglichkeiten dieser Organisationen, sondern auch darin, daß sie aufgrund ihrer Organisationsform die Kompetenz haben, zum Teil differenzierte und nur mit Fachkenntnis lesbare und nutzbare Information zu verarbeiten und in praktisches Handeln umzusetzen – z. B. eben gerade deshalb, weil Psychologen oder verhaltenswissenschaftlich ausgebildete Ökonomen in den Marketingabteilungen dieser Unternehmen beschäftigt sind. Konsumentenverbände und Ministerien haben diese Möglichkeit bislang in geringerem Maße. Da sie Markt- und Werbepsychologen in erster Linie als „Helfershelfer" der Anbieter wahrnehmen, werden sie auch wenig Neigung haben, sie einzustellen, wodurch der genannte Prozeß wiederum verstärkt wird.

Es sind jedoch auch *ideologische* Gründe zu nennen, die zur geringen Nutzung markt- und werbepsychologischen Wissens bei den Verbraucherverbänden oder in den Ministerien führten: Die Anbieter waren offensichtlich am ehesten bereit – motiviert durch den Wunsch, möglichst viel zu verkaufen –, sich vom unrealistischen Menschenbild des Homo oeconomicus zu trennen und auch die empirisch nachgewiesenen „irrationalen" (z. B. emotionalen) Aspekte bei der Beeinflussung des Verbraucherverhaltens zu berücksichtigen. Konsumentenschützer reagieren hier in einer widersprüchlichen Weise: Sie leugnen zwar die Wirkung derartiger emotionaler Appelle nicht und gestehen damit ein, daß das Konsumverhalten häufig auch emotional und unreflektiert ist, handeln dann aber nach der Maxime, daß „nicht sein kann, was nicht sein darf". So schreibt etwa NEUMANN (1976, S. 3), daß Verbraucheraufklärung eine zu wichtige Angelegenheit sei, als daß man Methoden des kommerziellen Marketing dafür einsetzen solle. Er fordert ein rationalistisches Menschenbild, das hohe Anforderungen an die intellektuelle Leistungsfähigkeit der Wirtschaftsteilnehmer stellt; pointiert ausgedrückt: Er fordert den „Homo oeconomicus", der – gestützt durch empirische psychologische Forschungsergebnisse – auf anderen Gebieten längst als unhaltbare Prämisse, als „imaginäre Modellfigur" (KROEBER-RIEL 1980) erkannt wurde. BIERVERT, FISCHER-WINKELMANN & ROCK (1977, 1978) fassen denn auch zusammen, daß die Verbraucherpolitik stark am unrealisierbaren Traum vom souveränen Konsumenten orientiert sei, was sich z. B. in der Forderung SCHERHORNS (1975) verdeutlicht, daß rationales Verhalten im Haushalt, rationales Verhalten am Markt und rationale Einstellung zum Wohlstand anzustreben sei. Aus psychologischer Perspektive stellt sich nicht die Frage, ob dies *wünschenswert* sei, sondern ob dies *realistisch* ist. Die Antwort muß hier ein klares „*Nein*" sein.

Will man also die Markt- und Werbepsychologie nicht nur in den Dienst der Anbieter, sondern auch und vermehrt in den Dienst der Politik und der Konsumentenverbände stellen, müssen diese von einem realistischen Menschenbild ausgehen, das zu akzeptieren die Anbieter eben früher bereit waren, um auf dieser Grundlage Beeinflussungsstrategien zu entwickeln, deren Wirksamkeit empirisch bestätigt ist. Auf dieser Basis ist es etwa denkbar, die Verbraucher durch Information so zu beeinflussen, wie es den Zielvorstellungen der Konsumentenverbände und der Politiker entspricht, wobei die Wirkungsmechanismen grundsätzlich denen gleichen, die in der Absatzwerbung nachgewiesen wurden.

Das Bild vom „souveränen Verbraucher" stimmt nicht; auch Definitionen der Werbung, die davon ausgehen, daß dabei keine Beeinflussung gegeben ist (z. B. HUNDHAUSEN (1963): „. . . erst dann wenn wir uns von der Vorstellung lösen, daß Werbung Beeinflussung sei . . . erst dann erkennen wir das wahre Wesen der Werbung") sind falsch und verschleiern einen nicht zu leugnenden Tatbestand. Dieser Vorwurf gilt auch – wenn auch in abgeschwächter Form – einer Definition wie der SEYFFERTS (1966): „Werbung ist eine Form der seelischen Beeinflussung, die durch bewußten Verfahrenseinsatz zum freiwilligen Aufnehmen, Selbsterfüllen und Weiterpflanzen des von ihr dargebotenen Zweckes veranlassen will." Die hier angesprochene Freiwilligkeit ist ebenfalls eine Beschönigung, die empirisch nicht haltbar ist (vgl. z. B. die experimentellen Untersuchungen von KROEBER-RIEL, HEMBERLE & VON KEITZ 1978). Das in diesen Definitionen erkennbare Vorgehen ist – folgen wir KROEBER-RIEL (1973 c) – sehr einfach: „Man definiert Werbung in einem bestimmten, angeblich moralisch einwandfreien Sinne und schon tut man nichts Böses, wenn man Werbewissenschaft treibt" (S. 139).

Wie andere absatzpolitische Aktivitäten ist auch die Werbung Beeinflussung (GUTENBERG 1970), genauer „beeinflussende Kommunikation" (KROEBER-RIEL 1973 b). Der Aspekt des Beeinflussens ist dabei wertfrei. Beeinflußt wird überall, wo Menschen sich mit anderen und ihrer Umwelt auseinandersetzen, und es erscheint fraglich, ob ein Konzept wie das der Willensfreiheit überhaupt haltbar ist; zumindest ist der Spielraum individueller Freizügigkeit im Rahmen des abendländischen Denkens entschieden überschätzt worden (ROHRACHER 1976; HOFSTÄTTER 1981). Eine derartige Überschätzung ist darum nicht überraschend, weil der einzelne in seinem Handeln subjektiv häufig glaubt, frei und selbstbestimmt zu sein, obwohl eine Analyse der Ursachen dieses Verhaltens zeigt, daß es weitgehend von außen determiniert wurde. Besonders drastisch wird dies in Experimenten mit posthypnotischen Befehlen gezeigt (HEISS 1956), in denen eindeutig der Nachweis gelang, daß unter bestimmten Bedingungen während der Hypnose gegebene Befehle nach Beendigung der Hypnose ausgeführt werden, obwohl der Handelnde keine bewußte Erinnerung an diesen Befehl mehr hat und glaubt, sich frei zu der Handlung entschieden zu haben. Analysen der Werbewirkung zeigen, daß hier nicht selten ein ähnliches Wirkungsmodell zu finden ist (vgl. VON ROSENSTIEL 1973).

Es ist nun letztlich eine Frage der Definition, ob man alle Beeinflussung mit Manipulation gleichsetzen möchte oder ob man nur bestimmte Formen der Beeinflussung mit diesem Wort belegt, das für die Allgemeinheit negativ getönt ist. Uns erscheint es nützlich, Manipulation als eine *spezifische* Form der Beeinflussung von anderen Formen wenigstens akzentuierend abzuheben (VON ROSENSTIEL 1971; 1973). Folgt man dem, was der allgemeine Sprachgebrauch des Wortes beinhaltet – eine Verschleierung oder Maskierung beabsichtigend (NEUBERGER 1970) –, so scheint folgendes für *Manipulation* kennzeichnend zu sein:

1. Der Beeinflussende übt den Einfluß *bewußt* und um des *eigenen Vorteils* willen aus.
2. Der Beeinflussende übt diesen Einfluß *ohne Rücksicht* auf den Vorteil des Beeinflußten aus.
3. Der Beeinflussende wählt bewußt Techniken, die vom Beeinflußten *nicht* oder nur *teilweise durchschaut* werden können.

4. Der Beeinflußte behält das Gefühl, über sein Urteil oder seine Handlung *frei entschieden* zu haben (obwohl er tatsächlich beeinflußt wurde).

Versucht man zu entscheiden, ob bei Beeinflussungsmaßnahmen Manipulation vorliegt oder nicht, ist u. a. danach zu fragen, was der Vorteil des Beeinflussenden und des Beeinflußten ist. Dabei kann man ganz auf der subjektiven Ebene bleiben und zu erfassen suchen, was Beeinflussender und Beeinflußter für ihren Vorteil halten; man kann auch einen übersubjektiven („objektiven") Standpunkt einnehmen und sich an einer bestimmten Ethik orientieren. In diesem Sinne ist es – wählt man z. B. den marxistischen Standpunkt – durchaus denkbar, daß innerhalb des kapitalistischen Systems ein Anbieter subjektiv durchaus der Meinung ist, daß die Werbung für sein Produkt auch den Interessen der Umworbenen dient, obwohl es sich – aus marxistischer Sicht – dabei „objektiv" um die Erwirtschaftung von Mehrwert und somit Ausbeutung handelt; es läge also – falls auch die anderen Bestimmungskriterien erfüllt sind – Manipulation vor.

Die Bestimmung der Manipulation – soeben abstrakt vorgenommen – soll am Beispiel verdeutlicht werden (VON ROSENSTIEL 1971). Es sei dafür zunächst ein Wahlplakat der ÖVP aus dem österreichischen Wahlkampf von 1970 herausgegriffen, das den damaligen Bundeskanzler Dr. Klaus zeigt, der sich zur Wiederwahl stellte (siehe Tafel 1 im Anhang). Gegenkandidat war Bruno Kreisky, dessen jüdische Herkunft bekannt ist.

Analysiert man dieses Plakat nach den obengenannten Kriterien, so ist hier – obwohl es auf den ersten Blick ganz unverfänglich scheint – Manipulation nicht auszuschließen:

1. Das Plakat soll fraglos den Zielen der ÖVP – vor allem dem Wahlsieg – dienen.

2. Ob es zum Vorteil der Beeinflußten konzipiert wurde, kann nicht entschieden werden, da jene, die für das Plakat verantwortlich waren, nicht befragt werden können bzw. ihre Antworten sicher im Sinne der sozialen Erwünschtheit verfälscht wären; wählt man zur Beurteilung einen überindividuellen Standpunkt, kommt es auf die Wahl dieses Standpunktes an.

3. Das Plakat hebt wesentliche programmatische Ziele der ÖVP nicht ins Bewußtsein. Setzt man einmal voraus, daß andere Plakate dies getan haben, so könnte man sagen, daß das vorliegende Plakat Klaus als personelle Alternative zu Kreisky bewußter machen wollte. Die markige Art der Darstellung, das rot-weiß-rote Band der österreichischen Nationalfarben und der Text: „Ein echter Österreicher" wecken nun aber Assoziationen an die jüdische Herkunft, die Emigration Kreiskys. Die ÖVP würde entschieden bestreiten, daß dieser Gesichtspunkt wesentlicher Aspekt der von ihr angebotenen personellen Alternative sei, dennoch

setzt sie ihn auf diesem Plakat ein. Diese Beeinflussungstechnik dürfte vom Betrachter kaum zu durchschauen sein.

4. Da die Durchschaubarkeit nicht gegeben ist, bleibt dem Wähler das Gefühl, sich nur auf Grund klar bewußter Informationen zu entscheiden.

Die fließenden Grenzen bei der Bestimmung der Manipulation zeigt allerdings auch dieses Beispiel. Fordert man, daß alle 4 Bestimmungskriterien gegeben sind, so ist zumindest bei Punkt 2 nicht eindeutig zu entscheiden, ob er erfüllt ist. Und selbst dann, wenn die Verantwortlichen bei der Gestaltung der Werbung glaubten, damit ganz im Sinne der Betroffenen, der Wähler bzw. des österreichischen Volkes, zu handeln, bleibt die normative Frage, ob der Zweck jedes Mittel heiligt: Darf man in einer für die meisten Wähler undurchschaubaren Weise antisemitische Einstellungen aktivieren?

Ein weiteres Beispiel für manipulative Werbung sei aus dem Feld der Absatzwerbung für langlebige Konsumgüter gewählt. Tafel 2 (siehe Anhang) zeigt eine BMW-Anzeige aus der Zeit vor der ersten Energiekrise; einer Zeit also, als „Sportlichkeit" auf dem Gebiet des Autofahrens ein noch durchaus weithin akzeptierter Wert war.

Geht man an diesem Beispiel die 4 Manipulationskriterien durch, so läßt sich sagen:

1. Die Anzeige soll den Interessen des Herstellers dienen und verkaufen helfen.

2. Der Hersteller fragt vermutlich – zumindest im Zuge der Gestaltung dieses Werbemittels – nicht nach dem Vorteil des Beeinflußten. Als Hinweis dafür darf ja gerade gelten, daß er mit der Abbildung (Pkw mit aufgeblendeten Scheinwerfern und verbreiterten Kotflügeln, der, gesteuert von einem offensichtlich behelmten Fahrer, durch eine Kurve driftet) für eine Fahrweise wirbt, die aggressiv, unfallträchtig und somit zum Nachteil des Umworbenen ist.

3. Die Werbewirkung der Anzeige beruht weitgehend darauf, daß durch die bildliche Darstellung starke, aber im Zusammenhang mit dem Autofahren sozial gering bewertete Motive, wie z. B. Aggressivität, aktiviert werden, zugleich aber eine sozial akzeptierbare Rationalisierung (für die spätere Kaufentscheidung) durch die Schlagzeile „Schadensfreiheit" und durch den Text angesprochen werden. Der Betrachter durchschaut diese Wirkung kaum und kann somit gegen die spezifische Motivaktivierung auch keine bewußte Abwehr aufbauen.

4. Der Käufer glaubt, bei Kenntnis der relevanten Information frei entscheiden zu können, obwohl er durch (vom Beeinflussenden aktivierte) Motive geleitet war, die ihm aber nicht klar zu Bewußtsein kamen. Die

Freiheit des Käufers (Souveränität des Konsumenten) blieb also – bestimmt auf der subjektiven phänomenalen Ebene – unangetastet. Manipulativ gearbeitet wird allerdings nicht nur in der Werbe*praxis*, sondern auch auf anderen Gebieten, so z. B. im Unterrichtsgeschehen, wenn etwa dort über Werbung informiert werden soll. So bringt ZIELINSKI (1974) in einem für den Lehrer an Schulen bestimmten Text zur Werbung scheinbar ausgewogen und fair „Pro- und Kontraargumente" zur Werbung, die aber bei näherer Betrachtung schon vom Umfang her unausgeglichen sind (den Proargumenten wird mehr Raum zugestanden) und auch von der sprachlichen Darstellung her einseitig sind (nur bei Proargumenten werden positiv wertende Zusätze wie „übereinstimmend betonen . . . die Wissenschaften" oder „ausgezeichnet" gebraucht). Manipulativ erscheint dann auch die Anregung für den Lehrer: „Der Lehrende faßt zusammen, indem er auf der Tafel die Sätze stehenläßt, deren Wahrheitsgehalt erwiesen wurde und die Sätze ausstreicht, die als Aussagen oder Vorurteile nicht mehr zu halten sind" (S. 57).

Die Werbepsychologie ist allerdings nicht nur unter dem Aspekt möglicher manipulativer Beeinflussung kritisierbar. Es sind eine Reihe weiterer Argumente aufspürbar (vgl. auch GRUNERT & STUPENING 1981), die hier nur als Beispiele knapp skizziert werden sollen. Nicht wiederholt sei dabei – denkt man an die Psychologie der Absatzwerbung – die Argumentation, die im Zusammenhang mit der Interessengebundenheit der Marktpsychologie geführt wurde. Nicht eingegangen sei auch auf jene kritischen Argumente, die die Werbung insgesamt treffen*, nicht aber ihre spezifisch psychologischen Aspekte. Zu diesen aber sei noch folgendes kritisch ergänzt:

● Werbung hat *sozialisierende Wirkung* (HERMANNS 1972; MEYER & KOLLER 1971), was – bezogen auf die Wirtschaftswerbung – eine Vereinseitigung von Werthaltungen zur Folge haben könnte (VON ROSENSTIEL 1973): Zwar stehen die verschiedenen Anbieter in der Regel in Konkurrenz zueinander; ihre Werbeargumente wirken jedoch unter einem Aspekt in die gleiche Richtung: Der Konsument soll kaufen. Das *Haben* (daran kann der Hersteller verdienen) wird also gegenüber dem *Sein* (vgl. hierzu FROMM 1976) betont; Konsumwerte werden dadurch intensiver an die Bevölkerung herangetragen als andere, dazu evtl. in Konkurrenz stehende Werte.

● Die Werbung – vor allem die Absatzwerbung – zeigt in ihren Darstel-

---

* Z. B. Werbung ist volkswirtschaftliche Verschwendung und verteuert die Produkte; Werbung fördert die Unternehmenskonzentration und unterläuft den Qualitäts- bzw. Preiswettbewerb; Werbung stabilisiert das kapitalistische System.

lungen einen Lebensstandard als „normal", der über der Realnorm liegt. Da auf Grund der geringen Kommunikation zwischen den Kleinfamilien in unserer Gesellschaft häufig die Basis für Information über reale Konsumnormen fehlt, erfolgt die Information hinsichtlich der Mitmenschen indirekt. Mit anderen Worten und überpointiert ausgedrückt: Beim Werbefernsehen schaut man seinem Nachbarn ins Wohnzimmer. Damit kommt es zur sogenannten *„pluralistischen Ignoranz"* (KRECH, CRUTCHFIELD & BALLACHEY 1962): Jeder nimmt an, nur ihm ginge es schlechter und allen anderen besser, wodurch einerseits Unzufriedenheit auf dem materiellen Gebiet aufgebaut und andererseits eine extrinsische Leistungshaltung verstärkt werden kann, die darauf ausgerichtet ist, einseitig das materielle Wohlergehen zu verbessern.

● Die Werbung zeigt – besonders dann, wenn sie als Leitbildwerbung konzipiert wurde – Menschen in Verhaltenssituationen oder in Rollen, die zwar meist mehrheitlich positiv bewertet werden, aber die Realität nur unrepräsentativ darstellen. Man begegnet einer *„heilen"* Welt, in der es weder Krankheit noch Armut gibt, in der die Frauen in ihren traditionellen Rollen verharren (SCHMERL et al. 1979 und GRUNERT & STUPENING 1981). Dadurch wird das kritische Nachdenken über gesellschaftliche Zustände behindert; Tendenzen zum Rollenwandel (WISWEDE 1977) werden gebremst.

● Werbung ist beeinflussende Kommunikation. Diese Beeinflussung erfolgt häufig (die Werbeaufwendungen in der Bundesrepublik Deutschland entsprechen in etwa den Bildungsaufwendungen) und in einer sich ständig verfeinernden Weise, wozu die Werbepsychologie nicht unwesentlich beiträgt. Es ist denkbar, daß dadurch die *Außensteuerung* des Menschen (RIESMAN 1971) zunimmt und insgesamt das Gefühl wächst, auf die Konsequenzen eigenen Verhaltens weniger einwirken zu können (ROTTER 1966; PHARES 1976).

Fassen wir zusammen: Markt- und Werbepsychologie sind in keinem wert- und interessenfreien Raum angesiedelt. Die Auswahl der Fragestellungen und die Nutzung der Ergebnisse erfolgten bisher nicht repräsentativ und bringen es mit sich, daß beim derzeitigen Stand Markt- und Werbepsychologie in erster Linie als angewandte psychologische Disziplinen anzusprechen sind, die im Dienst des einzelwirtschaftlichen Anbieters stehen, obwohl grundsätzlich auch andere Gruppen – insbesondere die Nachfrager und die Politiker als Vertreter gesamtgesellschaftlicher Interessen – von den Ergebnissen profitieren könnten.

Werbung erfüllt neben ihren *manifesten* Zielen (z. B. die Bekanntheit eines Markenartikels zu erhöhen oder den Verbreitungsgrad einer Idee zu steigern) auch *latente*, nicht direkt intendierte Ziele im Sinne langfristig wirkender Sozialisation oder kurzfristig zu beobachtender Beeinflussung der emotionalen Lage der Betroffenen. Diese latenten Wirkungen sind bislang noch zu wenig analysiert und untersucht worden. Selbst wenn Werbung für „gute Zwecke" wirbt, können die nichtintendierten Nebeneffekte durchaus bedenklich und kritisierenswert sein.

4. Darstellung eines Modells beeinflußten Handelns

Das absatzpolitische – bzw. unter Einbeziehung der Verbreitung von Dienstleistungen und Ideen – verbreitungspolitische Instrumentarium (Produktgestaltung, Preis, Werbung, Absatzmethode) stellt eine komplex ineinanderwirkende Beeinflussungsstrategie dar (NEUMANN & VON ROSENSTIEL 1981). Ein entscheidender Teil markt- bzw. werbepsychologischen Forschens ist die Analyse derartiger Beeinflussungsprozesse. Im folgenden werden wir uns fragen, wie diese Einflußprozesse ablaufen und wie sie gesteuert werden können.

4.1. Das S-R-Modell

Ein wichtiger Meilenstein in der Geschichte der Psychologie war die Argumentation der Behavioristen gegen die Methode der Introspektion, was letztlich dazu führte, alles menschliche Erleben und Verhalten entweder an den Reizen, die diesem Verhalten vorausgehen, oder an den Reaktionen bzw. den Konsequenzen dieser Reaktionen zu operationalisieren. Es kam zum Stimulus-Response-Modell (S-R-Modell), das über lange Jahre insbesondere die angelsächsische, partiell aber auch die kontinentaleuropäische Psychologie bestimmte. Aus der Perspektive des Forschers wurde also all das ausgeklammert, was sich in der Person abspielt – Gefühle, Stimmungen, Gedanken etc. – da dies nur introspektiv erfahrbar ist und somit als nicht objektivierbare Information galt. Unabhängig von den Überlegungen der Behavioristen herrschte diese Sichtweise auch in den Kommunikations- und den Wirtschaftswissenschaften; Beispiele sollen dies verdeutlichen:

Die Entwicklung der "Penny-Press" im neunzehnten Jahrhundert und der elektronischen Kommunikationsmittel in der ersten Hälfte des zwanzigsten Jahrhunderts führten rasch zu einer wissenschaftlichen Analyse der dabei zu beobachtenden Beeinflussungseffekte, wobei zu Beginn (wie die Arbeiten von LASSWELL (1927) verdeutlichen) ein Beeinflussungsmodell die Forschung leitete, das im Sinne der S-R-Theorie interpretierbar ist: Ein spezifisch gestalteter Reiz erreicht jedes Individuum der Gesellschaft in gleicher Weise über die Massenmedien und bewirkt als Ergebnis bei all diesen Personen ähnliche Reaktionen. Die Medien bzw. ihre „Macher" wurden als omnipotent wahrgenommen: Die Gestaltung der Reize, d. h. z. B. die Aufmachung der Nachrichten in den Medien, bestimmt allein die Wirkung.

Für die Werbung – als besonders auffälligen Teil der Massenkommunikation – wurde ähnliches angenommen, wie etwa HOFFMANN (1972, S. 41 f.) bei seiner Darstellung des „Reklame-Modells" zeigt: Vereinfacht ausgedrückt ist hier die Wirkung, die eine Werbebotschaft hat, durch die Aufmerksamkeit determiniert, die diese Botschaft erzeugt. Die Aufmerksamkeitswirkung wiederum wurde weniger vom Inhalt der Nachricht als vielmehr von der Reizstärke abhängig gesehen, wie es das zuvor angesprochene FECHNERsche Gesetz bereits zeigte; die bekannte „Holzhammerreklame" war die logische Konsequenz dieses Modells. Auch in den Wirtschaftswissenschaften lassen sich vielfältige Beispiele für Annahmen finden, die letztlich dem S-R-Modell in der Psychologie entsprechen: So formulierte im Rahmen der makroökonomischen Konsumtheorie etwa KEYNES (1936) sein sogenanntes grundlegendes „psychologisches Gesetz", das besagt, daß der Konsum sich bei steigendem Einkommen erhöhe, allerdings nicht im gleichen Maße wie dieses Einkommen. Konsumquote und Sparquote (als Objektivationen menschlicher Reaktionen) sind also allein vom Einkommen (dem Stimulus) abhängig.

Auch die in der Abbildung 5 bereits veranschaulichte Bildung des Marktpreises ist letztlich an S-R-Konzepten orientiert. Die Nachfrage, die ein Konsument nach einem Gut zeigt (R), ist ausschließlich vom Preis dieses Gutes (S) abhängig, das Angebot (R), das der Anbieter unterbreitet, hängt vom erzielbaren Preis (S) ab. Auch außerhalb der wirtschaftswissenschaftlichen Theorienbildung wird im ökonomischen Kontext nicht selten im Sinne von S-R-Annahmen argumentiert, z. B. dann, wenn eine direkte Proportionalität zwischen Werbeaufwand (S) und Marktanteil (R) behauptet wird.

Die Anwendung des S-R-Modells im Rahmen der Markt- und Werbepsychologie würde konkret bedeuten, daß man ausschließlich die Reize (z. B. Produktgestaltung, Angebot einer Dienstleistung, Inhalt und Aufbereitung einer Idee, Preis, Werbung, Absatzwege) in ihrer objektiven, also intersubjektiv übereinstimmenden Beschaffenheit ermittelt und dann den Effekt am Verhalten der davon Betroffenen (z. B. Kaufverhalten) oder den Objektivationen dieses Verhaltens (z. B. Marktanteil, Umsatz, prozentuale Verbreitung einer Idee) mißt. Man würde also bewußt und konsequent davon absehen, wie etwa die betroffenen Personen das Produkt, die

Dienstleistung oder die Idee *wahrnehmen,* wie sie die werbliche Information *interpretieren,* wie sie den Preis oder den Absatzweg *beurteilen.*
Ein S-R-Modell bezogen auf den markt- und werbepsychologischen Kontext zeigt Abbildung 8:

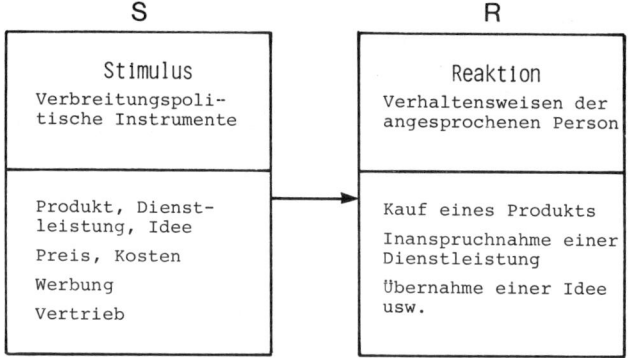

Abb. 8: Ein markt- und werbepsychologisches S-R-Modell.

4.2. Das S-O-R-Modell

Aus der Alltagserfahrung weiß jeder, daß gleiche Reize bei verschiedenen Personen oder bei der gleichen Person zu verschiedenen Zeitpunkten zu unterschiedlichen Verhaltensweisen führen können. Offensichtlich kommt es nicht nur darauf an, welche Reizbedingungen auf das Individuum wirken, sondern auch darauf, wie diese von ihm verarbeitet werden. Zwischen den Stimulus, der unmittelbar beobachtbar ist, und die Reaktion, die ebenfalls der Verhaltensbeobachtung zugänglich ist, treten die im Organismus (= O) liegenden Verarbeitungsprozesse, die von außen nicht unmittelbar beobachtet werden können. Man bezeichnet sie häufig auch als intervenierende Variable oder hypothetische Konstrukte. Der gelegentlich aufgezeigte Unterschied zwischen intervenierenden Variablen und hypothetischen Konstrukten – vgl. hierzu MCCORQUODALE & MEEHL (1948); GRAUMANN (1965); SHETH (1972) – sei nur grob skizziert: In die intervenierenden Variablen geht keine *Überschußbedeutung* mit ein, d. h. nichts, was sich nicht aus Stimulus- oder Responsevariablen ergibt. Die hypothetischen Konstrukte lassen eine derartige Überschußbedeutung zu.
Wir sprechen in dieser Einführung auch dann von intervenierenden Variablen, wenn Überschußbedeutung vorliegt, was innerhalb der Marktpsychologie meist der Fall ist (siehe z. B. KROEBER-RIEL, 1980, VON KEITZ & HEMBERLE, 1978, die sogar vom S-I-R-Paradigma reden, wobei das I für

intervenierende Variablen steht, die wiederum unter die Hauptüberschrift „Theoretische Konstrukte" eingegliedert werden). Ein Modell, das zwischen Stimulus und Reaktion, die ja beide direkt beobachtbar sind, nicht-beobachtbare Organismusvariable berücksichtigt, bringt zwar sehr viel größere theoretische und methodische Probleme mit sich als ein einfaches S-R-Modell, ist aber auch geeigneter, die Komplexität des beobachtbaren Verhaltens adäquat abzubilden. So hat das S-O-R-Modell zumindest innerhalb der Psychologie das S-R-Modell weitgehend verdrängt; in der Kommunikationswissenschaft und in den Wirtschaftswissenschaften sind ähnliche Tendenzen erkennbar. Auch das sei an Beispielen aus diesen Wissenschaften verdeutlicht:

Innerhalb der Kommunikationswissenschaft trat unter dem Einfluß empirisch arbeitender Sozialpsychologen das zuvor geschilderte Modell, das von der Omnipotenz der Medien ausging, mehr und mehr in den Hintergrund, zugunsten einer Auffassung, die als intervenierende Variable Persönlichkeitsmerkmale wie z. B. Einstellungen einführte. Die Forscher dieser Untersuchungsgruppe, die auch als Yale-Gruppe bezeichnet wird, sind vor allem HOVLAND, JANIS & KELLEY (1953); HOVLAND, LUMBSDAINE & SHEFFIELD (1949); McGUIRE (1969).

Ein Beispiel für die von diesem Forschungskreis entwickelten Modelle zeigt Abbildung 9 (nach ROSENBERG & HOVLAND 1960).

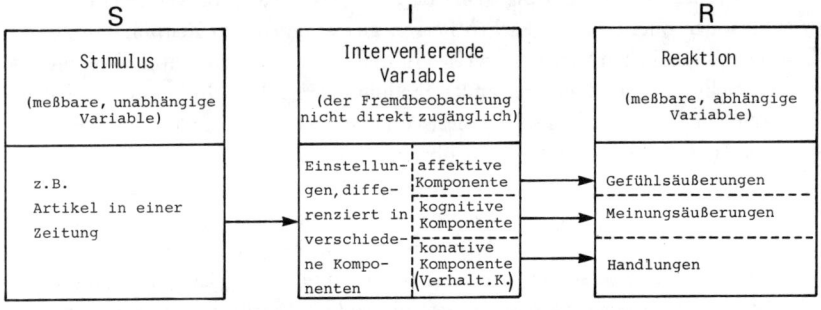

Abb. 9: Das Einstellungskonzept von ROSENBERG & HOVLAND.

Berühmt geworden ist z. B. das Forschungsergebnis, daß Frauen auf suggestive Stimuli mit stärkeren Verhaltensänderungen reagieren als Männer (JANIS 1954; JANIS & FIELD 1959; zusammenfassend McGUIRE 1969). Auch in der Ökonomie fanden die intervenierenden Variablen mehr und mehr Beachtung, insbesondere bei den Nachfolgern von KEYNES (1936). So gehen etwa MODIGLIANI & ANDO (1957), Vertreter der sog. „permanenten Einkommenshypothese", davon aus, daß der Konsum keineswegs nur vom

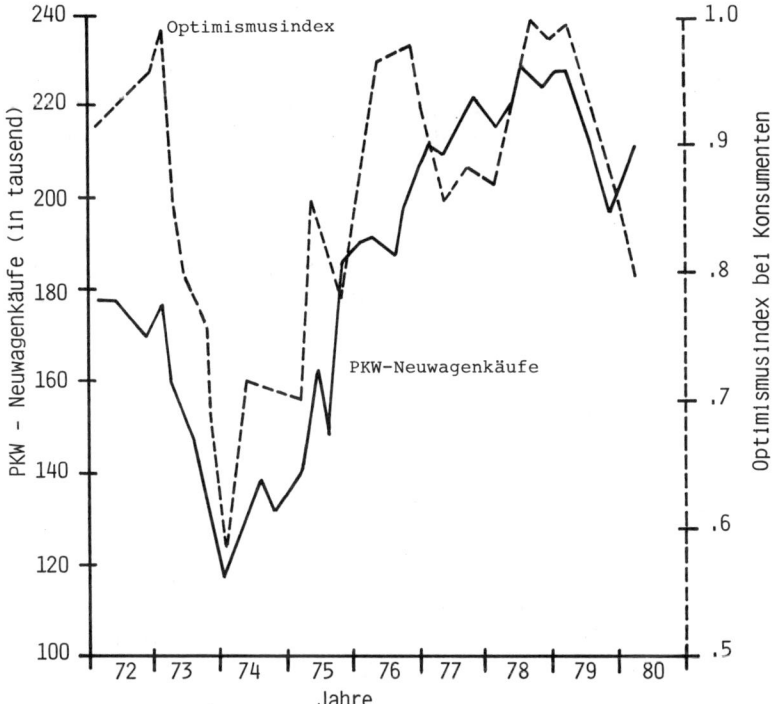

Abb. 10: Die Beziehung zwischen Optimismusindex und Pkw-Neuwagenkauf
in der Bundesrepublik Deutschland von 1972 bis 1980
(nach STRÜMPEL et al. 1980, S. 42).

gegenwärtigen Einkommen abhängt, sondern auch von den Erwartungen
des Konsumenten, was ihm im Laufe seines Lebens erreichbar erscheint
("life–cycle hypothesis"). Noch größere Bedeutung kam den theoretischen
und empirischen Arbeiten von KATONA (1953; 1960; KATONA & MUELLER
1968) zu, der neben dem Einkommen die jeweiligen Erwartungen (im Sinne
eines von ihm präzise operationalisierten wirtschaftlichen Optimismus) als
bedeutsam für den nachfolgenden Konsum, besonders auf dem Gebiet
langlebiger Konsumgüter ("Durables") ansah und für daraus abgeleitete
Hypothesen auch empirische Stützung fand (siehe Abb. 10).

Dennoch sind in der Ökonomie – vor allem innerhalb der Volkswirtschaftslehre – starke Bedenken gegen die Einführung derartiger interveni-
render Variablen laut geworden. Dies überrascht wenig, wenn man bedenkt, daß es in der Volkswirtschaftslehre in erster Linie um die Analyse
der Verhaltensergebnisse auf *aggregiertem* Niveau geht. Es interessieren

also nicht die Verhaltensweisen der einzelnen Menschen in bestimmten Situationen und somit auch nicht die intra- oder interindividuellen Reaktionsunterschiede. Es interessiert nur der Durchschnitt. Geht man nun davon aus, daß die Abweichungen vom Durchschnitt sich zufällig verteilen, können intervenierende Variable tatsächlich außer acht gelassen werden. Die Voraussetzung allerdings, daß die Abweichungen immer rein zufällig erfolgen, ist, wie beispielsweise die zitierten Untersuchungen KATONAS zeigten, mehr als fraglich. Neben dem soeben genannten Argument spielen bei der ablehnenden Haltung der Ökonomen gegenüber psychologischen intervenierenden Variablen wohl auch Befürchtungen, die „reine Theorie" zu gefährden, eine Rolle. So wenden sich Vertreter dieses Faches entschieden gegen die Berücksichtigung psychologischer Variablen, da sie annehmen, man komme „damit in Teufels Küche, oder, was noch schlimmer wäre, ... in die Hände der Psychologen" (WÖLKER 1961, S. 70).

Diese Skepsis von Vertretern volkswirtschaftlicher Theorien findet sich kaum bei einzelwirtschaftlich orientierten Marketingwissenschaftlern, schon gar nicht, wenn sie verhaltenswissenschaftlich orientiert sind. Gerade jene Autoren, die sich um die Analyse des Kaufentscheidungsprozesses bemühten, um auf diese Weise eine theoretisch gesicherte Basis für Beeinflussungsmaßnahmen zu schaffen, gehen gezielt vom S-O-R-Modell aus und bemühen sich in differenzierter Weise darum, die "Black-Box" der Organismusvariablen theoretisch zu klären und aufzuhellen; vgl. NICOSIA (1966); ENGEL, KOLLAT & BLACKWELL (1968) HOWARD & SHETH (1969); HOWARD & OSTLUND (1973); TOPRITZHOFER (1974); zusammenfassend SCHULZ (1972).

Innerhalb dieses Buches werden als besonders wichtige intervenierende Variable die Wahrnehmungsprozesse, die Lernprozesse, die Einstellungs-

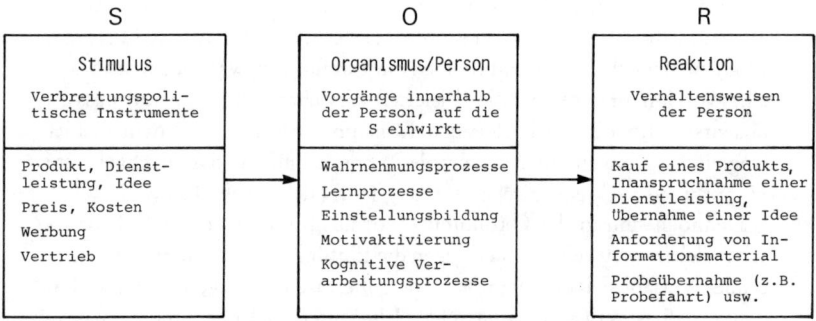

Abb. 11: Ein markt- und werbepsychologisches S-O-R-Modell.

bildung, die Aktivierung und schließlich die kognitiven Verarbeitungsprozesse angesehen. Daraus ergibt sich für uns ein S-O-R-Modell, wie es Abbildung 11 zeigt.

4.3. Die Berücksichtigung der Situation

Innerhalb des S-O-R-Modells ist das Konzept des Stimulus weit gefaßt: Alle Reize, die auf das Individuum einwirken, fallen in diese Kategorie. Die Anwendung dieses Konzepts innerhalb der Marktpsychologie ist jedoch häufig sehr eng. Das sei am Beispiel verdeutlicht: STEADMAN (1969) konfrontierte seine Versuchspersonen in einem werbepsychologischen Experiment mit unterschiedlich starken sexuellen Inhalten (S) und ermittelte als Reaktion die Erinnerungsleistung. Als Organismusvariable wurde die Einstellung der Versuchspersonen zum Sexuellen in der Werbung betrachtet. Alle sonst im Umfeld befindlichen, auf die Versuchspersonen wirkenden Reize blieben unberücksichtigt (z. B. Merkmale des Versuchsleiters; Stil der Werbung zu jener Zeit etc.), obwohl diese einen entscheidenden Einfluß auf das Ergebnis (R) haben können. Es ist deshalb ratsam, bei der Analyse der Wirkung der verbreitungspolitischen Instrumente, besonders bei der Gestaltung der Werbung, auch auf das situative Umfeld zu achten, das nicht unter der Kontrolle der Anbieter von Produkten, Dienstleistungen oder Ideen steht (vgl. S. 187 ff.).

In diesem Sinne unterscheidet TOPRITZHOFER (1974) bei den beobachtbaren Stimulusfaktoren, die er als exogene kennzeichnet, solche, die vom Unternehmen kontrolliert, und solche, die es nicht sind. Beide wirken auf den eigentlichen Entscheidungsprozeß, der – wie es für O-Variablen gilt – nicht von außen beobachtbar ist und als Ergebnis beobachtbare Reaktionen, nämlich realisierte Kaufhandlungen hat.

In noch stärker ausdifferenzierter Weise unterscheiden HOWARD & SHETH (1969) in ihrem berühmt gewordenen Prozeßmodell der Kaufentscheidung zwischen Input-Variablen und exogenen Variablen (die sich auf die umgebende Situation beziehen), wobei es allerdings wenig glücklich erscheint, wenn sie Persönlichkeitsmerkmale diesen exogenen Variablen zurechnen. Abbildung 12 zeigt das Modell von HOWARD & SHETH (in Anlehnung an die deutschen Übersetzungen von SCHULZ 1972 und VON ROSENSTIEL & EWALD 1979 a).

Auch dieses Modell ist am S-O-R-Paradigma orientiert. Bei den Stimulus-Variablen ist darauf zu achten, daß zwischen *signifikativer* und *symbolischer* Information unterschieden wird: Stimuli gelten als signifikativ, wenn sie an das Produkt selbst gebunden sind (z. B. direkt erfahrbare

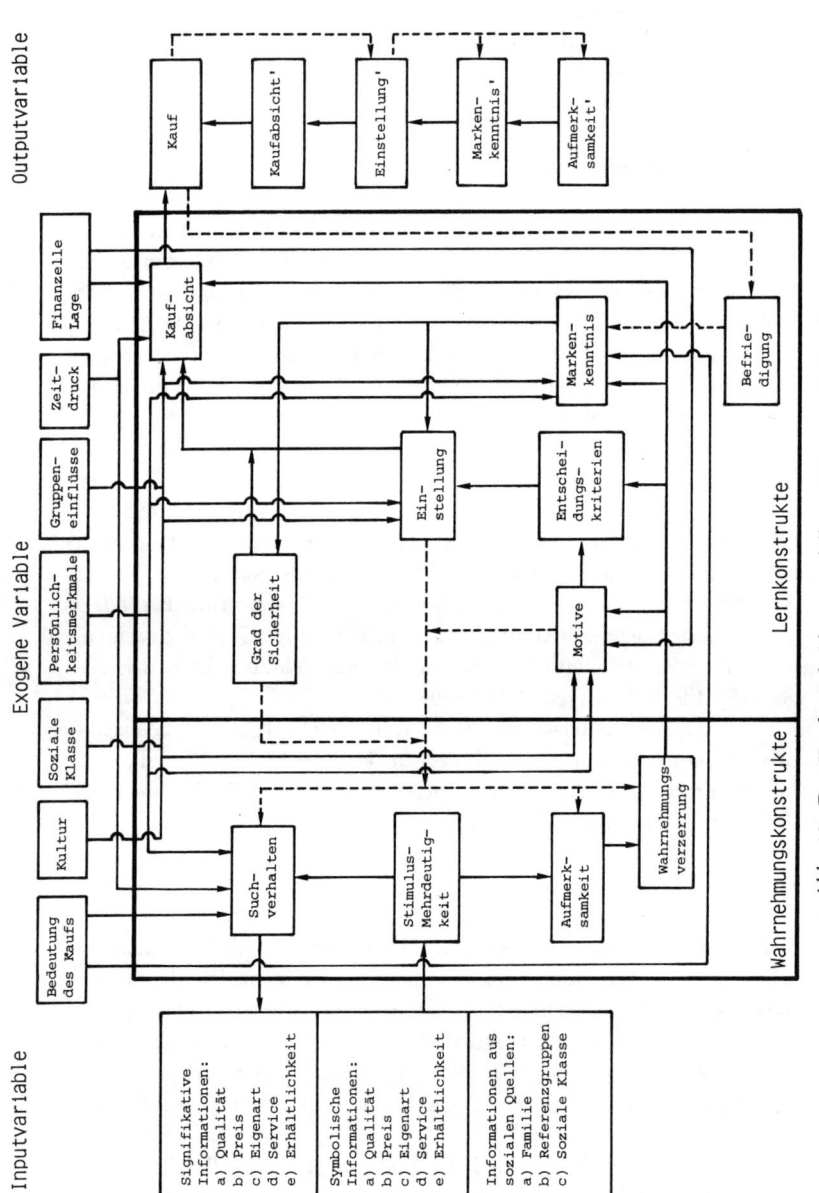

Abb. 12: Das Kaufentscheidungsmodell von Howard & Sheth.

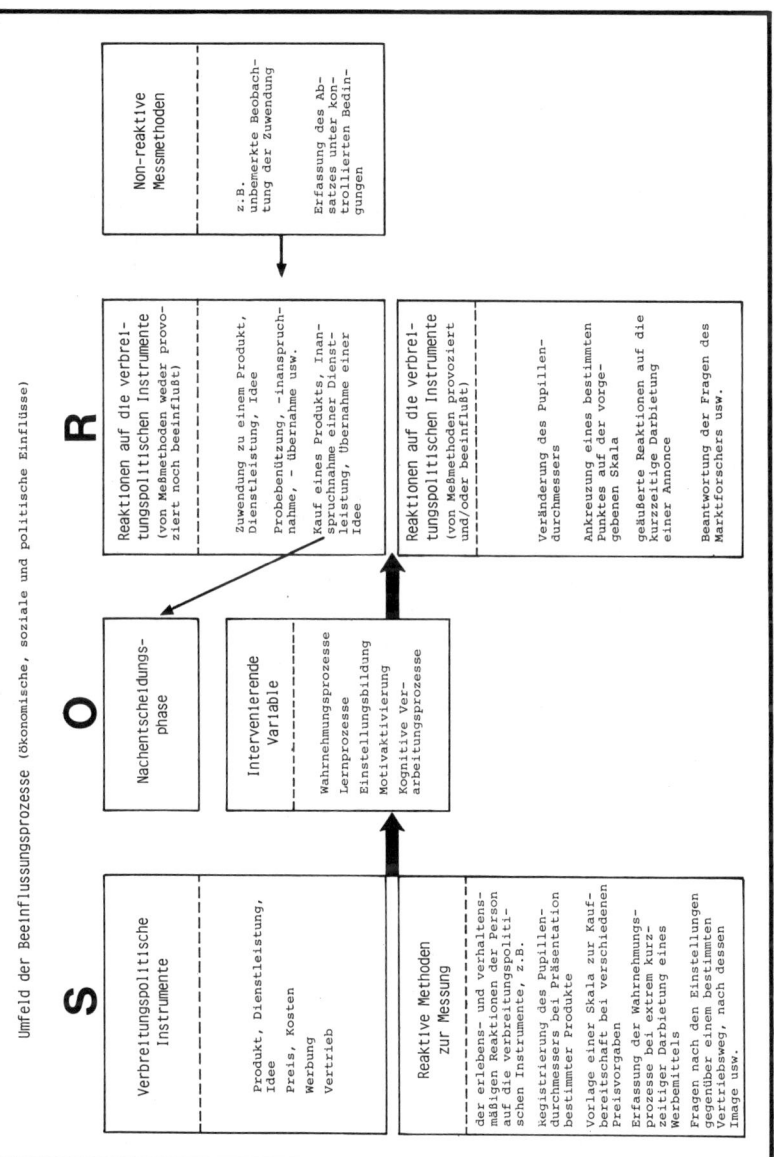

Abb. 13: Ein markt- und werbepsychologisches S-O-R-Modell
(unter Einschluß der Situation und der Methoden zur Operationalisierung).

Streichfähigkeit einer Margarine, Beschleunigungsleistung eines Autos, Geschmack einer Zigarette), als symbolisch, wenn diese Qualitäten durch Medien, z. B. die Werbung, vermittelt werden („der Duft der großen weiten Welt").

Nicht direkt beobachtbar sind die Prozesse in „O". HOWARD & SHETH sprechen hier von Wahrnehmungs- und Lernkonstrukten, denen sie – wie das bei hypothetischen Konstrukten üblich ist – Überschußbedeutung im zuvor angesprochenen Sinne zubilligen. Auf die komplexe Verflechtung dieser hypothetischen Konstrukte sei hier nicht näher eingegangen (vgl. hierzu HOWARD & SHETH 1968; 1969; SCHULZ 1972; MEFFERT & FRETER 1974; VON ROSENSTIEL & EWALD 1979a). Bei den R- oder Outputvariablen fällt auf, daß neben dem Kauf als beobachtbarem Kaufverhalten auch die Kaufabsicht, die Einstellung, die Markenkenntnis und die Aufmerksamkeit genannt werden, obwohl sie bereits als hypothetische Konstrukte in „O" aufgeführt sind. Dies ist wie folgt zu verstehen: Als hypothetische Konstrukte sind sie der direkten Beobachtung nicht zugänglich. Ihre Operationalisierung mit Hilfe bestimmter Meßverfahren (physiologische Daten, Fragebogen etc.) ist jedoch denkbar und vermittelt eine partielle Kenntnis über diese Konstrukte, z. B. die Kaufabsicht.

Die soeben angesprochene Trennung erscheint sehr wesentlich. Auch im folgenden (Teil III) werden die Organismusvariablen zum Teil operationalisiert und stellen dann in gewisser Weise ein „R" dar (etwa die Reaktion einer Versuchsperson auf einen Fragebogen zur Erfassung eines bestimmten Markenimages). Das Wirkungsmodell, das wir unseren weiteren Überlegungen zugrunde legen, entspricht als S-O-R-Modell dem, das bereits in Abbildung 11 gezeigt wurde; es wird jedoch ergänzt durch das *situative Umfeld*, in dem die Beeinflussungsprozesse stattfinden, um eine *Nachentscheidungsphase*, die sich z. B. an einen Kauf anschließen kann, und um die *Methoden*, die der Erfassung der erlebens- und verhaltensmäßigen Wirkungen der verbreitungspolitischen Instrumente dienen, wobei sich die erlebensmäßigen Vorgänge erst in einem von der Methode her bestimmten Verhalten äußern müssen, um vom (außenstehenden) Untersucher erfaßt werden zu können. Abbildung 13 zeigt dieses Modell.

4.4. Der weitere Aufbau des Buches

Der weitere Aufbau des Buches wird an dem soeben Dargestellten (Abbildung 13) orientiert sein.

Teil II wird sich mit den *Stimulusbedingungen* auseinandersetzen, also mit den verbreitungspolitischen Aktivitäten der Anbieter, d. h. deren

Gestaltung der *Produkte, Dienstleistungen* bzw. *Ideen*, des *Preises*, der *Werbung* und der *Vertriebswege*.

Im *III. Teil* geht es um die *Organismus-Variablen*. Im einzelnen werden hier *Wahrnehmungsprozesse, Lernprozesse, Einstellungsbildung, Aktivierung* und *kognitive Verarbeitungsprozesse* diskutiert. Über das Feld „O" hinausgehend wird allerdings hier die *Operationalisierung* dieser Konzepte mitbesprochen werden, obwohl im Zuge dieser Operationalisierung die zu untersuchende Person Verhalten zeigen muß, so daß dies eigentlich unter „R" darzustellen wäre.

Teil IV wird sich mit *Response-Variablen* beschäftigen. Hierzu gehört in erster Linie das *Kaufverhalten*, aber auch solche Aktivitäten, die unmittelbar beobachtbar sind und nicht direkt zum Kauf hinführen: Man denke z. B. an die *Anforderung von Katalogen* oder Prospekten, an die *Erprobung des Produkts*, den *Besuch eines Geschäfts* etc.

Der *V. Teil* wird sich dann mit der *Phase nach dem Kauf* auseinandersetzen: mit der *Konsumzufriedenheit* und den *Rückwirkungen*, die sich daraus auf künftige Verhaltensweisen ergeben.

Im *VI. Teil* wird schließlich auf das *situative Umfeld* eingegangen, innerhalb dessen die soeben skizzierten Prozesse ablaufen. In erster Linie werden dabei *soziale* Beeinflussungsprozesse besprochen werden, die allerdings wiederum in einem umfassenderen *gesellschaftlichen, wirtschaftlichen* und *politischen* Kontext stehen.

TEIL II

STIMULUS-VARIABLEN:
VERBREITUNGSPOLITISCHE MASSNAHMEN

Ein Hersteller, der seine Produkte oder Dienstleistungen über den Markt verbreiten möchte, ein „Prophet", dem am Bekanntwerden seines Gedankenguts gelegen ist, eine Regierung, die Wert darauf legt, daß die von ihr beschlossenen Maßnahmen von der Bevölkerung beachtet werden, ergreifen ganz gezielte Maßnahmen, von denen sie annehmen, daß sie zum Erfolg führen. Dies gilt nicht nur dort, wo die Verbreitung über den Markt erfolgt, als dessen entscheidendes Bestimmungskriterium die Bildung eines Marktpreises anzusehen ist, sondern auch dort, wo keine Marktprozesse zu beobachten sind (vgl. auch KOTLER 1978).

Die Wahl der Maßnahmen beinhaltet eine implizite oder explizite Theorie von den zu beeinflussenden Personen. So wird z. B. ein Werbungtreibender ganz bestimmte Vorstellungen davon haben, wie Konsumenten reagieren, ob sie etwa stärker über „den Verstand" oder über „das Gefühl" zu steuern sind. Auch der Propagandist neuer politischer Ideen wird sich fragen, ob beispielsweise das Versprechen positiver Folgen in dem Fall, daß man ihn wählt, oder das Androhen negativer Konsequenzen für den Fall, daß man seine Ideen nicht berücksichtigt, die größere Wirkung zeigt. Derartige Vorstellungen des Senders, die zum Teil wissenschaftlich begründet sein können, zum Teil auf reiner Spekulation beruhen, führen nun zu einer ganz spezifischen Gestaltung der verbreitungspolitischen Maßnahmen, die die Reizgegebenheiten darstellen, mit denen die Person, die beeinflußt werden soll, konfrontiert wird.

Es gibt eine Vielzahl von Versuchen, diese Reizbedingungen zu klassifizieren und zu gliedern, wobei vor allem die Absatzwirtschaft und – unter psychologischer Sichtweise – die Marktpsychologie derartige Klassifikationsvorschläge gemacht haben (GUTENBERG 1970; NIESCHLAG, DICHTL & HÖRSCHGEN 1976; VON ROSENSTIEL & EWALD 1979 b). Für die Beeinflussung außerhalb des Marktgeschehens stammen derartige Klassifikationen vor allem von jenen Forschern, die sich mit den Prinzipien der Einstellungsänderung auseinandergesetzt haben (vgl. hier insbesondere die Yale-Gruppe; z. B. HOVLAND & JANIS 1959; zusammenfassend McGUIRE 1969 oder GRAUMANN 1972).

Unter marktwirtschaftlicher Sicht erschien lange der *Preis* als das entscheidende, wenn nicht gar alleinige absatzpolitische Instrument. Von den Preisen wurde angenommen, daß sie den Gang der Wirtschaft bestimmen und daß es die Preisbildung ist, die Angebot und Nachfrage regelt, womit diese Thematik zum zentralen Problem der Nationalökonomie wurde (von Zwiedineck-Südenhorst 1932). Die Annahme jedoch, daß letztlich durch die Preisbildung alles geregelt werde, setzt den Homo oeconomicus voraus und hat darüber hinaus auch nur dort volles Gewicht, wo man die Existenz nahezu unendlich vieler, miteinander konkurrierender, homogener Güter unterstellt. Beides entspricht der Realität in keiner Weise: Die Unhaltbarkeit der Homo-oeconomicus-Prämisse wurde bereits aufgewiesen. Homogene, miteinander konkurrierende Güter wird man selten beobachten, weil entweder durch die Produktgestaltung eine objektive Differenzierung angestrebt wird (Koppelmann 1978) oder man – wo dies nicht möglich erscheint – die Produktdifferenzierung auf andere Weise erreichen will, z. B. über die Preise (Sabel 1973) oder über die Werbung (Wiswede 1973; von Rosenstiel 1979; Meyer & Hermanns 1981; Neumann & von Rosenstiel 1981). Der Preis wurde dadurch weitgehend aus seiner zentralen Rolle entlassen. Die betriebswirtschaftliche Forschung, insbesondere die Absatz- und Marketingforschung, die in stärkerem Maße als die Volkswirtschaftslehre durch die Praxis korrigiert und stimuliert wird, sah sich dadurch genötigt, neben dem Preis auch andere „absatzpolitische Instrumente" zu nennen, zu beschreiben und ihre Wirkungen zu analysieren. Besondere Beachtung erlangte dabei der von Gutenberg (1970) vorgelegte Klassifikationsansatz. Er sieht (S. 50) in der

- *Absatzmethode,*
- *Produktgestaltung,*
- *Werbung* und
- *Preispolitik*

die vier Hauptinstrumente, die den Unternehmungen die Möglichkeit geben, Absatzpolitik zu treiben. Diese Differenzierung ist selbstverständlich grob. Man kann – ohne sie grundsätzlich aufzugeben – vielfältige, für das Konsumentenverhalten bedeutsame Ausdifferenzierungen vornehmen (Nieschlag, Dichtl & Hörschgen 1976); dafür ein Beispiel: Es ist vermutlich für das Verhalten der Konsumenten wichtig, ob der für ein und dieselbe Stereoanlage verlangte Preis der Empfehlung des Herstellers entsprechend bei 1200 DM liegt, ob die Preisempfehlung DM 1500 lautet, der Händler aber einen Rabatt von 300 DM einräumt oder ob der Preis von DM 1200 als Einführungspreis oder als nur kurzzeitig geltendes Sonderangebot gilt. Modifikationen des klassischen Gutenbergschen Schemas, die derartige Differenzierungsaspekte berücksichtigen, findet man in der Literatur daher häufig: hierfür ein Beispiel aus MÜLLER (1971), das in Anlehnung an eine frühere Arbeit von NIESCHLAG, DICHTL & HÖRSCHGEN (1968) entwickelt wurde. MÜLLER unterscheidet (1971, S. 172):

● *Zentrale Instrumente*
 − Produkt (i. e. S.)
 − Preis
 − Markierung
 − Verpackung
● *Periphere Instrumente*
 − Absatzmethode
 − Sortiment
 − Firma
 − Sonstige periphere Instrumente (Kundendienst, Garantieleistungen, Lieferungs- und Zahlungsbedingungen, Rabatt etc.)
● *Informierende Instrumente*
 − Werbung
 − Verkaufsförderung
 − Public Relations.

Dort, wo man sich außerhalb des Marktgeschehens darum bemühte, Beeinflussungsinstrumente zu klassifizieren, die etwa der Verbreitung von Ideen oder dem Einstellungswandel dienlich sind, wurde in erster Linie − „quer" zum oben angesprochenen Klassifikationsansatz liegend − auf Variablen des Kommunikationsprozesses geachtet. So nennt McGUIRE (1969) als die entscheidenden Merkmale:

− die *Quelle,*
− die *Nachricht,*
− den *Kanal,*
− den *Empfänger* und
− das *Ziel.*

Dort allerdings, wo eine betont soziologische oder sozialpsychologische Komponente ins Spiel kam, wurde darüber hinaus auch auf die Einbettung des Beeinflußten in ein soziales Netzwerk geachtet; es kam z. B. zur Konzeption der sogenannten *Meinungsführer* (LAZARSFELD, BERELSON & GAUDET 1948; KATZ & LAZARSFELD 1955), ein Konzept, das vielfach erweitert, differenziert und modifiziert wurde (ARNDT 1968; BOSTIAN 1970; REIMANN 1974; zusammenfassend SCHENK 1978).

Die innerhalb der Absatzwirtschaft und anderen Bereichen der Beeinflussungsforschung entwickelten Klassifikationen haben sich wechselseitig nicht stark beeinflußt. In der empirischen Konsumentenforschung (ENGEL, KOLLAT & BLACKWELL 1968; WOODSIDE, SHETH & BENNETT 1979; KROEBER-RIEL 1980) wird allerdings deutlich, daß die Forschungsergebnisse, die für nicht marktmäßige Einflußprozesse vorliegen, sehr wohl auch für die Beeinflussung innerhalb des Marktgeschehens genutzt werden, etwa bei der Gestaltung der Botschaft, der Auswahl des Mediums (vgl. BENDER 1976) oder beim intendierten und bewußten Aufbau von Meinungsführern (VON ROSENSTIEL & EWALD 1979 b).

Aber auch umgekehrt wäre es sehr wohl denkbar, die absatzpolitischen Instrumente auf ein Feld zu übertragen, in dem eine nicht marktmäßig gesteuerte Beeinflussung zu beobachten ist. Für eine neue Idee kann man zum einen *werben*, man kann jedoch auch ihre *Gestaltung* – ähnlich wie die Produktgestaltung – optimieren, was faktisch auch – z. B. von der bereits mehrfach zitierten Yale-Gruppe – untersucht wurde. Auch für die Aufnahme einer Idee entstehen dem Konsumenten *Kosten*, wobei der Kostenbegriff hier zu modifizieren wäre: Die Veränderung von Meinungen oder Einstellungen hat ihren psychologischen „Preis". Auch der *Absatzweg* erscheint wichtig, was andeutungsweise in der Betonung der Quelle und mehr noch des Kanals durch McGUIRE (1969) deutlich wird.

Die verbreitungspolitischen Maßnahmen lassen sich auf verschiedenen Ebenen beschreiben und feststellen. In der psychologisch orientierten Forschung interessiert vor allem, wie sie im *Bewußtsein* des Konsumenten *abgebildet* sind. Darum geht es hier allerdings noch nicht.

Es erscheint auch lohnend, sie in ihrer *objektiven* Beschaffenheit zu studieren, d. h. ihren Stimuluscharakter durch Experten bestimmen zu lassen. Auf dieser objektiven Ebene der Wirklichkeit (z. B. METZGER 1963 und die Anwendung dieses Konzepts auf das Marktgeschehen bei VON ROSENSTIEL 1979; NEUMANN & VON ROSENSTIEL 1981) sind die genannten Maßnahmen recht gut voneinander trennbar. Im Erleben des Konsumenten gilt dies nicht. Hier etwa kann ein Produkt, das objektiv unverändert blieb, sehr wohl anders erscheinen, nur weil der Preis verändert wurde (vgl. MONROE 1973), weil die Werbung modifiziert wurde (WISWEDE 1973) oder ein anderer Absatzweg – z. B. ein bestimmtes Geschäft – gewählt wurde (MEYER 1965).

Will man derartige Phänomene analysieren, ist es wichtig zu wissen, ob das Produkt oder die Idee tatsächlich modifiziert wurde oder ob diese Modifikation lediglich *im Bewußtsein* des Erlebenden gegeben ist. Die Analyse scheint also parallel auf den Ebenen des Stimulus und denen des Organismus (insbesondere im Erleben des Beeinflußten) erforderlich, da gerade die Umsetzung von der Reiz- in die Personebene für die Klärung der Wirkmechanismen entscheidend ist. Wie sich diese Wirkung auf der Personebene feststellen läßt, wird im nächsten Teil dieses Buches aufgeführt.

TEIL III

ORGANISMUS-VARIABLEN: VORGÄNGE IN DER PERSON

Vergegenwärtigen wir uns das schon einmal angesprochene Beispiel eines Zigarettenherstellers: Er überlegt sich, welche *Produktgestaltung* die besten Marktchancen hat, z. B. die parfümierte oder unparfümierte Zigarette, leichter oder schwerer, heller oder dunklen Tabak, mit oder ohne Filter, kurze oder lange Ausführung, große oder kleine Packungen.

Er fragt sich weiterhin, ob angesichts der Produktgestaltung wirklich die klassische Marktannahme berechtigt sei, daß der Absatz um so größer sei, je geringer der Preis liege, oder ob im spezifischen Fall nicht ein „Veblen-Effekt" oder „Snob-Effekt" (LEIBENSTEIN 1966) zu erwarten sei, der dazu führt, daß eine *Verteuerung* des Produkts die Nachfrage erhöht. Nicht nennen aber wird er sicherlich die Kosten, die dem Konsumenten direkt oder indirekt als Folge des Zigarettenkonsums entstehen können, z. B. für ärztliche Behandlung, Kuren, Medikamente oder für höhere Beiträge zur Lebensversicherung bzw. zur Krankenkasse.

Die *Werbung* wird ebenfalls in spezifischer Weise gestaltet und geschaltet werden: Soll als „Leitbild" ein braungebrannter Sportler oder ein distinguierter Lebemann erscheinen? Soll der Konsum in beruflichen Situationen, etwa bei dienstlichen Besprechungen, oder in Freizeit- oder Spielsituationen demonstriert werden? Soll man über anspruchsvolle und „elitäre" Medien werben oder in Tageszeitungen, die von jedem gelesen werden?

Auch von der Wahl des *Absatzweges* wird man einen Einfluß auf die Absatzmenge erwarten: soll man auch über Automaten verkaufen oder nicht? Soll nur der Fachhandel oder auch das Kaufhaus die Produkte führen etc.?

Ähnliche Überlegungen wird auch derjenige anstellen, der – überzeugt, daß Zigarettenrauchen schädlich sei – dafür eintritt, das Rauchen aufzugeben oder wenigstens einzuschränken.

Sein „Produkt" ist diese *Idee*; über ihre Gestaltung muß er sich Gedanken machen, ohne sie dabei grundsätzlich zu modifizieren: Sollen möglichst viele Leute schlagartig mit dem Rauchen Schluß machen, oder sollen möglichst alle nur noch in bestimmten Situationen, somit also mäßig rauchen (z. B. nur nach dem Essen, grundsätzlich nicht bei der Arbeit, auf keinen Fall am Vormittag)? Welcher Zusatznutzen – über den Grundnutzen der Erhaltung der Gesundheit hinaus – ist mit der Aufnahme der neuen Idee verbunden? Gehört man dadurch zu einer besonders fortschrittlichen, meinungsbildenden Gruppe? Gilt man als attraktiver und potenter? Verschweigen wird man eher die negativen Seiten, die mit der Übernahme der neuen Idee verbunden sein können: Gilt man etwa als ängstlich? Verliert man die Achtung hochgeschätzter Bezugspersonen? Gilt man als weniger männlich?

Die *Kosten*, die für die Übernahme der neuen Idee zu bezahlen sind, wird man als eher gering darstellen: Ja, es wird wohl darauf hingewiesen werden, daß dadurch sogar Geld gespart wird (man raucht ja nicht mehr). Auch objektiv können die Kosten beeinflußt werden, die durch Übernahme der Idee entstehen. Beispielsweise kann durch gesetzliche Vorschrift erreicht werden, daß Nichtraucher geringere Beiträge zur Kranken- und Invalidenversicherung zu entrichten haben. Verschweigen wird man dagegen Begleitkosten, die mit der Übernahme der Idee verbunden sein können, z. B. die Beratung durch einen Verhaltenstherapeuten, wenn das Einstellen des Rauchens größere Schwierigkeiten bereitet als erwartet, oder Kosten für Substitutionsprodukte, z. B. Süßigkeiten, oder andere Ersatzaktivitäten.

Bei der Konzeption der Antiraucher*werbung* steht man vor ähnlichen Fragen, wie sie sich auch dem Hersteller der Zigaretten gestellt haben: Hier ist zum einen die grundsätzliche Frage zu beantworten, ob man sich der gleichen Methoden bedienen will, die in der Konsumgüterwerbung üblich sind, oder ob man aus grundsätzlichen Erwägungen den Verbraucherschutz nicht mit derartigen Vorgehensweisen assoziieren möchte (SCHERHORN 1975; NEUMANN 1976). Falls man sich vernünftigerweise – orientiert am empirischen Forschungsstand – für ein werbliches Vorgehen entscheidet, das dem in der Konsumentenwerbung üblichen ähnelt (KROEBER-RIEL 1977 a), so steht man wiederum vor der Frage, ob etwa positive Leitbilder – junge sportliche Personen – oder aber angsterregende Appelle – wie z. B. bildlich dargestellte Raucherlungen oder Sterbestatistiken – in den Vordergrund gerückt werden sollen (JANIS & FESHBACH 1953; MONSE & MÜLLER 1977).

Der *Vertriebsweg* ist für die Idee „Nichtrauchen" letztlich das Medium, über das diese Idee verbreitet wird, wobei sowohl an Massenmedien als auch an direkte Kommunikationsformen zu denken ist: Soll die Idee über aufklärende Vorträge oder Diskussionen und Arbeitsgruppen im kleinen Kreis verbreitet werden (LEWIN 1958)? Ist es ratsam, daß der Gesundheitsminister sich persönlich dafür einsetzt, oder ist es besser, wenn Fachexperten die Zielgruppe direkt ansprechen oder sich über die Medien (Fernsehen, Rundfunk, Zeitung) an die Gesamtbevölkerung wenden? Soll durch Gesetzesvorschrift „Nichtraucherwerbung" überall dort aushängen, wo Zigaretten gekauft werden können, oder soll sie sogar auf die Packung aufgedruckt werden?

All diese und eine Vielzahl anderer Probleme und Fragen müssen vom Zigarettenanbieter und vom Vertreter der Gegenidee gelöst bzw. beantwortet werden, bevor konkrete Aktionen gestartet werden können, die das Ziel haben, den Absatz des Produkts zu fördern bzw. die Idee zu verbreiten. Bei der Frage, mit welchen Aktionen das gewünschte Ziel am besten zu erreichen ist (welcher von drei Annoncenentwürfen z. B. der „beste" ist), können die Erkenntnisse der Psychologie, insbesondere der Markt- und Werbepsychologie, oder die in dieser Wissenschaft entwickelten Untersuchungsmethoden wichtige Entscheidungshilfen sein.

In den nachfolgenden Abschnitten werden Erkenntnisstand und methodische Möglichkeiten der Markt- und Werbepsychologie knapp dargestellt. Es wird dabei, unserem zuvor dargelegten Ablaufschema folgend (vgl. Abb. 13), zunächst auf *Wahrnehmungsprozesse* in einigen ihrer wichtigsten Verzweigungen, auf *Lernprozesse* (hier wiederum in Ausdifferenzierungen), dann auf *Einstellungsbildung,* auf *Aktivierung* und schließlich auf *kognitive Verarbeitungsprozesse* eingegangen. Innerhalb eines jeden dieser Abschnitte sollen zuerst die *allgemeinen theoretischen Grundlagen* skizziert werden, sodann die daraus ableitbaren spezifischen *Operationalisierungen,* die sog. Methoden der Markt- und Werbepsychologie; es folgen *Beispiele für empirische Untersuchungen* mit diesen Methoden und schließlich Hinweise auf vielfältige *Anwendungsmöglichkeiten.*

1. Wahrnehmungsprozesse

Alle verbreitungspolitischen Maßnahmen können nur wirken, wenn sie wahrgenommen werden, doch dürfte die bloße Wahrnehmung nur in den seltensten Fällen mit dem übergeordneten Ziel, das durch die Maßnahmen erreicht werden soll, gleichgesetzt werden: Werbung will in den meisten Fällen nicht nur gesehen werden, sie will auch Einstellungen und Verhaltensweisen bilden bzw. modifizieren. Damit sie dies erreicht, muß sie als Information allerdings zunächst aufgenommen werden. Wahrnehmung ist also in der Regel eine notwendige, aber keine hinreichende Bedingung der angestrebten Wirkung verbreitungspolitischer Maßnahmen (vgl. hierzu auch KOEPPLER 1980).

Wir wollen das zuvor skizzierte Beispiel wieder aufnehmen, um daran die Bedeutung der Wahrnehmungsprozesse zu veranschaulichen: Sowohl der Zigarettenhersteller als auch der Verbreiter der Idee, daß Rauchen ungesund sei, legen Wert darauf, daß ihre Aktivitäten beachtet werden. Beide stehen also, wenn sie z. B. werbliche Maßnahmen konzipieren, vor der Frage, ob diese überhaupt wahrgenommen werden. Man denke etwa daran, daß kleine Anzeigen im Anzeigenteil einer Tageszeitung gebracht werden sollen: Sind sie groß genug, oder gehen sie im nahezu unstrukturierten „Anzeigenfriedhof" unter? Kommt es nur auf die Größe an, oder kann man durch zusätzliche Farben, durch prägnante Gestaltung, durch auffallende inhaltliche Besonderheiten die Wahrscheinlichkeit erhöhen, daß die Anzeige beachtet wird (vgl. auch Abb. 14)?

Doch nicht nur *ob*, sondern auch *wie* eine Information aufgenommen wird, ist bedeutsam. Man stelle sich vor, die Antiraucherwerbung arbeite mit einem Totenschädel (vgl. Tafel 3). Welche *Anmutung* geht davon aus, was sind die ersten emotionalen Reaktionen? Denkt man an Bedrohung, Mord oder Tod oder an einen Luftballon, Kürbis oder Faschingsklamauk?

Bleibt die Wahrnehmung spezifischer Inhalte der Werbung auf die Werbung allein beschränkt, oder beeinflußt sie im Sinne einer „Ausstrahlung" (Irradiation) auch die Wahrnehmung der Idee oder die Wahrnehmung des Produktes? Führt der Stil der Zigarettenwerbung dazu, daß die Zigarette plötzlich „leichter" oder „besser" schmeckt? Wie sieht es mit der Gestaltung der Zigarette bzw. der Zigarettenpackung aus: Führt etwa farbiges Papier zu einem anderen Geschmackserlebnis? Läßt eine ovale Metallpackung die Zigarette, obwohl sie objektiv unmodifiziert bleibt, wertvoller und exklusiver erscheinen? All dies sind Fragen, die auf der Grundlage wahrnehmungspsychologischer Theorien und mit Hilfe wahrnehmungspsychologischer Untersuchungsmethoden beantwortet werden können.

1.1. Wahrnehmungsselektion und „unterschwellige" Wahrnehmung

Folgen wir ROHRACHER (1976), so sind alle Lebewesen mit bestimmten Kräften ausgestattet, die sie dazu treiben, sich selbst und die eigene Art zu erhalten. Die Selbst- und Arterhaltung geschieht in der Auseinandersetzung des einzelnen mit seiner Umgebung. Die Lebewesen sind daher mit Sinnesorganen ausgestattet, die es ermöglichen, Information aus der Umgebung aufzunehmen und jene Objekte zu finden, die der Selbst- und Arterhaltung dienen. Die Sinnesorgane stellen einen Teil der organischen Grundlage der Wahrnehmung dar; die in ihnen ablaufenden Prozesse lassen sich als physiologische Basis interpretieren. Wahrnehmung ist dabei nicht mit optischer Wahrnehmung gleichzusetzen. Optische Wahrnehmung spielt zwar beim Menschen eine dominante Rolle, doch sind auch andere Sinnesbereiche zu nennen – man denke an das Hören, Riechen, Schmecken,

Tasten, aber auch an Sinnesbereiche wie die Temperatur- oder Gleichgewichtswahrnehmung. Die Anzahl der Sinne, über die ein Mensch verfügt, ist umstritten – sie hängt auch von der Art des gewählten Klassifikationssystems ab. In einem allerdings sind die Wissenschaftler sich weitgehend einig: Die Alltagsregel von den „fünf Sinnen" reicht nicht: Es können mehr Sinnesbereiche unterschieden werden.

Wenn also bei der Diskussion der verbreitungspolitischen Maßnahmen besonders häufig auf die optische Wahrnehmung eingegangen wird, so ist dies eher eine exemplarische Verdeutlichung, die allerdings auch dadurch begründet werden kann, daß die Forschungsarbeit auf diesem Sinnesgebiet bisher besonders intensiv war. Neben dem Sehen (z. B. der Werbung) spielt auch das Hören (z. B. des Werbefunks), das Riechen (z. B. einer parfümierten Seife), das Schmecken (z. B. bei einer Weinprobe), das Tasten (z. B. bei der Auswahl von Textilien), aber auch der Temperatur- und Gleichgewichtssinn (z. B. bei einer Probefahrt eines neuen Autos im Winter) eine nicht unwesentliche Rolle.

Der Auffassung des Laien und auch der frühen Vertreter der Psychophysik entspricht die Annahme, daß die Wahrnehmung einem weitgehend mechanistischen Prinzip unterliege: die optische Wahrnehmung gleiche dem Fotografieren, das Hören etwa den Tonbandaufnahmen. Zwischen dem (objektiven) Reiz und der (subjektiven) Empfindung wurde eine feste, berechenbare Beziehung angenommen (wir sprechen von der *klassischen Konstanzannahme*, vgl. ROHRACHER 1976). Tatsächlich aber zeigte die wahrnehmungspsychologische Forschung, daß eine derart mechanistische Analyse den Wahrnehmungsprozessen inadäquat ist. Die Wahrnehmung ist der Erfahrung zugänglich und unterliegt den Gesetzen des Lernens; sie ist in Handlungszusammenhänge eingebettet und hat funktionalen Charakter, wobei die Interaktion von Person und Umwelt auch in dem Sinne zu sehen ist, daß die Wahrnehmung nicht nur rezeptiv hinnimmt, sondern auch aktiv gestaltet (GRAUMANN 1966a), wobei zu beobachten ist, daß im Wahrnehmungsgeschehen *Selektion, Organisation, Akzentuierung* und *Fixierung* (GRAUMANN 1956) wirken.

a) Theoretische Grundlagen

Schlägt man in einem Konversationslexikon die Seite auf, auf der die Flaggen der verschiedenen Nationen abgebildet sind, so wird einem die japanische besonders auffallen, obwohl sie nicht größer als die anderen ist. Einem Deutschen wird aber auch mit überdurchschnittlicher Häufigkeit die deutsche Flagge „in's Auge springen".

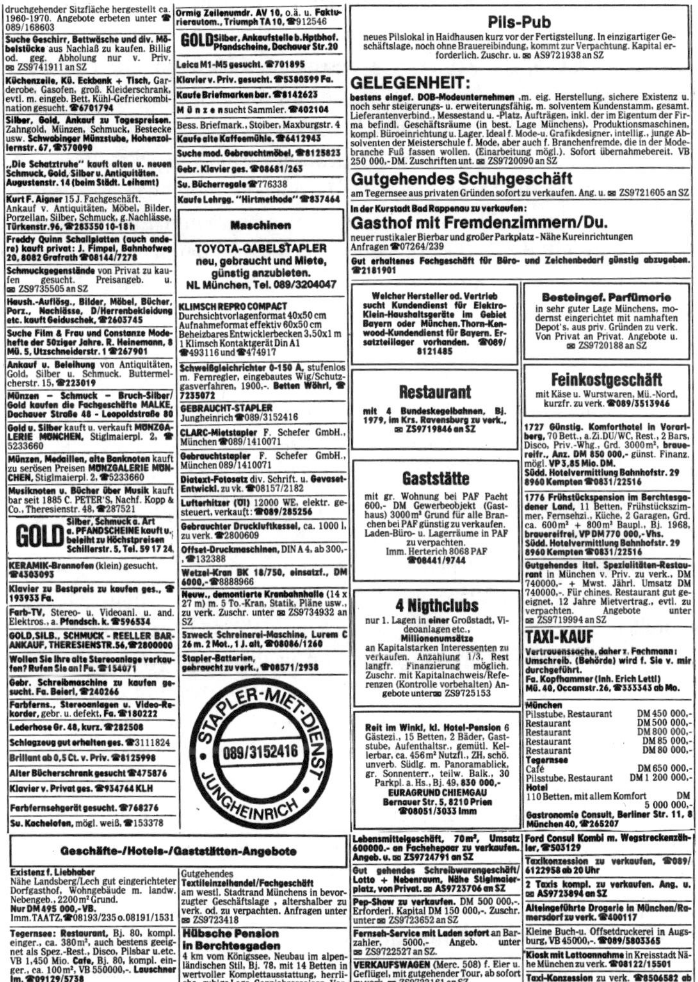

druchgehender Sitzfläche hergestellt ca. 1960-1970. Angebote erbeten unter ☎ 089/168603

Suche Geschirr, Bettwäsche und div. Möbelstücke aus Nachlaß zu kaufen. Billig od. geg. Abholung nur v. Priv. ✉ ZS9741911 an SZ

Küchenzeile, Kü. Eckbank + Tisch, Garderobe, Gasofen, groß. Kleiderschrank, evtl. m. eingeb. Bett, Kühl-Gefrierkombination gesucht. **☎6701794**

Silber, Gold, Ankauf zu Tagespreisen. Zahngold, Münzen, Schmuck, Bestecke usw. **Schwabinger Münzstube, Hohenzollernstr. 67, ☎370090**

„Die Schatztruhe" kauft alten u. neuen Schmuck, Gold, Silber u. Antiquitäten. Augustenstr. 14 (beim Städt. Leihamt)

Kurt F. Aigner 15 J. Fachgeschäft. Ankauf v. Antiquitäten, Möbel, Bilder, Porzellan, Silber, Schmuck, g.Nachlässe, **Türkenstr.96, ☎283350 10-18 h**

Freddy Quinn Schallplatten (auch andere) kauft privat: J. Fimpel, Bahnhofweg 20, 8082 Grafrath ☎08144/7278

Schmuckgegenstände von Privat zu kaufen gesucht. Preisangeb. u. ✉ ZS9735505 an SZ

Haush.-Auflösg., Bilder, Möbel, Bücher, Porz., Nachlässe, D/Herrenbekleidung etc. kauft Geiduschek, ☎2603745

Suche Film & Frau und Constanze Modehefte der 50ziger Jahre. R. Heinemann, 8 Mü. 5, Utzschneiderstr. 1 ☎267901

Ankauf u. Beleihung von Antiquitäten, Gold, Silber u. Schmuck. Buttermelcherstr. 15, **☎223019**

Münzen – Schmuck – Bruch-Silber/Gold kaufen die Fachgeschäfte MALKE, Dachauer Straße 48 - Leopoldstraße 80

Gold u. Silber kauft u. verkauft **MÜNZGALERIE MÜNCHEN,** Stiglmaierpl. 2, ☎ 5233660

Münzen, Medaillen, alte Banknoten kauft zu serösen Preisen **MÜNZGALERIE MÜNCHEN,** Stiglmaierpl. 2, ☎5233660

Musiknoten u. Bücher über Musik kauft bar seit 1885 C. PETER'S, Nachf. Kopp & Co., Theresienstr. 48, ☎287521

GOLD Silber, Schmuck a. Art a. PFANDSCHEINE kauft u. beleiht zu Höchstpreisen Schillerstr. 5, Tel. 59 17 24

KERAMIK-Brennofen (klein) gesucht. **☎4303093**

Klavier zu Bestpreis zu kaufen ges., ☎ 193933 Fa.

Farb-TV, Stereo- u. Videoanl. u. and. Elektros., a. **Pfandsch. k. ☎596534**

GOLD,SILB., SCHMUCK - REELLER BARANKAUF, THERESIENSTR.56, ☎2800000

Wollen Sie Ihre alte Stereoanlage verkaufen? Rufen Sie an! Fa. ☎154071

Gebr. Schreibmaschine zu kaufen gesucht. Fa. Beierl, ☎240266

Farbferns., Stereoanlagen u. Video-Rekorder, gebr. u. defekt, **Fa. ☎180222**

Lederhose Gr. 48, kurz. ☎282508

Schlagzeug gut erhalten ges. ☎3111824

Brillant ab 0,5 Ct. v. Priv. ☎8125998

Alter Bücherschrank gesucht ☎475876

Klavier v. Privat ges. ☎934764 KLH

Farbfernsehgerät gesucht. ☎768276

Su. Kachelofen, mögl. weiß, ☎153378

Ormig Zeilenumdr. AV 10, o.ä. u. **Fakturierautom., Triumph TA 10, ☎**912546

GOLD Silber, Ankaufstelle b.Hptbhof. Pfandscheine, Dachauer Str.20

Leica M1-M5 gesucht. ☎701895

Klavier v. Priv. gesucht. ☎5380599 Fa.

Kaufe Briefmarken bar. ☎8142623

M ü n z e n sucht Sammler. **☎402104**

Bess. Briefmark., Stoiber, Maxburgstr. 4

Kaufe alte Kaffeemühle. ☎6412943

Suche mod. Gebrauchtmöbel, ☎8125823

Gebr. Klavier ges. ☎08681/263

Su. Bücherregale ☎776338

Kaufe Lehrgg. "Hirtmethode" ☎837464

Maschinen

TOYOTA-GABELSTAPLER neu, gebraucht und Miete, günstig anzubieten. NL München, Tel. 089/3204047

KLIMSCH REPRO COMPACT
Durchsichtvorlagenformat 40x50 cm
Aufnahmeformat effektiv 60x50 cm
Beheizbares Entwicklerbecken 3,50x1 m
1 Klimsch Kontaktgerät Din A1
☎493116 und **☎**474917

Schweißgleichrichter 0-150 A, stufenlos m. Fernregler, eingebautes Wig/Schutzgasverfahren, 1900,-. **Betten Wöhrl, ☎ 7235072**

GEBRAUCHT-STAPLER Jungheinrich ☎089/3152416

CLARC-Mietstapler F. Schefer GmbH., München ☎089/1410071

Gebrauchtstapler F. Schefer GmbH., München 089/1410071

Diatext-Fotosatz div. Schrift. u. **Gevaset-Entwickl.** zu vk. **☎**08157/2182

Lufterhitzer (Öl) 12000 WE, elektr. gesteuert, verkauft: **☎089/285256**

Gebrauchter Druckluftkessel, ca. 1000 l, zu verk. **☎**2800609

Offset-Druckmaschinen, DIN A 4, ab 300,-, ☎132388

Wetzel-Kran BK 18/750, einsatzf., DM 6000,- ☎8888966

Neuw., demontierte Kranbahnhalle (14 x 27 m) m. 5 To.-Kran, Statik, Pläne usw., zu verk. Zuschr. unter ✉ ZS9734932 an SZ

5zweck Schreinerei-Maschine, Lurem C 26 m. 2 Mot., 1 J. alt, ☎08086/1260

Stapler-Batterien, gebraucht zu verk., ☎08571/2938

STAPLER-MIET-DIENST 089/3152416 JUNGHEINRICH

Pils-Pub
neues Pilslokal in Haidhausen kurz vor der Fertigstellung. In einzigartiger Geschäftslage, noch ohne Brauereibindung, kommt zur Verpachtung. Kapital erforderlich. Zuschr. u. ✉ AS9721938 an SZ

GELEGENHEIT:
bestens eingef. DOB-Modeunternehmen, m. eig. Herstellung, sichere Existenz u. noch sehr steigerungs- u. erweiterungsfähig, m. solventem Kundenstamm, gesamt. Lieferantenverbind., Messestand u. -Platz, Aufträgen, inkl. der im Eigentum der Firma befindl. Geschäftsräume (in best. Lage Münchens), Produktionsmaschinen, kompl. Büroeinrichtung u. Lager. Ideal f. Mode-u. Grafikdesigner, intellig., junge Absolventen der Meisterschule f. Mode, aber auch f. Branchenfremde, die in der Modebranche Fuß fassen wollen. (Einarbeitung mögl.). Sofort übernahmebereit. VB 250 000,- DM. Zuschriften unt. ✉ ZS9720090 an SZ

Gutgehendes Schuhgeschäft
am Tegernsee aus privaten Gründen sofort zu verkaufen. Ang. u. ✉ ZS9721605 an SZ

In der Kurstadt Bad Rappenau zu verkaufen:
Gasthof mit Fremdenzimmern/Du.
neuer rustikaler Bierbar und großer Parkplatz - Nähe Kureinrichtungen
Anfragen ☎07264/239

Gut erhaltenes Fachgeschäft für Büro- und Zeichenbedarf günstig abzugeben. ☎2181901

Welcher Hersteller od. Vertrieb sucht Kundendienst für Elektro-Klein-Haushaltsgeräte im Gebiet Bayern oder München. Thorn-Kenwood-Kundendienst für Bayern. Ersatzteillager vorhanden. ☎089/8121485

Restaurant
mit 4 Bundeskegelbahnen, Bj. 1979, im Krs. Ravensburg zu verk., ✉ ZS9719846 an SZ

Gaststätte
mit gr. Wohnung bei PAF Pacht 600,- DM Gewerbeobjekt (Gasthaus) 3000 m² Grund für alle Branchen bei PAF günstig zu verkaufen. Laden-Büro- u. Lagerräume in PAF zu verpachten.
Imm. Herterich 8068 PAF
☎08441/9744

4 Nigthclubs
nur 1. Lagen in **einer** Großstadt, Videoanlagen etc.,
Millionenumsätze
an Kapitalstarken Interessenten zu verkaufen. Anzahlung 1/3, Rest langfr. Finanzierung möglich. Zuschr. mit Kapitalnachweis/Referenzen (Kontrolle vorbehalten) Angebote unter ✉ ZS9725153

Reit im Winkl, kl. Hotel-Pension 6 Gästezi., 15 Betten, 2 Bäder, Gaststube, Aufenthaltsr., gemütl. Kellerbar, ca. 456 m² Nutzfl., ZH, schö. unverb. Südlg. m. Panoramablick, gr. Sonnenterr., teilw. Balk., 30 Parkpl. a. Hs., Bj. 49, **830 000,-**
EURAGRUND CHIEMGAU
Bernauer Str. 5, 8210 Prien
☎08051/3033 Imm

Besteingef. Parfümerie
in sehr guter Lage Münchens, modernst eingerichtet mit namhaften Depot's, aus priv. Gründen zu verk. Von Privat an Privat. Angebote u. ✉ ZS9720188 an SZ

Feinkostgeschäft
mit Käse u. Wurstwaren, Mü.-Nord, kurzfr. zu verk. **☎089/3513946**

1727 Günstig. Komforthotel in Vorarlberg, 70 Bett., a.Zi.DU/WC, Rest., 2 Bars, Disco, Priv.-Whg., Grd. 3000 m², **brauereifr., Anz. DM 850 000,-** günst. Finanz. mögl. **VP 3,85 Mio. DM.**
Südd. Hotelvermittlung Bahnhofstr. 29 8960 Kempten ☎0831/22516

1776 Frühstückspension im Berchtesgadener Land, 11 Betten, Frühstückszimmer, Fernsehzi., Küche, 2 Garagen, Grd. ca. 600 m² + 800 m² Baupl., Bj. 1968, **brauereifrei, VP DM 770 000,- Vhs.**
Südd. Hotelvermittlung Bahnhofstr. 29 8960 Kempten ☎0831/22516

Gutgehendes ital. Spezialitäten-Restaurant in München v. Priv. zu verk., DM 740000,- + Mwst. Jährl. Umsatz DM 740000,-. Für chines. Restaurant gut geeignet, 12 Jahre Mietvertrag., evtl. zu verpachten. Angebote unter ✉ ZS9719994 an SZ

TAXI-KAUF
Vertrauenssache, daher z. Fachmann: Umschreib. (Behörde) wird f. Sie v. mir durchgeführt.
Fa. Kopfhammer (Inh. Erich Lettl)
Mü. 40, Occamstr.26, ☎333343 ab Mo.

München
Pilsstube, Restaurant DM 450 000,-
Restaurant DM 500 000,-
Restaurant DM 800 000,-
Restaurant DM 85 000,-
Restaurant DM 80 000,-
Tegernsee
Café DM 650 000,-
Pilsstube, Restaurant DM 1 200 000,-
Hotel
110 Betten, mit allem Komfort DM 5 000 000,-
Gastronomie Consult, Berliner Str. 11, 8 München 40, ☎265207

Geschäfte-/Hotels-/Gaststätten-Angebote

Existenz f. Liebhaber
Nähe Landsberg/Lech gut eingerichteter Dorfgasthof, Wohngebäude m. landw. Nebengeb., 2200 m² Grund.
Nur DM 495 000,- VB.
Imm. TAATZ, ☎08193/235 o. 08191/1531

Tegernsee: Restaurant, Bj. 80, kompl. einger., ca. 380 m², auch bestens geeignet als Spez.-Rest., Disco, Pilsbar u.etc. VB 1,450 Mio. **Cafe,** Bj. 80, kompl. einger., ca. 100 m², VB 550000,-. **Lauschner Im. ☎09129/5738**

Fußpflege - Praxis
3 Kabinen, großer Kundenstamm (Kartei), K.. Kassenzulassung, im Raum Ufr. wegen Alter abzugeben. Kauf od. Pacht. Zuschr. u. ✉ ZS9717637 an SZ

Krumbach/Schwaben, Gelegenheit!!!
KFZ-Werkstätte, ca. 500 m², m. Tankstelle Lager, Büro u. Whg., Mte. VB, **Bad Wörishofen, Büro- od. Geschäftsräume,** evtl. Lager, ca. 150 m², Mte. VB. **Frundsberg Im. GmbH, ☎08261/4710**

Existenz
gutgehendes DOB-Fachgeschäft in guter Lage am Stadtrand Münchens, wegen Auswanderung zu verk., **Im. ☎2607554**

3000,- bis 4000,- DM als selbständige Verkäuferin durch Übernahme einer Bäkkerei erforderliches Eigenkapital, ca. 20000,- DM, neue Einrichtung, geringe Miete ☎3118554 ab 19 Uhr

Gutgehendes
Textileinzelhandel/Fachgeschäft
am westl. Stadtrand Münchens in bevorzugter Geschäftslage, altershalber zu verk. od. zu verpachten. Anfragen unter ✉ ZS9723418

Hübsche Pension in Berchtesgaden
4 km vom Königssee, Neubau im alpenländischen Stil, Bj. 78, mit 14 Betten in wertvoller Komplettausstattung, herrliche, ruhige Lage, Ganzjahressaison. Verkaufspreis DM 950 000,-; Übernahme ab sofort möglich. **TH-Immobilien ☎089/781340**

Kompl. Offsetdruckerei mit Reproanstalt
modernst einger. (2 GTO, Entwicklungsmaschine, Kamera, Vergrößerungsgerät usw.) zu verkaufen. 80 m² Betriebsräume, DM 7.-/m², ☎089/648612 Mo.-Fr. von 8-16.30 Uhr

Landgaststätte m. Fremdenzimmern teilrenov., brauereifrei, Nähe Ilztal/Bayer. Wald DM 210 000,-, Anzahl. Rest Leibrente
Stolper-Bau-GmbH, 839 Passau, ☎0851/35694/41340

Altmühltal
Gaststätte m. Fremdenzi., 250 Sitzpl., 1972 Saal angebaut, an d. Deutschen Fe-

Lebensmittelgeschäft, 70 m², Umsatz 600000.- an Fachehepaar zu verkaufen. Angeb. u. ✉ ZS9724791 an SZ

Gut gehendes Schreibwarengeschäft/Lotto + Nebenraum, Nähe Stiglmaierplatz, von Privat. ✉ AS9723706 an SZ

Pep-Show zu verkaufen. DM 500 000,-. Erforderl. Kapital DM 150 000,-. Zuschr. unter ✉ ZS9723652 an SZ

Fernseh-Service mit Laden sofort an Barzahler, 5000,- Angeb. unter ✉ ZS9722527 an SZ.

VERKAUFSWAGEN (Merc. 508) f. Eier u. Geflügel, mit gutgehender Tour, ab sofort zu verk. ✉ ZS9722161 an SZ

Ausbaufähiges Reisebüro in Ottobrunn bei München zu verkaufen. Angebote unter ✉ ZS9721660 an SZ.

Sehr gutes Reisebüro in München, am Wettersteinplatz zu verkaufen. Angebote unter ✉ ZS9721025 an SZ

Raum Augsburg-Süd, Handarbeitsgeschäft mit Lotto-Annahmestelle zu verk. Zuschr. u. ✉ ZS9720743 an SZ

Imbiß-Stand mit Softeis u. Süßwaren, in Einkaufszentrum in Mü. zu verk. DM 25000,- + Ware; **☎089/3518411**

Zeitschriften, Bürobedarf u. Tabak in Mü.-West zu verk., Kapital ca. 10000,- erforderl., **☎706439 ab 13 Uhr**

Laden
45 m², Zentrum FFB, ☎352257 ab 13 h

Boutique ca. 60 m², gute Lage, aus famil. Gründen zu verk., 20000,- + Ware u.

Ford Consul Kombi m. Wegstreckenzähler, ☎503129

Taxikonzession zu verkaufen, ☎089/6122958 ab 20 Uhr

2 Taxis kompl. zu verkaufen. Ang. u. ✉ AS9723894 an SZ

Alteingeführte Drogerie in München/Ramersdorf zu verk. ☎400117

Kleine Buch-u. Offsetdruckerei in Augsburg, VB 45000,-. **☎089/5803365**

Kiosk mit Lottoannahme in Kreisstadt Nähe München zu verk. **☎08122/15501**

Taxi-Konzession zu verk. **☎8506582 ab 20 Uhr**

Lebensmittel-/Obstgeschäft, 50 m², hoher Reingewinn, **☎7603977, abends**

Haxenbraterei, Umsatz 360000,- Abl. 100000,-, Anfr. u. ✉ ZS9721796 an SZ

Obst- u. Südfrüchtegeschäft Stadtm. zu vk. Zuschr. u. ✉ ZS9721207 an SZ

Taxikonzession mit DB 240 TD, Uhr und Funk zu verkaufen. ☎7237501

Taxi komplett oder einzeln zu verk. ☎ 6706891

Gelegenheit! Kl. Modeboutique, gute Lauflage, gün. Miete, Ablöse ☎131390

Elektro-Radio-Geschäft in München. Zuschr. u. ✉ ZS9718559 an SZ

Gemütl. Pils-Bar in München zu verpachten. Ang. unter ✉ AS9716521 an SZ

Obst- u. Gemüsegeschäft m. Getränkeabholmarkt, beste Rendite, ☎6123309

Abb. 14: Ausschnitt einer Annoncenseite der Süddeutschen Zeitung.

Dieses Beispiel macht auf zwei in der Wahrnehmung wirkende Prinzipien aufmerksam: ein *formales* und ein *inhaltliches*. Die Gestaltung der japanischen Flagge, die keineswegs besonders viele Elemente enthält, bewirkt, daß sie zur *Figur* wird und die sie umgebenden anderen Flaggen zum *Grund* degradiert. Die japanische Flagge ist besonders *prägnant* gestaltet (METZGER 1953). Es gibt also in diesem Sinne formale Aspekte, die – von erfahrungsmäßigen und motivationalen Größen vermutlich relativ unabhängig – zur Selektion führen. Innerhalb des schon einmal angesprochenen „Anzeigenfriedhofs" in den Tageszeitungen haben prägnant gestaltete Anzeigen, auch wenn sie nicht besonders groß sind, eine überdurchschnittliche Wahrscheinlichkeit aufzufallen (vgl. hierzu die Anzeige vom „Stapler-Miet-Dienst" in Abbildung 14).

Nicht nur *formale* Gestaltungsprinzipien führen zur Selektion, sondern auch *inhaltliche*: die Bedeutung. Wenn auf der Seite mit den Flaggen der Nationen dem Deutschen die deutsche Flagge auffällt (trotz der wenig prägnanten Gestaltung und der großen Ähnlichkeit dieser Flagge mit anderen), so ist dies vor allem auf die Bedeutung zurückzuführen, die sich aus der Sozialisation ergibt.

Im Rahmen der Wahrnehmungsforschung, die durch BRUNER (1951) und POSTMAN (1951; 1953) angeregt wurde, gelang in vielfältigen experimentellen Untersuchungen der Nachweis, daß in Abhängigkeit von der Einbettung der Wahrnehmungssituation in den gesamten Lebenszusammenhang spezifische Selektions- und Organisationseffekte zu beobachten sind. So fanden z. B. MCCLELLAND & ATKINSON (1948), daß hungrige Vpn in mehrdeutigem Reizmaterial häufiger Dinge sahen, die mit der Nahrung zu tun haben, als satte. Auf MCCLELLAND & LIBERMAN (1949) geht eine experimentelle Untersuchung zurück, in der gezeigt werden konnte, daß leistungsmotivierte Personen bei der tachistoskopischen, d. h. sehr kurzzeitigen Darbietung von Worten besonders schnell jene erkannten, die mit der Leistungsthematik zu tun hatten, andere Worte dagegen nicht oder nur schlecht (bei den nicht leistungsmotivierten Personen war es genau umgekehrt). Ein besonders berühmt gewordenes, aber zugleich auch umstrittenes Experiment stammt von BRUNER & GOODMAN (1947), in dem die Autoren den Nachweis dafür sahen, daß arme Kinder Geldstücke größer einschätzen als reiche, da Geld für sie eine größere Bedeutung hat. Eine Bestätigung des dabei grundsätzlich gezeigten Effektes gelang GOODMAN (s. GRAUMANN 1956, S. 632), der vierjährigen Kindern die Aufgabe stellte, die Größe einer gelben Scheibe zu schätzen, deren Durchmesser dann erheblich (um ca. 35 %) überschätzt wurde, wenn die gelben Scheiben als Bonbons ausgegeben wurden, die die Kinder aufessen durften. Für die Plazierung von Produkten, die textliche Beschreibung von Ideen und für werbliche Inhalte ergibt sich daraus die Vermutung, daß sie um so eher beachtet werden, je bedeutsamer sie für den einzelnen sind. Eine empirische Untersuchung, in der 50 vielbeachtete und 50 wenig beachtete Anzeigen miteinander verglichen wurden, zeigte dann auch, daß 29 der *viel*beachteten Anzeigen Menschen und nicht eine das Produkt visualisierten, dagegen nur 10 der *wenig* beachteten Anzeigen Menschen, 32 dagegen das Produkt (STARCH nach VON ROSENSTIEL 1973). Dieses Ergebnis läßt sich dahingehend interpretieren, daß der Mensch für den Menschen eine besonders hohe Bedeutsamkeit hat, wie auch der berühmte RUBINsche Becher (vgl. Abbildung 15) demonstriert.

Abb. 15: Der RUBINsche Becher.

Nach gestaltpsychologischer Auffassung wäre zu erwarten, daß in diesem „Kippbild" der Becher als Figur vor einem schwarzen Grund gesehen wird. Hat man jedoch einmal im schwarzen Umgrenzungsfeld zwei aufeinandergerichtete menschliche Profile erkannt, so neigen diese dazu, zur schwarzen Figur vor weißen Grund zu werden, weil die Profile für den Menschen bedeutsamer sind als der Becher. (Bei längerer Betrachtung kommt es gelegentlich zum Kippen, d. h. für kurze Zeit wird der Becher, dann werden wieder die Profile zur Figur usf.)

Analysiert man das zuvor geschilderte Experiment von McCLELLAND & LIBERMAN, in dem Leistungsmotivierte bei zeitlich kurzfristiger Darbietung leistungsbezogene Worte besser erkannten als neutrale, so kann man zu der Erklärungshypothese gelangen, daß die Versuchspersonen bereits *vor* der bewußten Wahrnehmung auf irgendeine Weise unterscheiden, wel che der Worte leistungsbezogen sind und welche nicht. Nur diejenigen, die einen Bezug zur Leistungsthematik haben, werden dann bewußt wahrgenommen. Hier würde also das in der Wahrnehmung wirkende Prinzip der Selektion so zu erklären sein, daß auf einem vorbewußten, „unterschwelligen" Niveau darüber entschieden wird, welche Reize aus dem Angebot ausgewählt, also zum Bewußtsein zugelassen werden und welche nicht.

Wir stehen hier vor der sogenannten „Subception-Hypothese", die besagt, daß unter bestimmten Bedingungen der Person auch dann Diskriminierungen möglich sind, wenn diese Diskriminierungen bewußt noch gar nicht vorgenommen werden können. LAZARUS & McCLEARY (1951) prüften diese Hypothese wie folgt: Sie versetzten ihren Vpn so lange einen elektrischen Schock bei 5 von insgesamt 10 sinnlosen Silben, bis der Schock mit diesen 5 Silben klassisch konditioniert war. Die Silben wurden dabei jeweils eine Sekunde lang präsentiert. Die Überprüfung, ob Konditionierung (siehe S. 110) eingetreten war, erfolgte über die Messung der sogenannten psychogalvanischen Hautreaktion. In der darauffolgenden Untersuchungsphase wurden nun alle Silben tachistoskopisch mit zunächst sehr kurzer und dann ansteigender Darbietungszeit dargeboten. Gemessen wurden die verbalen Äußerungen der Versuchsperson und wiederum die psychogalvanischen Reaktionen. Es zeigte sich, daß die „geschockten Silben" auch dann auffällige hautgalvanische Reaktionen hervorriefen, wenn sie von den Vpn noch gar nicht bewußt erkannt worden waren.

Dieses klassische Experiment wurde auf der einen Seite mehrfach empirisch bestätigt (LOWENFELD, RUBENFELD & GUTHRIE 1956; LOWENFELD 1961), aber – was Anlage und Schlußfolgerungen betrifft – auch kritisiert (KOEPPLER 1972; BRAND 1978). Das soeben geschilderte Experiment läßt eine „unterschwellige Wahrnehmung" vermuten. Der Begriff erscheint zunächst paradox. „Unterschwellig" bedeutet ja, daß nichts bewußt wurde, „Wahrnehmen" aber heißt – bezogen auf einen Reizgegenstand –, daß er einem bewußt war, also oberschwellig sein mußte. Unterschwellige Wahrnehmung würde entsprechend bedeuten, daß er zugleich unter- *und* oberschwellig war, was natürlich unsinnig ist. Der scheinbare Widerspruch klärt sich, wenn man sieht, daß hier auf zwei Ebenen argumentiert und operationalisiert wird: Von unterschwelliger Wahrnehmung spricht man dann, wenn etwa eine Person sagt, sie hätte einen Reiz nicht erkannt (= Ebene der Aussage), aber auf anderen Ebenen (z. B. physiologischen) Reaktionen feststellbar sind, die ohne Wahrnehmung des Reizes nicht zu erklären wären.

Es scheint somit angemessen, von verbalisierten und nichtverbalisierten Indikatoren zu sprechen. Auf die vielfältigen, damit zusammenhängenden

Probleme kann hier nicht eingegangen werden (siehe z. B. FRANKE 1967; KOEPPLER 1969; 1972; BRAND 1978).

Für die verbreitungspolitischen Maßnahmen, auch für die Werbung, gewann diese Thematik durch die berüchtigte VICARY-Studie 1957 an Bedeutung: Hier wurde angeblich in einem Kinofilm alle fünf Sekunden der Werbeappell "Drink Coca Cola" bzw. "Eat Popcorn" extrem kurz ($^1/_{3000}$ Sek.) eingeblendet, worauf der Umsatz von Coca Cola um ca. 18%, der von Popcorn um ca. 58% gestiegen sein soll. Diese Untersuchung, an deren Existenz erhebliche Zweifel bestehen (BRAND 1978; LANGER 1981), führte dazu, daß man im Werbepsychologen einen „geheimen Verführer" sah (PACKARD 1957). Versucht man heute, nachdem zu dieser Thematik nicht nur in der Allgemeinen Psychologie, sondern auch in der Werbepsychologie viele experimentelle Untersuchungen durchgeführt worden sind, Bilanz zu ziehen, so darf als gesichert gelten, daß eine *spezifische* Verhaltensbeeinflussung durch unterschwellige Werbung nicht möglich ist. Es gelingt also beispielsweise nicht, durch extrem kurze Einblendungen in einen Film die Zuschauer dazu zu bringen, Coca-Cola und nicht ein anderes Getränk zu kaufen. Dagegen ist es denkbar, durch *häufige* unterschwellige Einblendungen ein *allgemeines* Bedürfnis, wie z. B. das des Durstes oder des Hungers, zu aktivieren (BYRNE 1959). Trotz dieser Möglichkeit, die BEHRENS & HARTMANN (1977) dadurch erklären, daß durch die kurzfristige Darbietung des Reizes einfache Identifikationsmuster aktiviert werden, deren Intensität zwar nicht stark genug ist, um den Reiz bewußt werden zu lassen, aber sehr wohl ausreicht, um unspezifische, damit konditionierte Gefühle wachzurufen, wird die unterschwellige Werbung – was die Wirksamkeit betrifft – meist skeptisch beurteilt (KOEPPLER 1972; HOFFMANN 1972; WISWEDE 1973; BRAND 1978; VON ROSENSTIEL & EWALD 1979 b) und – von ihren praktischen und ethischen Implikationen her – negativ bewertet (THOMAE 1972). Allerdings sollte man die Bedeutung der Frage nach der unterschwelligen Wahrnehmung verbreitungspolitischer Aktivitäten nicht nur an dem Umstand messen, daß etwa unterschwellige Einblendungen in den Kinos nicht erlaubt und im Fernsehen technisch gar nicht möglich sind, sondern man sollte auch ganz alltägliche Phänomene bedenken: Beim raschen Vorbeifahren an einer Litfaßsäule, beim Durchblättern einer Zeitschrift, beim Gang durch einen Supermarkt, in dem sehr viele Produkte stehen, beim Aufenthalt in einem Raum, in dem sehr leise das Radio läuft – in all diesen Fällen scheint die Beeinflussung durch unterschwellige Reize möglich: Die Person wird sagen, daß sie nichts bemerkt hat. Ob die Reize deswegen völlig wirkungslos blieben, kann bezweifelt werden. Es ist vielmehr möglich, daß dadurch unspezifische Handlungstendenzen aktiviert wurden.

b) Operationalisierung

Um zu untersuchen, ob verbreitungspolitische Instrumente (oder Teile von ihnen, wie z. B. der Namenszug des Anbieters) eine Chance haben, wahrgenommen, d. h. beachtet zu werden, kann man sich folgender Verfahren bedienen:

– Verfahren der gelockerten Reizbindung,
– Verfahren zur Prüfung der Gestaltfestigkeit,
– vor allem aber Verfahren der Blickregistrierung.

Bei den Verfahren der *gelockerten Reizbindung* wird den Versuchspersonen die Wahrnehmung der zu prüfenden Gegenstände (z. B. Entwürfe von Packungen, Anzeigen, Plakaten, Signets usw.) erschwert, sei es, daß man sie z. B. nur ganz kurz (wie beim Tachistoskop) oder nur ganz schwach beleuchtet (wie beim Nyktoskop) darbietet. Wenn dann ein Entwurf trotz dieser erschwerten Bedingungen relativ gut wahrgenommen wird, kann man unterstellen – hier stellt sich wieder das Problem der Validität –, daß er sich auch in der realen Situation gegenüber konkurrierenden (Werbe-)Reizen durchsetzen wird. Da sich diese Verfahren jedoch besser zur Untersuchung der ersten Anmutungen eignen, die von den verbreitungspolitischen Instrumenten ausgehen, werden sie erst dort (siehe S. 75) näher beschrieben.

Ähnliches gilt für die *Verfahren zur Prüfung der Gestaltfestigkeit:* Man kann unterstellen, daß Entwürfe mit hoher Gestaltfestigkeit auch bei verzerrenden Randbedingungen (z. B. bei perspektivischer Verzeichnung) noch „richtig" wahrgenommen werden können. Da diese Verfahren auch und vor allem Hinweise darauf geben, ob und wie stark ein Entwurf der *Irradiation* (vgl. S. 86) unterliegen kann, werden sie unter diesem Aspekt behandelt.

Die mit Abstand verläßlichste Methode zur Prüfung der Wahrnehmungsselektion ist die *Blickregistrierung*. Dabei sind unterschiedliche Versuchsanordnungen denkbar: von der einfachen, eventuell mit Video aufgezeichneten Beobachtung (SPIEGEL 1970), die, vom Probanden unbemerkt z. B. durch einen Einwegspiegel vorgenommen, seine Reaktionen nicht verfälscht, dafür aber nur sehr grobe Anhaltspunkte liefert, bis hin zur Messung mit aufwendigen Apparaturen (GAARDER 1975; MONTY & SENDERS 1976; JUST & CARPENTER 1976; WITT 1977; HERA 1979 und KROEBER-RIEL 1980), mit deren Hilfe exakt festgestellt werden kann, welche Werbemittel bzw. welche Teile davon wie lange und in welcher Reihenfolge vom Probanden fixiert werden. Letzteres ist allerdings mit einer größeren Lebensferne verbunden, wenngleich die tragbaren Ausführungen, wie etwa der Eye-Mark-Recorder von NAC, auch Felduntersuchungen zulassen.

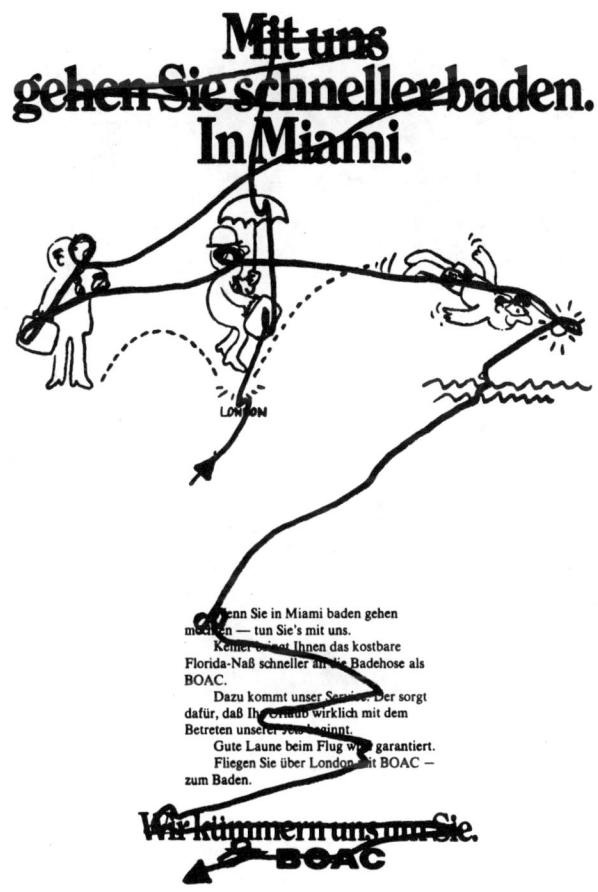

Abb. 16: Blickverlauf beim Betrachten einer Anzeige,
Gesamtbetrachtungszeit 10 Sek. (nach KROEBER-RIEL, 1980, S. 235).

Mit diesem Gerät kann das Blickfeld des Probanden und darin eingeblendet die Stelle, die er gerade fixiert, mit Video aufgezeichnet werden.
Diese Aufzeichnung informiert über den Blickverlauf. Setzt man Zeitmar-
ken, kann man erkennen, welche Stellen der Proband wie lange fixiert, welche er überflogen und welche er gar nicht berührt hat (s. Abbildung 16 nach
KROEBER-RIEL 1980, S. 235), und Abbildung 17 aus GEISER & REINING
1980, S. 28).

Fixationen (Schleifen bzw. Verdickungen in Abbildung 16 bzw. 17) dau-
ern im Normalfall 0,2 bis 0,4 Sekunden, die schnellen Sprünge zwischen

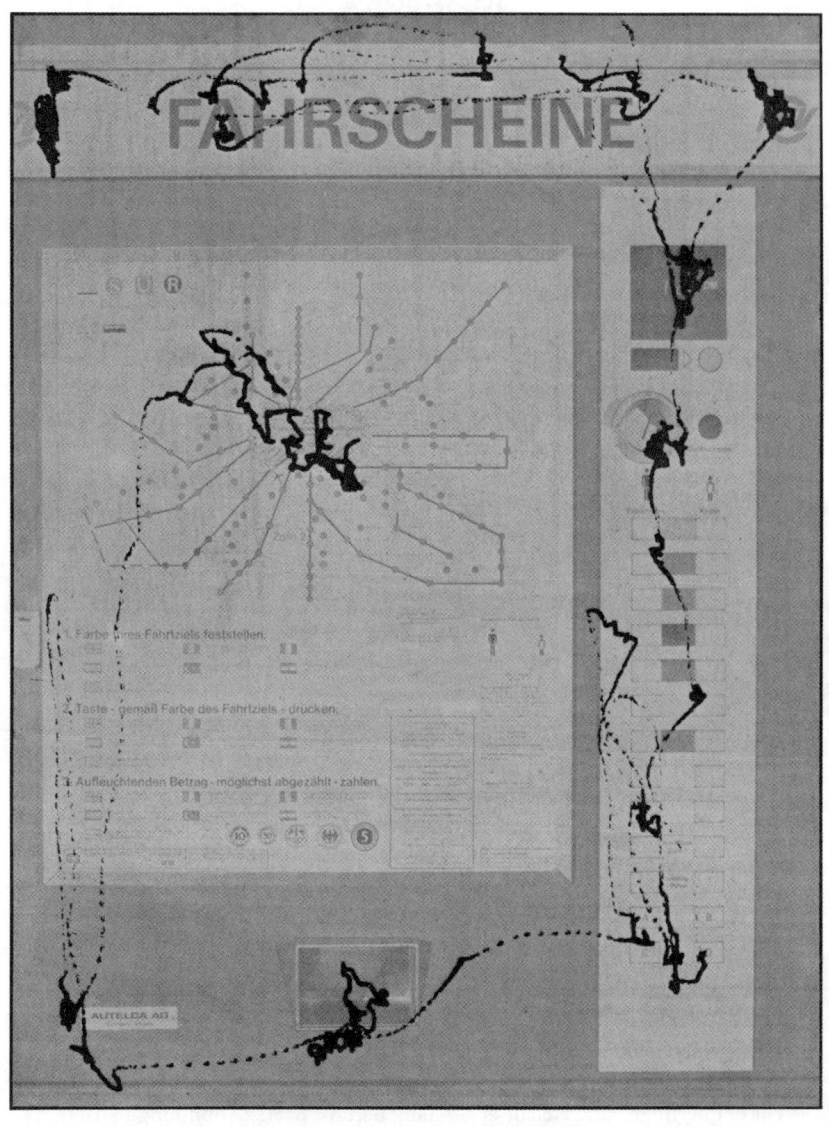

Abb. 17: Blickverlauf beim Betrachten eines Fahrkartenautomaten
(aus GEISER & REINING, 1980, S. 28).

den einzelnen Fixationen, die sogenannten Saccaden, etwa 0,03 bis 0,09 Sekunden. Da nur bei Fixationen, kaum aber bei Saccaden Information aufgenommen wird, läßt sich mit Hilfe solcher Aufzeichnungen des Blickverlaufs beispielsweise gut erkennen, welche Annoncen in einer Illustrierten (in die der zu testende Entwurf geschickt eingeklebt wurde) überhaupt beachtet und welche Teile davon wie lange und in welcher Reihenfolge betrachtet werden.

Neben diesen technisch sehr aufwendigen Apparaturen und der oben erwähnten „einfachen" Beobachtung werden zur Blickregistrierung noch das Mannheimer-Blickregistrierungs-Verfahren und das von Compagnon entwickelte Verfahren der Leseverhaltensbeobachtung verwendet. Sie liegen – was die Exaktheit der Messung und die Realitätsnähe betrifft – zwischen den beiden Extremen (SALCHER 1978): Hier sitzt die Versuchsperson vor einem verspiegelten Tisch bzw. Pult, auf dem z. B. eine Zeitung liegt. Eine versteckt (z. B. in der Leselampe, die hinter der Versuchsperson steht und die Zeitung beleuchtet) angebrachte Kamera zeichnet sowohl die Stellung des Kopfes der Versuchsperson (einschließlich ihrer Blickbewegungen) als auch die gerade aufgeschlagene Seite der Zeitung auf. Aus der Augenstellung kann dann von geübten Auswertern einigermaßen genau erschlossen werden, welche Anzeigenelemente die Versuchsperson gerade fixiert.

c) Beispiele empirischer Untersuchungen

Nachfolgend sollen einige empirische Untersuchungen dargestellt werden, die zeigen, wie vorgegangen werden kann, um die Prägnanz eines Werbemittels unter dem Gesichtspunkt *formaler* Gestaltungskriterien, die Selektion bestimmter Inhalte aufgrund der *inhaltlichen* Gestaltung oder die Wirkung *unterschwelliger* Werbung zu analysieren.

Die Überprüfung der Prägnanz kann methodisch auf sehr unterschiedliche Weise erfolgen, wie der Abschnitt über die Operationalisierungsmöglichkeiten verdeutlichte. Hier sei ein Beispiel genannt, bei dem mit dem Nachbildverfahren (siehe S. 87) gearbeitet wurde (nach SPIEGEL 1970, S. 83).

Der Entwurf eines *Warenzeichens* für ein schmerzlinderndes Mittel zeigte die Silhouette einer etwas schräg gehaltenen Hand mit leicht gespreizten Fingern, die einen von der Seite kommenden spitzen Keil, der den Schmerz symbolisierte, abwehren sollte. Im Nachbild richtete sich die Hand oder zumindest der Zeigefinger senkrecht auf. Durch entsprechende Änderungen konnte der Entwurf – gemessen an den Ergebnissen des Nachbildverfahrens – prägnanter gestaltet werden.

Daß die *inhaltliche* Gestaltung der Werbemittel die Art der Informationsaufnahme und damit die Selektion beeinflußt, zeigt z. B. die Arbeit von WITT (1977). Der Autor benutzte dabei das schon beschriebene Blickregistrierungsverfahren. Als unabhängige Variable verwendete er Bildelemente (Mann oder Frau), die in der einen Variation eine nur schwach aktivierende Wirkung hatten (neutrale Haltung der Personen), in der anderen Version eine stark aktivierende (erotische Haltung der Personen). Die Registrierung des Blickverhaltens (abhängige Variable) zeigte, daß die aktivierenden Elemente bei drei der vier geprüften Annoncen deutlich häufiger fixiert wurden als die weniger aktivierenden (siehe Abbildung 18):

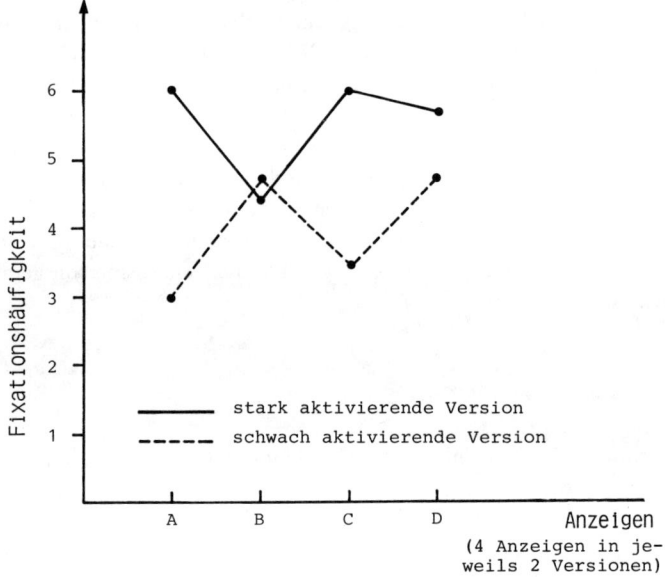

Abb. 18: Beziehung zwischen der Stärke der Aktivierung und der Häufigkeit der Fixierung bei vier Anzeigen.

Eine bekannte empirische Untersuchung zur Wirkung *unterschwellig* gebotener werblicher Information stammt von HAWKINS (1970), der die Wirkungen *unter*- und *ober*schwelliger Darbietungen des gleichen Reizes auf die Einstufungen des Durstempfindens und die Effekte eines *einfachen* und eines *komplexen* Reizes miteinander vergleichen wollte.

Es wurden 4 Gruppen mit jeweils 42 Vpn gebildet, wobei Gruppe 1 als Kontrollgruppe diente, der als Reizmaterial die sinnlose Silbe „NYTP" *unter*schwellig geboten wurde. Gruppe 2 erhielt *unter*schwellig den gleichen

Reiz wie die Kontrollgruppe und *ober*schwellig den Durstreiz „COKE".
Gruppe 3 erhielt diesen Durstreiz *unter*schwellig. Gruppe 4 wurde *unter*-
schwellig mit dem komplexen Durstreiz „DRINK COKE" konfrontiert.

Als unterschwellig galt ein Reiz, der mit einer Darbietungszeit von 2,7
Millisekunden geboten wurde, da Vorversuche gezeigt hatten, daß bei die-
ser Darbietungszeit die Differenzierung zwischen tatsächlichen Reizen und
„Leerreizen" nicht eindeutig gelang.

Die unterschwelligen Reize wurden den Vpn während eines fünfzehn-
minütigen Versuchs 40mal geboten, die oberschwelligen insgesamt 5mal.

Als abhängige Variable wurde die erlebte Intensität des Durstes (nicht
der Wunsch nach Cola oder gar Coke) auf einer siebenpunktigen Skala erfaßt. Der Abstand zum Zeitpunkt der letzten Flüssigkeitsaufnahme wurde
kontrolliert.

Es zeigten sich folgende Ergebnisse:

1. Die unterschwellige Darbietung des Durstreizes „COKE" führte zu
   höheren Durstskalierungen als die unterschwellige Darbietung der sinnlosen Silbe „NYTP".
2. Die unterschwellige Darbietung des komplexen Durstreizes „DRINK
   COKE" führte zu höheren Durstskalierungen als die unterschwellige
   Darbietung der sinnlosen Silbe „NYTP".
3. Die unterschwellige Darbietung des komplexen Durstreizes „DRINK
   COKE" und die unterschwellige Darbietung des Durstreizes „COKE"
   führten zu keinem nachweisbaren Unterschied der Durstskalierung.
4. Die oberschwellige Darbietung des Durstreizes „COKE" führte zu höheren Durstskalierungen als die unterschwellige Darbietung der sinnlosen Silbe „NYTP".
5. Die oberschwellige und die unterschwellige Darbietung des Durstreizes
   „COKE" führten zu keinen nachweisbaren Unterschieden der Durstskalierung.

Man kann also mit dem Autor folgern, daß – häufige und massierte Wiederholung vorausgesetzt –

– einfache unterschwellige Reize dazu dienen können, *Grund*bedürfnisse
  wie den Durst zu aktivieren,
– *komplexe* unterschwellige Aufforderungen, das Getränk zu *trinken*, keinen stärkeren Effekt haben, und
– die unterschwellige Darbietung eines vertrauten Zeichens eine ebenso intensive Aktivierung des Grundbedürfnisses bewirken kann wie die weniger häufige oberschwellige Darbietung des gleichen Zeichens.

Abb. 19: Prägnante und weniger prägnante Markenzeichen und Signets.

d) Anwendungsmöglichkeiten

Anwendungsmöglichkeiten der genannten Verfahren liegen in erster Linie auf dem Gebiet der Werbegestaltung, ganz gleich für welche Inhalte oder Ziele diese Werbung eingesetzt werden soll. So läßt sich zum einen ermitteln, unter welchen Bedingungen sich ein Werbemittel gegenüber konkurrierenden durchzusetzen vermag bzw. ob es sich faktisch durchsetzt. Es läßt sich – was auch in wissenschaftlichen Untersuchungen beschrieben wurde (BERNHARD 1978) – prüfen, ob sich (bei Anwendung des Blickregistrierungsverfahrens) Plazierungsvorteile nachweisen lassen, was tatsächlich für „links oben" zu gelten scheint. Es läßt sich aber auch untersuchen, ob sich innerhalb des Werbemittels die als Schlüsselinformation vorgesehene Aussage (vgl. BERNHARD 1977; KROEBER-RIEL 1980) durchsetzt oder der Blick ganz oder teilweise auf periphere „Blickfänger" abgezogen wird (ANASTASI 1973).

Die Bedeutung dieser Verfahren ist allerdings nicht nur innerhalb der Werbemittelforschung (vgl. VON ROSENSTIEL 1973) erheblich, sie können auch auf anderen Gebieten eingesetzt werden, wenn es etwa darum geht, die Prägnanz solcher Zeichen und Symbole zu überprüfen, die besonders leicht erkannt werden und fest im Gedächtnis haften bleiben sollen, wie das z. B. für Markenzeichen gilt. Beispiele für prägnant und weniger prägnant gestaltete Markenzeichen zeigt Abbildung 19.

Zur Überprüfung der Prägnanz sind die zuvor kurz angesprochenen aktualgenetischen Verfahren und die Vorgehensweisen zur Überprüfung der Gestaltfestigkeit geeignet. Mit diesen Verfahren (und ggf. der Blickregistrierung), lassen sich aber auch Produkt- und Packungsgestaltungen untersuchen. Man kann z. B. bei technischen Geräten testen, ob die Bedienungselemente gut im Blickfeld liegen, bei Packungen, ob sie sich aufgrund ihrer Prägnanz von konkurrierenden, die neben ihnen im Verkaufsregal stehen, genügend abheben oder ob die Schlüsselinformation gut erkannt wird. Es läßt sich analysieren, wie Waren in den Regalen plaziert sein müssen, damit sie nicht übersehen werden, ob die Präsentation des Sonderangebotes im Schaufenster „ins Auge springt", ob die Leuchtschrift an den Fassaden der Geschäfte oder andere dort angebrachte Informationen beachtet werden. Auch die Lesbarkeit von Texten ist auf diese Weise überprüfbar, was nicht nur für kommerzielle Informationen gilt (BEHRENS & HARTMANN 1977), sondern auch für die Aufnahme von Information im Sinne des Konsumentenschutzes, ein Thema, das in Deutschland vor allem von RAFFÉE und seinen Mitarbeitern (1976) bearbeitet wird (vgl. auch SILBERER et al. 1981).

Anwendungsmöglichkeiten der unterschwelligen Wahrnehmung können und wollen wir nicht nennen: zum einen, weil ihre Wirksamkeit mehr als fraglich ist, zum anderen, weil dies – Wirksamkeit einmal unterstellt – ethisch nicht zu vertreten wäre.

1.2. Anmutung

Schon die Sprache legt es nahe, Wahrnehmung und Gefühl zu trennen. Zu den impliziten allgemein-psychologischen Theorien des Laien gehört es anzunehmen, daß man sich zunächst einmal wahrnehmungsmäßig über einen Gegenstand informiert und erst dann emotional Stellung nimmt. Auch in der wissenschaftlichen Psychologie wurde – bis in prominente Lehrbücher hinein (z. B. OGDEN & RICHARDS 1923) – diese Trennung aufrechterhalten, die bei differenzierter Betrachtung des Phänomens unhaltbar wird.

a) Theoretische Grundlagen

Neben der Gestaltpsychologie, zu deren bleibenden Verdiensten die theoretische und experimentelle Begründung der vielzitierten Aussage gehörte, daß das Ganze mehr sei als bloß die Summe seiner Teile, beschäftigte sich auch die sogenannte Leipziger Schule, die gelegentlich als Ganzheitspsychologie bezeichnet wird, u. a. mit der Entstehung der Wahrnehmung. Die Leipziger Schule – ihre bedeutendsten Vertreter waren KRUEGER, SANDER und VOLKELT – ging davon aus, daß im Gefühl der Ursprung der übrigen Erlebnisarten zu sehen sei und daß dies auch für die Wahrnehmung gelte.

Die Ganzheitspsychologie reicht in ihrem Anspruch weit über die Wahrnehmungspsychologie hinaus. Dort allerdings, wo sie ihre Hypothesen experimentalpsychologisch zu überprüfen suchte, kam es meist zu einer Beschränkung auf das Feld der Wahrnehmung (SANDER 1932). Das SANDERsche Experimentieren war von dem Ziel getragen, die Entstehung der Wahrnehmung (Aktualgenese) als Prozeß zu verstehen und an diesem Beispiel die Grundannahme der Ganzheitspsychologie aufzuweisen, daß nämlich im Gefühl der Ursprung der übrigen Erlebnisarten liegt. Da Wahrnehmungsbilder – es wurde vorwiegend auf dem Gebiet der optischen Wahrnehmung gearbeitet – äußerst schnell entstehen, ist die Analyse dieses Prozesses nur dadurch möglich, daß man ihn künstlich ausdehnt, was mit den Verfahren der „gelockerten Reizbindung" (METZGER 1963) erfolgt, die auch als aktualgenetische Verfahren bezeichnet werden. Diese beruhen darauf, daß man die Auseinandersetzung mit dem Reiz z. B. dadurch erschwert, daß dieser zeitlich extrem kurz oder lediglich in der Peripherie des Blickfeldes geboten wird etc.

Die experimentell herbeigeführte Unterbrechung bzw. Erschwerung der Wahrnehmung macht es möglich, die Person detailliert zu befragen, was sie bei den einzelnen Prozeßstufen der Wahrnehmung erlebt. Nach SANDER (1928; 1932) werden dabei zunächst die entwicklungsgeschichtlich älteren Schichten der Person angesprochen, was dazu führt, daß es in diesem Stadium zu ganz spontanen und unreflektierten Anmutungen kommt. Erst bei längerdauernder Darbietung des Reizes werden auch die entwicklungsgeschichtlich jüngeren Persönlichkeitsschichten angesprochen: Der Reiz wird voll bewußt wahrgenommen und detailliert diskriminiert.

Die Wahrnehmung entfaltet sich vom ersten gefühlsmäßigen Ahnen bis hin zur klaren Gegenstandserfassung (GRAUMANN 1959).

Man mag nun einwenden, daß dieser Prozeß der Wahrnehmungsentstehung von ausschließlich theoretischem Interesse, zumindest aber für die Markt- und Werbepsychologie irrelevant sei, da der Konsument stets die Möglichkeit habe, sich zeitlich ausreichend und unter befriedigenden Wahrnehmungsbedingungen – also keineswegs bei gelockerter Reizbindung – mit dem Werbemittel oder anderen absatzfördernden Maßnahmen wie Markenzeichen, Produkten usw. auseinanderzusetzen. Dem wiederum hält SPIEGEL (1970, S. 52f.) entgegen, daß

– unsere Alltagshandlungen weitgehend unreflektiert sind,
– selbst bei rational gesteuerten Handlungen das emotionale Fundament bedeutsam sei,
– die ersten spontanen Anmutungen bestimmen, ob das Werbemittel weiter beachtet wird,
– die Werbemittel ohnehin meist nur flüchtig beachtet werden, so daß der Betrachter dabei selten über erste diffuse Anmutungen hinauskommt und schließlich
– auch bei bewußter Zuwendung des Betrachters zum Werbemittel gewährleistet sein solle, daß die ersten Anmutungen und der später voll bewußte Eindruck harmonieren (innere Gestaltfestigkeit).

Mit derartigen Wahrnehmungstests, die meist für die Werbeerfolgsprognose herangezogen werden und deshalb als Pretests bezeichnet werden, kann beim Vergleich verschiedener Entwürfe der passendste ermittelt werden (KOEPPLER u. a. 1974). Allerdings fehlen gesicherte empirische Ergebnisse zur prognostischen Validität (LIENERT 1967). Dies veranlaßte KOEPPLER u. a. (1974, S. 101) zu der kritischen Aussage:

„Bis jetzt ist kein Beweis dafür erbracht worden, daß die alltägliche Wahrnehmung die Phasen durchläuft, die bei aktualgenetischen Experimenten ermittelt worden sind. Das heißt, daß es nicht gerechtfertigt ist, die unter tachistoskopischen Bedin-

gungen erzielten Ergebnisse auf den Wahrnehmungsprozeß, wie er sich unter natürlichen Bedingungen vollzieht, zu übertragen. "

b) Operationalisierung

Wie schon im letzten Abschnitt angedeutet, werden Anmutungen, die
von (visuellen) verbreitungspolitischen Instrumenten ausgehen, mit *aktualgenetischen Verfahren* untersucht, die, so unterschiedlich auch die einzelnen Varianten aufgebaut sind, alle nach dem gleichen Grundprinzip
arbeiten: Sie lockern die Bindung zwischen Wahrnehmenden und Wahrnehmungsgegenstand. Die Versuchsperson kann also die Reizvorlage –
zumindest zu Beginn des Versuchs – nur unvollkommen wahrnehmen
(s. vor allem SPIEGEL 1970).

Die gebräuchlichsten *Methoden zur Lockerung der Reizbindung* sind
die
– zeitliche Verkürzung der Betrachtungsdauer (durch Tachistoskope),
– Verseitlichung der Reizvorlage (mit Hilfe eines Perimeters),
– Verdunklung (beim nyktoskopischen Versuch),
– Entfernung,
– Verkleinerung,
– Verunschärfung und
– Elementenverringerung.

Von diesen Möglichkeiten wird am häufigsten die Verkürzung der
Expositionszeit praktiziert. Die dabei eingesetzten *Tachistoskope* funktionieren unterschiedlich, sowohl was die Reizdarbietung als auch was die
Realisierung der zeitlichen Verkürzung betrifft (JASPERT 1963; SPIEGEL
1970 und KROEBER-RIEL 1980):

Die kontrollierte *Verkürzung der Expositionszeit* kann entweder *mecha-
nisch* durch einen Zentral- bzw. (kaum noch verwendeten) Schlitz-
verschluß analog zu den Verschlüssen von Fotoapparaten erfolgen oder
elektronisch durch kurzzeitige Ausleuchtung (analog moderner Elektro-
nenblitzgeräte). Die *Reizvorlage* kann entweder auf eine Mattscheibe bzw.
Leinwand *projiziert* oder in einem besonderen Behälter *original* – im Gegensatz zur Projektion auch dreidimensional – *dargeboten* werden. Beispiele dieser vier Grundtypen zeigt Tabelle 2.

Die elektronischen Varianten haben gegenüber den (preiswerteren)
mechanischen eine Reihe von Vorzügen:
– die Expositionszeit kann bis auf 1/2000 Sek. (gelegentlich noch weniger)
  verkürzt werden,
– die vorgewählte Zeit wird exakt eingehalten,

Tab. 2: Die vier Grundtypen von Tachistoskopen

	Darbietungsart	
	Projektion	Einblick
mechanisch	Handelsüblicher Diaprojektor, auf dessen Objektiv ein Zentralverschluß geschraubt wird, der sich über einen Drahtauslöser (oder auch elektromagnetisch) auslösen läßt und die Lichtstrahlen der dauernd brennenden Projektionslampe für die vorgewählte Zeit freigibt.	Kasten, in dem die zu prüfenden Gegenstände (vor allem Werbemittel oder Verpackungen) angeordnet und dauernd beleuchtet sind. Der Einblick für den Probanden ist durch einen Zentralverschluß verdeckt, der sich für die vorgewählte Zeit kurz öffnet.
	Auf diese Weise lassen sich Darbietungszeiten von $^1/_{500}$ Sekunde realisieren, doch empfiehlt es sich, je nach Größe des Verschlusses (und damit der trägen Masse der Verschlußlamellen) nur mit Verschlußzeiten von $^1/_{120}$ bzw. $^1/_{60}$ Sekunde zu arbeiten.	
elektronisch	Elektronisches Projektionstachistoskop: Die elektronisch gesteuerte Blitzanlage projiziert ein Dia für den Bruchteil einer Sekunde (oder auch länger) auf eine Mattscheibe bzw. Leinwand.	Elektronische Produktbühne: Ein Lichtblitz beleuchtet die in einem Kasten aufgestellten Gegenstände (z. B. Werbemittel oder Verpackungen) für eine genau bestimmte Zeitdauer.
	Bei elektronischen Tachistoskopen ist die Darbietung stufenlos von „unendlich" bis herunter zu $^1/_{2000}$ Sekunden (bei einigen Geräten noch kürzer) regelbar.	

(Zeilenbeschriftung links: Zeitliche Verkürzung)

Versuchsablauf	
Ein oder mehrere Personen sitzen in einem abgedunkelten Raum und werden auf die bevorstehende Exposition mit der Ankündigung „Achtung, jetzt!" hingewiesen.	Eine Person sitzt oder steht vor dem Kasten, ein oder beide Augen an der Einblicköffnung. Sie löst die Exposition meist selbst aus. Untersuchungen von mehreren Personen gleichzeitig sind nicht möglich.
Begonnen wird meist mit extrem kurzen Zeiten, die sich langsam steigern.	

– der Anstieg bzw. Abfall der Helligkeit erfolgt praktisch senkrecht, nicht „allmählich" wie bei den mechanischen Verschlüssen,
– schaltet man ein zweites elektronisches Tachistoskop so, daß es unmittelbar nach dem Erlöschen des ersten, das die zu untersuchende Vorlage projiziert hat, „leer" für einige Sekunden die Leinwand erhellt, wird das Nachbild der Vorlage überlagert, das auch nach Abschluß der Darbietung eine Konfrontation mit der Vorlage erlauben und damit die „Betrachtungszeit" unkontrollierbar verlängern würde.

Beim *Perimeter*, das die Reizbindung durch Verseitlichung lockert (GRAEFE 1957; JASPERT 1963 und SPIEGEL 1970), wird das zu prüfende Objekt (meist kleinere Vorlagen wie Signets und Markenzeichen) der Versuchsperson zunächst am äußersten Rand ihres Gesichtsfeldes gezeigt und dann auf einer halbkreisförmigen Schiene von der Peripherie immer weiter in die Mitte geschoben. Die Abbildung des Objekts auf der Netzhaut der Versuchsperson wandert demnach von Regionen mit geringer Auflösung hin zur Sehgrube (fovea centralis), der Stelle des schärfsten Sehens (siehe Abbildung 20).

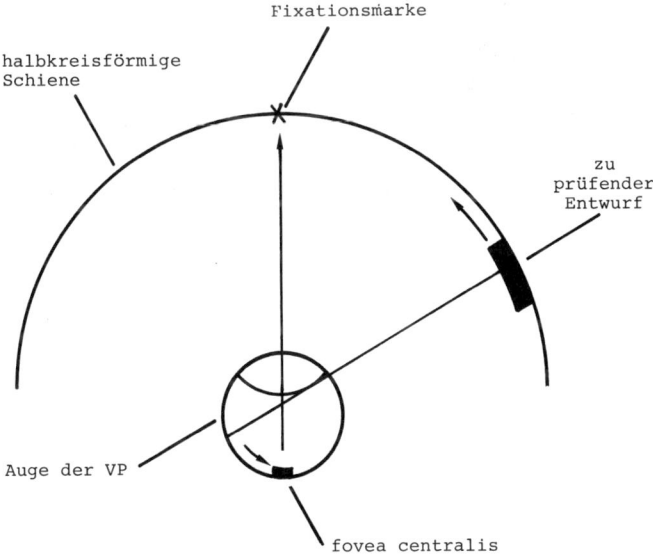

Abb. 20: Schematische Darstellung (von oben) der Anordnung beim perimetrischen Versuch.

Das Charakteristische am *nyktoskopischen Versuch* (JASPERT 1963 und SPIEGEL 1970) ist, daß die Versuchsperson die Untersuchungsgegenstände zunächst kaum, dann aber immer heller beleuchtet sieht, was z. B. über eine Dimm-Schaltung oder eine Dämmerungsbrille erreicht werden kann. Problematisch, der realen Situation aber durchaus adäquat – man denke z. B. nur an die Betrachtung von Plakaten am späten Abend – sind hier Helligkeitsverschiebungen: Mit zunehmender Dämmerung werden Grün und Blau im Vergleich zu Rot heller und treten hervor (sog. PURKINJEsches Phänomen).

Bei der Methode der *Entfernung* (z. B. TINKER 1930) ist der Abstand zwischen Versuchsobjekt und Versuchsperson sehr groß und wird dann immer kleiner. Die Verfahren der *Verkleinerung* (WOHLFAHRT 1932) und *Verunschärfung* arbeiten beide mit Linsensystemen: Die Reizvorlage wird der Versuchsperson im Laufe des Versuchs immer größer (beginnend mit einer extremen Verkleinerung) bzw. immer schärfer dargeboten.

Beim Verfahren der *Elementenverringerung* schließlich (siehe Abbildung 21) wird der Versuchsperson die Vorlage nur bruchstückhaft gezeigt und dann sukzessiv ergänzt; eine Methode, die – allerdings mit standardisierten Vorgaben – auch zur Messung der Intelligenz herangezogen wird (vgl. die Subtests 11 und 12 des LPS von HORN 1962).

Abb. 21: Beispiel einer Elementenverringerung (aus STADLER et. al., 1975, S. 119).

Mit den eben kurz geschilderten Verfahren kann – wie auf S. 64 angesprochen – auch geprüft werden, welcher von verschiedenen Entwürfen bzw. welche Teile eines Entwurfs sich unter erschwerten Wahrnehmungsbedingungen durchsetzen, welche also beachtet werden. So zeigte eine Untersuchung am Lehrstuhl Organisations- und Wirtschaftspsychologie der Universität München beispielsweise, daß bei sehr prägnant gestalteten Anzeigen schon nach einer Betrachtungszeit von 1/1000 Sek. das Produkt, der

Hersteller und die Tätigkeit der abgebildeten Person von fast allen Versuchspersonen erkannt wurden, während dies bei unprägnanten Annoncen erst nach 1/10 Sekunde oder mehr gelang.

Vorwiegend werden diese Verfahren jedoch dazu eingesetzt, um die ersten, gefühlsmäßigen Anmutungen zu untersuchen, die Werbemittel, Verpackungen und ähnliches auslösen.

Neben der Überprüfung der Wahrnehmungs*selektion* und der *Anmutung* können die aktualgenetischen Verfahren, wie wir noch besprechen werden, auch zur Analyse des *Bekanntheitsgrades* einer Vorlage (vgl. VON ROSENSTIEL 1973) und der *Einstellungen* gegenüber der Vorlage (vgl. GRAUMANN 1956) herangezogen werden.

Die angedeutete Indikationsbreite der Verfahren der gelockerten Reizbindung erfordert bei Experimenten, die strengen wissenschaftlichen Kriterien genügen sollen, eine sorgfältige Planung der Versuchsdurchführung, um den zu messenden Tatbestand „rein" zu erfassen. Bei der Entscheidung, welcher von mehreren Entwürfen der beste sei, spielt diese Differenzierung jedoch, wenn überhaupt, nur eine untergeordnete Rolle, da es den Praktiker kaum interessieren dürfte herauszufinden, ob ein bestimmter Entwurf deshalb ankommt, weil er prägnant gestaltet ist, weil er positive Anmutungen auslöst, weil er inhaltlich an bereits Bekanntes anschließt oder weil er den Einstellungen der Zielgruppe entspricht; entscheidend ist für ihn, *daß* er ankommt.

Im Gegensatz zu den aktualgenetischen Verfahren, bei denen die Bindung zwischen Objekt und Versuchsperson gelockert ist, wird bei der sog. *Wollrab-Situation* (SPIEGEL 1970) ein besonders enger Kontakt zwischen Wahrnehmungsgegenstand und Wahrnehmenden hergestellt: In einem ansonsten völlig dunklen Raum wird das zu untersuchende Objekt – von einem diffusen Licht angestrahlt, gewissermaßen aus dem Nichts herausgehoben – der Versuchsperson für eine beliebig lange Zeit dargeboten, „bis die Illusion des ‚inneren Anschauungsraumes' (jenen Raumes, in dem wir träumen, bildlich vorstellen und phantasieren) das Wahrzunehmende ganz im Zentrum steht" (SPIEGEL, 1970, S. 94 und 96).

Statt oder in Verbindung mit diesen genannten Methoden können zur Untersuchung der Anmutung auch alle für die *Einstellungsmessung vorgesehenen Instrumente* herangezogen werden, nur daß man die Versuchspersonen dann nicht auffordert, das bloß Vorgestellte, das Vergegenwärtigte bzw. die Nicht-Wirklichkeit im dritten Sinn zu beschreiben, sondern das im Erleben unmittelbar Angetroffene, das Wahrgenommene (zur Unterscheidung der verschiedenen Ebenen der Wirklichkeit s. METZGER 1963; VON ROSENSTIEL 1979 und NEUMANN & VON ROSENSTIEL 1981). Das zu prüfende Objekt kann den Versuchspersonen entweder ganz einfach, das heißt, ohne

apparativen Aufwand, zur Beurteilung vorgelegt oder mit Hilfe aktualgenetischer Verfahren bzw. der Wollrab-Situation dargeboten werden.

c) Beispiele empirischer Untersuchungen

Ein eindrucksvolles Beispiel für die Anwendung eines aktualgenetischen
Verfahrens findet sich bei SPIEGEL (1970, S. 61):

„Ein Inserat, das für ein Genußmittel warb, zeigte sympathisch dargestellte Neger
bei der Ernte des Rohstoffes im Ursprungsland. Es war zu prüfen, ob von den Negern ungünstige Momente ausgingen. Auch bei sorgfältiger Exploration ließ sich
nichts Derartiges fassen... Beim aktualgenetischen Versuch dagegen traten diese
Störmomente sogleich eindeutig und unvermittelt auf, obwohl häufig die Neger
überhaupt noch nicht explizit als solche erfaßt waren. Trotzdem wurden die bereits
wahrgenommenen Gestalten auf Befragen als 'widerlich', 'unsympathisch', 'gefähr-
lich' usw. bezeichnet. (... eine Aussage, die später, nach Abänderung der Neger in
hellhäutige Personen, nie auftrat.)"

Die spontanen negativen Anmutungen können unterschiedlich interpretiert werden, etwa im Sinne von Vorurteilen Negern gegenüber, die durch
Einwirkungen des Kontrollbewußtseins (HEISS 1956) bei normalen Wahrnehmungsbedingungen nicht auftreten. Die negativen Assoziationen können aber auch durch emotionale Reaktionen, die mit dunklen Farben klassisch assoziiert sind, mit angeborenen Angstreaktionen vor dem Dunklen
u. ä. interpretiert werden.

Ein Beispiel der Anwendung dieses Verfahrens im nichtkommerziellen
Bereich (vgl. hierzu auch KOTLER 1978) bringt KROEBER-RIEL (1980,
S. 269):

„In einer Werbung von politischen Instanzen sollte der Eindruck vermieden werden,
daß es sich um eine kommerzielle Werbung handelt, und zwar deswegen, weil man
durch diesen *Eindruck* eine Verminderung der Glaubwürdigkeit befürchtete. In der
aktualgenetischen Untersuchung wurden die Versuchspersonen bei einer Exposition
von drei Millisekunden gefragt, ob es sich bei dem dargebotenen Bild um eine kommerzielle Werbung oder um andere Bilder, um ein Foto, eine Buchseite usw. handele. ... Eine der zum Test stehenden Anzeigen wurde wesentlich mehr als andere
Anzeigen als Werbung 'für Waschmittel, für Reisen, für Nahrungsmittel' usw. auf-
gefaßt. Sie wurde dadurch im Hinblick auf die vorher postulierte Eindrucksnorm
disqualifiziert und schied aus der Konkurrenz der alternativen Entwürfe als ungeeignet aus."

d) Anwendungsmöglichkeiten

Die Anwendung aktualgenetischer Verfahren erscheint überall dort sinnvoll, wo alternative Entwürfe zur Wahl stehen. Dabei sollte man sich allerdings nicht auf zu komplexe Reizvorlagen einlassen. Beispielsweise dürfte es wenig sinnvoll sein, die Gestaltung eines Produkts – z. B. einer Stereoanlage – aktualgenetisch zu überprüfen. Für Etiketten, Verpackungen, Markenzeichen, Plakate etc. ist die Prüfung jedoch ratsam, falls man davon ausgeht, daß die spontan durch diese Beeinflussungsmittel ausgelösten Anmutungen für den weiteren Wirkungsverlauf bedeutsam sind, oder daß die Auseinandersetzung mit diesen Reizen im Alltag so kurzfristig und so peripher verläuft, daß es kaum zu mehr als zu diesen ersten Anmutungen kommt. Da allerdings die Anwendung aktualgenetischer Verfahren im Regelfall nur im psychologischen Laboratorium möglich ist, muß man die geringe Situationsrepräsentativität (HOLZKAMP 1964) kritisch in Rechnung stellen, was HOFFMANN mit Blick auf das tachistoskopische Verfahren werten läßt (1972, S. 46):

„Die Laboratoriumsbedingungen, unter denen dies Verfahren durchgeführt wird, haben wenig mit der Situation gemeinsam, in der eine Zeitschrift gelesen oder ein Plakat im Vorbeigehen betrachtet wird. Es fehlen diejenigen Motive und Handlungsabläufe, die sonst selegierend, akzentuierend und bewertend wirksam werden können."

Bedenkt man allerdings, daß die ersten Reaktionen im aktualgenetischen Verfahren in aller Regel weder vom Alter noch von der Sozialschicht oder anderen wichtigen Sozialisationsmomenten entscheidend beeinflußt werden, so dürfte gerade hier die Laborsituation sehr viel weniger störend sein als bei vielen anderen empirischen Untersuchungsverfahren (z. B. Befragungen etc.).

1.3. Irradiation

In der frühen Wahrnehmungspsychologie, der Elemententheorie, ging man von einer Annahme aus, die man rückblickend als „klassische Konstanzannahme" bezeichnet: Man hoffte, aus den physikalisch bestimmbaren Merkmalen des Reizes die Empfindungsstärke und daraus wiederum die Wahrnehmung berechnen zu können (Psychophysik). Spätere Entwicklungen der Wahrnehmungspsychologie erschütterten diese Hypothese. Die Gestaltpsychologie (vgl. METZGER 1953; 1963) erbrachte den gesicherten Nachweis, daß objektiv unveränderte Reize unterschiedlich wahrgenommen werden, wenn sich die Reizbedingungen im Umfeld ändern.

Durch die "social-perception-Forschung" (GRAUMANN 1956), die zur Hypothesentheorie der Wahrnehmung (vgl. LILLI 1978) führte, konnte gezeigt werden, daß keineswegs nur die Reizbedingungen, sondern auch Erwartungshaltungen, Motive etc. der Person, also „nichtsinnliche Bedingungen" (GRAUMANN 1966a) die Wahrnehmung objektiv unmodifizierter Reize entscheidend verändern können. Für die Gestaltung von Angeboten, Werbemitteln, Absatzwegen etc. ist dies ein wesentlicher Aspekt. Dies sei an unserem Beispiel, der Beeinflussung für oder gegen das Rauchen, verdeutlicht:

Der Hersteller von Zigaretten mag zunächst der Auffassung sein, daß der Raucher ganz spezifische Geschmacksvorlieben hat und daß es daher der sicherste Weg zur Umsatzerhöhung sei, durch die Wahl des Tabaks und die Stärke des Filters, gewissermaßen durch objektive Beschaffenheiten des Produkts, den Nutzenvorstellungen des Konsumenten entgegenzukommen. Nun zeigt sich aber, was SPIEGEL (1961) in einer empirischen Untersuchung nachwies, daß Raucher ihre Lieblingsmarke negativ beurteilen, wenn sie als diese Marke nicht erkennbar ist, wenn sie z. B. nicht in der gewohnten Packung und nicht mit dem gewohnten Aufdruck des Markennamens präsentiert wird. Obwohl die Zigarette in den für den Geschmack „eigentlich" relevanten Bestandteilen wie Tabak, Papier, Filter, Größe objektiv unverändert blieb, veränderte sich das Geschmackserlebnis: Pakkung, Markenname und damit auch die Werbung konnten nicht „mitgeraucht" werden. Hat also der Hersteller das Ziel, die Qualität seiner Zigaretten besser erscheinen zu lassen, so bleibt ihm dafür keineswegs nur der Weg, die objektive Produktbeschaffenheit zu modifizieren. Er kann auch „Produktdifferenzierung durch Werbung" (VON ROSENSTIEL 1979; NEUMANN & VON ROSENSTIEL 1981) betreiben, indem er z. B. seiner Zigarette den Duft der „großen weiten Welt", den Geschmack von „Freiheit und Abenteuer" oder besondere Exklusivität verleiht. Er kann bestimmte Geschmacksqualitäten dadurch vermitteln, daß er die Zigarette nicht rund, sondern oval dreht, die Farbe des Zigarettenpapiers modifiziert. Er kann das Qualitätserlebnis auch durch gezielte Preispolitik (MONROE 1973) steigern („Es war schon immer etwas teurer, einen besonderen Geschmack zu haben"). Er kann sein Ziel, die Zigarette als besonders wertvoll und qualitativ hochstehend zu präsentieren, dadurch erreichen, daß er sie nicht über Automaten oder Kaufhäuser vertreiben läßt, sondern ausschließlich über exklusive Fachgeschäfte.

Auch diejenigen (z. B. die Gesundheitsbehörden), die erreichen wollen, daß das Rauchen reduziert wird, müssen damit rechnen, daß ihre Beeinflussungsmaßnahmen von Faktoren mitbestimmt werden, die nicht unmittelbar in diesen Maßnahmen selbst begründet sind. Eine noch so eindrucks-

volle Statistik, die die Beziehung zwischen Rauchintensität und Krebs-
wahrscheinlichkeit verdeutlicht, dürfte wenig wirken, wenn das Gerücht
die Runde macht, daß die Untersuchung von der Kaugummiindustrie
finanziert wurde (zur Glaubwürdigkeit der Quelle vgl. KELMAN 1961).
Man wird auch mit einer geringeren Wirkung der Antiraucherkampagne
rechnen müssen, wenn z. B. der Gesundheitsminister bei Fernsehdiskus-
sionen häufig rauchend erscheint. Beeinflußt dürfte die Werbung aber auch
dadurch werden, in welchen Medien sie gebracht wird, ob dieses Medium
zugleich häufig Werbung der Zigarettenindustrie verbreitet, ob die Gestaltung und optische Aufbereitung der Information durchschaubar und an-
sprechend ist (RAFFÉE et al. 1976).

Derjenige, der Beeinflussung intendiert, ist darauf angewiesen, nicht
bloß bei der Vermutung zu bleiben, daß seine Instrumente durch periphere
Bedingungen mitbestimmt werden: Er kann dies im einzelnen untersuchen,
wofür die Psychologie von der theoretischen Begründung und von der
Operationalisierungsmöglichkeit her Ansätze anbietet.

a) Theoretische Grundlagen

Den soeben beschriebenen Tatbestand, daß ein objektiv gleichbleibendes
Merkmal dadurch verändert erscheinen kann, daß sich etwas anderes im
Umfeld dieses Merkmals ändert, hat SPIEGEL (1970) als *Irradiations*phänomen bezeichnet: Das veränderte Merkmal strahlt auf das unveränderte
aus. Freilich ist seine Fassung des Irradiationsphänomens weit, wenn er
etwa auch dann von Irradiation spricht, wenn Ärger das Erlebnis einer
Landschaft beeinflußt. Für dieses Phänomen sind drei Erklärungsansätze
denkbar (VON ROSENSTIEL & EWALD 1979b; NEUMANN & VON ROSENSTIEL
1981), die im folgenden diskutiert werden sollen.

1. Die Wahrnehmung von Reizen, die objektiv verändert werden, führt
aufgrund angeborener Gesetzmäßigkeiten des Wahrnehmungsprozesses zu
einer modifizierten Wahrnehmung von Reizgegebenheiten, die objektiv
nicht verändert wurden. Ein allgemeinpsychologisches Beispiel dafür demonstriert Abbildung 22.

Der Kreis in der Mitte der linken Reizkonstellation ist wahrnehmungsmäßig deutlich kleiner als der in der rechten, obwohl die Durchmesser
dieser beiden Kreise objektiv gleich sind.

Ein entsprechendes Beispiel aus der Praxis der Werbung zeigt Tafel 4 (im
Anhang). In einer kleinen Untersuchung, die wir hierzu mit unseren Stu-
denten 1980 durchführten, wurde die Größe der abgebildeten Cherry-
Eis-Tüte im Vergleich zur tatsächlichen Größe um durchschnittlich 40%

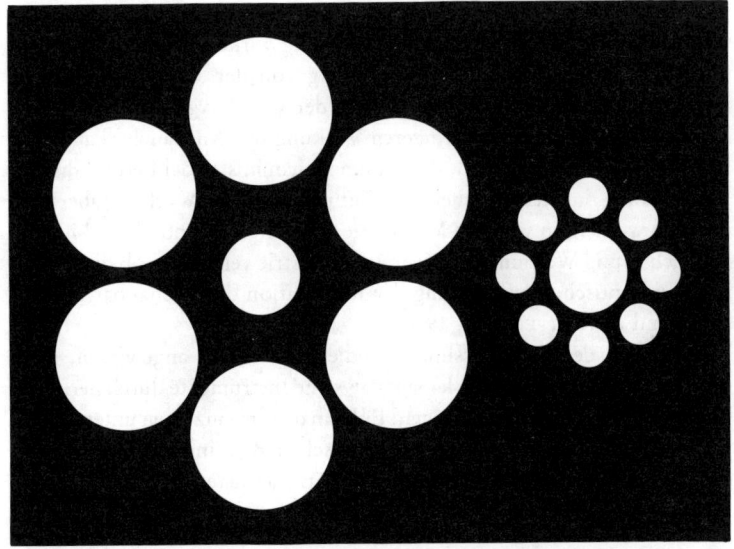

Abb. 22: Der Unterschied zwischen objektiver Reizgegebenheit
und subjektiver Wahrnehmung.

überschätzt. Zwischen Personen, die Eis sehr gerne essen, und solchen, die
es nicht mögen, gab es in der Größenschätzung keine Unterschiede.

2. Die Wahrnehmung objektiv modifizierter Reize führt – aufgrund
lerntheoretisch zu interpretierender Konditionierungen (z. B. STAATS &
STAATS 1958; FOPPA 1970) – zu kognitiven, emotionalen oder motivationalen Reaktionen, die nun ihrerseits eine Veränderung der Wahrnehmung der
objektiv nicht modifizierten Reize bedingen.

Ein eindrucksvolles Beispiel hierfür ist ein Experiment von BRUNER &
POSTMAN (1957). Sie präsentierten ihren Versuchspersonen mit Hilfe eines
Tachistoskops Spielkarten, die erfahrungsbedingten Erwartungshaltungen
nicht entsprachen. Den Vpn wurde z. B. eine rote Pik Vier gezeigt; sie sahen statt dessen eine Herz Vier, wie sie jeder Kartenspieler kennt. Die meisten der Vpn berichteten dann auch in diesem Sinne, normale Spielkarten zu
sehen. Bei einigen der Vpn kam es allerdings auch zu Kompromißwahr-
nehmungen. Wahrnehmbares Rot und (nach der Form) zu erwartendes
Schwarz vermischten sich: Es wurde z. B. ein braunes Kreuz wahrgenommen. Das Ergebnis läßt sich leicht im Sinne der Hypothesentheorie der
Wahrnehmung interpretieren. Die faktisch gebotene Information, die tachistoskopisch erfolgte, ging in der Wahrnehmung mit den Erwartungen
oder Hypothesen einen Kompromiß ein: die vorgelegten Formen bzw.

Farben mit den Farb- bzw. Form*erwartungen*. Überträgt man derartige Forschungsergebnisse auf das Feld der Marktpsychologie, wird man erwarten, daß z. B. die durch Werbung gelernten Erwartungen in um so stärkerem Maße die Produktwahrnehmung beeinflussen, je diffuser und mehrdeutiger die vom Produkt selbst ausgehende Information ist. Dies sei an einem konkreten marktpsychologischen Beispiel veranschaulicht: Das Erlebnis des Geschmacks eines objektiv sehr guten Weines wird gemindert, wenn die Weinflasche mit einem Kronkorken verschlossen ist, da man aus Erfahrung weiß, daß in aller Regel nur sehr billige Weine minderer Qualität einen Kronkorken haben. Dies wird möglicherweise noch dadurch verstärkt, daß ein besonders billiges alkoholisches Getränk, das Bier, gewöhnlich in Kronkorkenflaschen abgefüllt ist.

3. Von äußeren Reizbedingungen nicht unmittelbar abhängige Modifikationen von Kognitionen, Motivationen oder Emotionen führen zu einer veränderten Wahrnehmung objektiv unmodifizierter Reizgegebenheiten.

Beispiele aus der Allgemeinen Psychologie sind hierfür in den wahrnehmungspsychologischen Grundannahmen der sogenannten projektiven Verfahren der Psychodiagnostik (HÖRMANN 1964) zu sehen. So wird etwa angenommen, daß in einem objektiv gleichen Reizmaterial, wie etwa im RORSCHACH-Test („Tintenklecks-Test"), jemand mit stark feindseligen Neigungen etwas anderes sieht als jemand, bei dem dieses Persönlichkeitsmerkmal schwächer ausgeprägt ist. Auch das Untersuchungsergebnis von MCCLELLAND & ATKINSON (1948) spricht dafür: Die Autoren zeigten, daß hungrige Vpn in mehrdeutigem Reizmaterial häufiger Nahrung erkannten als die weniger hungrigen. Auch dieses Ergebnis kann man mit der Hypothesentheorie der Wahrnehmung erklären; der Unterschied zu den unter 2. genannten Beispielen besteht darin, daß der Aufbau der Erwartungshaltungen nicht von gleichzeitig präsentierten Reizgegebenheiten abhängig ist. Ein Beispiel aus der Marktpsychologie: Die Rundfunkwerbung von K-tel Ende der siebziger Jahre läßt sich recht gut durch Eigenschaftsworte wie „dynamisch", „aggressiv", „laut" beschreiben. Ist man müde, gereizt oder abgeschlafft, so wirkt sie abstoßend und unangenehm, ist man persönlich gut in Form, so kann sie einen positiv aktivieren und mitreißend erscheinen.

Bei der Irraditaion handelt es sich also – und das sollte diese Differenzierung zeigen – nicht um ein einheitliches theoretisches Konzept. Die jeweils unterschiedliche Wahrnehmung gleicher Reizgegebenheiten kann – je nach Kontext – unterschiedlich erklärt werden, was nicht nur von theoretischem Interesse ist, sondern dann sehr bedeutsam, wenn gezielt auf die Wahrnehmung der verbreitungspolitischen Instrumente eingewirkt werden soll.

Für alle Formen der Irradiation aber scheint nach Spiegel (1970, S. 134) folgendes zu gelten: Die

„Irradiation ist um so stärker,

1. je diffuser und weniger ausgegliedert die beeinflußte (objektiv unverändert bleibende) Eigenschaft ist;
2. je weniger thematisch die beeinflussende (systematisch variierte) Eigenschaft erlebt wird;
3. je näher die beiden Eigenschaften erlebnisgesetzlich miteinander in Verbindung stehen."

b) Operationalisierung

Die Frage, ob und in welcher Richtung Wahrnehmungsgegenstände der Irradiation unterliegen, kann auf zwei verschiedenen Wegen untersucht werden. Wir unterscheiden dabei – einem Gedanken Graumanns (1956, S. 628) folgend – nicht zwischen autochthonen (angeborenen, vgl. Metzger 1953) und sozial bedingten, d. h. nichtautochthonen (Bruner & Postman 1951) Gestalt- bzw. Irradiationstendenzen, sondern gehen aus von einem einheitlichen Irradiationskonzept, in dem autochthone und nichtautochthone Prozesse eng miteinander verwoben sind. Zum einen kann man den Versuchspersonen in einem *speziellen Design* das zu untersuchende Objekt in systematischen Variationen darbieten, mit den im letzten Kapitel vorgestellten Instrumenten die Anmutung messen und schließlich eventuell gefundene Differenzen als Maß für die Stärke und die Richtung der Irradiationswirkung dieser Veränderung interpretieren (Spiegel 1970; von Rosenstiel & Ewald 1979b). Bei Spiegel und von Rosenstiel & Ewald finden sich auch entsprechende Beispiele: die subjektive Abhängigkeit des Geschmacks eines Weinbrandes vom Umhüllungsmaterial (Blei vs. Kunststoff) des Korkens, des Geschmacks von Margarine von deren Farbe, der Frische eines Produkts vom Verpackungsmaterial, des Beschleunigungsvermögens eines Pkw von der Stärke der Rückholfeder des Gaspedals, der Kühlschrankleistung von der Innenfarbe, der Qualität von Produkten von deren Preis.

Gerade die Wechselwirkungen zwischen Preisvorgaben und Qualitätsbeurteilungen waren häufig Gegenstand wissenschaftlicher Untersuchungen, von denen die wichtigsten im nächsten Abschnitt angesprochen werden.

Zum anderen kann man mit spezifischen Instrumenten (zur Unterscheidung zwischen Instrument und Design siehe S. 13) prüfen, wie gestaltfest ein Entwurf ist (Jaspert 1963; Spiegel 1970). Es wird dabei unterstellt, daß sich Änderungen (z. B. der Kontextbedingungen) bei gestaltfesten Vorlagen nicht in dem Maße auswirken wie bei weniger gestaltfesten.

Die wichtigsten Verfahren sind
- das Zöllner-Verfahren,
- das Torsionsstereoskop,
- das stereoskopische Tachistoskop
- das Nachbildverfahren und
- das Verfahren der akustischen Sättigung.

Beim *Zöllner-Verfahren* (JASPERT 1963; SPIEGEL 1970) wird der zu prüfende Entwurf (meist einfache Markenzeichen) auf einem Stangenpendel oder einem Endlosband, das sich um zwei Spulen dreht, befestigt bzw. gezeichnet und mit variierbarer Geschwindigkeit an einem schmalen Spalt immer wieder vorbeigeführt. Das Entscheidende dieser erstmals von ZÖLLNER (1862) beschriebenen Methode ist, daß die Versuchsperson die nur kurz und kaum vollständig gezeigten Vorlagen mehr oder weniger verzerrt wahrnimmt – unprägnante Zeichen deutlich verzerrter als gestaltfeste (z. B. Kreise, Quadrate oder gleichseitige Dreiecke).

Beim *Torsionsstereoskop* (SPIEGEL 1970) werden der Versuchsperson ähnlich wie bei View-Master-Geräten zwei, hier allerdings identische Dias dargeboten: Jedes Auge fixiert ein Dia. Eines der beiden Duplikate wird vom Versuchsleiter langsam um die Sehachse, in der Regel den Mittelpunkt des Dias, frontparallel gedreht. Bei einer bestimmten Verdrehung zerfällt der Eindruck, *ein* Bild zu betrachten, es treten Doppelbilder auf. Dieser Punkt wird bei gestaltschwachen Vorlagen eher erreicht als bei gestaltfesten.

Beim *stereoskopischen Tachistoskop* (CAFFYN 1964; KOEPPLER et al. 1974) werden der Versuchsperson zwei konkurrierende Entwürfe für den Bruchteil einer Sekunde gleichzeitig gezeigt (jedes Auge erblickt einen der beiden Entwürfe). Derjenige, der sich dabei durchsetzt, ist – Beidäugigkeit ohne Dominanz eines Auges natürlich vorausgesetzt – der gestaltfestere. Daß mit dieser Methode auch untersucht werden kann, welcher von zwei Entwürfen eine größere Wahrscheinlichkeit hat, wahrgenommen zu werden (siehe Wahrnehmungsselektion), ist offensichtlich.

Das *Nachbildverfahren* (JASPERT 1963; SPIEGEL 1970) arbeitet mit dem negativen Nachbild, das sich nach einer längeren Fixation (ca. 30 Sek.) einer einfach strukturierten, kontrastreichen Vorlage einstellt. Die Geschwindigkeit des Abbaus bzw. etwaige Veränderungen liefern Hinweise auf die Gestaltfestigkeit bzw. mögliche Verbesserungen des Entwurfs.

Mit diesen Verfahren werden *visuelle* Vorlagen auf ihre Gestaltfestigkeit hin untersucht. *Akustische* Reize (Slogans, Produktnamen) können mit der *Methode der akustischen Sättigung* (SPIEGEL 1970) getestet werden: In der passiven Variante hört die Versuchsperson z. B. einen Slogan von einer

Endlostonbandschleife so lange, bis ihr die einzelnen Worte immer „komischer" vorkommen und schließlich völlig zerfallen. Bei der aktiven Variante spricht die Versuchsperson den Slogan bzw. das Wort selbst. In beiden Fällen wird der Gestaltzerfall um so später eintreten, je gestaltfester die Worte oder Texte sind.

c) Beispiele empirischer Untersuchungen

Für den Absatz eines Produkts hat die Qualität, die diesem Produkt zugeschrieben wird, eine ganz entscheidende Funktion, die dadurch noch verstärkt wird, daß durch die Heterogenisierung der Angebote die direkte Preiskonkurrenz an Bedeutung verloren hat. Nur unter der Vorbedingung der Homogenität der Güter bestimmen die Preise den Gang der Wirtschaft.

Dem Preiswettbewerb entziehen sich die Anbieter nicht selten dadurch, daß sie mit ihren Angeboten „anders sein wollen als die anderen", was durch die Markierung ansatzweise erreicht wird, wobei man sich zugleich bemüht, nicht nur einen anderen Namen zu haben, sondern auch tatsächlich anders zu sein. Die psychologisch interessante Frage ist dabei, ob dieses „anders sein" *objektiv* gegeben oder nur *erlebnismäßig* repräsentiert ist. Eine große Zahl empirischer Untersuchungen zeigt, daß die Wahrnehmung der Qualität oder verschiedener Aspekte der Qualität – falls man in der Qualität ein mehrdimensionales Konzept sieht – von solchen Gegebenheiten mitdeterminiert werden kann, die *nicht* im Angebot selbst liegen (und von SZYBILLO & JACOBY 1974, PINCUS & WATERS 1975 als *extrinsische* Produktmerkmale bezeichnet werden). Sehr häufig sind es *extrinsische*, d. h. nicht im Produkt selbst liegende Merkmale, durch die die Wahrnehmung der Produktqualität modifiziert wird. Besonderes Interesse der empirischen Forschung hat die Frage gefunden, ob der Preis als Indikator der Qualität wirkt. Es gibt hier inzwischen eine große Zahl empirischer Untersuchungen (vgl. die Sammelreferate von MONROE 1973; KAAS 1977; OLSON 1979; VON ROSENSTIEL & EWALD 1979b). Die Bedeutung dieser Fragestellung für den zentralen Marktmechanismus, die Preisbildung, ist offensichtlich. Wenn Angebot und Nachfrage den Preis regeln, so ist zu erwarten, daß bei sinkenden Preisen die Nachfrage steigt. Empirische Untersuchungen machen dagegen deutlich, daß dies sehr oft nicht der Fall ist (KATONA 1960).

Sehr häufig sind es Annahmen der Konsumenten, die diesem Effekt entgegenwirken: Der Konsument glaubt z. B., daß der sinkende Preis ein Hinweis dafür ist, daß „die Preise ins Rutschen" geraten, es sich also lohnt, noch etwas zu warten, oder aber, daß der Anbieter in wirtschaftliche

Schwierigkeiten gekommen ist und die Ersatzteilversorgung künftig nicht mehr gesichert ist etc. Eine dieser Annahmen kann aber auch heißen, daß niedrige Preise eine geringe Qualität, hohe dagegen eine hohe Qualität anzeigen. Es sind daher in der ökonomischen Literatur neben der klassischen Preisabsatzfunktion auch andere Formen dieser Funktionen beschrieben worden, die aus der ökonomischen Perspektive eigentlich „Perversionen" sind, aber sehr wohl wert erscheinen, psychologisch analysiert zu werden. Die klassische Preis-Absatz-Funktion und einige der Abweichungen zeigt Abbildung 23 (vgl. auch Abb. 24 auf S. 90).

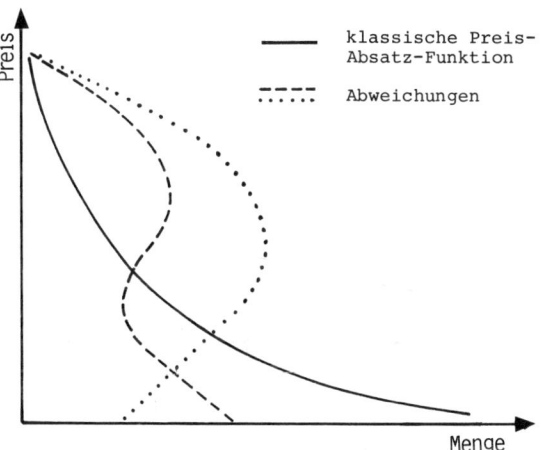

Abb. 23: Die klassische Preis-Absatz-Funktion
und empirisch aufgefundene Abweichungen.

Die empirisch gefundenen Abweichungen von der klassischen Preis-Absatz-Funktion beantworten zum einen ganz bestimmte Fragen (z. B. diejenige mit „nein", ob die klassische Preis-Absatz-Funktion generelle und universelle [vgl. GRAUMANN 1960] Gültigkeit habe), werfen aber auch neue Fragen auf: Den hier gezeichneten Abweichungstypen (selbstverständlich sind andere denkbar) ist gemein, daß bei relativ hohen Preisen ein erhöhter Absatz zu erwarten ist. *Wie* dies zustande kommt, bleibt offen. Steht dahinter etwa die Auffassung, daß der Besitz von teuren Gütern für bestimmte Leute, die sogenannten „feinen Leute" (VEBLEN 1899) ein Statussymbol ist, mit dem sie ihr „Feinsein" demonstrieren. (Vgl. z. B. Annoncen von Blaupunkt, in denen 1980 mit der Headline „Teuerstes Autoradio Deutschlands" geworben wurde.) Dieser Veblen-Effekt würde die Preis-Absatz-Funktion um so stärker beeinflussen, je mehr Personen es gibt, die

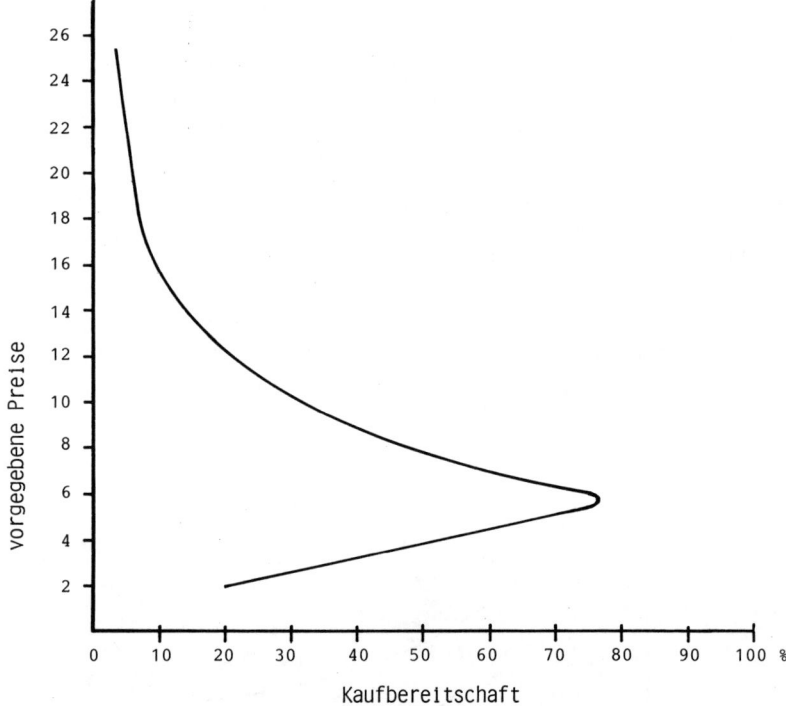

Abb. 24: Die Kaufbereitschaft für Nylonstrümpfe in Abhängigkeit
vom vorgegebenen Preis.

diesem Konsumententypus zugerechnet werden müssen (vgl. hierzu MA-
SON 1981).

Neben dieser *Typus*interpretation bietet sich auch eine *Situations*interpretation an: Manche Personen glauben etwa, in *bestimmten* Situationen
nur teure Güter verwenden zu können: Als Geschenk für Freunde wird
dann nur ein Sekt für geeignet gehalten, der mehr als DM 20,– kostet, obwohl ein etwas billigerer vielleicht ebensogut oder sogar besser schmecken
würde. Hier also wäre nicht eine Personklassifikation, sondern eine Situa-
tionsklassifikation angemessen (GUTJAHR 1972; VON ROSENSTIEL & EWALD
1979b).

Es erscheint aber auch eine generelle und universelle Interpretation
denkbar: Alle Personen glauben in allen Situationen, daß der Preis die höhere Qualität des Gutes anzeigt, so daß sie bis zu einem bestimmten Opti-
mumspunkt, der u. a. vom Einkommen abhängt, mit steigenden Preisen
eine steigende Kaufbereitschaft zeigen. Dies legen etwa – wenn auch be-

schränkt auf bestimmte Produkte – Untersuchungen von GABOR & GRANGER (1966) nahe, in denen eine repräsentative Stichprobe von Hausfrauen befragt wurde, ob sie zu bestimmten Preisen bereit wären, bestimmte Produkte zu kaufen. Die Ergebnisse für das Beispiel Nylonstrümpfe zeigt Abbildung 24. Der Kurvenverlauf weicht – wie man sieht – drastisch von der klassischen Preis-Absatz-Funktion ab.

Selbstverständlich sind die drei hier geschilderten Erklärungsansätze idealtypisch zu verstehen; Mischtypen dürften die Regel sein.

Empirische Untersuchungen zur Wirkung des Preises oder anderer extrinsischer oder intrinsischer Produktmerkmale auf die Qualitätsschätzungen sind häufig sehr einfach konzipiert: Man wählt ein univariates experimentelles Design. Alle Bedingungen werden konstant gehalten bis auf eine Variable, deren Einfluß es zu untersuchen gilt. In diesem Sinne stellte PETERSON (1970) seinen Vpn, die sieben Versuchsgruppen und einer Kontrollgruppe zugeteilt wurden, ein neuentwickeltes Produkt (kohlensäurehaltiges Getränkekonzentrat) vor. Abgesehen vom Preis waren die Informationen identisch. Die Kontrollgruppe erhielt keine Preisinformation. Jede Versuchsgruppe erhielt eine andere Preisinformation, von 29 Cent bis zu 89 Cent reichend. Als abhängige Variable galt die Qualitätsbeurteilung.

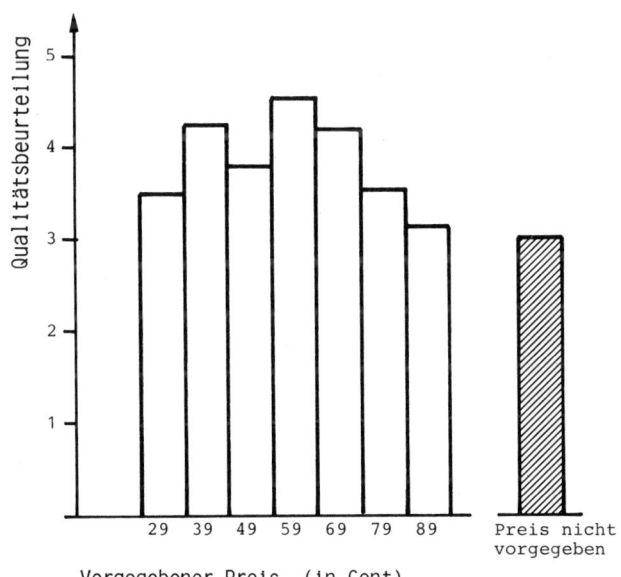

Abb. 25: Der Zusammenhang zwischen vorgegebenem Preis und Qualitätsbeurteilung bei einem kohlensäurehaltigen Getränkekonzentrat.

Die Ergebnisse für die verschiedenen Gruppen zeigt Abbildung 25, aus der auch ersichtlich ist, daß schon allein die Preisangabe (unabhängig von der Höhe) sich positiv auf die Qualitätseinstufung auswirkt.

Derartige experimentelle Anordnungen haben nun häufig Kritik gefunden (z. B. MONROE 1973), da im Extremfall (was bei der PETERSONschen Versuchsanordnung in dieser Form nicht galt) die Vp über das Produkt außer dem Preis nichts erfährt; will sie also Qualitätseinschätzungen abgeben, so kann sie sich nur an der Preisinformation orientieren, da ihr ja alle anderen Informationen vorenthalten wurden. Wichtig ist es also, alle eventuell bedeutsamen Informationen zu variieren bzw. zu kontrollieren, wenn man erfahren will, ob der Preis bei Qualitätsschätzungen tatsächlich die entscheidende Rolle spielt, ob der Preis also eine Schlüsselinformation (JACOBY 1976b; RAFFÉE et al. 1976; KROEBER-RIEL 1980; KOEPPLER 1980) ist. Als Schlüsselinformationen können dabei solche Informationen angesehen werden, die für die Produktbeurteilung besonders wichtig sind und andere Informationen ersetzen oder bündeln. So können etwa unter bestimmten Umständen der Preis, aber auch das Testurteil der Stiftung Warentest, der Markenname oder die Information über die Produktzusammensetzung zu Schlüsselinformationen werden. Diese Schlüsselinformationen haben dann für die Qualitätsbeurteilung ein besonders hohes Gewicht. Welchen Informationen bei bestimmten Produkten diese Bedeutung zukommt, kann in sog. multivariaten Experimenten untersucht werden, die in jüngster Zeit vielfach durchgeführt worden sind.

Schon LEAVITT (1954) arbeitete mit einem zweidimensionalen (4 × 4) Design, wobei er die *Preisdifferenzen* über vier Stufen systematisch manipulierte und die *Vermutung,* daß es bei bestimmten Produktgruppen große bzw. keine Qualitätsunterschiede gibt, auf vier Stufen kontrollierte. Als abhängige Variable galt die Kaufentscheidung. Die Ergebnisse verdeutlicht Abbildung 26.

Erwartungsgemäß zeigen die Daten, daß nur dort eine höhere Neigung bestand, das teure Produkt zu kaufen, wo große Qualitätsunterschiede vermutet wurden.

In einer großen Zahl nachfolgender Experimente wurden dann systematische Manipulationen der unabhängigen Variable auf zwei oder mehr Dimensionen vorgenommen, z. B. bei TULL, BORING & GONSIOR (1964); GARDNER (1971); JACOBY, OLSON & HADDOCK (1971); ANDREWS & VALENZI (1970); VALENZI & ANDREWS (1971); SZYBILLO & JACOBY (1974); PINCUS & WATERS (1975); RAFFÉE et al. (1976); JACOBY, SZYBILLO & BUSATO-SCHACH (1977).

Wie komplex die Untersuchungsdesigns dabei inzwischen geworden sind, sei am Beispiel der Studie von JACOBY, OLSON & HADDOCK (1971) ge-

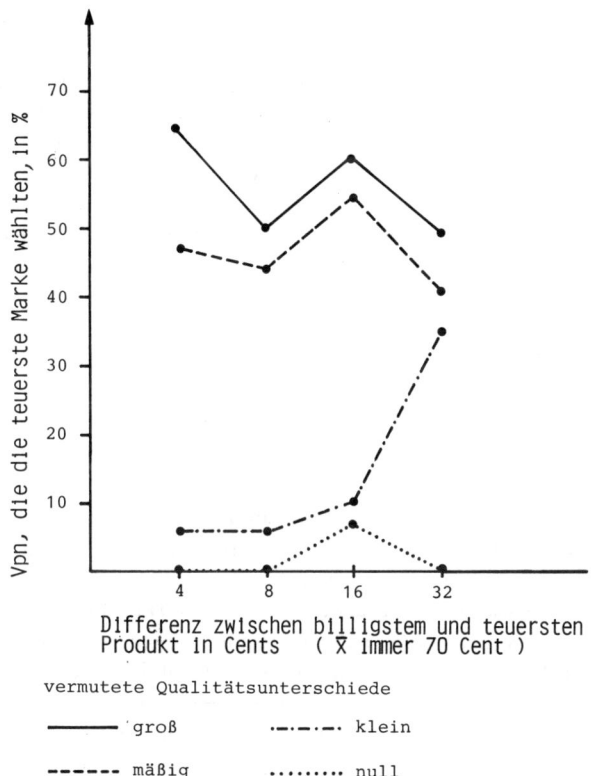

Abb. 26: Das Kaufverhalten bei Haushaltsprodukten in Abhängigkeit
von Preis- und vermuteten Qualitätsunterschieden.

zeigt, die für ihre experimentelle Untersuchung an Biertrinkern ein 2 × 2
× 2 × 3 Design wählten. Variiert wurde der *Preis* (angegeben, nicht angegeben), der *Markenname* (angegeben, nicht angegeben), die *Information
über die Produktbeschaffenheit* (angegeben, nicht angegeben) sowie drei
objektiv voneinander verschiedene *Biermarken*, die es im Rahmen des Ex-
perimentes zu testen galt. Es zeigte sich, daß der Preis dann als Indikator
der Qualität wirkte, wenn er als einzige Informationsquelle geboten wurde.
Der Markenname hatte einen sehr starken Effekt auf die Qualitätswahr-
nehmung, insbesondere bei Marken mit positivem Image (vgl. auch
KATHREIN 1982).

Wenn auch hier auf weitere, interaktive Ergebnisse nicht eingegangen
werden soll, so verdient doch ein Befund besondere Beachtung, da er an-

dere Ergebnisse korrigiert: Unabhängig von der Informationsmanipulation vermochten die Biertrinker aufgrund des Geschmackes zwischen den verschiedenen Bieren zu differenzieren (vgl. auch GUT 1982).

Es läßt sich also festhalten, daß aufgrund allzu einfacher Versuchsanordnungen die Wirkung des Preises auf die Qualität häufig überschätzt wurde, da hier Ergebnisse als Artefakt der Methode produziert wurden, die sich bei komplexeren und realitätsnäheren Versuchsanordnungen verflüchtigten. Dies heißt nicht, daß Merkmale, die man eher als extrinsisch einstufen würde, nicht doch eine ganz entscheidende Wirkung auf die Produktbewertung haben. Zwar ist die Bedeutung der intrinsischen Produktmerkmale für die Qualitätseinschätzungen wohl größer als die der extrinsischen (SZIBILLO & JACOBY 1974; PINCUS & WATERS 1975), es bleibt allerdings genügend Restvarianz, die es peripheren Merkmalen gestattet, die Qualitätseinschätzungen erheblich zu beeinflussen. Man denke hier z. B. an den Markennamen (MAKENS 1965), an das "Made in..." (NAGASHIMA 1977) oder auch an den vieldiskutierten Preis.

Die Interpretation dieser Befunde sei am Beispiel der Wirkung des Preises auf die Qualität angedeutet. Auch hier sind bei gleichen Ergebnissen verschiedene theoretische Ansätze denkbar.

● Man kann etwa die Theorie der *kognitiven Dissonanz* (FESTINGER 1957, deutsch 1978) heranziehen: Der Konsument ist einerseits der Auffassung, daß Preis und Qualität korreliert sind, auf der anderen Seite bemerkt er „eigentlich" zwischen preislich unterschiedlichen Produkten keine qualitativen Differenzen. Die kognitive Dissonanz wird dadurch abgebaut, daß die Wahrnehmung der Qualität dem Preis angepaßt wird.

● Auch die *Hypothesentheorie der Wahrnehmung* kann zur Interpretation herangezogen werden: Durch den hohen Preis geht man mit der Hypothese, ein qualitativ hochwertiges Produkt vor sich zu haben, an dieses heran, die Wahrnehmung als Kompromiß aus subjektiver Hypothese und objektiver Information führt also zu erhöhten Qualitätseinstufungen. Wird allerdings die Differenz zwischen Erwartung und Information zu stark, so ist u. U. sogar mit Bumerangeffekten zu rechnen; ein Hinweis darauf kann in der bereits auf S. 91 zitierten Untersuchung von PETERSON (1970) gesehen werden, wo bei der höchsten Preisvorgabe die niedrigste Qualitätsskalierung erfolgte.

● Schließlich sind *kognitive Interpretationsansätze* denkbar, die im Konzept der Schlüsselinformation bereits angedeutet wurden: Der Preis kann als eine solche Schlüsselinformation wirken, die andere Informationen bündelt oder substituiert. Der Konsument wird entlastet, er schließt mehr oder weniger bewußt vom Preis auf andere Merkmale und braucht sich um deren Prüfung nicht mehr eigens zu bemühen. Ob allerdings der Konsument dabei ökonomisch vernünftig handelt, mag bezweifelt werden: Eine Inhaltsanalyse der Ergebnisse der Stiftung Warentest durch BEIER (1976) zeigte, daß zwischen dem Preis der geprüften Produkte und den Qualitätsbeurteilungen durch die Stiftung Warentest *kein* Zusammenhang bestand.

d) Anwendungsmöglichkeiten

Das theoretische Konzept der Irradiation sowie die Methoden zu ihrer Untersuchung bieten demjenigen, der Produkte, Dienstleistungen oder Ideen verbreiten will, vielfältige Möglichkeiten, das Risiko durch gezielte Maßnahmen zu minimieren:

- So kann man z. B. bei der Gestaltung der Packung eines bestimmten Produkts prüfen, ob und wie sich die wahrgenommene Qualität, Frische oder Schmackhaftigkeit des Produkts ändert, je nach Material, Form oder Farbgestaltung der Verpackung. Man kann z. B. prüfen, ob Brot frischer schmeckt, wenn es in einer knisternden oder „stummen" Folie verpackt wird.
- Man kann untersuchen, ob bei Lebensmitteln, etwa Margarine, die Farbe des Produkts die Wahrnehmung der Qualität oder der Streichfähigkeit beeinflußt.
- Es läßt sich prüfen, ob die erlebte Beschleunigungskraft eines Autos von der Stärke der Rückholfeder des Gaspedals abhängt.
- Es scheint denkbar, daß die passive Sicherheit eines Autos dadurch besonders hoch eingeschätzt wird, daß die massiv wirkende Stoßstange des Fahrzeugs häufig in der Werbung gezeigt wird.
- Ein Politiker kann kompetenter erscheinen, wenn er auf dem Wahlplakat zusammen mit dem Bundeskanzler präsentiert wird; ein Landtagskandidat intelligenter, wenn er eine Brille trägt.
- Die Werbung für eine ökologische Idee kann überzeugender werden, wenn sie nicht in Form einer Anzeige erscheint, sondern geschickt als redaktioneller Beitrag getarnt wird etc. (vgl. zu den vielfältigen Beispielen dieser Art SPIEGEL 1961; 1970; VON ROSENSTIEL 1979; KROEBER-RIEL 1980; KOEPPLER 1980; NEUMANN & VON ROSENSTIEL 1981).

Angesichts dieser Möglichkeiten, die es dem Hersteller von Produkten erlauben, statt einer kostspieligen Modifikation intrinsischer Produktmerkmale lediglich extrinsische Bestandteile zu ändern, möchte man dem Konsumenten den Rat geben, sich über die objektive Produktbeschaffenheit besser zu informieren. Dieser Rat hat allerdings einen „Pferdefuß": Es hieße, den Konsumenten entschieden zu überfordern – schon was die Informationsbeschaffungskosten in finanzieller und zeitlicher Hinsicht betrifft –, sich vor jedem Kauf darum zu bemühen (KROEBER-RIEL 1977a und b). Es wäre vielmehr zu wünschen, daß grobe Auswüchse durch Selbstkontrolle der Werbewirtschaft bzw. der Hersteller oder durch Maßnahmen des Gesetzgebers unterbunden werden. Darüber hinaus bleibt die Forderung an die Politiker, im Dienste der Verbraucher dafür zu sorgen, daß die Produktinformation, wie sie z. B. von der Stiftung Warentest erarbeitet wird, in einer Form dargeboten wird, die nicht nur den Erfordernissen der Objektivität und der Fairneß entspricht, sondern auch – empirisch gesichert – den Gesetzmäßigkeiten einer günstigen Informationsaufnahme (RAFFÉE et al. 1976).

2. Lernprozesse

Vieles von dem, was unter der Überschrift „Wahrnehmungsprozesse" besprochen wurde, zeigt fließende Übergänge zum Thema „Lernen". Sieht man im Lernen eine Veränderung von Erleben und Verhalten durch Erfahrung, also eine Form von Veränderung, die nicht auf Drogen, organische Krankheit oder Reifungsprozesse zurückzuführen ist, so ist die veränderte Wahrnehmung der Qualität eines Produktes aufgrund von Preisinformationen bereits ansatzweise als Lernen zu verstehen. Es zeigt sich also auch hier die akzentuierende Vorgehensweise bei der Auswahl der Gliederungspunkte dieses Buches.

In diesem Kapitel sollen vor allem solche Prozesse herausgehoben werden, bei denen die Veränderung im Erleben und Verhalten relativ stabil, also zeitlich überdauernd festgestellt werden kann. Denkt man an derartige überdauernde Prozesse, so kann hier zunächst einmal danach gefragt werden, ob und wie Konsumenten durch den Markt *sozialisiert* werden (KROEBER-RIEL & MÖCKS 1980) oder wie spezifische verbreitungspolitische Instrumente – z. B. die Werbung – die Sozialisation mitbestimmen (vgl. z. B. HERMANNS 1972; MEYER & KOLLER 1971). Es ist unübersehbar, daß in unserer Gesellschaft der Markt, trotz aller Entfremdung (EWALD 1980), eine sehr viel hautnähere Umwelt ist als die natürliche, was sich etwa daran zeigt, daß ein zehnjähriges Kind heute über Marktpreise, Qualitätsunterschiede zwischen verschiedenen Angeboten, Namen von Herstellern etc. oft mehr weiß als über die sogenannte „natürliche" Umwelt – z. B. Tiere und Pflanzen (EWALD 1980). Wie schon in anderen Wissenschaften – z. B. in der Biologie – früh erkannt wurde, daß die Kultur zur zweiten Natur des Menschen wird (PORTMANN 1956), wird in den Sozialwissenschaften immer deutlicher, daß innerhalb unserer Kultur der Markt eine ganz zentrale Position einnimmt, die das Erleben und Verhalten der Menschen, die an seinen Prozessen teilnehmen, wesentlich prägt. Hier läge ein wesentliches Feld für die marktpsychologische Forschung, das von dieser bislang weitgehend übersehen worden ist. Ihr Anspruch reichte in aller Regel sehr viel kürzer, wobei sie sich ganz den Zielsetzungen unterwarf, die dem Zielsystem dessen immanent sind, der Produkte, Dienstleistungen oder Ideen verbreiten will.

Wählt man als Beispiel die Absatzsituation, so ist für diese typisch, daß im Regelfall der Kontakt mit der Werbung und der Zeitpunkt des Kaufes nicht identisch sind. Soll also die werbliche Beeinflussung das Kaufverhalten modifizieren, dann ist nicht nur die Wahrnehmung der Werbung eine notwendige (aber eben nicht hinreichende) Bedingung der Werbewirkung, sondern auch die Speicherung dieser wahrgenommenen Information, zumindest bis zum Zeitpunkt des Kaufs. Für denjenigen, der neue Ideen verbreitet, gilt ähnliches: Wird doch in der Regel als Konsequenz der Aufnahme der neuen Ideen modifiziertes Verhalten erwartet, das sich meist nicht sofort, sondern erst später in einer bestimmten Situation realisieren kann (z. B. Sauberhalten der Umwelt erst dann, wenn man beim nächsten Picknick in die Versuchung gerät, die geleerte Rotweinflasche im Wald liegen zu lassen). Auch hier sollte die Idee bis zum Zeitpunkt der potentiellen Handlung gespeichert werden.

Diese Überlegungen lassen sich auch an unserem Beispiel – der Beeinflussung für oder gegen das Rauchen – verdeutlichen: Der Hersteller ist bemüht, durch die Gestaltung seiner absatzpolitischen Aktivitäten, vor allem durch die Gestaltung der Werbung, nicht nur kurzfristige Anreize zu setzen, sondern überdauernd die Einstellungen zum Rauchen, insbesondere aber die Einstellung seinem Angebot gegenüber, positiv zu modifizieren.

Die Institution, die gegen das Rauchen zu Felde zieht, wäre höchst unzufrieden, wenn nur im Augenblick der Lektüre ihrer Werbung ein Raucher oder potentieller Raucher von der Stichhaltigkeit der Argumentation überzeugt wäre. Sie legt Wert darauf, daß die Argumente längerfristig überzeugen, vom Leser an andere weitergegeben werden und somit bei der Person selbst und in ihrem sozialen Umfeld Einstellungsänderungen bewirken.

2.1. Wissensspeicherung

Begegnet einem unvoreingenommenen Laien das Wort „Lernen", so wird er damit in erster Linie die Schulsituation, das Einpauken von Grammatikregeln oder Vokabeln und ähnliches assoziieren. Tatsächlich hat die

Psychologie in ihrer Auseinandersetzung mit Lernprozessen zunächst untersucht, welche Gesetzmäßigkeiten dazu führen, daß bestimmte Wissensinhalte mehr oder weniger gut gespeichert werden und schließlich wieder verlorengehen. Das klassische Werk von EBBINGHAUS ›Über das Gedächtnis‹ (1885) gilt noch heute als Meilenstein dieses Forschungsansatzes. Entsprechende Fragestellungen beschäftigten auch die Werbepsychologie in ihrer Anfangsphase (SCOTT 1908; MÜNSTERBERG 1912): Unter welchen Bedingungen bleibt werbliche Information im Gedächtnis haften?

a) Theoretische Grundlagen

Im Rahmen der klassischen Gedächtnisforschung wurde untersucht, wie Verbindungen zwischen verschiedenen Vorstellungsinhalten entstehen und wie sie verlorengehen. Die Verbindungen bezeichnete man als Assoziationen. Sind derartige Assoziationen vorhanden, dann führt das Auftauchen eines Vorstellungsinhalts zur Erinnerung des zweiten. Dieser kann, wenn sich entsprechende Assoziationen gebildet haben, einen dritten nach sich ziehen und so fort. Man ging von der Hypothese aus, daß die Häufigkeit, mit der verschiedene Vorstellungsinhalte in unmittelbarer Folge geboten werden, die Stärke dieser Assoziationen determiniert.

Experimentiert wurde von EBBINGHAUS in erster Line mit sprachlichem Material. Da nun die Verwendung von Umgangsworten der Sprache unkontrolliert ließe, wie häufig derartige Worte in der „vorexperimentellen Biographie" der Vp bereits nebeneinanderstanden, experimentierte Ebbinghaus mit sog. sinnlosen Silben, die jeweils die Struktur Konsonant-Vokal-Konsonant hatten (z. B. MEK, KAS, NOL). Diese wurden den Vpn in unterschiedlicher Zahl und unterschiedlicher Darbietungshäufigkeit geboten.

Neben einer Vielzahl von Detailergebnissen (vgl. zusammenfassend ROHRACHER 1976) sind für die Markt- und Werbepsychologie vor allem zwei Ergebnisse von Bedeutung, die – grafisch veranschaulicht in Abbildung 27 – die Gesetzmäßigkeiten des Lernens und Vergessens zeigen (die dick ausgezogene Kurve gilt – fängt doch die Wissensspeicherung bei Jugendlichen und Erwachsenen nur in den seltensten Fällen „bei Null" an – als die typische Lernkurve).

Die Problematik dieser Kurven besteht darin, daß sie von Durchschnittswerten ausgehen und darum nicht unbedingt die Lerngesetzlichkeiten des einzelnen Individuums demonstrieren (FOPPA 1970) und daß sie zudem vermutlich nicht auf das Lernen und Vergessen beliebiger Inhalte

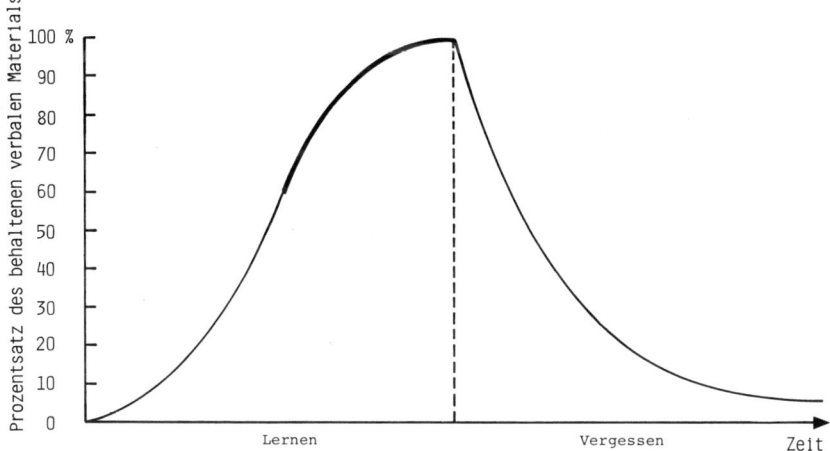

Abb. 27: Typischer Verlauf von Lern- und Vergessenskurven
(auf aggregiertem Niveau).

angewandt werden können, was bereits EBBINGHAUS am Beispiel sinnvollen Lernmaterials andeutete.

Das Problem der Schlußfolgerung von Forschungsergebnissen, die auf der Aggregatebene errechnet wurden, auf die individuelle Situation ist ein Grundproblem in der Psychologie überhaupt (vgl. hierzu die Kontroverse zwischen HARTMANN & WAKENHUT 1975 vs. FEGER & FALTIN 1975). Es hat allerdings für die Markt- und Werbepsychologie deshalb geringere Relevanz, weil hier in der Regel nur das aggregierte Niveau und weniger die individuellen Reaktionen interessieren (NEUMANN & VON ROSENSTIEL 1981).

Die EBBINGHAUSsche Forschung ging von einem einfachen Gedächtnismodell aus: Letztlich einem Speicher, in den durch wiederholte Darbietung ein bestimmtes Material aufgenommen werden kann, das im Laufe der Zeit wieder daraus verlorengeht. Hier zeigt sich gewissermaßen das Bild eines Fasses, das undicht ist und aus dem mit der Zeit das, was man oben hineinschüttet, wieder entweicht. Die Gedächtnispsychologie hat sich nun im Laufe der Zeit weiterentwickelt (BREDENKAMP & WIPPICH 1977), wobei für die Markt- und Werbepsychologie besonders das „Drei-Speicher-Modell" (ATKINSON & SHIFFRIN 1968) Bedeutung erlangte, über dessen praktische Anwendung LOFTUS & LOFTUS (1976) referieren. Die drei Speicher dieses Modelles bestehen aus

● dem sensorischen Speicher (SIS) oder Ultrakurzzeitspeicher (UKZS), der letztlich mit den Sinnesorganen gleichgesetzt werden kann (NEISSER 1974).

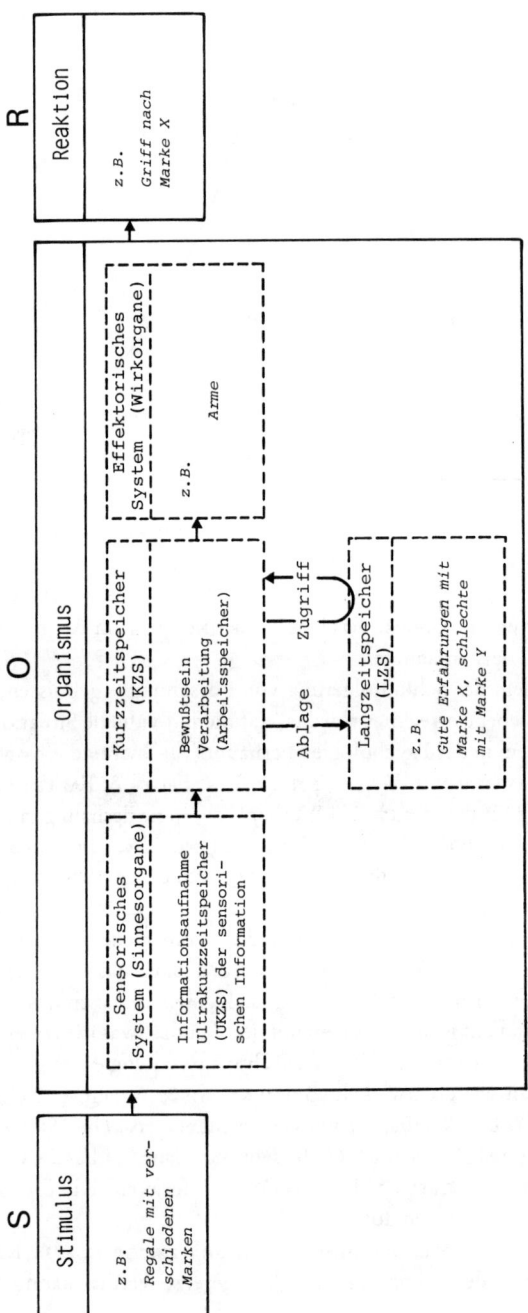

Abb. 28: Das Drei-Speicher-Modell.

Im sensorischen Speicher werden die Sinneseindrücke lediglich auf einem sehr elementaren Niveau verarbeitet und sodann weitergeleitet. Voraussetzung dafür ist allerdings, daß sie kurzfristig gespeichert werden, wobei die Speicher*kapazität* des SIS als sehr groß, die Speicher*dauer* hingegen als sehr kurz anzusehen ist.

Vom sensorischen Speicher gelangt die Information in

● den *Kurzzeitspeicher* (KZS), wo sie weiterverarbeitet wird, so daß diesem Speicher im LEWINschen Sinne eine "Gate-keeper"-Funktion zukommt. In den hier ablaufenden Prozessen findet man wohl auch eine Basis zur Erklärung der zuvor besprochenen Wahrnehmungsabwehr und der sogenannten „unterschwelligen Wahrnehmung".

Die Information bleibt nur flüchtig im Kurzzeitspeicher; sie geht entweder verloren, wobei sehr wohl motivationale Effekte mitspielen können (Verdrängung, Wahrnehmungsabwehr), oder wird in

● den *Langzeitspeicher* (LZS) weitergeleitet, der in den Untersuchungen von EBBINGHAUS analysiert wurde. Die Wiedergabe des im LZS gespeicherten Materials erfolgt aufgrund eines Suchprozesses, der vom KZS gesteuert wird.

Eine schematische Darstellung dieses Modells im Gesamtkontext menschlichen Handelns zeigt Abbildung 28, seine Bedeutung für die Werbung wurde u. a. von BEHRENS (1976; 1978) und BERNHARD (1978) aufgezeigt.

b) Operationalisierung

Die Speicherung verbreitungspolitischer Informationen kann mit direkten und indirekten Verfahren (vgl. KROEBER-RIEL 1980) untersucht werden.

Zu den *indirekten* Verfahren gehören u. a. die Ersparnismethode und die bereits erwähnten aktualgenetischen Verfahren.

Bei der *Ersparnismethode* wird geprüft, wie lange die Versuchsperson braucht, um eine Information (erneut) vollständig zu lernen. Dies geschieht – unter sonst gleichen Bedingungen – um so schneller, je mehr von dieser Information schon gespeichert *war*.

Wie wir gesehen haben, bieten die *aktualgenetischen Verfahren* die zu untersuchenden Vorlagen den Versuchspersonen unter erschwerten Wahrnehmungsbedingungen an. Wird dabei eine Vorlage schneller als andere erkannt, kann man dies – wieder unter sonst gleichen Bedingungen (vor allem Prägnanz, Anmutung und Affinität zu den Motiven, Erwartungen, Einstellungen der Versuchsperson) – als Wirkung vorhandener Erinnerungsreste interpretieren.

Da diese ceteris-paribus-Voraussetzung bei konkreten markt- und werbepsychologischen Fragestellungen fast nie erfüllt ist, werden diese indirekten Verfahren – gerade im Vergleich zu den direkten – nur sehr selten verwendet.

Die *direkten* Methoden (s. z. B. JASPERT 1963; HOFFMANN 1972; KOEPPLER et al. 1974; VON ROSENSTIEL & EWALD 1979 b und KROEBER-RIEL 1980) lassen sich – in welchen Variationen sie auch immer beschrieben werden – im wesentlichen auf zwei Ansätze zurückführen, die beide (wie auch die Ersparnismethode) schon bei EBBINGHAUS (1885) vorgestellt wurden. Bei der Methode der *Erinnerung* bzw. *Reproduktion (recall)* soll die Versuchsperson das, was sie gespeichert hat, ohne weitere Hilfen frei reproduzieren. Typische Fragen wären z. B.: Welche Werbespots haben Sie gestern gesehen? Was wurde darin gezeigt? Für welche Marken wurde geworben? Diese Fragen wird man natürlich nur solchen Personen stellen, die entsprechende Selektionsfragen (z. B. Haben Sie sich gestern in der Zeit von... bis... das Erste Deutsche Fernsehprogramm angesehen?) positiv beantwortet haben.

Bei *Wiedererkennungs*verfahren *(recognition)* soll die Versuchsperson angeben, ob ihr eine bestimmte Vorlage bekannt ist oder nicht. So werden ihr etwa, nachdem sichergestellt ist, daß sie eine bestimmte Illustrierte bereits gelesen hat, die zu prüfenden Anzeigen entweder im Heft oder lose vorgelegt und die Frage gestellt: Können Sie sich daran erinnern? Zur Kontrolle der Glaubwürdigkeit kann man Annoncen einkleben bzw. vorlegen, die in der fraglichen Zeitschrift gar nicht erschienen sind (vgl. auch die sogenannten „Lügenfragen" in Persönlichkeitsfragebogen; MITTENECKER 1964) und bei denen die Versuchsperson mit „nein" antworten müßte.

Die Grenzen zwischen Reproduktions- und Wiedererkennungsverfahren sind fließend: Bei einigen Verfahren *(gestützte Erinnerung* bzw. *aided recall)* wird die Versuchsperson mit *Ausschnitten* aus einem Werbemittel (z. B. der Headline oder einer von drei der dargestellten Personen einer Annonce) konfrontiert und soll dann nach Möglichkeit das Ganze reproduzieren, wie etwa beim *Kuller-Kombinations-Verfahren* (VON ROSENSTIEL 1973). Bei dieser Technik wird eine Annonce bzw. ein Plakat wie ein Puzzle in viele kleine Teile zerschnitten. Diese sollen dann von der Versuchsperson zusammengesetzt werden, was ihr – wieder unter sonst gleichen Bedingungen – um so schneller gelingen wird, je besser sie das fertige Bild schon „im Kopf hat".

Da es für den Sender verbreitungspolitischer Informationen sehr wichtig ist zu wissen, ob diese bei der Zielgruppe „hängen"bleiben, haben auch in Deutschland bekannte Marktforschungsinstitute Routineverfahren aus dem Amerikanischen übertragen bzw. neu entwickelt, um den Gedächtniswert solcher Informationen zu messen (vgl. KROEBER-RIEL 1980): So etwa Infratest mit dem *Infratest-Anzeigen-Kompaß* (basierend auf dem *Starch-Test*) oder Emnid mit dem *Impact-Test*, der auf Arbeiten von GALLUP aufbaut.

Bei der Interpretation der Ergebnisse solcher Untersuchungen ist immer zu berücksichtigen, ob die Daten mit Recall-, Aided-Recall- oder Recognition-Verfahren erhoben wurden. Recognitionswerte liegen selbstverständlich immer über Recallwerten. So wurde z. B. festgestellt (KROEBER-RIEL 1980, S. 403), daß von einem verbalen Material nach zwei Tagen nur 10 % erinnert, aber 70 % wiedererkannt wurden.

Welche Verfahren man zur Bestimmung des Gedächtniswertes einsetzt, sollte weniger von den Präferenzen der Marktforscher abhängen als vielmehr von den Notwendigkeiten des Anbieters: Wird ein Produkt vorwiegend in Selbstbedienungsgeschäften vertrieben, so kann man den Gedächtniswert mit Wiedererkennungsverfahren messen. Soll ein Produktname oder eine bestimmte Idee (z. B. Nichtrauchen oder Sauberhalten der Umwelt) dauerhaft im Bewußtsein verankert werden und ohne „Vorlage" das Verhalten beeinflussen, dann erscheinen Erinnerungsverfahren valider.

Nicht nur die Frage, wie das eventuell gespeicherte Wissen *abgefragt*, sondern auch die, wie die zu speichernde Information *dargeboten* wurde (JASPERT 1963), ist zu beachten, wenn aus den entsprechenden Daten Rückschlüsse gezogen werden sollen: Wurde die Information „*natürlich*" erworben (z. B. vor dem häuslichen Fernsehgerät, noch völlig ohne Wissen um künftige Fragen nach dem Behalten) oder *methodisch* (vom Versuchsleiter) gestiftet, was für den Probanden *bemerkbar* (wenn z. B. die zu prüfenden Dias vor einer Gruppe von Versuchspersonen projiziert werden) geschehen kann oder *undurchschaubar* (wenn z. B. die Versuchsperson, während sie auf den „eigentlichen" Versuch wartet, eine Zeitung durchblättert, in der die zu untersuchenden Annoncen eingeklebt sind)?

c) Beispiele empirischer Untersuchungen

Zu den klassischen Fragestellungen der Werbepsychologie gehörte es (SCOTT 1908; MÜNSTERBERG 1912), die Bedingungen aufzuzeigen, unter denen eine werbliche Information gespeichert und längerfristig im Gedächtnis behalten wird. Die Operationalisierung der abhängigen Variablen erfolgte dabei meist mit Hilfe der oben beschriebenen Erinnerungs- bzw. Wiedererkennungsverfahren. Variiert wurden dabei u. a. die Größe der Vorlage, ihre Plazierung, ihre graphische oder farbliche Gestaltung und – was den Experimenten von EBBINGHAUS besonders nahekommt – die

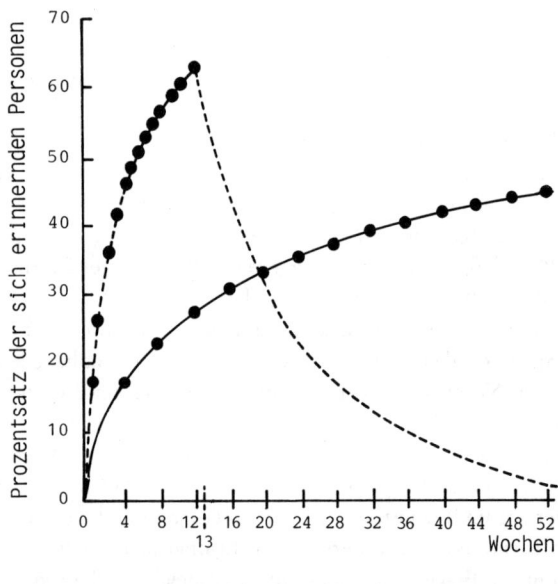

Abb. 29: Der Zusammenhang zwischen Erinnerungswert
und Darbietungsintervall.

Anzahl der Darbietungen (vgl. zusammenfassend VON ROSENSTIEL 1973;
ANASTASI 1973; BENDER 1976).

Durch entsprechende Manipulation der Bedingungen erreichte etwa
POLITZ (1960) bei Lesern einer Illustrierten, daß sie bestimmte Anzeigen
entweder gar nicht, einmal oder zweimal sahen. Gemessen wurde hier als
abhängige Variable (AV) allerdings nicht die Kenntnis der betreffenden
Anzeige, sondern u. a. die Kenntnis des Produkts. Setzt man die Produkt-
bekanntheit ohne Darbietung der Annonce gleich 100, so lag sie nach ein-
maliger Darbietung bei 119, nach zweimaliger Darbietung bei 136. Die Bekanntheit war also mit der Anzahl der werblichen Einschaltungen erhöht
worden. Obwohl die Zahl der Wiederholungen sicher nicht die einzige Determinante für die Speicherung im Langzeitgedächtnis ist, spielt sie fraglos
– und auch die Praxis der Werbung spricht dafür – eine wesentliche Rolle.

Viel diskutiert ist in diesem Zusammenhang die Bedeutung des *Inter-
valls,* d. h. die Frage, welcher zeitliche Abstand zwischen den verschiedenen Einschaltungen eingehalten werden sollte. Eine klassische Untersuchung hierzu wurde von ZIELSKE (1959) an Hausfrauen in Chicago durch-

geführt (deutsch referiert auch bei BEHRENS 1973; BENDER 1976; VON ROSENSTIEL & EWALD 1979 b). Die nach dem Zufall aus dem Telefonbuch der Stadt Chicago ausgewählten Hausfrauen wurden zwei Versuchsgruppen zugeteilt. Die erste Gruppe erhielt Nachdrucke der zu untersuchenden Anzeige zugeschickt, insgesamt 13mal mit einem Intervall von jeweils einer Woche. Die zweite Gruppe erhielt die Anzeige ebenfalls 13mal, jedoch mit einem Intervall von vier Wochen. Gruppe 1 wurde also ca. drei Monate, Gruppe 2 ca. ein Jahr mit jeweils 13 Anzeigen konfrontiert. Die Kontrolle der Erinnerung erfolgte telefonisch mit einer "aided-recall-Methode". Durch geschickte Aufteilung der Stichprobe wurde erreicht, daß jede Hausfrau nur einmal befragt wurde. Die Ergebnisse zeigt Abbildung 29.

ZIELSKE leitet aus seinen Untersuchungsergebnissen folgendes ab:

- Werbliche Einschaltungen mit einem wöchentlichen Intervall führen – gemessen an der Anzahl der Einschaltungen – zu einer rascheren Erinnerung an die Werbung als Einschaltungen mit einem vierwöchigem Intervall.
- Werbung wird rasch vergessen, wenn der Konsument ihr nicht beständig ausgesetzt ist.
- Wenn das Werbeziel darin besteht, kurzfristig eine maximale Zahl von Werbeerinnerern zu erreichen, empfiehlt sich die Massierung der Werbung. Ist dagegen eine hohe durchschnittliche Erinnerung an die Werbung während eines ganzen Jahres das Ziel, empfiehlt sich eine gleichmäßige Verteilung der Wiederholungen über diesen Zeitraum.

Es ist also vom Werbeziel abhängig, welche Verteilung der Einschaltungen gewählt werden soll: Für saisongebundene Waren kann die Massierung durchaus empfehlenswert sein (vgl. auch Politiker in Zeiten des Wahlkampfs).

In der Studie von ZIELSKE wurde als AV die Bekanntheit der *Werbung* (durch aided recall) gemessen. Für den Werbetreibenden interessanter ist meist – wie in der Rochester-Studie (POLITZ 1960) geprüft – die Bekanntheit des *Produkts*. Geht es darum, so interessiert ganz besonders, ob die Werbung nur die Bekanntheit der Marke erhöht, für die geworben wird, oder ob sie auch für andere wirkt. Es stellt sich aus der Sicht der Lernpsychologie die Frage, ob „Stimulusgeneralisation" (vgl. hierzu FOPPA 1970) vorliegt. Diese Generalisation kann aufgrund der wahrgenommenen Ähnlichkeit des dargestellten Produktes, aufgrund der Ähnlichkeit der Benennung oder aufgrund genereller inhaltlicher Ähnlichkeiten erfolgen (vgl. Abbildung 30 nach BEHRENS 1973).

Derartige Stimulusgeneralisationen machen wahrscheinlich, daß jemand, der für seine Marke wirbt, auch für die Konkurrenz mitwirbt, und zwar um so mehr, je ähnlicher ihm diese ist. Die Effekte, die von der Wer-

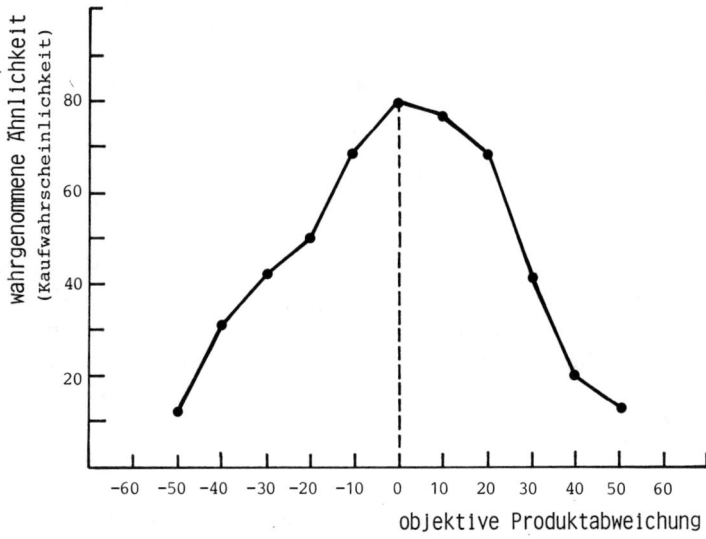

Abb. 30: Der Zusammenhang zwischen objektiver Produktabweichung
und wahrgenommener Ähnlichkeit (Kaufwahrscheinlichkeit).

bung verschiedener, konkurrierender Markenartikel ausgehen, scheinen
sich allerdings nicht auszugleichen. Empirische Ergebnisse sprechen dafür,
daß der „Große" vom „Kleinen" mehr profitiert als umgekehrt. So zeigte
z. B. FOLEY (1944), daß auf das wenig bekannte Reizwort „Dixi-Cola"
29 % der Vpn „Coca-Cola" assoziierten; auf das bekannte Reizwort „Pepsi-Cola" folgte nur bei 22 % die Assoziation „Coca-Cola". Umgekehrt
assoziierten auf das extrem bekannte Reizwort „Coca-Cola" nur 10 %
„Pepsi-Cola". Coca-Cola dürfte also aus der Werbung der beiden Konkurrenten erheblichen Gewinn ziehen, Pepsi-Cola in nennenswerter Weise nur
noch aus der des unbekanntesten Konkurrenten, während dieser kaum
Vorteile aus der Werbung der großen Konkurrenten hat.

   Es stellt sich darüber hinaus die Frage, ob der wenig bekannte Hersteller
auch aus seiner eigenen Werbung weniger Vorteil zieht als die bekannten.
HOFFMANN (1972, S. 54 f.) berichtet von Untersuchungen, in denen ge-
prüft wurde, ob die Werbung die Wahrscheinlichkeit steigert, daß zum
Erzeugnis der richtige Markenname assoziiert wird. Die Ergebnisse zeigt
Abbildung 31.

   Bei der Analyse der in der Darstellung zusammengefaßten Ergebnisse
sollte man bedenken, daß mit dem Grad der Markenbekanntheit nicht nur
die *zutreffenden* Assoziationen anstiegen und der Fall, daß mit *keiner*

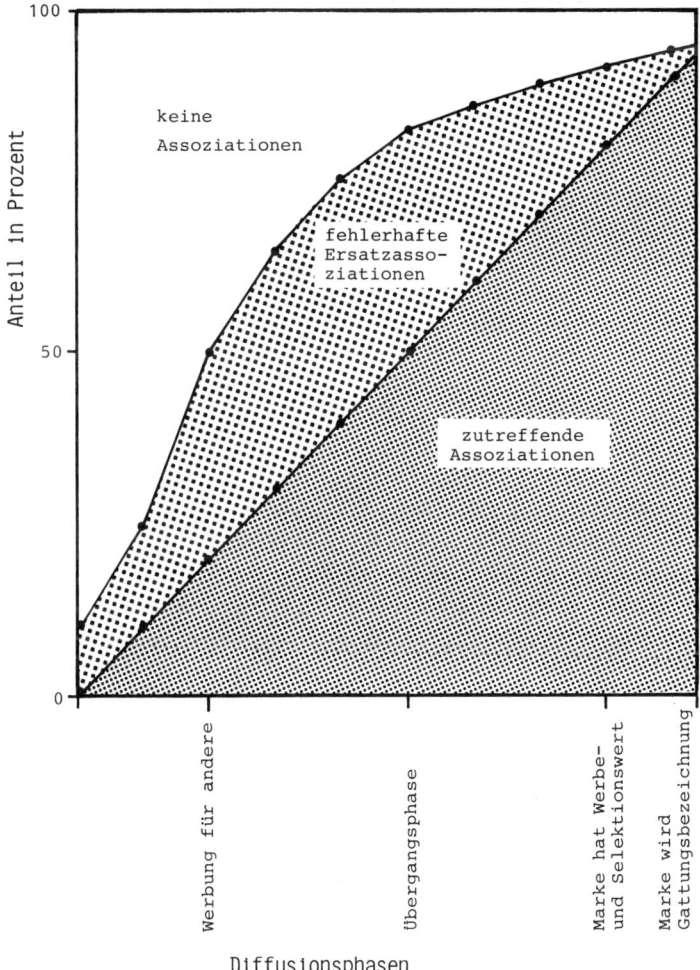

Abb. 31: Der Anteil fehlerhafter Ersatzassoziationen und fehlender Assoziationen
in Abhängigkeit von der Markenbekanntheit
(= Anteil der zutreffenden Assoziationen) (nach Daten von Hoffmann, 1972).

Assoziation geantwortet werden konnte, immer seltener eintrat: Es kam
zunächst steigend, dann aber wieder deutlich absinkend zu *fehlerhaften*
Assoziationen, die sich aus der Tendenz erklären lassen könnten, Wissens-
lücken „aus der Phantasie" auszufüllen. „Dies kommt vor allem dann
der Konkurrenz zugute, wenn die Assoziation von 30 % bis 40 % der Be-

völkerung zutreffend genannt werden kann" (HOFFMANN 1972, S. 55), gleichzeitig aber etwa der gleiche Anteil der Bevölkerung mit fehlerhaften Ersatzassoziationen reagiert. HOFFMANN spricht in diesem Falle von der „Werbung für andere".

Für den Werbetreibenden ist nicht nur interessant zu wissen, ob seine Werbung überhaupt erinnert wird, ihm kommt es vor allem darauf an, daß die Bestandteile der Werbung in Erinnerung bleiben, die vermutlich für das künftige Konsumverhalten bedeutsam sind. Wird etwa als Blickfang ein unbekleidetes Mädchen verwendet, so ist es ein fraglicher Indikator des Werbeerfolgs, wenn die Erinnerung an dieses Mädchen hoch ist, der Markenname, der sich ebenfalls in der Werbung befand, jedoch nicht erinnert wird.

Zur Analyse derartiger Detailfragen ist als theoretische Basis das zuvor geschilderte „Drei-Speicher-Modell" nützlich: In Abhängigkeit von der Gestaltung des Werbemittels haben die für den Werbetreibenden wesentlichen Informationen unterschiedliche Chancen, vom sensorischen Speicher (UKZS) in den Kurzzeitspeicher (KZS) und schließlich in den Langzeitspeicher zu gelangen. Dies wurde etwa von BERNHARD (1977; 1978) untersucht. Bei Blickregistrierungen zeigte es sich, daß Schlagzeile und Text häufiger fixiert wurden, wenn sie *unter* statt *über* dem Bild standen oder wenn sie sich *rechts* statt *links* neben dem Bild befanden. Eine Verallgemeinerung dieses Befundes ist allerdings problematisch, da im konkreten Fall die inhaltliche und graphische Gestaltung von Text und Bild berücksichtigt werden muß.

Neben der Häufigkeit bzw. Wahrscheinlichkeit der Fixationen bestimmter Teile der Werbung spielt auch der Fixations*verlauf* eine erhebliche Rolle. Untersuchungen (HOFFMANN 1976; WITT 1977) weisen darauf hin, daß in der Regel das Bild früher als der Text fixiert wird. Es zeigte sich ferner (BERNHARD 1977), daß Anzeigenelemente, die zeitlich früher fixiert werden, auch besser erinnert werden. Es hat somit vermutlich die durch Bilder vermittelte Information (z. B. bildliche Darstellung des Produkts) eine erheblich größere Chance, erinnert zu werden als Produktinformationen, die durch den Text vermittelt werden.

Durch die Verfeinerung der Meßmethoden erscheint es also zunehmend möglich, differenzierte Aussagen darüber zu machen, welche Inhalte und welche Gestaltungen bevorzugt im Gedächtnis bleiben.

d) Anwendungsmöglichkeiten

Die soeben skizzierten empirischen Analysen verdeutlichen, wo Anwendungsmöglichkeiten für Untersuchungen bestehen, mit deren Hilfe

Wissensspeicherung durch werbliche Information gemessen werden kann. Hier ist es uber recall, aided-recall oder recognition denkbar, die Wirkung der *Häufigkeit* der Darbietung, der *Verteilung* der Darbietung über die Zeit, die Wirkung des *Inhalts,* der *Größe* oder der *farblichen* oder *inhaltlichen* Gestaltung etc. zu prüfen. Man ist nicht mehr auf letztlich durch Versuch und Irrtum „gesteuerte" Vorgehensweisen angewiesen, wenn man verschiedene Alternativen des Werbemittels daraufhin untersucht, ob sie z. B. den Markennamen besonders bekannt machen können. Aufgrund empirischer Befunde sind hier bereits Prognosen möglich, wenn man etwa den Blickverlauf registriert und dabei prüft, ob die für die Werbung wichtigen Bestandteile frühzeitig in den sensorischen Speicher aufgenommen werden.

2.2. Lernen von Gefühlen

Für das spätere Wahlverhalten – ganz gleich ob es um Produkte, Dienstleistungen, Ideen, Politiker etc. geht – ist vermutlich nicht nur Bekanntheit des Namens wichtig, sondern auch, ob mit dem Namen bzw. dem hinter diesem Namen stehenden Objekt positive Emotionen verbunden sind. Zwar darf man, der Grundaussage von HOMANS (1950) folgend, daß nämlich die Sympathie proportional zur Anzahl der Kontakte sei, generalisierend schließen, daß bei Produkten, für die häufig geworben wird, nicht nur der *Bekanntheitsgrad,* sondern auch der *Sympathiegrad* steigt (vgl. Hinweise auf entsprechende empirische Forschungsergebnisse bei ENGEL, KOLLAT & BLACKWELL 1968), doch ist es im Einzelfall sehr wohl denkbar, daß durch die werbliche Gestaltung ein hoher Erinnerungswert sichergestellt, zugleich aber negative Emotionen ausgelöst werden. So schildert etwa ANASTASI (1973) eine werbliche Gestaltung, bei der für eine Hautcreme mit den Worten geworben wurde: „Diese Hautcreme erweitert Ihre Poren nicht." Der Erfolg blieb aus, da durch diese Formulierung erst die Angst aktiviert wurde, durch eine Hautcreme könnten auch negative Effekte hervorgerufen werden; eine Angst, die sich mit dem Produkt verband und einen Kauf verhinderte.

Greifen wir wieder auf unser Beispiel – Werbung für bzw. gegen das Zigarettenrauchen – zurück:

Denken wir uns den Fall, daß ein Zigarettenhersteller besonders auffallen möchte. Gezeigt wird im Bild ein Mann in einer besonders gefährlichen Situation, z. B. auf einem sinkenden Schiff, das von Haifischen umschwommen wird. Er zündet sich in dieser ausweglosen Situation eine Zigarette an, um Gelassenheit zu demonstrieren.

Über diese Werbung dürfte gesprochen werden; die Zigarette allerdings geriete in Gefahr, mit negativen Assoziationen verbunden zu werden, was den künftigen Absatz kaum fördern würde. Ein Gegenbeispiel wäre die Werbekampagne für "John Players" („Lernen Sie jemanden kennen, der..."), deren Hauptmotiv hübsche, leicht bekleidete Mädchen in Rückansicht sind. Hier wird – vorausgesetzt, daß die attraktive Darstellung nicht völlig vom Produkt ablenkt – das Produkt mit positiven Emotionen verbunden.

Auch für die „Antiraucherwerbung" lassen sich entsprechende Beispiele finden (vgl. z. B. Tafel 3 im Anhang als negatives Beispiel).

a) Theoretische Grundlagen

Sucht man zu erklären, wie die Verbindung zwischen einem Produkt und einer bestimmten Emotion zustande kommt, so bietet sich als theoretische Basis das Prinzip des *klassischen Konditionierens* (PAWLOW 1927) an. Durch Konditionierung lernt der Organismus, auf einen ursprünglich neutralen Stimulus mit einer bestimmten Reaktion zu antworten. Unterschieden wird zwischen Konditionierungen erster Ordnung und Konditionierungen höherer Ordnung.

Beim klassischen Konditionieren *erster* Ordnung wird ein neutraler Stimulus (nS) so oft mit einem unbedingten Stimulus (uS, d. h. einem Reiz, der die unbedingte Reaktion angeborenermaßen auslöst) gepaart, bis er zu einem konditionierten Stimulus (cS) geworden ist, d. h. die konditionierte Reaktion (cR) auch ohne den unbedingten Reiz auslöst; siehe Abbildung 32:

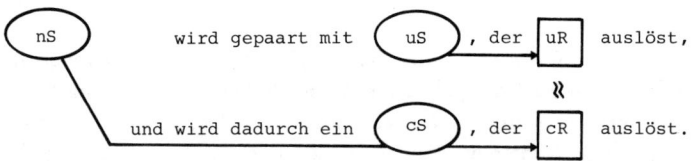

Abb. 32: Schematische Darstellung der klassischen Konditionierung.

Berühmt geworden ist ein unter der Leitung von PAWLOW durchgeführtes Experiment zur Speichelsekretion von Hunden: Ein Glockenton (nS) wurde so oft zusammen mit Futter (uS) annähernd zeitgleich geboten, bis er zu einem cS wurde, d. h. den Speichelfluß (cR) auslöste, obwohl dieser Speichelfluß zuvor als unkonditionierte Reaktion (uR) nur durch das Futter (uS) ausgelöst wurde; siehe Abbildung 33:

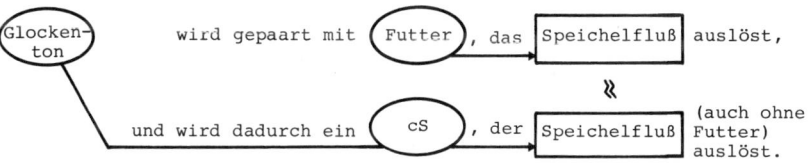

Abb. 33: Beispiel einer klassischen Konditionierung.

Eine Konditionierung *höherer* Ordnung ist dann gegeben, wenn an eine stabilisierte cS/cR-Beziehung eine weitere Konditionierung geknüpft wird. Dabei wird ein zweiter neutraler Stimulus (nS') so oft mit dem ersten, schon konditionierten Stimulus (cS) verbunden, bis auch er zu einem konditionierten Stimulus (cS') geworden ist, d. h. die konditionierte Reaktion (cR) auch ohne cS auslöst. uS wird dabei nicht mehr geboten. Abbildung 34 verdeutlicht den Prozeß.

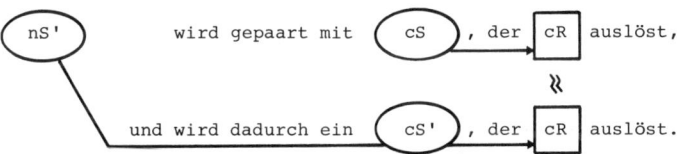

Abb. 34: Schematische Darstellung einer Konditionierung höherer Ordnung.

Hat sich die neue cS'/cR-Beziehung stabilisiert, so können an ihr weitere Konditionierungen angekoppelt werden usw.

cR kann auch durch Reize ausgelöst werden, die dem ursprünglichen cS nicht voll entsprechen, sondern ihm nur sehr ähnlich sind; wir sprechen in diesem Zusammenhang von *Reizgeneralisierung.*

Die Reaktionen, die ausgelöst werden, müssen nicht immer beobachtbare Verhaltensweisen sein. Es kann sich dabei auch um emotionale Reaktionen handeln, die lediglich durch Befragung oder durch physiologische Registrierungen erfaßt werden können. Berühmt und zugleich berüchtigt sind in diesem Zusammenhang die Experimente von WATSON & RYNER (1920) geworden: Ein Junge, der „kleine Albert", der besonders gern mit einem weißen Kaninchen spielte, lernte dabei, Angst vor diesem Kaninchen zu haben, indem dieses häufig zusammen mit einem lauten Gongschlag, dem angstauslösenden Reiz (uS), geboten wurde. In ähnlicher Weise fanden STAATS & STAATS (1957; 1958), daß man nach dem gleichen Prinzip sinnlosen Silben oder gar Nationenbezeichnungen eine bestimmte emotionale Bedeutung verleihen kann.

Aus diesen Befunden sollte man allerdings nicht unkritisch ableiten, daß

sich durch klassische Konditionierung an beliebige Wahrnehmungsgegenstände die verschiedensten Emotionen koppeln lassen. Empirische Untersuchungen zeigten, daß spezifische Stimuli mit unterschiedlicher Wahrscheinlichkeit mit bestimmten Emotionen verbunden werden können. So
weisen z. B. ÖHMANN, FREDRIKSON & HUGDAHL (1978) nach, daß Stimuli, die zwar neutral sind, aber eine gewisse Nähe zur Angst haben, sehr viel
leichter als völlig angstirrelevante mit Angst konditioniert werden können
und daß diese Verbindungen auch nur sehr viel schwerer löschbar sind. So
ist etwa eine intensive negative emotionale Reaktion viel leichter
mit Schlangen oder mit Spinnen als mit Blumen oder Bäumen herstellbar
(FREDRIKSON, HUGDAHL & ÖHMAN 1976; HUGDAHL & ÖHMAN 1977).

b) Operationalisierung

Die Frage, ob durch eine entsprechende Gestaltung verbreitungspolitischer Maßnahmen mit einem Angebot bestimmte Gefühle und Emotionen
im eben beschriebenen Sinn klassisch konditioniert wurden bzw. werden
können, wird man in aller Regel mit einem *Vorher-Nachher-Design* untersuchen (KROEBER-RIEL 1980; über die methodischen und statistischen
Probleme von Vorher-Nachher-Vergleichen informieren ALBERS et al.
(1975), PETERMANN (1978), RUDINGER & BIERHOFF (1980)). Man mißt die
gefühlsmäßige Bedeutung bzw. Wirkung eines Angebots vor und nach dem
Einsatz der fraglichen Maßnahmen mit den dafür geeigneten Instrumenten,
etwa mit Geräten zur Registrierung *physiologischer Variablen,* wie sie zur
Messung der Aktivierungswirkung verwendet werden, mit Verfahren zur
Überprüfung der *gefühlsmäßigen Aspekte* von Einstellungen gegenüber
dem Angebot oder mit Methoden zur Erfassung der *Anmutungen,* die sich
bei der Wahrnehmung des Angebots einstellen.
Die Verfahren der letzten Gruppe haben wir bereits kennengelernt, die
beiden anderen werden in den einschlägigen Kapiteln noch vorgestellt.
Aus der Größe und Richtung der Differenz zwischen Vorher- und
Nachher-Messung lassen sich die Stärke und die Richtung der mit dem
Angebot verbundenen Gefühle erschließen.

c) Beispiele empirischer Untersuchungen

In einer auch in der Presse viel beachteten empirischen Untersuchung
haben KROEBER-RIEL et al. (1978 und 1979; zusammenfassend KROEBER-
RIEL 1980) u. a. folgende Basishypothese geprüft: Bietet die Werbung wie-

derholt einen neutralen Markennamen zusammen mit Reizen dar, von denen eine positive emotionale Wirkung ausgeht, so erwirbt auch der ursprünglich neutrale Markenname eine positive emotionale Bedeutung. Im Experiment wurde in einem simulierten Kinoraum wiederholt für eine Seife (mit dem erfundenen Markennamen 'Hoba') geworben. Das experimentelle Design war zweifaktoriell (2 × 2), woraus sich vier Versuchsgruppen ergaben: Der ersten wurde eine

– *schwach*-emotionale Werbung *ohne* Text geboten, der zweiten eine
– *stark*-emotionale Werbung *ohne* Text, der dritten eine
– *schwach*-emotionale Werbung *mit* Text und der vierten eine
– *stark*-emotionale Werbung *mit* Text.

Als AV wurden die emotionalen Reaktionen auf die Werbung jeweils nach der fünften und der neunten Sitzung mit Hilfe eines Polaritätenprofils (siehe S. 131) und mit Hilfe des hautgalvanischen Widerstandes (siehe S. 151) gemessen.

Die Basishypothese und die darauf aufbauenden Teilhypothesen wurden bestätigt. Die emotionale Konditionierung des Markennamens gelang unabhängig davon, ob die Werbung produktspezifische Information vermittelte oder nicht. Der Konditionierungserfolg war fast ausschließlich von der Stärke der verwendeten emotionshaltigen Reize (z. B. schöne Landschaften, barbusige Frauen, Szenen sozialen Glücks) und von der Zahl der Wiederholungen abhängig. Schwach-emotionale Reize erbrachten keine entsprechenden Resultate.

Es ist bekannt, daß nicht selten in totalitären Staaten der Versuch gemacht wird, in ähnlicher Weise Wortmarken, die für erwünschte politische Inhalte stehen, mit positiven Emotionen zu konditionieren und Wortmarken, die für politisch Unerwünschtes stehen, mit negativen Emotionen. So läßt sich etwa der Versuch von KISLAT (1980) – zumindest zum Teil – im Sinne der klassischen Konditionierung erklären, die Bezeichnung „Deutsch-Sowjetische Freundschaft" bei Schulanfängern in der DDR mit positiven Emotionen zu verbinden.

Emotionale Konditionierung wirkt allerdings nicht nur dort, wo die Qualitätsermittlung für den normalen Verbraucher schwierig erscheint (z. B. bei Seife) oder wo die Stellungnahmen weitgehend vom normativen System abhängen (z. B. bei politischen Aussagen), sondern auch dort, wo die Qualitätskriterien relativ klar erscheinen und intersubjektiv leichter nachprüfbar sind. Dies verdeutlicht die nachfolgende Untersuchung (vgl. SMITH & ENGEL 1968). Gearbeitet wurde mit 2 Gruppen – einer Versuchs- und einer Kontrollgruppe. Der Versuchsgruppe wurde die Anzeige eines Mittelklassewagens geboten, der mit einem attraktiven Mädchen „dekoriert" war, der Kontrollgruppe eine Variante dieser Anzeige ohne Mädchen.

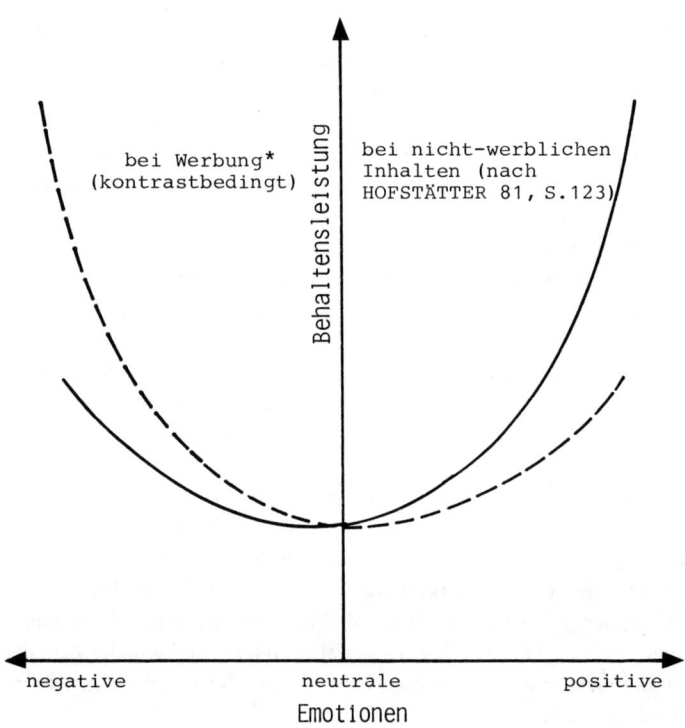

bei Werbung*
(kontrastbedingt)

Behaltensleistung

bei nicht-werblichen
Inhalten (nach
HOFSTÄTTER 81, S.123)

negative   neutrale   positive

Emotionen

* gleichzeitig mit erhöhter Gefahr, das eigene Angebot
durch klassische Konditionierung mit negativen Emotionen zu verbinden.

Abb. 35: Hypothetische Beziehung zwischen Emotionsqualität und Behalten.

Anschließend sollte das Auto mit Hilfe eines Polaritätenprofils beurteilt
werden. Die Personen, die die Abbildung mit Mädchen gesehen hatten, beur-
teilten das Auto als ansprechender, aufregender, jugendlicher, teurer und
weniger sicher, wobei immerhin 90 % der Teilnehmer dieser Gruppe mein-
ten, bei dieser Beurteilung von dem Mädchen nicht beeinflußt worden zu sein.

d) Anwendungsmöglichkeiten

Die soeben skizzierten empirischen Untersuchungen zeigen das weite
Feld möglicher Anwendungen. Durch den Kontext, in den der beworbene
Meinungsgegenstand gestellt wird, kann dieser eine sehr spezifische emo-

tionale Tönung annehmen. Zu beachten ist, daß dabei verschiedene Teilziele der Werbung in Konflikt geraten können. Zwar ist es denkbar, durch abschreckende, grausame oder angsterregende Darstellungen einen hohen Aufmerksamkeitswert zu erzielen und auch die Aktivierung zu steigern, die für den Lerngewinn wesentlich ist, doch ist auf der anderen Seite die Gefahr sehr groß, dadurch den Meinungsgegenstand mit negativen Emotionen zu verbinden. Dieses Dilemma wird durch Abbildung 35 verdeutlicht, aus der erkennbar wird, daß Inhalte, die mit negativen Emotionen verbunden sind, zwar besser im Gedächtnis haften bleiben als neutrale Inhalte, gleichzeitig aber das Risiko in sich bergen, daß diese Emotionen auch auf das Angebot übertragen werden (siehe auch die Tafeln 3 und 5 im Anhang).

Es scheint also danach eher empfehlenswert zu sein, den Meinungsgegenstand verbunden mit positiv erlebten Inhalten zu präsentieren. Dabei entsteht aber die Gefahr, daß zum einen die Beachtung der Werbung zurückgeht, da es zu keinen Kontrasteffekten mehr kommt – mit positiven Inhalten (Jugend, Erotik, Freizeit, schöner Landschaft etc.) werben fast alle. Weiterhin muß man sich auch der Gefahr bewußt sein, daß die positiven Inhalte sehr stark von dem ablenken, wofür geworben werden soll (Beispiele bei ANASTASI 1973). Hier bietet das Verfahren der Blickregistrierung die Möglichkeit der Kontrolle. Es läßt sich prüfen, ob z. B. nur das hübsche Mädchen, der Blickfang, betrachtet wird oder auch der beworbene Gegenstand bzw. der Name.

2.3. Erwerben von Verhaltensmustern

Die Lerntheorien (vgl. HILGARD & BOWER 1970/71) haben sich nicht nur darum bemüht, Erklärungsmodelle dafür zu liefern, warum ein Mensch in der Auseinandersetzung mit einer spezifisch geformten Umwelt neues *Wissen* oder *Emotionen* erwirbt, sondern – und dies ganz gezielt – auch darum, welche Gesetzmäßigkeiten bei der Modifikation des offenen *Verhaltens* wirken. Da die empirische Forschung auf diesem Gebiet sich vorwiegend auf Tierexperimente stützte (einer der bekanntesten Lernpsychologen, Buros SKINNER, widmete eines seiner Hauptwerke der weißen Ratte), ist es verständlich, daß das Forschungsparadigma S-R-geleitet war: Sind doch die Stimuli und die Reaktionen leicht direkt beobachtbar, die in O ablaufenden Prozesse dagegen beim Tier, das man ja nicht befragen kann, nur schwer erfaßbar (obwohl die moderne psychophysiologische Forschung auch hier methodische Zugänge öffnen könnte).

Der zentrale Gesichtspunkt bei den Erklärungsansätzen der Verhaltensmodifikation ist der der *Verstärkung (reinforcement)*: Man geht von den

Reizbedingungen (S) aus, prüft, welche Reaktionen (R) diesen folgen und analysiert, welche Konsequenzen (C) auf die Reaktionen hin eintreten. Folgt mit hoher Wahrscheinlichkeit (d. h. kontingent) auf die Reaktion (Verhalten) eine *positive* Konsequenz, so wird dieses Verhalten *verstärkt*, d. h. es wird in Zukunft bei ähnlichen Situationen mit einer *erhöhten* Wahrscheinlichkeit auftreten; bleibt die positive Konsequenz aus oder kommt es gar zu einer *negativen*, wird sich diese Reaktionsweise abschwächen oder ausbleiben. Derartige Verhaltensmodifikationen sind nicht nur dann möglich, wenn das Verhalten einer Person *direkt* verstärkt wird, sondern unter bestimmten Bedingungen auch dann, wenn die Person bei *anderen* ein Verhalten, dem positive Konsequenzen folgen, nur *beobachtet*. Über diese *indirekte* Form der Verhaltensmodifikation, das Modellernen, werden wir noch ausführlich sprechen (vgl. S. 118 ff.).

Übertragen wir diese Überlegungen wiederum auf unser Beispiel, das Zigarettenrauchen:

Der Anbieter hat hier nur bescheidene Möglichkeiten, dem von ihm erwünschten Verhalten (Rauchen) positive Konsequenzen *unmittelbar* folgen zu lassen, da er mit dem Konsumenten nur über die Massenkommunikationsmittel *vermittelt* in Kontakt tritt. Nur in Ausnahmefällen können seine absatzfördernden Maßnahmen direkt zur positiven Konsequenz führen: Es werden z. B. in Geschäften oder auf der Straße Warenproben mit Zigaretten verteilt. Dieses Geschenk kann zum einen – im Sinne des zuvor besprochenen klassischen Konditionierens von Emotionen – ein positives Gefühl an die Zigarettenmarke koppeln, es kann aber auch – im Sinne des soeben Besprochenen – eine positive Konsequenz (Wohlgeschmack oder das Gefühl der Entspannung) auf die spezifische Verhaltensweise, eben das Rauchen der beworbenen Marke, folgen lassen. Sehr viel häufiger dagegen wird der Anbieter – da er mit Hilfe der Massenmedien wirbt – *stellvertretend* verstärken (FLANDERS 1968), d. h. er wird ein *Modell* für das Rauchen belohnen („Rauche, staune, gute Laune" oder „Wer wird denn gleich in die Luft gehen, rauche lieber HB, dann geht alles wie von selbst").

Sehr viel schwerer haben es Institutionen, die für das Nichtrauchen werben wollen, da es hier keine konkret beschreibbaren Reaktionsweisen sind, die verstärkt werden sollen, sondern das *Unterlassen* einer spezifischen Reaktion. Es wird daher häufig der Weg gewählt, im Sinne der stellvertretenden Verstärkung – nur mit umgekehrten Vorzeichen – stellvertretende *Bestrafung* einzusetzen: Als Folge des Rauchens werden körperliche Schwäche, geistige Unkonzentriertheit oder gar Krankheit und Tod herausgestellt. Das Problem derartiger Vorgehensweisen besteht darin, daß nicht nur unerwünschte Verhaltensweisen abgebaut, sondern erwünschte Verhaltensweisen gezielt aufgebaut werden sollen (vgl. die lerntheoretisch

orientierte klinische Psychologie z. B. KANFER 1968; FLORIN & VON RO-
SENSTIEL 1976). Dies aber ist für eine Werbung, die sich gegen das Rauchen
wendet, schwierig (vgl. Tafel 3), da sie kaum für jeden angesprochenen
Raucher genau passend am Modell alternative Handlungsweisen aufbauen
und stellvertretend verstärken kann.

a) Theoretische Grundlagen

Die im Beispiel bereits angedeutete Wirkung der direkten Verstärkung
bezeichnete THORNDIKE (1913) als das Gesetz vom Erfolg (law of effect),
das er wie folgt formulierte:

Wenn eine modifizierbare Verbindung zwischen einer Situation und einer Verhal-
tensreaktion hergestellt wird und von einem befriedigenden Zustand begleitet oder
gefolgt wird, dann steigt die Stärke dieser Verbindung; wenn sie hergestellt und von
einem unbefriedigenden Zustand begleitet oder gefolgt wird, sinkt ihre Stärke (S. 4).

Experimente mit Katzen, die bestimmte Verhaltensweisen mit steigender
Häufigkeit zeigten, wenn Futter als Belohnung folgte, hatten THORNDIKE
zu dieser Aussage geführt. SKINNER (1938), der den behavioristischen
Aspekt noch konsequenter und rigoroser vertrat, verbannte Aussagen wie
„befriedigender Zustand" aus dem Gesetz, da diese ihm zu mentalistisch
waren, und definierte dementsprechend die positive Konsequenz nicht an
einem (vermuteten) Zustand der Befriedigung, sondern auch am *Verhalten*.
Er nannte diese positiven Konsequenzen *"operants"*, die er dann als gegeben annahm, wenn sie als Konsequenz des Verhaltens in Zukunft zur Erhöhung der Auftretenswahrscheinlichkeit dieses Verhaltens führten. Die
Bestimmung der operants gerät somit in eine gefährliche Nähe von Zirkel-
definitionen, der nur dadurch ausgewichen wird, daß die Beobachtung
„eine Konsequenz verstärkt Verhalten A" zu der Vorhersage benutzt wird,
daß die gleiche Konsequenz (operant) auch zur Verstärkung von Verhalten
B führen wird. In der Anwendung der Theorie des operanten Konditionierens wird allerdings von derartigen puristischen Begriffsbildungen meist
abgesehen. Die Verstärker werden – zumindest in der Humanpsychologie –
daran bestimmt, ob sie von der Person als angenehm oder befriedigend
(siehe getönte Felder in Abbildung 36) erlebt werden (WINDHEUSER & NI-
KETTA 1976). Sie werden also subjektiv definiert: Was für die eine Person
eine Verstärkung ist, kann für die andere Person eine Bestrafung sein.
   Die Alltagserfahrung zeigt nun, daß Verstärkungen (zu ihrer Klassifikation vgl. Abbildung 36) nicht nur dann wirken, wenn sie unmittelbar dem
eigenen Verhalten folgen, sondern auch dann, wenn man sie an *anderen be-*

	Darbietung	Entzug
angenehmer Reiz	positive Verstärkung	Bestrafung II
unangenehmer Reiz	Bestrafung I	negative Verstärkung

Abb. 36: Klassifikation von Bestrafungen und Verstärkungen.

obachtet. Dies führte nicht nur zu einer größeren Zahl empirischer Arbeiten zur Überprüfung von Hypothesen, die sich aus dieser Grundüberlegung ableiten lassen, sondern auch zur Formulierung der Theorie der *stellvertretenden Verstärkung* (FLANDERS 1968) bzw. des *Modellernens* (BANDURA 1969; BANDURA & WALTERS 1970).

Die empirische Forschung auf diesen Gebieten machte nun deutlich, daß keineswegs jede Konsequenz, die für eine andere Person belohnenden Charakter hat, einen Beobachter dazu führt, dieses beobachtete und verstärkte Verhalten nachzuahmen, sondern daß darüber hinaus gewährleistet sein muß, daß vom Beobachter das Modell als ähnlich und – nach *seinen* Kriterien – als erfolgreich wahrgenommen werden muß; offensichtlich Bedingungen, die zum Kummer vieler Väter in ihrem Bemühen, Söhne durch Vorbildwirkung zu erziehen, nicht immer gegeben sind.

b) Operationalisierung

Um verbreitungspolitische Maßnahmen auf ihre verhaltensverändernde Wirkung hin zu überprüfen, wird man, wie schon im Abschnitt „Lernen von Gefühlen" beschrieben, ein *Vorher-Nachher-Design* wählen. Man wird die Reaktionen einer Versuchs- bzw. der ganzen Zielgruppe vor und nach dem Einsatz der verbreitungspolitischen Aktivitäten erfassen, sei es *direkt*, durch Verhaltensbeobachtung, sei es *indirekt*, anhand nonreaktiver Indikatoren wie Absatz, Rücklauf von Coupons u. ä. Die hier möglichen Verfahren werden wir im Teil IV dieses Buches behandeln.

c) Beispiele empirischer Untersuchungen

Am Prinzip der *direkten Verstärkung* (instrumentelles Konditionieren, operantes Konditionieren) orientierte Untersuchungen sind in der Markt- und Werbepsychologie relativ selten. Häufiger findet man hier theoretische Überlegungen oder spekulativ begründete Empfehlungen für die Gestaltung der verbreitungspolitischen Instrumente (vgl. z. B. VON ROSENSTIEL 1973; BEHRENS 1975; KROEBER-RIEL 1980). Empirische Untersuchungen aus dem marktpsychologischen Feld, die sich auf die genannten lerntheoretischen Ansätze stützen, liegen lediglich zur Interaktion zwischen Verkäufern und Käufern vor (EVANS 1963; SCHOCH 1969). Dieser Forschungsansatz geht davon aus, den Erfolg von Verkaufsbemühungen nicht in überdauernden Persönlichkeitsmerkmalen des Verkäufers („geborener Verkäufer") zu sehen, sondern die Interaktionen zwischen Verkäufern und Käufern auf empirischer Basis im Sinne der wechselseitigen Wahrnehmung zu analysieren. Ein Kauf wird wahrscheinlicher, wenn der potentielle Käufer die Verhaltensweisen des Verkäufers positiv wertet, diese also als Verstärkungen seiner Kaufintentionen bzw. seines Kaufverhaltens interpretiert. Tatsächlich sehen, wie SCHOCH (1969) zeigte, Käufer bei den sie besuchenden Vertretern häufiger vorteilhafte und erwünschte Attribute, als dies die Nichtkäufer tun.

Auch Theorien der *stellvertretenden Verstärkung* bzw. des *Modellernens* sind bisher kaum in nennenswertem Maße zur Grundlage empirischer Untersuchungen der Werbewirkung gemacht worden. Immerhin liegen hier aber mehrere Arbeiten vor, die relativ leicht auf das Feld des Konsumverhaltens generalisierbar sind bzw. indirekt als Analysen zum Modellernen betrachtet werden können. Für beides je ein Beispiel:

BANDURA (1969; BANDURA & WALTERS 1970) untersuchte in einer experimentellen Studie, ob durch den Einfluß beobachtbaren Modellverhaltens Belohnungsaufschub erlernbar ist. Konkret wurde geprüft, ob Kinder nach einer bestimmten Verhaltensweise lieber *sofort* eine *kleine* Belohnung oder *später* eine *große* Belohnung wählen. Es zeigte sich, daß in Abhängigkeit vom zuvor beobachteten Modellverhalten – ob also die Modellpersonen sofort die kleine Belohnung wählten oder sich für den Belohnungsaufschub entschieden – und von beobachtbaren Merkmalen des Modells die sofortige Belohnung bzw. der Belohnungsaufschub gewählt wurde.

Dieser Untersuchung darf man wohl eine grundsätzliche Bedeutung für die in der Konsumtheorie wesentliche Frage der Verteilung von Konsum- bzw. Sparquote (KEYNES 1936) beimessen, die in der empirisch orientierten Forschung auch unter dem Aspekt von Persönlichkeitsmerkmalen, Erziehungsstilen oder generellen Sozialisationsbedingungen Interesse gefunden hat (SCHMÖLDERS 1966; HOEPFNER, KNORRING & VON ROSENSTIEL 1972; ERIKSON 1965; RÜTTINGER, VON ROSENSTIEL & MOLT 1974).

Daß die Überlegungen, die dem Konzept des Modellernens zugrunde liegen, für die Gestalter von Werbung – sei es nun beabsichtigt oder nicht – häufig leitend sind, wird jeder sehen können, der bewußt Werbung betrachtet. Immer wieder werden konsumierende Personen als „Modelle", als Leitbilder herausgestellt, die sich zur Identifikation anbieten und geeignet erscheinen, Wunschprojektionen der Betrachter auf sich zu ziehen (vgl. die entsprechenden Gedanken zum Führungsprozeß bei HOFSTÄTTER 1971). In vieler Hinsicht sind sie vermutlich den Mitgliedern der Zielgruppe – zumindest in deren Augen – ähnlich und auch erfolgreich, wobei dieser Erfolg – mehr oder minder direkt angesprochen – aus dem Konsum des beworbenen Produkts erwächst. Dies läßt sich z. B. aus Daten ableiten, die DÖTTGER & RUPP unter der Leitung von KROEBER-RIEL (1980) aus der Inhaltsanalyse von 271 Anzeigen für Tabakwaren zusammenstellten (vgl. Tabelle 3).

Tab. 3: Eigenschaften der in Annoncen für Tabakwaren abgebildeten Modellpersonen (aus KROEBER-RIEL,1980, S. 572).

% der Anzeigen	abgebildete Modelle mit folgenden Eigenschaften
95	jugendliches bis mittleres Alter (bis 40 Jahre)
40	freie Natur als Umfeld, z. B. Waldlandschaften
64	hobby- und freizeitbeschäftigt
66	lebensfrohe Gesellligkeit
64	das Produkt direkt konsumierend (rauchend)

Die Ergebnisse zeigen, daß die in den Anzeigen abgebildeten Modelle sehr wohl als attraktive Identifikationsfiguren wirken können. Da sie meist rauchend gezeigt werden, wird beim Betrachter auf die mögliche negative Konsequenz des Rauchens in keiner Weise hingewiesen; im Gegenteil: die positiven Konsequenzen der Hobby- und Freizeitbeschäftigung sowie der lebensfrohen Gesellligkeit stehen im Vordergrund.

d) Anwendungsmöglichkeiten

Sucht man das Prinzip der *direkten* Verstärkung in der Markt- und Werbepsychologie anzuwenden, so ist die Werbung dafür vermutlich kein geeignetes Feld. Es ist weit eher an andere verbreitungspolitische Instrumente zu denken. Dabei sollte der Gedanke im Vordergrund stehen, daß der Konsument im Umgang mit dem Produkt, der Idee oder der Dienstleistung Erfahrungen sammeln kann, die ihn zur endgültigen bzw. fortgesetzten Übernahme führen. Ein Prinzip, das dabei zur Anwendung kommen kann, ist das der „Teilbarkeit des Gutes" (ROGERS & STANFIELD 1968). Diese kann dadurch sichergestellt werden, daß der Konsument z. B. eine Probepackung, eine Leseprobe oder ähnliches erhält. Positive Erfahrungen im Umgang können dann als Verstärker wirken, durch die die Übernahme wahrscheinlicher wird. Dort, wo ein Gut schwer teilbar ist, sind andere Strategien vorstellbar, die ebenfalls gewährleisten, daß Mitglieder der Zielgruppe (positive) Erfahrungen mit dem Meinungsgegenstand machen, der dann langfristig übernommen wird. Man denke etwa daran, daß ein Fernsehapparat zunächst auf Mietbasis verliehen wird, wobei im Falle eines Kaufs die Mietzahlungen auf den Kaufpreis angerechnet werden. Man denke an die Möglichkeit zur Probefahrt mit einem Auto, das eventuell dem Kunden für das ganze Wochenende zum Erproben überlassen wird, oder daran, daß ein Abnehmer ein Hallenbad unter der Bedingung preisgünstiger erhält, daß er den Nachbarn die Benutzung zur Probe für begrenzte Zeit gestattet (vgl. KROEBER-RIEL 1980).

Indirekt sind die Prinzipien der direkten Verstärkung allerdings auch auf die Werbung übertragbar, wenn man das Konzept der *verdeckten* Konditionierung (CAUTELA 1973; ROTH & KESSLER 1979) bedenkt. Verdeckte Konditionierung liegt z. B. dann vor, wenn Verhaltensweise oder Konsequenz nicht von außen beobachtbar sind, wenn z. B. die Vorstellung vom Konsum des Produktes mit der Vorstellung angenehmer emotionaler Zustände verbunden ist. Spekulativ hat VON ROSENSTIEL (1973) derartige Überlegungen als Empfehlungen für die Werbegestaltung aufgenommen. Es erscheint demnach wesentlich, möglichst konkret in der Vorstellung der Person das Übernahmeverhalten mit den sich daran anschließenden positiven Konsequenzen auszulösen.

Die Anwendung von Überlegungen, die sich aus den Prinzipien der *stellvertretenden Verstärkung* bzw. des *Modellernens* ableiten lassen, findet man in der Werbung dagegen weit verbreitet. Immer wieder werden Personen, die sich wegen ihrer Ähnlichkeit mit den Mitgliedern der Zielgruppe als Identifikationsfiguren besonders anbieten (z. B. „normale Hausfrauen", wenn es um Waschmittel oder Weichspüler geht), als Verbraucher gezeigt, die durch den Verbrauch bzw. den Konsum zum Erfolg, zu positiven Konsequenzen kommen (z. B. zur Liebe des Partners, zur Bewunderung bei den Freundinnen, zur Zuneigung der Kinder: „Mutter ist die Beste"). Hier lassen sich Formen der Werbung beobachten, die unter normativem Gesichtspunkt bedenklich stimmen, weil zum einen Hoffnungen geweckt

werden können, die unerfüllbar sind, und zudem zwischenmenschliche
Beziehungen in den Kontext der Käuflichkeit gestellt werden.

Unter dem Aspekt des Modellernens ist aber nicht nur gezieltes werbliches Bemühen zu analysieren, sondern auch das Verhalten denkbarer Modellpersonen, das – jedenfalls für den Konsumenten – nicht als werbliche
Aktivität erkennbar ist. Wenn etwa ein berühmter Sportler im Fernsehen
als Fahrer einer bekannten Skimarke erkennbar wird, wenn ein Politiker
zur Fahrt zum Konferenzgebäude eine bestimmte Automarke bevorzugt,
wenn ein angesehener Schriftsteller bei Interviews durchgehend raucht, dabei für bestimmte Ideen oder Politiker eintritt etc., so können derartige
Maßnahmen nicht nur kurzfristig motivaktivierend wirken (sich ebenfalls
schnell eine Zigarette anzuzünden), sondern auch im Sinne des Modellernens Einstellungen oder Verhaltensweisen langfristig modifizieren.

3. Einstellungsbildung

Einstellungen gehören zu den am häufigsten untersuchten und diskutierten Forschungsgegenständen in der Psychologie überhaupt (vgl. z. B.
McGuire 1969; Graumann 1972). Obwohl es vielfältige Unterschiede der
Begriffsauffassung gibt, ist doch den meisten Definitionen gemeinsam, daß
sie in der Einstellung eine aus der Erfahrung stammende Bereitschaft sehen,
in relativ konsistenter Weise auf einen Gegenstand wertend zu reagieren,
was sich im *kognitiven, affektiven* und *motivationalen* (bzw. *konativen*)
Bereich niederschlagen kann.

Die Priorität, die den Einstellungen in der psychologischen Forschung
zuteil wurde, ist – zumindest partiell – daraus zu erklären, daß man in diesem Konzept ein relativ leicht meßbares Persönlichkeitsmerkmal sah, das
geeignet schien, das Verhalten der betreffenden Person vorherzusagen und
Strategien zur Einstellungsänderung und damit zur Verhaltensmodifikation bereitzustellen. Tatsächlich hat dann auch die Frage, ob eine bedeutsame korrelative Beziehung oder gar ein Ursache-Wirkungs-Verhältnis
zwischen den Einstellungen und dem Verhalten besteht eine heftige Kontroverse ausgelöst, die auch vielfältige empirische Untersuchungen initiierte (vgl. z. B. Achenbaum 1966; Fishbein 1967; Festinger 1964; Benninghaus 1976; Schuman & Johnson 1976; Bergler 1977; Ajzen &
Fishbein 1977; Lappe 1977; Meinefeld 1977). Die Diskussion dauert an,
und es ist keineswegs zu erwarten, daß es hier zu einem generalisierbaren
Abschluß kommt. Vermutlich ist je nach Inhalt des gezeigten Verhaltens
und je nach Verhaltenssituation eine andersartige Beziehung zwischen Einstellungen und Verhalten zu erwarten. So ist z. B. wahrscheinlich, daß ein

sexualfeindlich erzogener Pubertierender eine negative Einstellung zur Selbstbefriedigung hat, sein Verhalten davon aber nur mäßig beeinflußt wird, was sich wiederum auf seine Einstellung auswirkt, die weniger negativ werden kann; es ist sehr wohl denkbar, daß ein Student, der z. B. aus Numerus-clausus-Gründen ein Fach studiert, zu dem er ursprünglich eher negative Einstellungen hatte, diesem schließlich positiv gegenübersteht (vgl. z. B. VROOM 1964; VON ROSENSTIEL 1975).

Auf der anderen Seite ist es durchaus plausibel, daß ein Konsument, der positive Einstellungen einem Produkt gegenüber entwickelt, weil es seine Zahlungsfähigkeit nicht überschreitet (vgl. HOEPFNER 1975), dieses Produkt auch schließlich kaufen wird.

Insgesamt scheint zumindest auf dem Gebiet des Konsumgütermarktes die Empirie dafür zu sprechen, daß eine recht hohe Korrelation zwischen Einstellungen und Kaufverhalten besteht und daß diese Korrelation in dem Sinne zu interpretieren ist, daß die Einstellungen dem Verhalten zeitlich vorausgehen und als Teilursache dieses Verhaltens anzusehen sind (siehe z. B. DICHTL & MÜLLER-HEUMANN 1972).

Ein Blick in die methodisch orientierte Einstellungsliteratur (vgl. z. B. SÜLLWOLD 1969; SIXTL 1979) macht deutlich, daß die Operationalisierung der *Einstellungen* ähnlich erfolgt wie die Operationalisierung ganz anders bezeichneter psychischer Phänomene wie z. B. *Stereotyp, Vorurteil, Meinung* oder – bezogen auf die Marktpsychologie – *Image.* Die in vielen Fällen zumindest akzentuierend voneinander abweichenden Definitionen derartiger Begriffe bedeuten für die Praxis der Forschung und Anwendung wenig, wenn die Messung gleichartig erfolgt. In diesem Sinne kann – wie soeben angedeutet – der in der Markt- und Werbepsychologie verbreitete Imagebegriff (GARDNER & LEVY 1955; KLEINING 1962; BERGLER 1963; JOHANNSEN 1971) weitgehend mit dem meist präziser gefaßten Begriff der Einstellung gleichgesetzt werden (HOFFMANN 1972; TROMMSDORFF 1975; VON ROSENSTIEL & EWALD 1979 b; KROEBER-RIEL 1980; NEUMANN & VON ROSENSTIEL 1981).

Für das Feld der Markt- und Werbepsychologie ist auffallend, daß der Imagebegriff meist dort verwendet wird, wo es um die Bewertung der Vorstellungen von einem Produkt (TROMMSDORFF 1975) oder einer Unternehmung (BERGLER 1963; JOHANNSEN 1971) geht, während sehr viel seltener von Image gesprochen wird, wenn andere Meinungsgegenstände (SPIEGEL 1961) betroffen sind, etwa die Selbsteinstufung des Konsumenten oder die interpersonale Wahrnehmung (JAHNKE 1975), das Bild, das sich verschiedene Völker voneinander machen (HOFSTÄTTER 1973), das Bild, das die Wähler von einem Politiker haben, oder die Wertungen, die bestimmten politischen oder sozialen Ideen entgegengebracht werden.

Der Begriff der Einstellung ist geeignet, hier einigend zu wirken. Für das Feld der Markt- und Werbepsychologie kann aber der Imagebegriff sehr wohl beibehalten werden, da er hier eingeführt ist und zudem auch einige Sonderbedeutungen aufweist (TROMMSDORFF 1980).

Die Bedeutung des Imagekonzeptes sei wiederum an unserem Beispiel „Raucherwerbung" aufgezeigt: Jeder Raucher, der eine bestimmte Marke präferiert, weiß, wie diese schmeckt und glaubt auch, sie von anderen unterscheiden zu können. Bittet man ihn darum, diese Zigarette aus der Erinnerung auf einem Polaritätenprofil (siehe S. 131) einzustufen, so wird ihm dies in der Regel wenig Mühe bereiten: Das Image ist meßbar. Die empirische Forschung (SPIEGEL 1961) zeigt nun aber, daß Raucher ihre Lieblingszigarette beim Rauchen kaum wiedererkennen, wenn diese unmarkiert ist und nicht aus der gewohnten Schachtel genommen wird. Beim Rauchen verbindet sich vermutlich die Wahrnehmung der unmittelbaren Reizgegebenheiten mit dem Image. Wird dann die Aktivierung des *Images* durch experimentelle Manipulation unterbunden, ändert sich auch das *Wahrnehmungs*erlebnis. Das Image geht also in das unmittelbare Produkterlebnis mit ein. Produktdifferenzierung ist nicht nur durch Veränderung am *Produkt* selbst, sondern auch durch Modifikation der *Absatzwege* (KROEBER-RIEL 1980) der *Werbung* (VON ROSENSTIEL 1979; NEUMANN & VON ROSENSTIEL 1981) oder des *Preises* möglich (MONROE 1973; KAAS 1977; OLSON 1977). Wichtig ist das Image aber keineswegs nur dann, wenn es um ein einzelnes Produkt geht, sondern auch dann, wenn einen die gesamte Produkt*gruppe*, z. B. Zigaretten, interessiert. Handelt es sich bei Zigaretten um Produkte, durch die der Raucher in der Vorstellung der sozialen Mitwelt zu einem progressiven, liberalen und ungebundenen Menschen wird, oder erscheint er eher als schwach, rücksichtslos, haltlos und kränklich? Die Bildung bzw. Modifikation derartiger Konzepte, die Menschen von Zigaretten bzw. von Zigarettenrauchern haben, kann wesentlicher Bestandteil einer Beeinflussungspolitik sein, die von dem ausgeht, der Zigaretten verkaufen will, oder von dem gesteuert wird, der aus anderen Zielsetzungen heraus das Rauchen reduzieren oder unterbinden möchte.

a) Theoretische Grundlagen

Bei stark vereinfachender Sichtweise läßt sich sagen, daß Einstellungen im Dienste der *Bedürfnisbefriedigung* stehen (KRECH, CRUTCHFIELD & BALLACHEY 1962). Nehmen wir einen Gegenstand als geeignetes Mittel zu dem Zweck wahr, unsere Bedürfnisse zu befriedigen, so entwickeln wir diesem gegenüber *positive* Einstellungen. Erscheint er uns dagegen auf dem

Wege der Bedürfnisbefriedigung hinderlich, so werden sich eher *negative* Einstellungen bilden (vgl. auch ROTH 1967). Entsprechend gehen HOWARD & SHETH (1969) davon aus, daß die wahrgenommene *Instrumentalität* eines Produkts für die Befriedigung eines Motivbündels entscheidend für die Art der Einstellung diesem Produkt gegenüber und somit entscheidend für dessen Image sei. Die Beeinflussung des Images wäre also über eine Modifikation der Instrumentalitätswahrnehmungen zu erreichen.

Es wäre nun allerdings eine Verkürzung, Einstellungen ausschließlich auf eine eindimensionale Bewertungsdimension zu reduzieren, wie es ursprünglich von ALLPORT (1935) konzipiert worden war. Einstellungen umfassen sowohl einen *affektiven* oder gefühlsmäßigen Kern des Mögens oder Nichtmögens als auch *Kognitionen*, die Merkmale des Einstellungsgegenstandes und seine Beziehungen zu anderen Objekten beschreiben (KATZ 1960). Bei der Analyse ist es also bedeutsam zu erfassen, *welche* Attribute der einzelne dem Meinungsgegenstand zuschreibt und *wie* er nun wiederum diese zugeschriebenen Attribute *bewertet* (vgl. z. B. FISHBEIN 1963; TROMMSDORFF 1975; bzw. S. 132). Die Images werden somit zu mehrdimensionalen Einstellungskonzepten (siehe auch ROTH 1967).

Ein Problem der Analyse von Einstellungen besteht darin, daß sie den Einstellungsgegenstand meist aus dem Kontext herauslösen. Wer darauf angewiesen ist, mit einem Unimog möglichst rasch von München nach Hamburg zu kommen, der wird hier schwerlich sonderlich positive Einstellungen äußern. Wird die gleiche Person während einer Ferientour mit dem genannten Fahrzeug durch die Sahara nach ihren Einstellungen gefragt, wird sich vermutlich ein gänzlich anderes Bild zeigen (vgl. hierzu DAY 1970). Die Erfassung von Einstellungen bzw. Images sollte daher *kontextbezogen* erfolgen, da auch nur dann eine nennenswerte Beziehung zum Verhalten zu erwarten ist.

Während in der sozialpsychologischen Einstellungsforschung von Anbeginn mit Hilfe von Skalierungsverfahren – zunächst mit *ein*dimensionalen (BOGARDUS 1928; LIKERT 1932; GUTTMAN 1950), später mit *mehr*dimensionalen Konzepten – gearbeitet wurde, waren in der Marktpsychologie zur Erfassung des Images zunächst solche Verfahren üblich, die eher als *ganzheitlich impressionistisch* bezeichnet werden können. So verwendete man z. B. in der Anfangsphase Abwandlungen projektiver Testverfahren, freie Assoziationsverfahren, Zuordnungs- und Lückentests, Einkaufslistenverfahren etc. (HAIRE 1950; SMITH 1954; BERTH 1959). Erst nach und nach – wobei die Anwendung des Polaritätenprofils in der Marktpsychologie (HOFSTÄTTER & LÜBBERT 1958) einen Zwischenschritt, eine Übergangsphase kennzeichnet – gelangte man zu jenen mehrdimensionalen Skalierungsverfahren, wie sie auf anderen Gebieten der Einstellungsforschung schon länger verwendet wurden (vgl. zur theoretischen Grundlegung und Operationalisierung COHEN, FISHBEIN & AHTOLA 1972; SHETH & TALAR-ZYLE 1972; SHETH 1973; TROMMSDORFF 1975 und 1976; MAZANEC 1979). Derartige Operationalisierungsansätze, die im Anschluß an die Erwartungs-Wertmodelle von TOLMAN (1932) oder LEWIN (1938) von einem Menschenbild ausgehen, das sich den einzelnen als mit Werten und Wahrscheinlichkeiten relativ rational kalkulierend vorstellt, sind nicht nur für die Operationalisierung, sondern auch für die theoretische Begründung bedeutsam. Es ist – schon von der psychobiologischen Basis her – durchaus fraglich, ob Einstellungen, Images oder Eindruckswerte (vgl. hierzu TROMMSDORFF 1980) auf differenzierte und relativ bewußte Instrumentalitätswahrnehmungen des Individuums zurückzuführen sind, die (vgl. KRUGMAN 1966/7, 1971) Leistungen der linken Hirnhemisphäre zu sein scheinen. Durch psychophysiologische Messungen konnte KRUGMAN die Hypothese stützen, daß in der rechten Hirnhemisphäre ohne gezielte und aktive Beteiligung des Individuums Information abgespeichert wird, die eher holistischen und episodischen Charakter hat (Theorie des "low involvement"). Derartige Konzepte gewinnen zunehmend an Bedeutung (ROSSITER & PERCY 1978; MALONEY 1979) und können als späte Rehabilitation der eher ganzheitspsychologisch zu interpretierenden frühen Imageauffassungen (vgl. z. B. KLEINING 1962) interpretiert werden. Holistische Eindrucksbilder führen dann wohl auch kaum über rationale Kalkulationen zu einem dem Image entsprechenden Handeln, sondern zu einem spontanen, wenig reflektierten Verhalten, das in der Marktpsychologie unter dem Stichwort „impulsives Kaufverhalten" (KUHLMANN 1974) erhebliches konsumentenpolitisches, theoretisches und empirisches Interesse gefunden hat.

b) Operationalisierung

Wenn an dieser Stelle die *Methoden der Befragung* (z. B. HOLM 1975, 1976, 1979) relativ ausführlich diskutiert werden, so heißt dies nicht, daß zur Messung von Einstellungen nur Befragungsmethoden bzw. Befragungsmethoden nur zur Messung von Einstellungen geeignet wären. Wie schon aus den bisherigen Operationalisierungen ersichtlich, werden Befragungsmethoden, zum Teil ausschließlich, zum Teil als notwendige Ergänzung anderer Verfahren, auch zur Untersuchung anderer O-Variablen herangezogen: So sind Recall- oder Recognitionsverfahren nichts anderes als Befragungen; bei aktualgenetischen Methoden werden die Versuchspersonen über ihre Wahrnehmungen und Eindrücke befragt usw.

Auf der anderen Seite können Einstellungen auch mit anderen als mit Be-

fragungsmethoden untersucht werden (SÜLLWOLD 1969; VON ROSEN-
STIEL & EWALD 1979 b oder KROEBER-RIEL 1980), z. B. mit den im nächsten
Abschnitt beschriebenen *Verfahren zur Messung physiologischer Größen*
(COOPER & POLLOCK 1967), durch *Verhaltensbeobachtung* (s. Teil IV),
wobei hier allerdings (EDWARDS 1957 b) der Schluß von Verhaltensweisen
auf Einstellungen sehr problematisch ist, anhand *nonreaktiver Maße* (WEBB
et al. 1975), wie sie etwa mit der Technik der verlorenen Briefe (MILGRAM
et al. 1965) erhoben werden, oder durch die *Messung von Wahrnehmungs-
schwellen* visueller (z. B. POSTMAN, BRUNER & McGINNIES 1948) oder
akustischer (z. B. VANDERPLAS & BLAKE 1949/50) Reize, bei der aber letztlich auch wieder eine Befragung der Versuchsperson erfolgt.

Trotz dieser Alternativen ist die Befragung zweifellos der am häufigsten
beschrittene Weg der Einstellungs- bzw. Imagemessung; mehr noch: Sie ist
in der kommerziellen Markt- und Meinungsforschung die am häufigsten
verwendete Methode überhaupt, was KROEBER-RIEL in einem Interview
(Interview & Analyse 1980, S. 511) zu der Bemerkung veranlaßt hat, daß
viele Marktforscher „offenbar einen Berufseid geschworen haben, ausschließlich Befragungen zu benutzen"; wohl eher aus ökonomischen
Gründen als unter Validitätsaspekten (vgl. z. B. FISCHER & KOHR 1980):
Liefern doch Befragungen in relativ kurzer Zeit ohne allzu großen (apparativen) Aufwand relativ viele, bei (hoch-)strukturierten Fragebögen leicht
zu quantifizierende Daten, bei denen jedoch die Gefahr einer irrelevanten
Determination nicht unterschätzt werden darf. Eine irrelevante Determination (vgl. MICHEL 1964, S. 51) liegt dann vor, wenn eine Antwort nicht
(nur) von der zu messenden Variablen bestimmt wird, sondern (auch) von
anderen Größen, sogenannten *Response-Sets* (CRONBACH 1946, 1950), die
mit dem, was eigentlich untersucht werden sollte, nichts zu tun haben.
Hierunter fallen die Tendenz zur *Zustimmung*, zum *Ja-Sagen*, die Tendenz,
unentschieden zu reagieren, die (gelegentlich beobachtbare) Tendenz, *ex-
treme* Antwortkategorien zu bevorzugen, die Neigung, möglichst *viele*
Antworten zu geben oder die Tendenz, in *sozial erwünschtem* Sinne zu
antworten (Tendenz der social desirability, EDWARDS 1953 und 1957a).

Bei der Planung einer Befragung müssen zunächst eine Reihe von *Vor-
entscheidungen* getroffen werden:

● Soll sie *schriftlich* (z. B. in Fragebogenform oder computerunterstützt
auf Bildschirm mit Eingabe der Antwort über Lichtgriffel bzw. Tasta-
tur) oder *mündlich* (persönlich oder telefonisch) durchgeführt werden?
● Wie stark soll das Interview *vorstrukturiert* werden?
● Soll man alle Fragen, einschließlich der Reihenfolge, in der sie gestellt
werden müssen, dem Interviewer wörtlich *vorschreiben* oder soll er im
Rahmen des gestellten Themas, abhängig vom Gesprächsverlauf, *frei*

Tab. 4: Charakteristische Unterschiede zwischen direktiver und nondirektiver Gesprächsführung

	Gesprächsführung	
direktiv		**nondirektiv**
Der Gesprächsleiter:		Der Gesprächsleiter:
● Steuert das Gespräch *allein*.		● Deutet zu Beginn nur global den Gesprächsrahmen an und überläßt dann dem Gesprächspartner das Wort.
● Spricht viel.		● Spricht wenig.
● Stellt präzise, gelegentlich bereits vor-formulierte Fragen, die nicht selten nur mit „ja" oder „nein" zu beantworten sind.		● Spricht oder fragt (meist mit sog. W-Fragen: warum . . ; weshalb . . ; wie . . ; wohet . . ; in welcher Hinsicht . . .) nur, – um Ängste oder Befürchtungen des Partners abzubauen, – um den Gesprächspartner für seine freimütige Meinungsäußerung zu loben, – um den Gesprächspartner zum Sprechen zu ermuntern (bei Gesprächspausen greift er nur noch solche Themen auf, die von seinem Partner bereits angeschnitten wurden), – um auf ein aus der Sicht seines Gesprächspartners offensichtlich wichtiges Thema näher einzugehen. Dies sind vor allem Themen, bei denen der Gesprächspartner – eine unangemessene Emotion gezeigt hat, – eine normalerweise zu erwartende Emotion *nicht gezeigt* hat, – andeutet (z. B. durch sprachliche Floskeln), daß hinter seiner Äußerung bestimmte Haltungen, Einstellungen und Emotionen stehen.
● Vernachlässigt die Ansichten, Wünsche und Bedürfnisse des Gesprächspartners.		● Geht auf seinen Gesprächspartner geduldig und freundlich ein. Ist an den Problemen seines Gegenübers interessiert.
● Unterbricht, wann er will.		● Läßt seinen Gesprächspartner unter allen Umständen ausreden.
● Zeigt sich seinem Gegenüber als Autorität.		● Zeigt keine Autorität.
● Bewertet die Antworten explizit. Erteilt Ratschläge.		● Gibt keine Werturteile über die Äußerungen seines Gesprächspartners ab. Erteilt keine Ratschläge. Hält seine eigenen Meinungen und Einstellungen zurück. Gibt keine Informationen über die eigene Person und über die eigenen Ansichten. Wenn er selbst gefragt wird, gibt er die Frage an seinen Gesprächspartner zurück oder kommentiert die Frage.

entscheiden, ob und was er fragen will, wie dies etwa bei *nondirektiven* Interviews üblich ist (vgl. die Gegenüberstellung des direktiven und nondirektiven Befragungsstils in Tabelle 4)?

● Sollen dem Interviewten die Antworten, aus denen er die passende auszuwählen hat, vorgegeben werden, wie dies bei *geschlossenen* Fragen der Fall ist (z. B. „Wie würden Sie die Qualität von Produkt X einstufen: sehr hoch, hoch, mittel, niedrig oder sehr niedrig?"), oder sollen die Fragen *offen* gestellt werden (z. B. „Wie schätzen Sie die Qualität von Produkt X ein?" vgl. auch Tabelle 4)?

● Sollen die Interviewpartner nur nach *einem* Thema (Spezialbefragung) oder nach *mehreren* Themen (Omnibus-Befragung) befragt werden;

● *einzeln* oder in *Gruppen;*

● mit *direkten* (z. B. „Warum kaufen Sie das Produkt X?") oder *indirekten,* projektiven Fragen (z. B. „Warum kaufen andere Leute Ihrer Meinung nach das Produkt X?")?

Natürlich sind auch hier fließende Übergänge bzw. Kombinationen möglich: So wird man häufig zunächst die noch unbekannten Aspekte eines Problemkreises in unstrukturierten, qualitativen Interviews erkunden, die an einer relativ kleinen Stichprobe durchgeführt werden, und diese Dimensionen dann mit einem Fragebogen, der eine Reihe geschlossener Fragen enthält, an einer großen, repräsentativen Stichprobe quantifizieren.

Je nach eingeschlagener Strategie müssen weitere Fragen beantwortet werden:

● Soll *eindimensional* oder *mehrdimensional* skaliert werden (vgl. VON ROSENSTIEL & EWALD 1979b, zum Problem der Skalierung SCHEUCH 1967b; VEN 1980)?

● Soll die eindimensionale Skalierung nach BOGARDUS, THURSTONE, LIKERT oder GUTTMAN (vgl. SÜLLWOLD 1969) erfolgen?

● Soll zur mehrdimensionalen Skalierung das *Polaritätenprofil* oder die Modelle von FISHBEIN (1963) oder TROMMSDORFF (1975) herangezogen werden?

● Soll die Gruppenexploration *kumulativ, kombiniert* oder *kontradiktorisch* durchgeführt werden (SALCHER 1978)?

● Soll man mit *assoziativen, projektiven* oder *Zuordnungsverfahren* arbeiten und mit jeweils welchen (vgl. VON ROSENSTIEL & EWALD 1979b)?

Die eben genannten Möglichkeiten sollen im folgenden kurz dargestellt werden.

Die *soziale Distanzskala* von BOGARDUS (1928, 1967) konfrontiert die Probanden mit verschiedenen Behauptungen, in denen eine immer positivere Einstellung gegenüber dem Einstellungsgegenstand (in der Urform waren dies Rassen bzw. Nationalitäten) zum Ausdruck kommt. Die Pro-

banden sollen bei jedem Statement angeben, ob sie es akzeptieren oder ablehnen. Bei der Messung der Einstellung gegenüber einer bestimmten Biersorte könnte eine solche Skala wie folgt aussehen:
- XY-Bier würde ich nie trinken.
- XY-Bier würde ich nur trinken, wenn es kein anderes Bier gäbe.
usw. bis
- Auf XY-Bier würde ich nur dann verzichten, wenn es wirklich nicht zu beschaffen wäre.

Bei der Einstellungsmessung nach der Methode von Thurstone (Thurstone & Chave 1929) werden zunächst einige hundert Statements gesammelt, die für den entsprechenden Einstellungsgegenstand das gedachte Kontinuum von „sehr negativ" bis „sehr positiv" repräsentieren. Dann werden Beurteiler gebeten, diese (zweckmäßigerweise auf Kärtchen geschriebenen) Statements auf einer vorgegebenen Skala einzuordnen. Meist wird eine Skala mit 9 oder 11 Abschnitten verwendet; nur die beiden Pole sind verbal definiert. Der Median aller Einstufungen eines Statements ergibt dessen künftigen Skalenwert. Von den so eingestuften Statements werden etwa 20 bis 30 in die Endform übernommen. Die Auswahl erfolgt dabei nach zwei Kriterien:
- Jeder Skalenwert soll möglichst gleichmäßig vertreten sein. Die Statements der Endform sollen sich also gleichmäßig über die 9 bzw. 11 Skalenabschnitte verteilen.
- Die Statements sollen von den Beurteilern möglichst gleich eingestuft worden sein. Nicht aufgenommen werden also Statements, bei denen die Streuung in der Beurteilung zu groß war.

Die Endform wird nun – natürlich ohne Angabe des Skalenwerts der einzelnen Statements – dem Interviewten vorgelegt, der diejenigen Statements ankreuzen soll, denen er zustimmt. Sein persönlicher Standort auf dem Einstellungskontinuum ergibt sich aus dem Mittel der Skalenwerte der von ihm akzeptierten Statements.

Im Gegensatz zur Thurstone-Skala, die nur zwei Reaktionsmöglichkeiten seitens des Interviewten (Zustimmung vs. Ablehnung) vorsieht, kann er bei der Skala von Likert (1932) auf die ihm vorgelegten Statements differenzierter reagieren, z. B. mit: völliger Zustimmung, teilweiser Zustimmung, Indifferenz, teilweiser Ablehnung, völliger Ablehnung. Den einzelnen Reaktionsmöglichkeiten werden Gewichtszahlen zugeordnet, wobei die Richtung der Statements zu beachten ist: Bei negativen Feststellungen bekommt z. B. „völlige Zustimmung" das Gewicht 1, „völlige Ablehnung" das Gewicht 5, während bei positiven Statements „völlige Ablehnung" mit 1 und „völlige Zustimmung" mit 5 bewertet wird. Der Einstellungswert eines Probanden ergibt sich dann aus der Summe der seinen einzelnen Reaktionen zugeordneten Gewichte. Auch in der Konstruktion unterscheidet sich die LIKERT-Skala von der THURSTONE-Skala: Die Sammlung der zu überprüfenden Statements wird einer Reihe von *Probanden* vorgelegt, die auf sie wie in der „Ernstsituation" gemäß ihrer eigenen Einstellung reagieren. Dann wird für jedes Statement ein Trennschärfenindex berechnet. Dieser Index gibt an, wie stark das betreffende Statement mit dem Gesamtpunktwert der einzelnen Versuchspersonen korreliert: Bei trennscharfen Statements kreuzen Probanden mit einem hohen Gesamtwert eine höher gewichtete Alternative an als Probanden mit einem niedrigen Gesamtwert. In die Endform werden die Statements mit den besten Trennschärfenindices aufgenommen. Auf diese Weise soll, wie auch mit der Skalogrammanalyse von GUTTMAN (1950), eine faktoriell eindimensionale Skala konstruiert werden (vgl. auch die Skalendiskriminationstechnik von EDWARDS & KILPATRICK 1948, die eine Kombination aus der THURSTONE-, LIKERT- und GUTTMAN-Technik darstellt).

Diesen *eindimensionalen* Ansätzen stehen die *mehrdimensionalen* gegenüber, z. B. das Polaritätenprofil oder die Modelle von FISHBEIN (1963) bzw. TROMMSDORFF (1975).

Das *Polaritätenprofil* bzw. *semantische Differential* (von OSGOOD, SUCI & TANNENBAUM 1957, in Deutschland von HOFSTÄTTER & LÜBBERT 1958 vorgestellt) besteht aus einer Reihe von Gegensatzpaaren, den Polaritäten. Diese haben meist keine direkte logische oder sachliche, dafür aber eine um so größere assoziative Beziehung zum einzustufenden Objekt. Die Pole eines jeden Gegensatzpaares sind mit einer 5- bis 7stufigen Skala verbunden, auf der die VP das zu untersuchende Objekt einstufen soll, wie folgendes Beispiel zeigt:

```
schwer   1---2---3---4---5---6---7  leicht
billig   1---2---3---4---5---6---7  wertvoll
stark    1---2---3---4---5---6---7  schwach
```

Für jede Polarität werden aus den Einstufungen der Probanden Mittelwerte berechnet, die, miteinander verbunden, das typische Polaritätenprofil ergeben. Anhand von Ähnlichkeits- oder Distanzmaßen können verschiedene Profile miteinander verglichen werden: z. B. das Profil der Marke X mit dem Profil der Konkurrenzmarke oder mit einem Idealprofil.

Um den Anspruch zu erfüllen, Einstellungen mehrdimensional zu messen, müssen semantische Differentiale aus möglichst heterogenen Polaritäten aufgebaut sein. Ob dies im konkreten Fall gelungen ist, kann durch Faktorenanalysen überprüft werden. Sehr häufig werden bei solchen faktorenanalytischen Untersuchungen die Polaritäten auf drei Dimensionen reduziert, die mit „Wert", „Aktivität" und „Potenz" überschrieben werden können (vgl. auch BERGLER 1975).

Während bei Polaritätenprofilen oft solche Gegensatzpaare ausgewählt werden, die zum Untersuchungsgegenstand nur in einer assoziativen, nicht aber in einer sachlich-logischen Verbindung stehen (anders jedoch MINDAK 1969, der dafür eintritt, nur Polaritäten zu verwenden, die einen konkreten Sachbezug haben), werden bei Einstellungsmessungen, die sich am Modell von FISHBEIN (1963) orientieren, in einer Vorstufe diejenigen ganz konkreten Merkmale des Einstellungsobjekts erhoben, die für die Einstellung eines Probanden von Bedeutung sein können. Bei der eigentlichen Einstellungsmessung soll dann die Versuchsperson mit Hilfe von zwei verschiedenen Ratingskalen angeben, wie wahrscheinlich ein Merkmal auf den Einstellungsgegenstand ihrer Meinung nach *zutrifft* und wie positiv bzw. negativ sie dies *bewertet*. Für jedes Merkmal liegen damit zwei Skalenwerte vor, die miteinander multipliziert und über alle Merkmale addiert die Gesamteinstellung einer Person einem bestimmten Objekt gegenüber ausdrücken.

Die multiplikative Verknüpfung von Bewertungs- und Wahrscheinlichkeitsaussagen wurde von TROMMSDORFF (1975) kritisiert, der statt dessen vorschlägt, für jedes relevante Merkmal die Differenz zwischen vermuteter und idealer Ausprägung (aus der Sicht des Probanden) zu berechnen und über alle Merkmale zu einem Gesamtwert zu addieren.

Neben diesen Skalierungsverfahren können noch eine Reihe anderer Methoden zur Einstellungsmessung herangezogen werden:

Bei *Assoziationsverfahren* (SPIEGEL 1970) sollen die Versuchspersonen auf einen den Einstellungsgegenstand repräsentierenden optischen oder akustischen Auslöser entweder *frei*, in beliebig langen Ketten oder nach dem Schema ‚*Auslösereiz–Reaktion–Auslösereiz–Reaktion*' assoziieren.

Auch Abwandlungen sogenannter *projektiver Testverfahren* (SPIEGEL 1970; HÜTTNER 1977 oder SALCHER 1978) sind denkbar, wie etwa der Ballon-Test (vgl. Picture-Frustration-Test von ROSENZWEIG: HÖRMANN & MOOG 1957) oder der Bilder-Erzähl-Test (vgl. den Thematischen Apperzeptions-Test von MURRAY 1938).

Beim comicähnlichen *Ballontest* (s. Abbildung 37) soll die Versuchsperson in die leere Sprechblase der einen Person eine passende Antwort auf die Bemerkung der anderen schreiben.

Die Figuren sind bewußt wenig ausdifferenziert, um eine Identifikation der Versuchsperson mit den dargestellten Personen zu erleichtern und so aus der Antwort auf die eigenen Einstellungen der Versuchsperson zum angesprochenen Themenbereich schließen zu können.

Aus dem gleichen Grund sind auch die Personen auf den Vorlagen zum *Bilder-Erzähl-Test* relativ verschwommen gezeichnet. Die Versuchsperson

Abb. 37: Beispiel für einen Ballontest.

soll zu den einzelnen Bildern, bei denen der Einstellungsgegenstand „in die Handlung" miteinbezogen ist, erzählen, was sich gerade abspielt, wie es dazu gekommen ist und wie es vermutlich weitergeht.

Projektive Verfahren wird man trotz einiger Probleme bei der Auswertung und Interpretation (COHEN 1962; HÖRMANN 1964) vor allem dann mit Erfolg anwenden, wenn sich mit einem Objekt sozial unerwünschte (vgl. EDWARDS 1953) Einstellungen verbinden könnten, die man gerade in der Befragungssituation eher anderen als sich selbst zuschreibt. Steht etwa hinter dem Kauf eines bestimmten Produkts auch die Absicht, „es dem Nachbarn einmal richtig zu zeigen", wird man dies eher herausfinden, wenn man die Frage *projektiv* statt *direkt* stellt: „Warum, glauben Sie, könnte dieses Produkt (von anderen Personen) gekauft werden?" statt „Warum haben *Sie* dieses Produkt gekauft?" oder noch direkter (und somit noch ungeschickter) „Welche Rolle hat Ihr Geltungsmotiv für den Kauf dieses Produktes gespielt?".

Noch weniger durchschaubar als projektive Verfahren sind – bei entsprechender Versuchsanordnung – *Zuordnungsverfahren* (JASPERT 1963;

SPIEGEL 1970): Hier sollen dem Einstellungsgegenstand aus einer Reihe vorgegebener Preisschilder, Berufsbezeichnungen, bildlich dargestellter oder verbal beschriebener Geschäfte, Situationen oder Personen die am besten passende Alternative zugeordnet werden.

Die Versuchsperson erhält z. B. (BERGLER 1966) die Bilder von fünf Frauen und soll daraus die typische Käuferin eines bestimmten Produkts, die Vertreterin einer Idee u. ä. auswählen. Die vorgelegten Bilder wurden in Vorversuchen auf ihre Anmutung hin getestet: In der Serie von BERGLER sind dies die

- gute Hausfrau,
- aufgeschlossene junge Frau,
- vornehme junge Frau,
- sportliche junge Frau und
- typische Hausfrau im alten Stil.

Wenn bei einer Untersuchung ein Angebot gehäuft mit einem bestimmten Typ in Verbindung gebracht wird, lassen sich daraus Rückschlüsse auf das Image dieses Angebots bzw. die Einstellungen gegenüber diesem Angebot ziehen.

Schließlich sind noch – ohne daß damit die Aufzählung der Befragungsmethoden zur Einstellungsmessung vollständig wäre – zwei weitere Verfahren zu nennen, die gelegentlich auch als projektiv bezeichnet werden (SALCHER 1978).

Beim *Lücken-Test* soll der Proband Lücken in Sätzen ausfüllen, wie etwa bei folgendem Beispiel: „Japanische Autos sind... Sie werden vor allem von... gefahren, während sie von... weniger oft gekauft werden. Ihre Sicherheit ist..." usw. Aus der Art, wie eine Versuchsperson diese Lücken schließt, kann man ihre Einstellung zu dem betreffenden Gegenstand ableiten.

Die *Error-Choice-Technik* (HAMMOND 1948) erscheint der Versuchsperson wie ein Kenntnis-Test: Aus zwei vorgegebenen Alternativen soll sie die „richtige" Antwort herausfinden. Das Entscheidende bei dieser Technik ist, daß *beide* Alternativen *falsch* sind und die Richtung des bei der Wahl zwangsläufig gemachten Fehlers als Indiz einer entsprechenden Einstellung gewertet wird. Wird z. B. bei der Frage „Wie hoch waren die Reingewinne der Royal Dutch Shell im Jahre 1980: a) 1,225 Milliarden Englische Pfund, b) 3,225 Milliarden Englische Pfund?" die Alternative b) als richtig angekreuzt (tatsächlich richtig ist 2,225 Milliarden, siehe SZ, 1981, S. 33), dann kann dies als ein Hinweis auf eine entsprechend negative Einstellung gegenüber diesem Anbieter gewertet werden.

Nach dem gleichen Prinzip arbeitet auch die Methode der *Vorhersage künftiger Ereignisse* (McGREGOR 1938). Beide Verfahren werden in der Regel von den Versuchspersonen nicht durchschaut.

c) Beispiele empirischer Untersuchungen

HOFSTÄTTER und LÜBBERT (1958) haben neben anderen Begriffen auch das Image zweier Zigarettenmarken X und Y bei den Rauchern der Marke X und Y mit einem Polaritätenprofil untersucht und die Daten einer Faktorenanalyse unterzogen, die im wesentlichen zwei Faktoren erbrachte (siehe Abbildung 38).

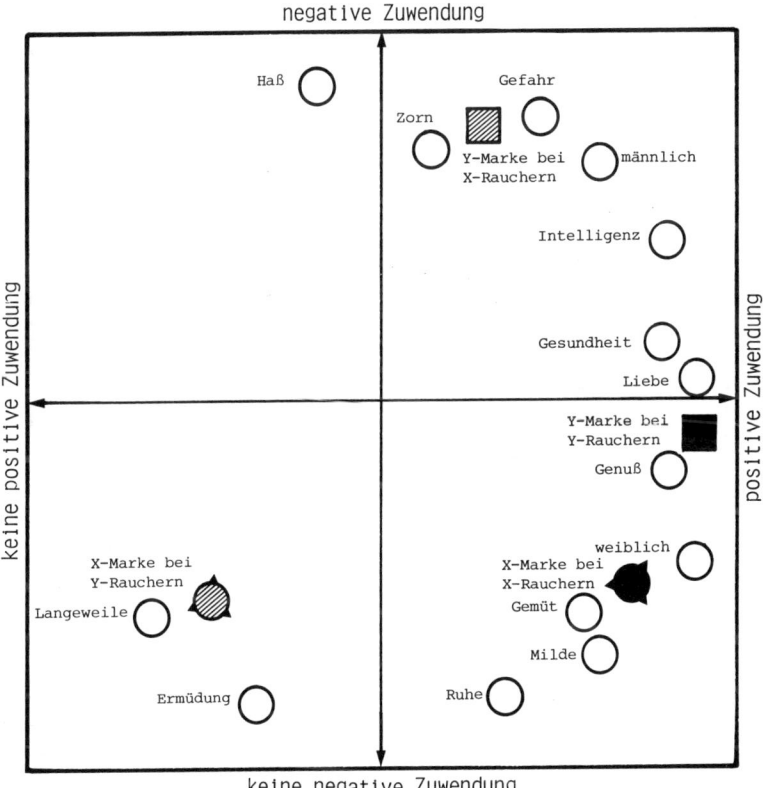

Abb. 38: Image zweier Zigarettenmarken bei ihren Rauchern bzw. Ablehnern.

Die Images der Marken bei *ihren Rauchern* liegen ziemlich nahe beieinander in einem „positiven" Bereich, in dem auch die Begriffe 'Milde', 'Gemüt', 'weiblich', 'Genuß', 'Liebe' und 'Gesundheit' positioniert sind.

Die Images der gleichen Marken bei den Rauchern der *Konkurrenz* unterscheiden sich jedoch stark voneinander und von den Images, die sie bei ihren Rauchern haben: Sie befinden sich in der Nähe von so negativen Begriffen wie 'Langeweile', 'Ermüdung', bzw. 'Haß', 'Zorn', 'Gefahr'.

Ähnliche Differenzen ergaben sich beim Image des Rauchers bei Rauchern und bei Nichtrauchern, während Nichtraucher von sich selbst und von den Rauchern in etwa gleich gesehen werden, wie es Abbildung 39 zeigt (nach WARUM 1977, S. 8):

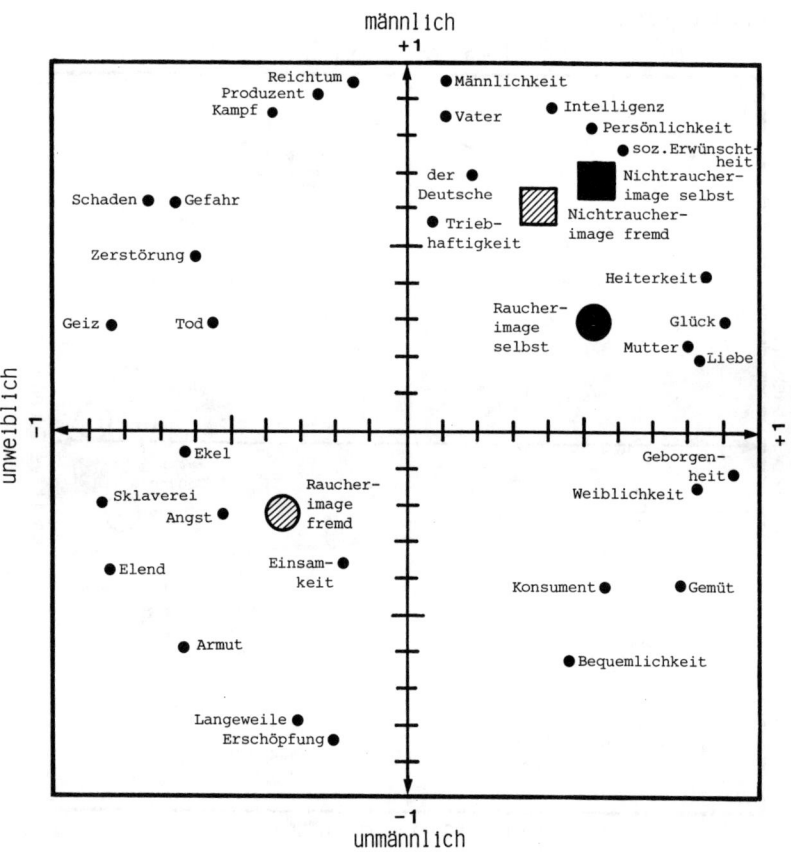

Abb. 39: Selbst- und Fremdimages von Rauchern und Nichtrauchern.

Als eine geradezu klassische, ganzheitlich ausgerichtete Untersuchung zur Erfassung des Images eines neu konzipierten Produkts darf eine experimentelle Studie von HAIRE (1950) gelten:

In den späten vierziger Jahren, als in den USA schnell lösliches Kaffeepulver eingeführt wurde, erfaßte HAIRE mit Hilfe einer originellen Anordnung das Image eines derartigen neu konzipierten Produktes (Nescafé Instant). Er verwendete dafür eine sogenannte „Einkaufsliste", um die bei üblichen Interviews kaum aufdeckbaren Widerstände gegen das Produkt zu erfassen. Es wurde einer Versuchsgruppe (50 Hausfrauen) und einer Kontrollgruppe (ebenfalls 50 Hausfrauen) eine bis auf das zu untersuchende Produkt identische Einkaufsliste vorgelegt (vgl. Tabelle 5).

Tab. 5: Die Einkaufslisten, die der Versuchs- bzw. Kontrollgruppe im Experiment von HAIRE vorgelegt wurden.

Einkaufsliste A (Versuchsgruppe)	Einkaufsliste B (Kontrollgruppe)
1½ Pfd. Hamburger	1½ Pfd. Hamburger
2 Laib Wonder-Brot	2 Laib Wonder-Brot
1 Bündel Karotten	1 Bündel Karotten
1 Packung Rumford-Backpulver	1 Packung Rumford-Backpulver
1 Dose Nescafé-Instant-Kaffee	1 Packung Maxwell-Bohnenkaffee, fein gemahlen
2 Büchsen Del-Monte-Pfirsiche	2 Büchsen Del-Monte-Pfirsiche
5 Pfd. Kartoffeln	5 Pfd. Kartoffeln

Jede der Hausfrauen wurde gebeten, die Frau zu charakterisieren, die für sich diesen Einkaufszettel vorbereitet hatte. Es zeigte sich beim Vergleich der Versuchs- und Kontrollgruppe, daß die Nescafé-Käuferinnen häufiger als faul, schlecht planend, verschwenderisch u. ä. gekennzeichnet wurden. Offensichtlich paßten die Einstellungen dem neuen, arbeitssparenden Produkt gegenüber nicht zu den Rollenerwartungen an eine gute Hausfrau. Die werbliche Argumentation für das Produkt wurde daraufhin geändert: nicht mehr Bequemlichkeit und Zeitersparnis standen im Vordergrund, sondern die Qualität des Produkts als „hundertprozentig reiner Bohnenkaffee".

Nachfolgende Untersuchungen (HILL 1960; 1968; WEBSTER & PECHMANN 1970; ARNDT 1973) zeigten, daß das ursprünglich negative Image des schnell löslichen Kaffees – indirekt erfaßt über das Stereotyp der Verbraucherin – sich gewandelt hatte. Heute erscheint die Verwenderin von Schnellkaffee eher als modern und aufgeschlossen. Es ist dabei schwer zu entscheiden, ob dieser Einstellungswandel stärker auf werbliche Aktivitäten oder auf einen davon unabhängigen Wertwandel in der Gesellschaft zurückzuführen ist.

Neben inhaltlichen Folgestudien führte die originale Arbeit von HAIRE (1950) auch zu methodischer Kritik und zu Verfeinerungen. So arbeitete etwa Woodside (1972) mit drei Gruppen, um auf diese Weise eine bessere Bedingungskontrolle zu gewährleisten: Zwei Gruppen fanden in den Listen alternative Marken der Produktklasse; die dritte Gruppe verwendete die Produktklasse überhaupt nicht. Sheth (1972) kritisierte die problematische Klassifikation, die geringe Stichprobengröße bei derartigen Untersuchungen und die Suggestivität der Fragestellung; Anderson (1978) zeigte in einer differenzierten Studie, daß die verschiedenen Produkte in den Einkaufslisten Interaktionen eingehen, die nicht durch einen einfachen Versuchs-Kontrollgruppenplan kontrolliert werden können.

Ähnlich bekannt wie die Studie von Haire (1950) wurde eine Untersuchung von Politz (1960) an Lesern der ›Saturday-Evening Post‹: Es handelt sich um die vielzitierte ›Rochester-Studie‹. Hier wurde u. a. geprüft, wie sich die Einstellungen – definiert durch die skalierte Kaufbereitschaft – in Abhängigkeit von der Häufigkeit der Konfrontation mit der Werbung (keinmal, einmal oder zweimal) wandeln. Die Kaufbereitschaft stieg etwa linear mit der Kontakthäufigkeit an. Dies ist allerdings ein Ergebnis, das sich nicht ohne weiteres generalisieren läßt, da von Fall zu Fall – etwa bedingt durch die Art des Produktes (vgl. Sawyer 1971) – höchst unterschiedliche Effekte auftreten können, wie Bender (1976) in einem Überblick über die Forschungsergebnisse zeigt.

Axelrod (1968) untersuchte, wie gut verschiedene, in der Marktpsychologie übliche Skalierungsverfahren dafür geeignet sind, die Beeinflussung der Einstellungen durch die Werbung zu messen. Zugleich überprüfte er die *Zuverlässigkeit* und – am Kriterium des Kaufverhaltens – die *prognostische Validität* der Skalen.

Verglichen wurden

a) Lotteriemethode (Markenauswahl für den Fall eines Lotteriegewinns),

b) Rating-Skale (von $+5$ bis -5),

c) Kaufabsichtsskala (7punktige Skala von „werde ich bestimmt kaufen" bis „werde ich unter keinen Umständen kaufen"),

d) Skala der konstanten Summe (eine vorgegebene Punktzahl wird über verschiedene Marken verteilt),

e) Paarvergleich,

f) Methode des erzwungenen Markenwechsels (welche Marke wird bei Nichtvorhandensein der präferierten Alternative gewählt?),

g) Methode der ersten und zweiten Wahl (Benennung der präferierten Marke und der Ersatzalternative),

h) Kaufspiel (Aufzeichnung simulierter Kaufsituationen),

i) Anzeigenerinnerung (Reihenfolge der Anzeigennennungen),

k) Markenbewußtsein (Reihenfolge der Markennennungen).

Zwei Gruppen von Hausfrauen (n = 2 × 200) wurden verschiedene

Marken zur Bewertung vorgelegt. Darauf wurden die beiden Gruppen in je eine Kontroll- und je eine Versuchsgruppe aufgeteilt. Den Mitgliedern der Versuchsgruppen wurden Anzeigen der zuvor bewerteten Marken vorgelegt. Danach erfolgte eine erneute Bewertung der Marken, die – als Effekt der Werbung – bei der Versuchsgruppe positiver als bei der Kontrollgruppe ausfiel. Die größte Sensitivität für die Werbung zeigten jene Verfahren, die man nur sehr indirekt als Verfahren zur Messung der Einstellungen beschreiben kann: Anzeigenerinnerung i) und Markenbewußtsein k). Diese Verfahren waren dann auch, obwohl befriedigend zuverlässig, für die Vorhersage des Kaufverhaltens nicht besonders gut geeignet. Von den sieben in bezug auf die Validität geprüften Verfahren bewährte sich am besten die Lotteriemethode a), wie Tabelle 6 zeigt.

Tab. 6: Kaufverhalten (erfragt) in Abhängigkeit von der Bewertung der Marken – gemessen mit verschiedenen Methoden (nach AXELROD).

Rang	I. Interview / II. Interview	Markenbewertung positiv / Kauf festgestellt	negativ / Kauf festgestellt	Zuver- lässigkeit (Kongruenz)
1	a Lotterie	43 %	3 %	95 %
2	g 1. Markenwahl	43 %	5 %	96 %
3	d Skala der konstanten Summen	37 %	2 %	98 %
4	e Paarvergleich	35 %	3 %	88 %
5	h Kaufspiel	35 %	5 %	93 %
6	k 1. Markenbewußtsein	33 %	6 %	91 %
7	i 1. Anzeigenerinnerung	24 %	8 %	99 %

War allerdings nicht der bloße Wiederkauf, sondern der Marken*wechsel* das Prognoseziel, so fanden sich die höchsten Werte für die Methode des Markenbewußtseins k).

d) Anwendungsmöglichkeiten

Letztlich erscheinen alle verbreitungspolitischen Maßnahmen geeignet, die Einstellungen gegenüber dem Meinungsgegenstand zu modifizieren: Die *objektive Beschaffenheit* des Produktes oder der politischen Idee kann

bei jeweils unterschiedlichen Zielgruppen unterschiedliche Einstellungs-
effekte hervorrufen, falls diese objektiven Veränderungen wahrgenommen,
also subjektiv repräsentiert werden. Daß der *Preis* nicht selten die Einstellungen zu Produkten in dem Sinne wandelt, daß bei steigendem Preis auch
die Qualität höher eingestuft werden kann (vgl. zusammenfassend MON-
ROE 1973; OLSON 1977) war bereits besprochen worden. Die Bedeutung
des *Mediums* (Kanals) für die Einstellungsänderung war von der Yale-
Gruppe empirisch mehrfach aufgezeigt worden (vgl. zusammenfassend
McGUIRE 1969; GRAUMANN 1972), und entsprechend konnte in experimentellen Studien gezeigt werden, daß die Manipulation des *Absatzweges*
(z. B. Image des Geschäftes) auf die Einstellungen gegenüber dem Produkt
wirkt (vgl. WHEATLEY & CHING 1977; REICH, FERGUSON & WEINBERGER
1977). Als beinahe selbstverständlich darf gelten, daß auch die *Werbung* die
Einstellungen einem Produkt gegenüber verbessern kann, wobei diese Strategie im Konsumbereich besonders nahegelegt wird, da Veränderungen der
werblichen Argumentation sehr viel preisgünstiger und weniger risikobe-
haftet sind als Veränderungen des Produkts, der Absatzwege oder des Preises (vgl. hierzu KATONA 1960). Produktdifferenzierung durch Werbung
(vgl. WISWEDE 1973; VON ROSENSTIEL 1979; KROEBER-RIEL 1980; NEU-
MANN & VON ROSENSTIEL 1981) ist daher ein häufig gegangener Weg.
    Grundsätzlich wird allerdings – im Sinne des sogenannten „Marke-
ting-Mix" – versucht, alle verbreitungspolitischen Maßnahmen zu kombi-
nieren und zu integrieren, wenn es darum geht, bei einer Zielgruppe ein bestimmtes Zielimage zu erreichen (vgl. MÜLLER 1971). Empirisch auf ihre
Gültigkeit hin untersuchte Regeln, wie die Kombination der verschiedenen
verbreitungspolitischen Maßnahmen aussehen soll, gibt es jedoch nicht.
Hier wird also in der Praxis weitgehend intuitiv gearbeitet. Man denke beispielsweise an den Imagewandel der FDP vor dem Wahlkampf 1969, in dem
die Ideen vom Nationalkonservativismus zu einem eher „linken" Libera-
lismus wechselten, zugleich die Repräsentanten (Scheel statt Mende) ausge-
tauscht wurden, tendenziell die Zielgruppe wechselte und zugleich durch
den Werbestil die objektiven Veränderungen betont wurden (F.D.P. statt
FDP; Slogan „Wir schneiden die alten Zöpfe ab").
    Ähnlich auffallende Beispiele werden vielen auch aus dem Bereich der
Konsumgüter oder langlebiger Güter ("Durables") bekannt sein, wie etwa
bei der Firma Opel: Im Sinne der *indirekten* Imagekennzeichnung (HAIRE
1950) galten Opel-Fahrer lange Zeit als „kleine dicke Spießer mit Hosenträ-
gern". Im Vordergrund der werblichen Argumentation standen Wirt-
schaftlichkeit und Zuverlässigkeit, was durch die Produktgestaltung unter-
strichen wurde. Als auf dem Automobilsektor eine Tendenz zu größerer
Sportlichkeit bemerkbar wurde, änderte Opel nicht nur die Konzeption der

Produkte (man denke an die Zusatzbezeichnung „GT" an stark motorisier-
ten Versionen des „Kadett", an den Opel GT-Zweisitzer), man setzte derartige Fahrzeuge auch im sportlichen Kontext (Rallyes) ein und
modifizierte zugleich den Stil der Werbung, wie als Beispiel Tafel 6 (im Anhang) zeigt.

Für denjenigen, der ein Produkt, eine Dienstleistung oder eine Idee verbreiten will, ist entscheidend, welches Image er anstrebt, d. h., wie das Zielimage aussehen soll. Selbstverständlich sind hier Situationen denkbar, in
denen sich dieses Ziel aus dem eigenen Selbstverständnis ergibt. Der *über-
zeugte* Vertreter einer politischen Idee wird diese nicht so verändern, daß
sie den Auffassungen einer möglichst großen Wählergruppe entspricht,
sondern er wird im Gegenteil bemüht sein, die Wähler von der Wichtigkeit
seiner Idee zu überzeugen. Anders sieht das vielfach auf dem Konsumgütermarkt aus. Hier hat sich das sogenannte „Marketing-Denken" weitgehend durchgesetzt, was bedeutet: „Steuerung des Unternehmens vom
Markt her, die Entdeckung von Verbraucherwünschen und deren Übersetzung in Produkte oder Dienstleistungen" (SALCHER 1978, S. 17). Hier hat
SPIEGEL (1961) in Anlehnung an feldtheoretische Überlegungen von LEWIN
(1936; 1951) ein Modell konzipiert, das geeignet erscheint, auf derartige
Fragen Antwort zu geben (vgl. auch NEUMANN & VON ROSENSTIEL 1981).
Die Grundlagen dieses Modells sollen mit Hilfe der Abbildung 40 erklärt
werden.

Das *soziale Feld* ist ein mit bestimmten *Personen* besetztes soziales Ge-
bilde, etwa ein Verein mit seinen Mitgliedern, ein Land mit seinen Einwoh-
nern, eine Schule mit ihren Schülern, ein Markt mit seinen Teilnehmern,
z. B. der Zigarettenmarkt in der Bundesrepublik Deutschland.

Das soziale Feld hat verschiedene *Dimensionen* (mit je zwei entgegenge-
richteten *Polen*), die es strukturieren, also die Ordnung der Personen im
Feld bestimmen, z. B. hoher sozialer Status – niedriger sozialer Status, jung
– alt, finanzstark – finanzschwach, Wunsch nach leichten Zigaretten –
Wunsch nach starken Zigaretten, kontaktfreudig – kontaktscheu.

Jede Person kann nicht nur (gleichzeitig) mehreren sozialen Feldern an-
gehören, sondern auch innerhalb eines bestimmten sozialen Feldes verschiedene Positionen einnehmen, je nachdem, welche Merkmalspaare die
Pole bilden.

Es ist von entscheidender Bedeutung, möglichst solche Merkmalspaare
auszuwählen, die dem jeweiligen sozialen Feld und dem zu untersuchenden
Meinungsgegenstand angemessen sind.

Der *Meinungsgegenstand*, z. B. eine bestimmte Idee, ein neues Produkt,
der Kandidat einer Partei, siedelt sich an der Stelle des sozialen Feldes an,
wo sich diejenigen Personen befinden, denen er in den gewählten Merkmals-

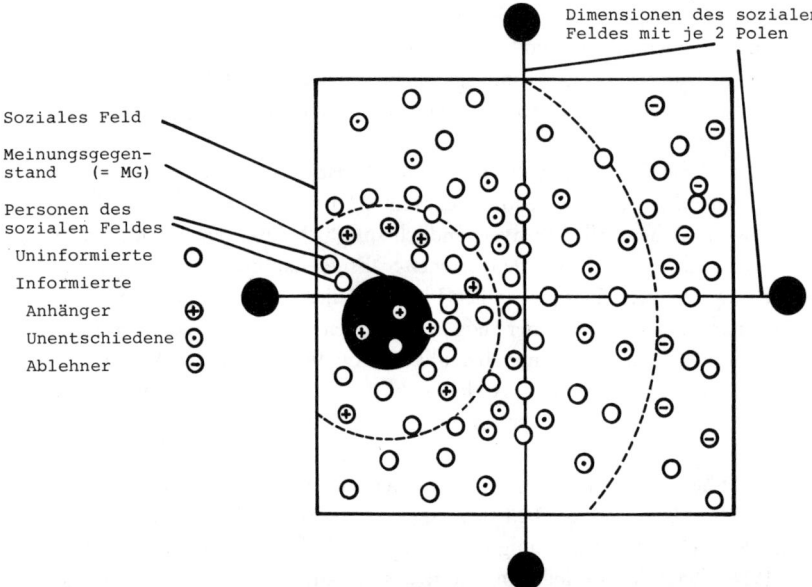

Dimensionen des sozialen
Feldes mit je 2 Polen

Soziales Feld

Meinungsgegen-
stand   (= MG)

Personen des
sozialen Feldes

Uninformierte   O

Informierte

Anhänger   ⊕

Unentschiedene   ⊙

Ablehner   ⊖

Abb. 40: Soziales Feld.

paaren (Dimensionen) völlig entspricht. An dieser Stelle findet sich also eine optimale Verzahnung zwischen dem, was sich die Personen erwarten, und dem, was der Meinungsgegenstand bietet, zwischen Bedürfnis und Bedürfnisbefriedigung, z. B. zwischen Käuferanspruch und Warenleistung.

Mit der Einführung des Meinungsgegenstandes in ein soziales Feld wird dieser bei einigen Personen spontan bekannt werden, die dann auf ihn mit Zustimmung, Unentschiedenheit oder Ablehnung reagieren.

Nach Einführung eines Meinungsgegenstandes teilt sich also das soziale Feld in verschiedene Personengruppen auf, in

● *Uninformierte* (= Kreise ohne Markierungen), denen der Meinungsgegenstand noch nicht bekannt ist, und in

● *Informierte* (= Kreise mit Markierungen), und hier in

    – Anhänger,

    – Unentschiedene und

    – Ablehner.

Ob eine über den Meinungsgegenstand informierte Person diesem zustimmend, unentschieden oder ablehnend gegenübersteht, hängt von der *Attraktivität* ab, die der Meinungsgegenstand bei dieser Person hat.

Die Attraktivität (= Winkel A) ist ihrerseits bestimmt durch die:

- *Entfernung* der Person zum Meinungsgegenstand (= E) (und damit indirekt auch durch die Zahl der in einem sozialen Feld befindlichen Meinungsgegenstände),
- Höhe des *Aufforderungswertes* (= AW) des Meinungsgegenstandes, die sich zusammensetzt aus der:
  - Höhe des *Grund*-Aufforderungswertes (= GAW), der der durchschnittlichen Höhe des betreffenden Bedürfnisses aller im sozialen Feld befindlichen Personen entspricht und somit allen Meinungsgegenständen gleichermaßen zugute kommt,
  - Höhe und Richtung des *Zusatz*-Aufforderungswertes (= ZAW), der „durch die Art der jeweiligen Realisierung des Meinungsgegenstandes, die mehr oder weniger verlockend oder gar abstoßend sein kann, gebildet wird" (SPIEGEL 1971, S. 66) und von Meinungsgegenstand zu Meinungsgegenstand unterschiedlich ausgeprägt ist.

A ist also eine Funktion aus E und AW; AW eine Funktion aus GAW und ZAW, was sich graphisch wie in Abbildung 41 darstellen läßt:

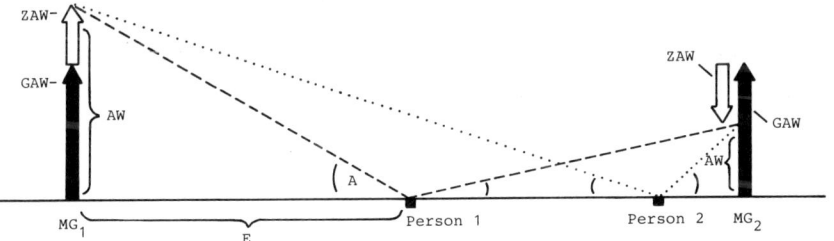

Abb. 41: Die Attraktivität eines Meinungsgegenstandes in Abhängigkeit von seinem Zusatz- und dem Grundaufforderungswert und seiner Entfernung zu einer Person.

Je größer also der Winkel A, desto größer ist die Wahrscheinlichkeit, daß eine Person Anhänger dieses Meinungsgegenstandes wird (Person 1 wird bei unserem Beispiel eher dem Meinungsgegenstand 1, Person 2 dem Meinungsgegenstand 2 zustimmen).

Ist der Winkel A bei einer Reihe von Personen auch zum attraktivsten Meinungsgegenstand noch relativ flach, haben wir eine sogenannte „Nische" vor uns. Im Gegensatz zur Markt*nische*, die „psychologisch", aus der subjektiven Sicht des Nachfragers definiert ist, spricht man von einer Markt*lücke* dann, wenn in der Palette des Marktes ein bestimmtes Angebot fehlt, z. B. ein vierradgetriebener Sportwagen (vor Einführung des Audi-Quattro) oder eine Limousine mit einem Verbrauch von weniger als 4 Liter pro 100 km, eine Spiegelreflexkamera mit Zeit- und Blendenautomatik (vor Einführung der Minolta XD 7) oder, erweitert auf das Soziomarketing: ein Mann wie Schmidt in der CSU bzw. wie Strauß in der SPD (vgl. HAHNE-MANN 1974, der allerdings unter der Überschrift 'Marktlücken', orientiert am psychologischen Marktmodell von SPIEGEL, vor allem Markt*nischen* behandelt). Doch auch die Unterscheidung zwischen Marktlücken und -nischen ist akzentuierend zu sehen: Selbstverständlich gehen in die Bildung von Marktnischen auch „objektive" Größen wie Preis, Funktion, Aussehen usw. eines Angebots mit ein, während Marktlücken und ihre Schließung letztlich ohne subjektive Repräsentanz wirkungslos sind (vgl. hierzu METZGER 1963, S. 8–44).

Eine Nische wird als *manifest* bezeichnet, wenn wegen des geringen Aufforderungswertes die Konsumenten ganz auf den Erwerb eines Produkts aus dieser Produktklasse verzichten. Eine manifeste Nische ist also am offenen Kaufverhalten erkennbar. Eine Nische gilt als *latent*, wenn der Winkel zwar *relativ* klein ist, ein bestimmter Meinungsgegenstand jedoch wegen des hohen Bedürfnisdruckes (GAW) als das „geringste" Übel gewählt werden „muß" (wenn z. B. ein starker Raucher, der im Urlaubsland statt seiner dort nicht angebotenen Lieblingsmarke nolens volens eine völlig andere Marke kauft, da Nichtrauchen für ihn das „größere" Übel wäre). Abbildung 42 zeigt eine manifeste, Abbildung 43 eine latente Nische.

Eine Nische – als die „weichste" Stelle im sozialen Feld – gilt als ideale Position für die Plazierung eines *neuen* Meinungsgegenstandes.

Bei einem bereits *existierenden* Meinungsgegenstand kann die Zahl seiner Anhänger nach diesem Modell durch folgende Maßnahmen erhöht werden, die das gesamte verbreitungspolitische Instrumentarium einschließen können:

● *Information der Uninformierten*, die – ist der Meinungsgegenstand nur nahe genug bei ihnen positioniert – zu Anhängern werden.

● „*Verschiebung*" des Meinungsgegenstandes an die Unentschiedenen bzw. Ablehner (wobei man auf der anderen Seite auch Anhänger verlieren kann).

● „*Verschiebung*" der Personen auf den Meinungsgegenstand hin durch Beeinflussung ihrer Erwartungen und Wünsche im Sinne dessen, was der Meinungsgegenstand (subjektiv) zu bieten hat.

● *Erhöhung des Zusatzaufforderungswertes* des Meinungsgegenstandes (zu den 3 letztgenannten Punkten vergleiche auch KLENGER & KRAUTTER 1972, S. 50).

● *Erhöhung des Grundaufforderungswertes*, wobei man dann allerdings Gemeinschaftswerbung betreibt, die allen im sozialen Feld befindlichen, auch konkurrierenden Meinungsgegenständen zugute kommt.

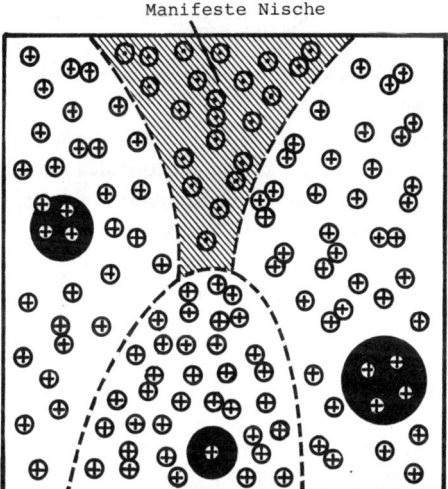

Abb. 42: Feldanteile dreier Meinungsgegenstände in einem Feld
mit geringem Grundaufforderungswert (Bedürfnisdruck).

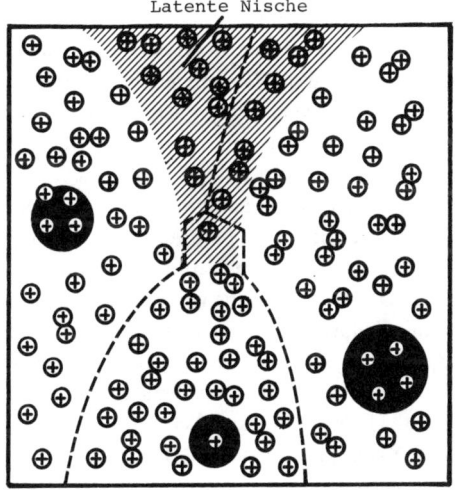

Abb. 43: Feldanteile dreier Meinungsgegenstände in einem Feld
mit hohem Bedürfnisdruck.

● *„Verschiebung"* der *Konkurrenz* in Regionen mit weniger dichter Besiedlung.

● *Verringerung* des *Zusatzaufforderungswertes* konkurrierender Meinungsgegenstände.

Tafel 7 (im Anhang) zeigt am Beispiel einer Mercedeswerbung, wie man durch überlegte Wahl des Inhalts und der formalen Gestaltung einer Anzeige die o. g. Ziele in fast perfekter Kombination verfolgen kann.

(Vgl. auch die sogenannte „neue Klasse" von BMW, die seinerzeit – was Produktgestaltung und Werbestil betraf – nach dem Marktmodell von SPIEGEL konzipiert wurde [GUTJAHR 1972; HAHNEMANN 1974].)

4. Aktivierung

Vielfältige Verhaltensbereitschaften, die zum Teil angeboren (z. B. Bedürfnis nach Flüssigkeit), zum Teil gesellschaftlich überformt (z. B. das Bedürfnis nach Cola) und zum Teil weitgehend gesellschaftlich determiniert (z. B. Bedürfnis nach der Lektüre lyrischer Werke) sind, liegen latent in uns und können unter bestimmten Bedingungen durch *innersomatische* Reize (THOMAE 1965) oder durch wahrgenommene Besonderheiten der *Situation,* die als Anreize wirken (RÜTTINGER, VON ROSENSTIEL & MOLT 1974), aktiviert werden.

Aktivierung kann unspezifisch oder spezifisch erfolgen (ERHARDT 1975). Die *unspezifische Aktivierung* ist eine Dimension aller Antriebsprozesse (ZIMBARDO & RUCH 1978) und wird von der Person als Erregung, Spannung oder Unruhe erlebt. Wird diese allgemeine Aktivierung in eine spezifische Richtung gelenkt (versorgt sie also zielbezogenes Handeln mit Energie), kann man von spezifischer Aktivierung oder Motivation sprechen; vgl. dazu auch die knappen Arbeitsdefinitionen, die KROEBER-RIEL (1980, S. 56 f.) vorschlägt. Ausgehend von der allgemeinen Aktivierung oder Erregung spricht er dann von *Emotionen,* wenn Erregungsvorgänge subjektiv angenehm oder unangenehm erlebt werden, während er den Terminus der *Motivation* für die Fälle vorschlägt, in denen diese Erlebnisvorgänge mit einer Zielorientierung für das Verhalten verbunden sind.

Man kann davon ausgehen, daß die psychischen Funktionsleistungen und die allgemeine Aktivierung in einer Beziehung zueinander stehen, die sich als umgekehrte U-Funktion darstellen läßt, was bereits in frühen Untersuchungen von YERKES & DODSON (1908) angedeutet worden war (vgl. Abbildung 44).

Da in der Regel nicht anzunehmen ist, daß verbreitungspolitische Aktivitäten eine so hohe Aktivierung auslösen, daß dadurch die psychophysische

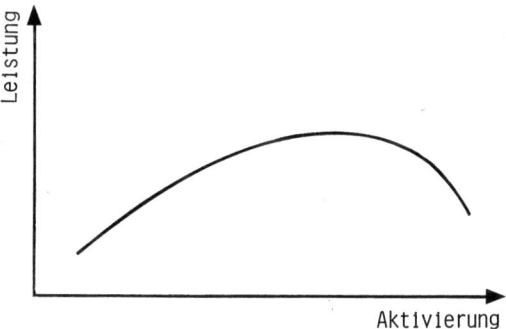

Abb. 44: Die Beziehung zwischen Aktivierungs- und Leistungshöhe
(Gesetz nach YERKES & DODSON, 1908).

Leistungsfähigkeit des Individuums wieder beeinträchtigt wird, kann man
sich bei der Analyse und der Bewertung auf den linken Teil der Kurve beschränken, wo die psychophysische Leistung mit dem Maße der Aktivierung *steigt*. Bezogen auf Werbung würde dies heißen, daß das Werbemittel
aktivieren und die dadurch erfolgte emotionale Spannung für die Dauer der
Übernahme der gesamten Werbebotschaft aufrechterhalten werden sollte
(KROEBER-RIEL 1980). Die Frage bleibt allerdings offen, welche psycho-
physischen Leistungen durch die genannte Aktivierung in Gang gesetzt
wurden: Durch stark aktivierende Inhalte kann etwa die Erinnerung an die
Werbung in hohem Maße gefördert, vom eigentlichen Werbeziel aber abge-
lenkt worden sein (vgl. ANASTASI 1973; VON ROSENSTIEL 1973). Hier stellt
sich also die Frage nach dem Werbeziel: Wurde durch die Aktivierung das
erreicht, was man erreichen wollte? Nicht nur die allgemeine, sondern auch
die *spezifische Aktivierung* auf das intendierte Ziel ist zu beachten. Hierzu
ein Beispiel: Der Betrachter einer Anzeige für Autoreifen soll sich nicht
darum bemühen, das hübsche Mädchen kennenzulernen, das als Modell
im Werbemittel gezeigt wurde und ihn heftig aktivierte; er soll vielmehr mit
dem Namen des Reifenherstellers vertraut werden, soll seine Einstellung
zu dessen Produkten verbessern und letztlich zum Kauf dieser Reifen ani-
miert werden. Derartige Ziele werden häufig trotz stark aktivierender
werblicher Inhalte nicht erreicht (STEADMAN 1969).

Übertragen wir diese Überlegungen auf unser Beispiel, die Werbung für
oder gegen Zigaretten:

Ganz gleich, ob man nun einen potentiellen Raucher zu mehr Konsum
oder zum Markenwechsel auffordern will oder ob man ihn dazu bewegen
will, das Rauchen einzuschränken oder gar aufzugeben: Die werbliche Ansprache sollte ihn aktivieren. Eine rein rationale Argumentation in einer

Kampagne, in der Zahlenmaterial verbreitet wird, das altersspezifische Sterbewahrscheinlichkeiten von Rauchern und Nichtrauchern miteinander vergleicht, dürfte zu abstrakt sein, um zu aktivieren. Konkret und am Beispielsfall Gefahren aufzuweisen wird weit höhere Erregungen auslösen. Freilich dürften die damit verbundenen emotionalen Spannungen die Tönung des Unangenehmen haben, also aus Angst bestehen. Ob diese angstgetönte Erregung einen Verhaltenseffekt im Sinne des Werbeziels herbeiführt, ist freilich umstritten (JANIS & FESHBACH 1953; LEVENTHAL & WATTS 1966; LEVENTHAL, WATTS & PAGANO 1967; MONSE & MÜLLER 1977; siehe auch Tafel 3 und 5). Hier liegen unterschiedliche Ergebnisse vor; es ist aber aufgrund einschlägiger Studien durchaus denkbar, daß Erregung selbst dann, wenn sie stark angstgetönt ist, nicht zu starken Abwehr- und Verdrängungsreaktionen führt, sondern tatsächlich die Rauchfrequenz mindert.

Für denjenigen, der für das Rauchen werben will, stellt sich die Problemlage meist einfacher. Da es sich in der Regel bei seiner Zielgruppe um Personen handelt, die bereits Raucher sind, für die also die Darstellung einer Zigarette an sich schon als motivaktivierender Anreiz wirkt, kann er durch seine Maßnahmen eine zielverhaltensspezifische Aktivierung erreichen. Durch hübsche Mädchen, Flugreisen in die Zentren der Welt, entschlossen blickende Westernhelden etc. kann zusätzlich aktiviert und eine positive emotionale Konditionierung mit der beworbenen Marke sichergestellt werden. Notwendig sind die genannten bildlichen Inhalte zur Aktivierung von Rauchern wohl nicht. Dies kann bereits durch das Zeigen des Produktes bewirkt werden, wenn dies – im Sinne des Werbetreibenden – *richtig* erfolgt. SPIEGEL (1970, S. 150 ff.) bringt dafür ein Beispiel, das zugleich die Möglichkeiten der empirischen Untersuchung von Aktivierungseffekten aufzeigt. Es handelt sich um das Verfahren der Bedürfnissteigerung.

„Es wurde mit einem Zigaretten-Plakat experimentiert, das übergroß eine fast frontal stehende Zigarettenpackung zeigte, aus der oben einige Zigaretten ein wenig herausragten. In der systematischen Variation lag u. a. ein Plakat vor, auf dem diese Packung nach vorne unten gekippt war, so daß die herausragenden Zigaretten mit voll sichtbarem Tabakquerschnitt auf den Beschauer zeigten. Die Versuchsperson – es wurden nur starke Raucher herangezogen – durfte 'zur Vorbereitung auf einen späteren Versuch' nicht rauchen... Als sie nach einiger Zeit bereits ein erhebliches Rauchbedürfnis verspürte, wurde an der Wand gegenüber ihrem Schreibtisch eine Plakatfläche, von der sie annahm, daß sie für den 'späteren Versuch' gebraucht werde, aufgestellt, an der u. a. die beiden zu prüfenden Zigarettenplakate hingen. Nachdem schließlich die entsprechend hohe Bedürfnislage erreicht war, begann die Versuchsperson immer wieder für längere Zeit auf die Plakatwand – und zwar auf die variierte Ausführung des Plakats zu starren... Die Gedanken kreisten dauernd um diese Zigaretten, die Versuchsperson malte sich immer wieder... aus, wie sie eine bestimmte Zigarette dort wegnehmen, wie sie sie zum Mund führen, anzünden und tief daran ziehen würde." (SPIEGEL 1970, S. 154 f.)

4.1. Allgemeine Aktivierung

Alle menschlichen Antriebsprozesse haben als eine Grunddimension die Aktivierung. Es ist kein menschliches Verhalten denkbar, das ohne Aktivierung abläuft. Der *Grad* der Aktivierung ist jedoch bei den verschiedenen Verhaltensweisen sehr unterschiedlich. Er hängt von Gesetzmäßigkeiten des Organismus (Tageskurven, Jahreskurven) und von Bedingungen der umgebenden Situation ab.

a) Theoretische Grundlagen

Allgemeine Aktivierung kann an verschiedenen Indikatoren erkannt werden, wobei die Indikatoren in der Regel den drei Ebenen 1. der physiologischen Vorgänge, 2. des subjektiven Erlebens und 3. des offenen Verhaltens zugezählt werden. Die Erregung einer Person läßt sich z. B. an der Herzfrequenz, an deren Selbstaussagen oder an unruhigen Zuckungen des Kopfes erkennen. Obwohl alle Erlebens- und Verhaltensweisen ihre physiologischen Grundlagen haben dürften, sind diese bislang in höchst unterschiedlichem Maße erforscht. Während man zur Zeit beispielsweise wenig zur spezifischen Physiologie des Kunsterlebens zu sagen hat, ist über die physiologischen Grundlagen der allgemeinen Aktivierung recht viel bekannt: Das retikuläre Aktivierungssystem (RAS), das im Stammhirn lokalisiert ist, wird durch Außenreize erregt. Durch das aufsteigende retikuläre Aktivierungssystem werden nun auch die höheren Gehirnregionen in Aktionsbereitschaft versetzt, wodurch Informationsaufnahme, Informationsspeicherung und Informationsverarbeitung erleichtert werden: Der Organismus ist reaktionsbereit und leistungsfähig. Es sind hier allerdings Optimum und Maximum zu unterscheiden, wie schon Abbildung 44 verdeutlichte. Sehr hohe Aktivierung kann leistungssenkende Angst, „Lampenfieber" und Nervosität nach sich ziehen (BRANDSTÄTTER, FRANKE & VON ROSENSTIEL 1966; GÄRTNER-HARNACH 1972).

b) Operationalisierung

Wie bereits angesprochen, kann die Messung der Aktivierung (vgl. Birbaumer 1975; Kroeber-Riel 1980) auf drei Ebenen erfolgen:
– der physiologischen (z. B. Gehirnströme),
– der verbalen (Aussagen der Versuchsperson) und
– der motorischen (Verhalten der Versuchsperson, s. Teil IV).

Von diesen Indikatoren, die nach Birbaumer (1975) miteinander kaum
korreliert sind (was zum einen methodisch bedingt ist, zum anderen aber
darauf hinweist, daß Unterschiedliches gemessen wird), scheinen für die
Erfassung der allgemeinen Aktivierung die physiologischen die gültigsten
zu sein (Kroeber-Riel 1980). Bevor sie aufgezählt werden – eine detail-
lierte Beschreibung der verschiedenen Meßgeräte, Durchführungs- und
Auswertungsstrategien würde den Rahmen dieser Einführung sprengen –,
sei auf die wichtigsten *verbalen* Indikatoren kurz hingewiesen: Die Versuchsperson kann ihre Aktivierung bzw. ihr Engagement entweder frei
oder anhand vorgegebener Skalen beschreiben. Freie Antworten auf entsprechende Fragen (z. B. „Was ging Ihnen bei der Betrachtung dieses Werbemittels durch den Kopf?") werden inhaltsanalytisch danach ausgewertet,
ob eine *persönliche Produktreaktion* (PPR) (Leavitt, Waddell & Wells
1970) vorliegt bzw. wie sehr der Proband involviert ist (vgl. *Involve-
ment-Modell* von Krugman 1966/67).

Um der relativ aufwendigen Kodierung freier Antworten zu entgehen,
konstruierte Wells (1964) spezifische Skalen (*EQ-Skala* = Emotional-
Quotient bzw. die Weiterentwicklung: *Son of EQ*), die, in der deutschen
Version des Divo-Instituts (vgl. Koeppler et al.1974) die Faktoren
– subjektive Bedeutung der Anzeige,
– Dynamik und
– subjektive Klarheit erfassen.

Neben diesen subjektiven und damit auch den auf S. 127 beschriebenen
irrelevanten Determinanten unterliegenden Indikatoren gibt es eine Reihe
physiologischer Größen (Lanc 1977; Fahrenberg et al. 1979; Kroeber-
Riel 1980 oder Lykken 1981):
● *Zentrale Indikatoren,* wie
  – *bioelektrische Hirnpotentiale,* gemessen durch Elektroencephalogra-
    phie (EEG) oder Magnetoencephalographie (MEG),
  – *Hirnimpedanz,* durch Rheoencephalographie (REG) bzw. Impe-
    danzplethysmographie,
  – *Stoffwechselvorgänge* im Hirn durch Positronemissionstomographie
    (PET),
● *Periphere Indikatoren,* wie

- *bioelektrische Muskelpotentiale* durch Elektromyographie (EMG),
- *elektrodermale Vorgänge* durch endosomatische (Hautpotential) und exosomatische (Hautwiderstand), Skin-Resistance-Response, SSR, PGR) Methoden,
- *Transpiration* durch Messung der ausgeschiedenen Schweißmenge,
- Kreislaufindikatoren, wie
  - *Herzfrequenz* und *Herzarrhythmie* durch Elektrokardiographie (EKG),
  - *Blutdruck* durch Luftmanschette oder – genauer – Meßsonden,
- *Volumenveränderungen* durch Plethysmographie (Rheoplethysmographie, Volumenplethysmographie, kapazitive Plethysmographie, Photoplethysmographie),
- *Atmung* durch Pneumographie, Pneumotachographie oder Rheopneumographie,
- *Körpertemperatur* (Kern- bzw. Oberflächentemperatur) durch Thermographie (Infrarotaufnahmen) oder Thermoelemente bzw. -widerstände (mit einer Genauigkeit bis zu 0.0001 Grad Celsius),
- *Magenmotilität* durch Elektrogastrographie (EGG),
- *Pupillenweite* durch Pupillographie (z. B. mit Hilfe von Film- bzw. Fernsehkameras),
- *Mikrovibration* (physiologischer Tremor mit einer Frequenz von 5–25 Hz) durch physikalisch-elektrische Transducer.

c) Beispiele empirischer Untersuchungen

Markt- und werbepsychologische Untersuchungen, innerhalb derer das Konzept der Aktivierung besonders thematisiert wurde, sind relativ jungen Datums. Der Grund dafür ist darin zu sehen, daß die besten Indikatoren allgemeiner Aktivierung physiologischer Art sind. Die Entwicklung der psycho-physiologischen Meßmethoden (BIRBAUMER 1975) hat aber erst in den letzten Jahren dazu geführt, daß sie problemlos auch in der anwendungsbezogenen psychologischen Forschung eingesetzt werden können.

Inzwischen liegt eine Reihe von Untersuchungen vor, wobei als Indikator der Aktivierung meist die psycho-galvanische Hautreaktion (PGR bzw. SSR) gemessen wurde. So zeigte es sich etwa am Beispiel von 12 Anzeigen aus Chicagoer Zeitungen, daß eine Korrelation zwischen den ausgelösten PGR-Werten und der Aufmerksamkeitswirkung von .51 bestand (LUCAS & BRITT 1966). BARG (1977) fand bei unterschiedlich stark aktivierenden Anzeigen, deren aktivierende Wirkung mit Hilfe des PGR gemessen wurde, eine Bestätigung der Hypothese, daß der Grad der Aktivierung mit der langfristigen Erinnerung an ein Werbemittel – und zwar sehr hoch – korreliert. Die Erinnerung wurde unmittelbar nach der Präsentation, ca. $^1/_2$ Stunde später und nach 24 Stunden gemessen. WITT (1977) führte ähnliche Untersuchungen mit 60 Vpn durch. Er konnte nachweisen, daß stärker aktivierende Anzeigen länger fixiert (gemessen mit einem Verfahren zur Blickregistrierung) und außerdem auch besser erinnert wurden. Weitere empirische Untersuchungen werden dargestellt bei KOEPPLER u. a. 1974, BERNHARD (1978) und HERA (1978).

Gelegentlich wurde zur Messung der Aktivierung im marktpsychologischen Kontext auch die Pupillenreaktion benutzt. So fand etwa KRUGMAN (1964), daß die Pupillenreaktion geeignet ist, in bestimmten Situationen das Kaufverhalten vorherzusagen. In seiner Studie wurden 39 Personen aus den Besuchern einer Silberwarenabteilung ausgewählt. Ein Drittel der Vpn wollte dort etwas kaufen, zwei Drittel sich lediglich informieren. Allen Vpn wurden Fotografien verschiedener Muster von Silberbestecken gezeigt, wobei die Pupillenreaktion registriert wurde. Außerdem sollten die Personen die Muster auf einer zehnpunktigen Skala beurteilen. Es zeigte sich, daß

1. die Pupillenreaktion zwischen Vpn mit und ohne Kaufabsicht differenzierte und
2. die Pupillenreaktion höher mit den Verkaufsziffern der einzelnen Bestecke korrelierte als die verbale Bewertung.

Mit einem Verfahren, das man auf der Ebene der subjektiven Aussage, aber auch auf der des offenen Verhaltens einstufen könnte, arbeiteten LEAVITT, WADDEL & WELLS (1970): Die Befragten sollten sich dazu äußern, welche Gedanken durch vorgelegte Werbemittel bei ihnen ausgelöst wurden (was die Einstufung des Verfahrens in solche der subjektiven Aussage rechtfertigen würde). Die Auswertung der Antworten erfolgte allerdings inhaltsanalytisch nach Kategorien, die den befragten Personen nicht bekannt waren (was die Einstufung des Verfahrens als eines zur Messung des offenen Verhaltens nahelegen würde). Die Antwortreaktion wurde als persönliche Produktreaktion (PPR) bezeichnet. Diese Reaktion liegt dann vor, wenn

1. die Antwort eindeutig auf das Produkt bezogen ist,
2. eine positive persönliche Erfahrung anspricht,
3. in der ersten Person Singular oder Plural erzählt wird und
4. diese drei Bedingungen in einer Einzelaussage oder einer zusammenhängenden Satzsequenz kombiniert sind.

Es fand sich, daß Werbung, die häufig persönliche Produktreaktionen auslöste, eher zum Kaufverhalten führte.

d) Anwendungsmöglichkeiten

Besonders wenn es darum geht, das verbreitungspolitische Instrument Werbung im Rahmen eines Pretests zu analysieren, aber auch dann, wenn Packungen oder dekorativ gestaltete Produkte untersucht werden sollen, ist es denkbar, wenn nicht gar ratsam, die aktivierende Wirkung zu messen, um die Informationsaufnahme, Informationsspeicherung oder Informationsverarbeitung zu erreichen bzw. zu verbessern. Insbesondere Anzeigen, Plakate oder Prospekte werden häufig routinemäßig mit derartigen Verfahren vorgetestet, vorwiegend im Labor, was u. a. daran liegt, daß man mit psychophysiologischen Meßmethoden leichter im Labor arbeiten kann und die genannten Werbemittel als Untersuchungsmaterial dort auch gut dargeboten werden können. Es ist aber auch möglich, die Präsentation der Ware in Geschäften, die Gestaltung eines Schaufensters, die Rede eines Politikers oder die Wirkung einer Demonstration auf ähnliche Weise zu untersuchen.

In einem vom Institut für Konsum- und Verhaltensforschung an der Universität des Saarlandes entwickelten psychophysiologischen Pretest (PPP) werden z. B. Anzeigen und Plakate nach folgenden Indikatoren bewertet (KROEBER-RIEL 1980, S. 267):

„1. Indikatoren zur Messung der *Gesamtwirkung*.
   Sie dienen in erster Linie zur Prognose der Werbewirkung (die Einstellung oder Kaufabsicht).
 2. Indikatoren zur Messung von *Einzelwirkungen*.
   Sie dienen vor allem zur Diagnose der Werbewirkungen und zur Ableitung von Vorschlägen zur Verbesserung der Werbemittel. Es sind:
   a) Indikatoren für die *Antriebswirkungen* der Werbung (Stärke, Richtung und Qualität der angesprochenen Antriebskräfte)
   b) Indikatoren für die *Informationswirkungen* der Werbung (Aufnahme, Verarbeitung und Speicherung der dargebotenen Informationen)."

Diese Zusammenstellung zeigt deutlich, daß im Rahmen des Gesamttestprogramms den Methoden zur Messung der Aktivierung ein wichtiger, aber keineswegs ein überragender Platz eingeräumt wird. Es wäre sicherlich verfehlt, wenn man aus Begeisterung für die neuen „objektiven" physiologischen Methoden und aus Freude an der damit verbundenen technischen Spielerei die mit ihnen zu erzielenden Werte als alleinige Indikatoren der Werbewirkung heranziehen würde. Die Aktivierung, die von verbreitungspolitischen Instrumenten ausgeht, ist sicher eine notwendige, aber keine hinreichende Bedingung ihrer Wirkung. So muß z. B. auch die *Richtung* dieser Aktivierung interessieren, die wir jetzt unter dem Stichwort „spezifische Aktivierung" behandeln wollen.

4.2. Spezifische Aktivierung

Durch die *allgemeine* Aktivierung wird der Organismus gewissermaßen in „Alarmbereitschaft" gesetzt: Alles was er jetzt unternimmt, geschieht – außer bei extrem hoher Aktivierung – effektiver.

Die *spezifische* Aktivierung erfolgt dagegen bereits gezielt. Ganz bestimmte Verhaltensweisen werden dadurch vorbereitet. Es wird also hier ein Verhalten ausgelöst, das u. a. auch als Motivation beschrieben wird, wie es z. B. in der Definition von THOMAE (1965, S. 42) erkennbar wird: „... Motivationsprozesse sind Abstraktionen aus dem Sinnzusammenhang der menschlichen Aktivität, die in ihrem (sinnvollen) Zusammenhang mit Veränderung jener Aktivität in bezug auf Intensität, Richtung und Form gesehen werden." Richtung und Form weisen hier auf die spezifische Art der Aktivierung hin.

a) Theoretische Grundlagen

Die akademische Psychologie, die sich mit Motivationsprozessen auseinandersetzte, sah in der Anfangsphase ihre Aufgabe im wesentlichen darin, Motive zu *klassifizieren.* Die Klassifikationsmöglichkeiten sind dabei höchst unterschiedlich, wie eine Zusammenstellung bei THOMAE (1965) zeigt:

1. *Genese* (z. B. angeborene oder erlernte Motive),
2. *Orientierung* (inhaltliche Ausrichtung z. B. auf Leistung, Macht, Gesellung),
3. *Bewußtseinsgrad* (z. B. bewußt, unbewußt),
4. *Extensität* (das gesamte Erleben erfüllend oder nicht),
5. *Intensität* (z. B. stark oder schwach),
6. *Verlauf* (z. B. rhythmisch oder unregelmäßig),
7. *Tiefe* und *Zentralität* (z. B. ich-nah und für die Person bedeutsam oder nicht).

Unter den Gesichtspunkten der *Genese* und des *Bewußtseinsgrades* hat es in der Motivationspsychologie erhebliche Kontroversen gegeben, etwa zu der Frage, ob aggressive Tendenzen angeboren sind (LORENZ 1963) oder nicht (SELG 1971), womit die auch für die Marktpsychologie relevante Frage angesprochen wird, ob neue Konsumbedürfnisse z. B. durch Werbung (KROEBER-RIEL & MÖCKS 1980) erworben werden können. Die Anlage-Umwelt-Diskussion (EIBL-EIBESFELD 1973; ZIMMER 1979; besonders methodenkritisch: MERZ & STELZL 1977) schlägt sich also auch in der motivationspsychologischen Diskussion nieder.

Die Frage des Bewußtseinsgrades der Motive hat letztlich die gesamte kritische Diskussion um die *Tiefenpsychologie* (vgl. z. B. ELHARDT 1971) bestimmt, wobei die in der „akademischen" Psychologie vorherrschende Auffassung, daß „unbewußte Motive" kein Gegenstand empirischer Forschung seien (z. B. ROHRACHER 1976), sondern lediglich im Rahmen spezifischer theoretischer Konzepte als hypothetische Konstrukte eingesetzt werden können, gerade die Werbepsychologie nicht daran gehindert hat, tiefenpsychologisch, insbesondere psychoanalytisch orientierte Gestaltungsgrundsätze zu entwickeln (FELLER 1932; DICHTER 1961, 1964). Dies hat – da die empirische Basis derartiger Ansätze naturgemäß schwach ist – zum Teil erhebliche Kritik gefunden (RÜTTINGER et al. 1974; KROEBER-RIEL 1980).

Für die klassifikatorischen Bemühungen in der Psychologie war vor allem der Aspekt der *Orientierung* leitend: Es wurde versucht, die einzelnen Motive nach ihrer Zielrichtung zu differenzieren und zu klassifizieren, was in der Folge zu immer länger werdenden Listen führte (McDOUGALL 1947; LERSCH 1964), die schließlich – faßt man sie zusammen – einen solchen Umfang annahmen, daß der Versuch, diese Listen mit Anspruch auf Vollständigkeit zu erstellen, heute der Vergangenheit angehört. Dies gilt um so mehr, als deren theoretische Basis höchst fragwürdig ist: Da die Motive – zumindest was die *sekundären* Motive betrifft – das Ergebnis eines Lernprozesses sind, werden die empirisch nachweisbaren, inhaltlich voneinander abhebbaren Motive in Abhängigkeit von der Komplexität erlebter Umwelt nicht nur zahlreicher, sondern auch instabil. Interessant wird unter diesem Aspekt eher die *Genese* der Orientierung (und nicht so sehr die Vielzahl der Inhalte).

Für die Markt- und Werbepsychologie sind solche Motivlisten dennoch wichtig geworden, da sie der Praxis Hinweise dafür geben, durch welche Inhalte der Betrachter angesprochen und aktiviert werden kann (z. B. v. HOLZSCHUHER 1956, S. 290 ff.).

Die Gesichtspunkte *Extensität, Intensität, Verlauf, Tiefe* und *Zentralität* sind seltener dazu genutzt worden, umfassend zu klassifizieren. Sie spielen aber bei jenen Untersuchungen eine Rolle, die das motivierte Verhalten in spezifischen Situationen analysieren wollen.

Insgesamt jedoch ist die motivationspsychologisch orientierte Forschung heute weitgehend davon abgerückt, bei ihren Analysen ausschließlich auf die Person zu schauen; „die Zeit der isolierten Betrachtung von Trieben, Bedürfnissen und Motiven wird Geschichte. An ihre Stelle tritt die Einsicht, daß die Interaktion von motivierender Situation und motiviertem Subjekt das Grundthema wird" (GRAUMANN 1969, S. 125).

Diese interaktive Sichtweise ist in der Angewandten Psychologie, wo

Fragen der Kontrolle des Verhaltens meist im Vordergrund stehen, unter zweifachem Aspekt bedeutsam geworden:

● Lassen sich die Motive – als relativ zeitkonstante Persönlichkeitsmerkmale (HOYOS 1974) betrachtet – umformen oder fördern?

● Lassen sich bereits bestehende Motive durch die Gestaltung der Situation, die dann als Anreiz wahrgenommen wird, gezielt aktivieren (was in unserem Zusammenhang die zentrale und wichtigere Frage ist)?

Auf die erste der beiden Problemstellungen sei daher nur knapp eingegangen, da sie in das Feld der Sozialisationsforschung und damit zu weit weg von markt- und werbepsychologischen Grundlagen führt (RONNEBERGER 1971). Die Forschung zeigt dabei recht eindeutig, daß überdauernde Verhaltenstendenzen des Menschen – und dazu zählen auch die Motive – sich nicht nur in der Auseinandersetzung mit der Umwelt im Laufe der Zeit verändern, sondern daß sie auch durch Beeinflussungsstrategien in einer ganz spezifischen Weise beeinflußt werden können, was z. B. die Untersuchungen von BANDURA (1969) zum Modellernen zeigten (zusammenfassend STOCKER-KREICHGAUER 1976) und in besonders konsequenter Form im Rahmen des sogenannten „Harvard-Programms" zur Modifikation der Leistungsmotivation analysiert wurde (MCCLELLAND 1966; MCCLELLAND & WINTER 1969; HECKHAUSEN 1971, 1972; KRUG 1976). Hier gelang der Nachweis, daß ein überdauerndes Motiv wie z. B. das zur Leistung durch gezielte Schulungsmaßnahmen in seiner Höhe gesteigert und in seiner Qualität – von der Mißerfolgs- zur Erfolgsorientierung hin – modifiziert werden kann. Bezogen auf die Konsummotivation sind – glücklicherweise – derartige Schulungskonzepte nicht möglich. Es gibt jedoch eine Reihe empirisch begründeter Hinweise dafür (z. B. HERMANNS 1972), daß von der Werbung spezifische Sozialisierungswirkungen ausgehen und entsprechend auch Motive überdauernd verändert werden.

In sehr viel stärkerem Maße interessiert allerdings, wie Werbung – und das gilt auch für andere verbreitungspolitische Maßnahmen – als *Anreiz* bestehende Motive *aktivieren* und in beobachtbares Verhalten überführen kann. Daß dies generell möglich ist, wurde in der Allgemeinen Psychologie vielfach nachgewiesen (z. B. MCCLELLAND et al. 1953). Der dabei wirkende Prozeß ist mehrstufig: Aufgrund von Selektion, Organisation, Akzentuierung und Fixierung der Wahrnehmung (GRAUMANN 1956) haben Inhalte, die mit der bestehenden Motivstruktur korrespondieren, eine erhöhte Chance, wahrgenommen zu werden. Was dann wahrgenommen wird, hat, wiederum in Abhängigkeit von der Motivstruktur des einzelnen, eine unterschiedliche Chance, verhaltenswirksam zu werden. Empirische Untersuchungen von VROOM (1959) zeigten z. B., daß die Wahrnehmung von Mitbestimmungsmöglichkeiten bei der Arbeit bei solchen Personen zu

intensiviertem Leistungsverhalten führte, deren Bedürfnis nach Selbstän-
digkeit hoch war.

Für das markt- und werbepsychologische Bemühen, durch die Gestaltung der verbreitungspolitischen Instrumente bestehende Motive in der
Form anzusprechen, daß dadurch ein Verhalten aktiviert wird, das den Zielen des Beeinflussenden entspricht, ist somit die Frage besonders bedeutsam geworden, *welche* Motive bei *welcher* Zielgruppe *wie* angesprochen
werden sollen.

Mit diesen Fragen hat sich vor allem die anwendungsorientierte Motivforschung (z. B. BERTH 1959; SALCHER 1978) auseinandergesetzt. Die dabei erzielten Ergebnisse werden dann dazu genutzt, die verbreitungspolitischen Instrumente so zu gestalten, daß die im Angebotskontext bedeutsamen Motive angesprochen und aktiviert werden. Ob es bei der Gestaltung
z. B. des Produktes, der Werbung, des Preises oder der Absatzwege wirklich gelungen ist, eine spezifische Aktivierung herbeizuführen, läßt sich
dann wiederum mit den verschiedensten Verfahren überprüfen, wobei sowohl apparative Labortechniken als auch Skalierungsverfahren herangezogen werden können.

b) Operationalisierung

Die motivaktivierende Wirkung verbreitungspolitischer Maßnahmen
kann mit den bereits erwähnten *Einstellungsmeßmethoden* untersucht
werden; weisen doch Einstellungen auch handlungsrelevante und damit
motivationale Aspekte auf. Hier ist vor allem an einige der von AXELROD
(1968) zusammengestellten Verfahren zu denken: Die *Skala der konstanten
Summen*, der *Paarvergleich*, die *Methode des erzwungenen Markenwechsels* und die *Methode der ersten und zweiten Wahl* (s. S. 138). Neben Befragungsmethoden sind zur Messung der spezifischen Aktivierung noch einige
andere Verfahren geeignet: Der SCHWERIN-Test, die Schnellgreifbühne und
die Beobachtung der Reaktionen auf verbreitungspolitische Instrumente (s.
Teil IV), vor allem innerhalb des Verfahrens der Bedürfnissteigerung.

Wie der Name schon sagt, werden beim *Verfahren der Bedürfnissteigerung* (SPIEGEL 1970), mit dem man wohl nur die motivaktivierende Wirkung
von Nahrungs- und Genußmitteln bzw. ihrer Verpackung oder ihrer Werbemittel untersuchen kann, die Versuchspersonen entsprechend depriviert
und dann mit den Untersuchungsobjekten konfrontiert. Die Versuchspersonen werden sich dann denjenigen Alternativen gehäuft und besonders intensiv zuwenden, die ihre deprivierten Motive am ehesten zu befriedigen
scheinen (siehe auch S. 148/9).

Beim SCHWERIN-Test (KOEPPLER et al. 1974) geben die Probanden *vor*
und *nach* der Konfrontation mit der zu untersuchenden Werbung (meist
Film- bzw. Fernsehspots, weshalb der SCHWERIN-Test auch als Theatertest
bezeichnet wird) ihre Markenpräferenzen an. Aus der Differenz der beiden
Angaben kann die motivaktivierende Wirkung einzelner Spots erschlossen
werden.

Die *Schnellgreifbühne* (SPIEGEL 1970), ein Kasten, in dem sich die Untersuchungsgegenstände (meist Produkte bzw. Verpackungen) befinden,
öffnet sich für eine kurze Zeit, in der die Versuchsperson diejenige Alternative herausgreifen soll, die ihr am besten gefällt (Spontanauswahl) oder die
am besten zu einer bestimmten Instruktion paßt, z. B. „Greifen Sie nach
der Schuhcremeschachtel!" (Spontanzuordnung). Schnellgreifbühnen
werden in Deutschland kaum noch hergestellt; elektronische Einblickta-
chistoskope haben sie mehr und mehr vom Markt verdrängt.

c) Beispiele empirischer Untersuchungen

Ein Ergebnis der kommerziellen Motivforschung ist es häufig, daß für
den Kauf eines Produktes nicht allein die Bedürfnisse ausschlaggebend
sind, die sich direkt mit der „technisch-stofflichen" Funktion des Produktes befriedigen lassen. Ein Pkw ist eben nicht nur zur Beförderung von
Personen von Punkt A zu Punkt B geeignet, sondern offensichtlich auch für
die Befriedigung vielfältiger anderer Bedürfnisse. Diesen Gedanken hat bereits VERSHOFEN in seiner Unterteilung des Nutzens in einen *Grundnutzen*
und einen *Zusatznutzen* angesprochen; eine Überlegung, die schließlich
zum „Nürnberger Nutzensschema" führte (VERSHOFEN 1939, 1940; vgl.
Abbildung 45).

Dieses Konzept hat in der Folgezeit mancherlei Kritik, Differenzierung,
Modifikation sowie empirische Untersuchungen ausgelöst (MOSER 1963;
VON ROSENSTIEL 1973; MEYER 1973; KOPPELMANN 1978). Für die Praxis ist
der Grundgedanke dennoch nach wie vor fruchtbar, weil offensichtlich
nicht allein die Ansprache des Grundnutzens, sondern auch – und in manchen Fällen in besonderem Maße – die Akzentuierung des Zusatznutzens
verhaltenswirksam werden kann.

Als Beispiel für eine empirische Untersuchung kann hier noch einmal auf
die klassische Studie von HAIRE (1950) verwiesen werden. Instant-Kaffee
erwies sich dabei offensichtlich nicht nur als Produkt, das mit geringem Ar-
beitsaufwand rasch zu einem wohlschmeckenden und belebenden Getränk
führt (Grundnutzen), sondern zugleich als ein Produkt, das ungeeignet erscheint, den Zusatznutzen zu erfüllen, sich in der Rolle einer tüchtigen

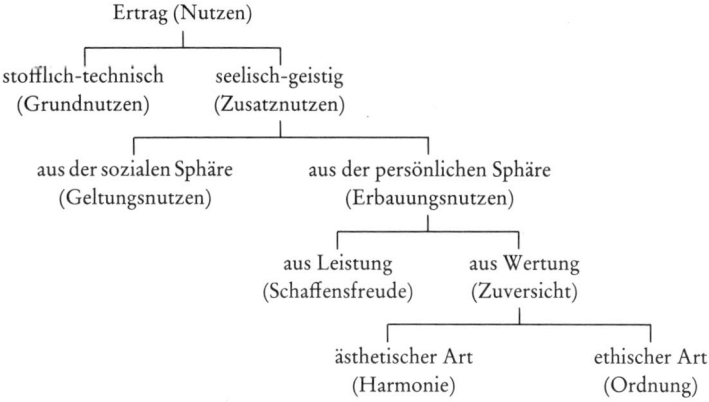

Abb. 45: Klassifikation des Nutzens eines Angebots für einen Konsumenten.

Hausfrau zu profilieren. Eine Studie, über die ANASTASI (1973) berichtet, weist in eine ähnliche Richtung: Ein Hersteller technischer Großprodukte hatte mit dem Absatz von Schaufelbaggern Schwierigkeiten. Auf den Anzeigen für dieses Investitionsgut sah man die riesigen Maschinen beim Anheben großer Lasten. Eine empirische Untersuchung zum Kaufentscheidungsprozeß ergab, daß die Baggerführer dabei eine nicht unerhebliche Rolle spielten. Die befragten Baggerführer gaben aber deutlich Aversionen gegen den genannten Schaufelbagger an. Weitere Befragungen zeigten, daß sie ärgerlich waren, weil auf den Anzeigen die gewaltigen Bagger Aufmerksamkeit auf sich zogen, die Führer aber zu winzigen, kaum erkennbaren Figuren im Führerstand „degradiert" waren. Das Geltungsstreben der Baggerführer (Aspekt des Zusatznutzens) wurde offensichtlich frustriert. Als praktische Konsequenz aus dieser Untersuchung wurden die Anzeigen umgestaltet. Man sah jetzt in der bildhaften Darstellung dem Baggerführer über die Schulter hinab auf die arbeitende Maschine. Der Eindruck wurde unabweisbar, daß er der Herr des Fahrzeugs sei.

Geltungsstreben, die Prestigemotivation spielt nicht nur in Alltagsüberlegungen eine Rolle, wenn man sich etwa fragt, warum ein Bekannter einen exklusiven Sportwagen, warum eine Freundin ein Pariser Modellkleid gekauft hat, sondern ist auch in empirischen Analysen zur Konsummotivation untersucht worden (z. B. KREIKEBAUM & RINSCHE 1961). Es zeigte sich, daß auf die Frage „Wodurch wird das Selbstbewußtsein und Ansehen eines Menschen am ehesten gehoben?" mit überwältigendem Vorsprung (43 % der Befragten) die Antwort „Kleidung" angestrichen wurde; in 10 bis

Statement

Richtiges Spielzeug kaufen, ist
vor allen Dingen ein finanzielles
Problem.

Spielzeug soll den Kindern Erfahrungen mit der Welt der Erwachsenen vermitteln.

Durch Spielzeug sollen die Kinder intelligenter werden.

Es ist bedenklich, wenn Jungen
Interesse am Spiel mit Puppen
zeigen.

Das Interesse der Mädchen sollte
auf solches Spielzeug gelenkt
werden, das auf ihre spätere
Rolle als Hausfrau und Mutter
ausgerichtet ist.

Man sollte den Kindern selbst
überlassen, mit welchem Spielzeug sie spielen wollen.

Spielen sollte auch für Erwachsene
etwas Selbstverständliches sein.

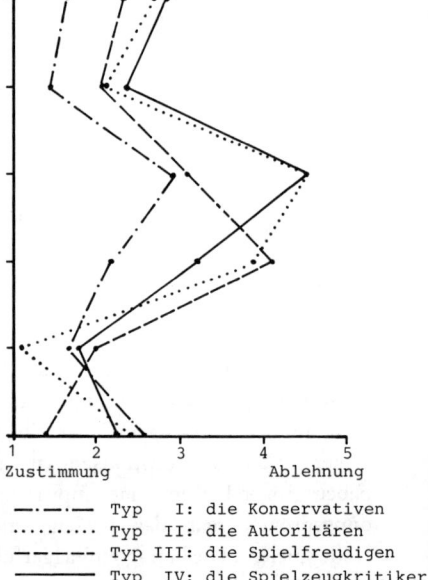

—·—·— Typ   I: die Konservativen
·········· Typ II: die Autoritären
— — — — Typ III: die Spielfreudigen
———— Typ IV: die Spielzeugkritiker

Abb. 46: Einstellungen zum Spielen und zum Spielzeug bei vier Elterntypen
(nach Daten der GfK, 1977).

20 % der Fälle wurden das Auto und die Wohnungseinrichtung genannt. Derartige Untersuchungsergebnisse sind für die Praxis nicht ohne Bedeutung und können die Gestaltung der Werbung z. B. für Kleidung nicht unerheblich beeinflussen (vgl. Tafel 8 im Anhang). Bedenkt man jedoch, daß die menschlichen Motive aufgrund anlagemäßiger Differenzen und – wohl stärker noch – unterschiedlicher Prägungen interindividuell stark differieren und daß verbreitungspolitische Bemühungen sich in der Regel an ganz bestimmte Zielgruppen richten, so ist die Frage nach der konsumspezifischen Motivstruktur innerhalb der *Zielgruppe* entscheidend. Da inzwischen vielfach gezeigt wurde, daß herkömmliche sozio-demographische Merkmale zu keiner brauchbaren Typenbildung führen, haben bei der Bildung von Konsumtypen psychologische Kriterien zunehmend an Bedeutung gewonnen (BERGLER 1972a, zusammenfassend 1980). Dabei können – wie empirische Untersuchungen zeigten (GfK 1977) – neben anderen psy-

chologischen Merkmalen auch Motive als typusstiftend herangezogen werden: Das Ergebnis sind sog. „Motiv-" oder „Bedürfnistypen". Methodisch erfolgt Typenbildung in der Regel auf der Grundlage von Befragungsdaten, die faktorenanalytisch (Q-Technik) oder clusteranalytisch (REVENSTORF 1976) auf marktpsychologische Probleme bezogen verarbeitet werden (HOFFMANN 1972). Ein Beispiel für eine derartige motivationspsychologisch orientierte Typologie für den Spielwarenmarkt zeigt Abbildung 46 (modifiziert nach GfK 1977, S. 16).

Es ist offenkundig, daß Abb. 46 wichtige Informationen darüber enthält, welche Spielwaren in einem Geschäft angeboten werden sollten, das überwiegend z. B. von Konservativen oder von Spielzeugkritikern frequentiert wird, oder wie für Spielwaren in einer Zeitschrift geworben werden sollte, deren Leser sich hauptsächlich aus einem dieser Typen rekrutieren.

d) Anwendungsmöglichkeiten

Anwendungsmöglichkeiten des oben Diskutierten sind überall dort gegeben, wo man bestrebt ist, über das Ansprechen verhaltensrelevanter Beweggründe die Verbreitung von Produkten, Dienstleistungen oder Ideen zu fördern. Der Praktiker verläßt sich dabei nur allzu leicht auf sein Fingerspitzengefühl. Dies kann zur Folge haben, daß er auf der Grundlage unvalider impliziter Theorien vom Nachfrager Gestaltungen der verbreitungspolitischen Aktivitäten vornimmt, die nicht optimal sind. In einer Vielzahl von Fällen wird es empfehlenswert sein, *diagnostische* Verfahren vor die *Intervention* zu stellen, also Motivstudien durchzuführen. Diese allerdings sollten nicht nur aus einer Befragung der Mitglieder der Zielgruppe bestehen, sondern sehr wohl Beobachtungsverfahren einschließen, wobei auch experimentelle Labortechniken ihren Platz haben können. Es ist z. B. anzunehmen, daß die *Beobachtung* eines Rauchers mehr Information darüber liefert, in welchen Situationen er tatsächlich zur Zigarette greift, als die *Befragung*.

Die Ergebnisse dieser Studien können dann gezielt für die Anreizgestaltung verwendet werden. Dabei ergibt sich ein schon einmal angesprochener Konflikt: Häufig wird man, z. B. in der Werbung, dazu neigen, Reize zu verwenden, die als Anreize *universell* und *generell* (GRAUMANN 1960) wirken. So findet man z. B. immer wieder Darstellungen, in denen die Sexualität, das Geltungsstreben, das Bedürfnis nach Ungebundenheit und Freiheit oder auch die Angst angesprochen werden, obwohl diese Thematiken kaum im Kontext der Produkte, der Dienstleistungen oder Ideen stehen, die verbreitet werden sollen. Im günstigsten Fall kann dabei – wenn die gezeigten Inhalte emotional positiv erlebt werden – eine erwünschte, emotional positive Konditionierung des Angebots erreicht werden bzw. im umgekehrten Falle eine unerwünschte negative. Es können darüber hinaus auch eine deutlich erhöhte Aufmerksamkeit und verbesserte Recall- oder Recognition-Werte erzielt werden, die in starkem Maße von der Aktivierung abhängig sind (KROEBER-RIEL 1980). Ob diese Aktivierung allerdings dem speziellen Produkt, der Idee oder Dienstleistung zugute kommt, mag bezweifelt werden (vgl. Tafel 3 und 5). Diese Frage ist empirisch zu beantworten. Hieraus ergibt sich im Anwendungskontext die Forderung nach einer Kontrolle der Effekte. Recall oder Recognition haben hier nur beschränkten Aussagewert; wichtiger ist es z. B., die Kaufbereitschaft zu erfassen, wozu die verschiedenen zuvor geschilderten Skalen – wenn auch in unterschiedlicher Weise – geeignet sind.

5. Kognitive Verarbeitungsprozesse

Die Unterscheidung zwischen *aktivierenden* bzw. *motivierenden* und *kognitiven* Prozessen erscheint gelegentlich willkürlich (THOMAE 1965), ist aber pragmatisch nützlich (ROHRACHER 1976). Auf keinen Fall darf man aus dem Auge verlieren, daß motivierende und informationsverarbeitende Prozesse miteinander verflochten sind. Die Frage, ob z. B. ein Konsument durch eine Werbeanzeige zunächst aktiviert wird und dann die aufgenommene Information verarbeitet oder ob erst die Verarbeitung der Information zur Aktivierung führt, ist in dieser Form falsch gestellt. Beide Prozesse sind ineinander verwoben und beeinflussen sich wechselseitig.

Die Informationsverarbeitung (vgl. hierzu auch LINDSAY & NORMAN 1981) ist von großer Bedeutung in all den Fällen, in denen beeinflußt werden soll, auch wenn es einige Hinweise dafür gibt, daß – z. B. durch klassische Konditionierung – die Beeinflussung auch in einer Form erfolgen kann, die vom Beeinflußten unbemerkt bleibt, was im Zusammenhang mit der unterschwelligen Werbung viel diskutiert wurde und z. B. in der psychologischen Diagnostik zum Nachweis von Artefakten diente (COHEN 1962; HARTMANN 1973). Hier könnte man zwar ebenfalls die Frage nach der Informationsverarbeitung aufwerfen, doch hätte sie dann einen anderen Sinn und würde sich kaum auf bewußte kognitive Prozesse beziehen. Setzt man den Akzent so, dann stellt sich die Frage, wie die Information über ein Angebot aufbereitet werden muß, damit sie vom Empfänger in angemessener Form verarbeitet werden kann. Auch dies sei an unserem durchlaufenden Beispiel der Zigaretten- bzw. Antiraucherwerbung aufgezeigt:

Würde man einen Forschungsbericht, in dem die gesundheitsschädlichen Effekte des Rauchens wissenschaftlich nachgewiesen werden, in der Originalfassung als Broschüre des Bundesministeriums für Gesundheit, Jugend und Familie allen Haushalten zukommen lassen, wäre die Wirkung vermutlich minimal. Der *textbedingte Lesewiderstand* wäre so groß, daß sich vermutlich nur wenige die Mühe machen würden, den wissenschaftlichen Text zu lesen, obwohl sie die Frage durchaus interessiert. Einige der wenigen Leser aber würden beim Versuch scheitern, den Sinn der Broschüre aufzunehmen, da sie zum einen die Fachwörter nicht verstehen, zum anderen durch die komplizierte Grammatik der Sätze überfordert würden. Es hat daher auch nicht an Versuchen gefehlt, die Verständlichkeit von Sätzen zu testen und Formeln zu entwickeln, mit deren Hilfe diese Verständlichkeit sogar quantitativ ausgedrückt werden kann (FLESCH 1948, 1949; LANGER et al. 1981; SCHULZ VON THUN 1975; MANDL et al. 1981). Diese Ansätze fanden auch Eingang in die Markt- und Werbepsychologie (ANASTASI 1973; BEHRENS & HARTMANN 1977).

Für das Bundesministerium, das über die Schädlichkeit des Rauchens informieren möchte, stellt sich allerdings nicht nur das Problem, möglichst verständlich zu formulieren, eine Schrifttype zu wählen, die wenig äußeren Lesewiderstand erzeugt (SPIEGEL 1970) und das Schriftbild prägnant und dem Sinn des Dargestellten entsprechend zu gestalten (BEHRENS & HARTMANN 1977). Es muß auch die Frage beantworten, welche Informationsmenge in welcher Anordnung geboten werden soll: Liegen z. B. für unterschiedliche relative Mengen des Kondensats und Nikotins verschiedene Forschungsergebnisse für Filter- und filterlose Zigaretten vor, so kann deren Darstellung – selbst wenn dies sprachlich verständlich gelingt – zur Informationsüberlastung des Konsumenten führen (siehe dazu Tafel 9, die einen Ausschnitt aus einem Zigarettentest der Stiftung Warentest zeigt). Die Informationsmenge und die Darstellung der Information muß also so gefiltert und strukturiert werden, daß eine optimale Informationsverarbeitung und damit auch eine optimale Entscheidung gewährleistet wird (vgl. Tafel 10 im Anhang).

a) Theoretische Grundlagen

Der Informationsverarbeitungsprozeß ist – folgen wir KROEBER-RIEL (1980) – abhängig von
● der *aktuellen* Information,
● der *gespeicherten* Information (direkte und indirekte Erfahrung und deren Verarbeitung) und
● den Programmen zur *Verarbeitung* der Information.

In der marktpsychologischen Forschung hat die Frage Interesse gefunden, in welcher Form die aktuell dargebotene Information verarbeitet wird, wobei Ausgangspunkt in vielen Fällen die Arbeit von MILLER (1956) war, der vom sog. "bit" der Informationstheorie abrückte und statt dessen von – psychologisch gesehen – sinnvollen Informationseinheiten ausging ("information-chunks"). Präzise operationale Definitionen derartiger Informationseinheiten sind z. B. mit Hilfe der bereits beschriebenen Methode der Blickregistrierung möglich: Dort, wo fixiert wird, ist eine derartige Einheit gegeben. In der empirischen Forschung zur Informationsverarbeitung wurde allerdings nicht nur mit der Methode der Blickregistrierung gearbeitet, sondern auch mit der Methode der Matrix-Darbietung (siehe S. 169), gekoppelt mit Verhaltensbeobachtung (vgl. zusammenfassend VAN RAAIJ 1977; RUSSO 1978; ASCHENBRENNER 1977 u. 1980; KROEBER-RIEL 1980).

Wesentlich erscheinen in diesem Zusammenhang Fragen, ob verschiedenartige Informationen kognitiv gleich verarbeitet werden und ob die Vielfalt der angebotenen Information überhaupt aufgenommen und für den Entscheidungsprozeß verwertet wird. Zur ersten dieser Fragen gibt es innerhalb der psychologischen Diganostik (KAMINSKI 1959; PULVER et al. 1978) eine beachtliche Forschungstradition und inzwischen auch einige fundierte Arbeiten marktpsychologischer Art (RAFFÉE et al. 1976; JACOBY et al. 1974 u. 1977). Als besonders wichtiges Ergebnis – das sich allerdings weitgehend mit dem Bekannten aus der Wahrnehmungspsychologie, insbesondere der Personwahrnehmung und -beurteilung deckt – kann genannt werden, daß die Konsumenten wegen der Enge ihres Bewußtseins nur in beschränktem Umfang in der Lage sind, angebotene Informationen aufzunehmen und zu nutzen. Dies führte in der Marktpsychologie zum Konzept der *Informationsüberlastung* des Konsumenten, das zum Teil erhebliche Kontroversen auslöste (JACOBY et al. 1974; SUMMERS 1974; JACOBY 1977; RAFFÉE & FRITZ 1980). Diese Kontroversen sind nicht nur von theoretischem, sondern auch von politischem Interesse: Ziel derer, die den Konsumenten schützen wollen, ist sicher häufig, ihm möglichst viel Information zur Verfügung zu stellen. Die Forschung hat aber gezeigt, daß angebotene Informationen nur zu einem Teil genutzt werden und eine weitere Steigerung der Informationsmenge zu *schlechteren* Entscheidungen führt. Entsprechend hat es – bezogen auf die Zeitschrift ›Test‹ der Stiftung Warentest – Diskussionen darüber gegeben, ob die Testinformation möglichst differenziert verbreitet werden sollte, oder ob es angemessener sei, lediglich das Gesamturteil mitzuteilen (SILBERER et al. 1981; KROEBER-RIEL 1981).

Die Differenzierung der Information kann zwar potentiell dazu führen, daß der Konsument bei extensiven Kaufentscheidungsprozessen adäquate Information bekommt, doch ist andererseits die Gefahr nicht zu übersehen, daß durch das implizite Bemühen der Stiftung Warentest, Differenzierungen zwischen den Produkten zu erreichen, *Informationsspreizung* stattfindet, d. h. auch solche Informationen mitgeteilt werden, die für den Verbraucher faktisch ohne Belang sind. So können etwa beim Test von Stereoanlagen technische und akustische Feinheiten gemessen und publiziert werden, die für das menschliche Ohr nicht mehr hörbar sind.

Die Mitteilung des *Gesamtergebnisses* (vgl. die Tafeln 9 und 10) hingegen kann dazu führen, daß bei raschen Kaufentscheidungen wirklich eine relevante Schlüsselinformation gegeben ist (DEDLER et al. 1981); sie birgt aber die Gefahr in sich, daß zum einen die im individuellen Fall vielleicht besonders wesentlichen Vor- oder Nachteile nicht adäquat berücksichtigt werden und daß zum anderen der Konsument dadurch nicht in seiner Entscheidungssouveränität bestärkt, sondern wiederum abhängig wird – nur eben von einer „neuen Autorität" – und damit letztlich der passive, gesteuerte Verbraucher bleibt, den es zu „befreien" galt. Allerdings ist nicht nur die *Menge* der angebotenen und dann verarbeiteten Information von Interesse, sondern offensichtlich auch ihre *Qualität*. Ähnlich wie in der psychologischen Diagnostik hat man auch in der Marktpsychologie – besonders bei Konsumentscheidungen – gefunden, daß bestimmte Informationen ein subjektiv höheres Gewicht besitzen. Sie werden als *Schlüsselinformationen* bezeichnet. Man kann sie – um einen Ausdruck aus der differentiellen Psychologie zu verwenden – als „typusstiftend" einstufen. In ihnen verdichtet sich zumindest subjektiv eine Vielzahl von Informationen, die dann nicht mehr differenziert gesucht und verarbeitet werden.

So kann etwa das *Gesamt-Qualitätsurteil der Stiftung Warentest* (z. B. „gut" oder „mangelhaft") zu einer solchen Schlüsselinformation werden, die bewirkt, daß die Konsumenten darauf verzichten, detailliert die Qualität in ihren verschiedenen Dimensionen zu überprüfen und miteinander zu vergleichen. Auch der *Markenname* (MAKENS 1965; JACOBY 1976b; JACOBY et al. 1977) kann eine derartige Schlüsselinformation sein, die zugleich implizit oder explizit für den Konsumenten eine Vielfalt weiterer Informationen – z. B. Qualität, Preiswürdigkeit – enthält.

Offensichtlich gerät bei manchen Produktgruppen (z. B. Benzin) auch der *Preis* in die Rolle einer derartigen Schlüsselinformation, obwohl dieser Effekt vermutlich nicht ganz so stark wirkt, wie aufgrund früher Experimente (LEAVITT 1954) zunächst angenommen wurde (MONROE 1973; OLSON 1977).

Ob und wie viele Informationen (auch Schlüsselinformationen) verarbeitet werden, hängt zwar stark, aber nicht ausschließlich von der menschlichen Verarbeitungskapazität ab. Wesentlich sind auch die *Wichtigkeit* der Entscheidung (JACOBY et al. 1978; SVENSON 1979) und die Art und Weise, wie in Entscheidungssituationen die Informationen *angeboten* werden. Dabei hat die Frage besonders interessiert, ob die Information besser verarbeitet wird, wenn nach Produktalternativen oder aber nach Attributen (Produkteigenschaften) geordnet wird (BETTMAN & ZINS 1977; ARCH et al. 1978; zusammenfassend ASCHENBRENNER 1980). Die Ordnung nach Attributen erwies sich in aller Regel als überlegen; d. h. die Vpn bevorzugten dieses Vorgehen, um sich zwischen verschiedenen Produkten zu entscheiden. Möglicherweise sind diese Ergebnisse jedoch ein Effekt der experimentellen Methode, bei der mit Einzelblättern oder mit Matrizen gearbeitet wurde, die nach Attributen bzw. Alternativen zusammengestellt waren.

In der natürlichen Situation, in der z. B. Produkte real dargeboten werden, finden sich – aus plausiblen Gründen – überwiegend Ordnungen nach Produktalternativen (van RAAIJ 1977), wobei allerdings auch hier Tendenzen beobachtet werden können (JOHNSON & RUSSO 1978), die Alternativen im Gedächtnis zu speichern und die Information dann nach Attributen umzustrukturieren.

Ist die Anzahl der Alternativen sehr hoch, so scheint beim Konsumenten zunächst die Tendenz zu bestehen, in einem relativ undifferenzierten Verfahren eine große Zahl von Alternativen zu eliminieren und dann bei differenzierter Informationsverarbeitung unter den verbleibenden Alternativen (meist zwei) zu entscheiden (PAYNE 1976).

KROEBER-RIEL (1980) weist zu Recht darauf hin, daß bei derartigen, meist experimentellen Untersuchungen der Einfluß der äußeren Aufmachung der Information unberücksichtigt bleibt, die sehr wohl, wie die Wirkungs-Analyse von Werbemitteln zeigt, die Informationsverarbeitung beeinflußt. So kann etwa eine inhaltlich durchaus richtige Information zur Irreführung werden, wenn ihre Aufmachung bewirkt, daß sie subjektiv in einer ganz bestimmten Form rezipiert wird (RAFFÉE et al. 1976). So weist z. B. DILLER (1978) darauf hin, daß besonders große Preisschilder beim Verbraucher häufig den Anschein eines besonders preisgünstigen Angebots erwecken. Auch BERNDT (1979) fand in einer kleinen empirischen

Untersuchung Hinweise dafür, daß ein gleicher Preis in Abhängigkeit von der Aufmachung unterschiedliche Verhaltenstendenzen auslöst.

Es ist offensichtlich, daß die Informationsverarbeitung nicht nur von der aktuellen Darbietung geprägt ist, sondern auch von früheren Erfahrungen des Rezipienten. Aus der Forschung zur interpersonalen Wahrnehmung (KELLEY 1950; BRANDSTÄTTER 1970a; SCHULER 1972; JAHNKE 1975) ist bekannt, daß Vorinformationen, die man über eine Person hat, die aktuelle Beurteilung dieser Person entscheidend prägen. Für Produkte, Dienstleistungen oder Ideen gilt Entsprechendes, wie der Hinweis auf den Markenartikel-Effekt (MAKENS 1965) bereits verdeutlichte. So bewirkt etwa der aus der Personwahrnehmung bekannte *Halo-Effekt,* eine wesentliche Ursache von Beurteilungsfehlern, daß eine globale Einstellung – z. B. Sympathie oder Antipathie – (BYRNE 1969; SCHULER 1975) die späteren Beurteilungen vermutlich nicht nur auf der Ebene der Aussage, sondern bereits auf der Ebene des Eindrucks entscheidend prägt. Dies ist von BECKWITH & LEHMANN (1975) auch für den Konsumgüterbereich nachgewiesen worden. Bekannte Markenartikelhersteller erzeugen demnach – auf der Ebene der subjektiven Wahrnehmung – Produkte mit besonders guter Qualität, ein Effekt, der sich allerdings nur dann voll auswirkt, wenn die Vertrautheit mit der Produktgruppe gering ist, die relevanten Eigenschaften schwer objektivierbar sind und das Produkt emotional bedeutsam erscheint. Dies sind letztlich Aspekte, die – wie wir gesehen haben – der Irradiation (siehe S. 81 ff.) förderlich sind.

Ein besonderes Interesse fanden – seit der „kognitiven Wende" in der Psychologie – auch in der Marktpsychologie Programme, die der Konsument zur Verarbeitung der aufgenommenen Information nutzt. Diese Fragestellung hängt wiederum von der Art des Entscheidungsverhaltens (ASCHENBRENNER 1977) ab, was auf die schon von KATONA aufgeworfene Frage zurückführt, ob der Konsument vor einer *„echten"* Entscheidung steht, bei der ein komplexer Informationsverarbeitungsprozeß durchlaufen wird, oder ob er *habituell,* gewohnheitsmäßig handelt (KATONA & MUELLER 1955; KATONA 1960). Diese Klassifikation – so anregend sie zunächst auch war – hat sich inzwischen als zu einfach herausgestellt. Unter verschiedenen Aspekten wird ergänzend oder alternativ auch vom *impulsiven* oder *kontraktierten* Verhalten (HOEPFNER et al. 1972), von *vereinfachten* und *extensiven* Entscheidungen (HOWARD & SHETH 1969), von *Such-* oder *Reizsituationen* (WISWEDE 1973) oder von *reizkontrollierten, eindruckskontrollierten, gewohnheitskontrollierten* und *neugierkontrollierten* Auswahlprozessen (SHETH & RAJN 1974) gesprochen. Für die meisten dieser Entscheidungssituationen liegen Vermutungen oder empirische Untersuchungen vor, in denen die kognitiven Abläufe analysiert wurden, die

schließlich zum Verhalten führten. Verständlicherweise sind die differen-
ziertesten Ansätze auf diesem Gebiet für den Fall sogenannter echter Entscheidungen vorgelegt worden. Wie in der psychologisch orientierten Ent-
scheidungstheorie (EDWARDS 1961), in der Motivationspsychologie (HER-
BER 1976) und in den verschiedenen Feldern der Wirtschaftspsychologie
(HOYOS et al. 1980) dominieren auch hier Modelle, die zumindest implizit
von einem subjektiv rationalen Menschen ausgehen, der letztlich Ziel-Mit-
tel-Analysen betreibt (ROSENBERG 1960; VROOM 1964). Vereinfacht ausgedrückt und beispielhaft auf Wahlhandlungen im Konsumbereich bezogen, wird sich danach der Konsument zunächst einmal über seine Motive
klar; er fragt sich, welche Ziele er erreichen will. Im Prozeß der Operationalisierung werden diese Ziele nach dem Grad ihrer Ausprägung skaliert.
Sodann beurteilt der Konsument z. B. ein Produkt danach, wie stark die
Ausprägung bezüglich bestimmter Merkmale ist und in welchem Ausmaß
diese Merkmale instrumentellen Charakter haben (d. h. Mittel zum Zweck
sind), seine persönlichen Ziele zu erreichen. Nach Produktsummenbildun-
gen kann dann vorhergesagt werden, welche Alternative die stärkste Präferenz findet.

Dieser Grundgedanke hat vielerlei Abwandlungen im Bereich der
Marktpsychologie erfahren, auf die an dieser Stelle nicht eingegangen werden soll (SHETH 1972; COHEN et al. 1972; SHETH 1973; TROMMSDORFF
1975; WEINBERG et al. 1976; BEHRENS et al. 1978).

Die große Verbreitung und derzeitige Beliebtheit dieser Modelle sollte
einen allerdings nicht dazu verleiten, in dieser Art von „kognitiver Alge-
bra" den Prototyp menschlicher Informationsverarbeitung bei Konsumentscheidungen zu sehen. Die Operationalisierung der Variablen bei der
empirischen Untersuchung solcher Modelle zwingt den Konsumenten
häufig zu rationalen Erwägungen, die er sonst in dieser Form nicht ange-
stellt hätte. Wenn sich dennoch eine Korrelation der Ergebnisse zu Entscheidungen in der natürlichen Situation ergibt, kann darin kein Beweis
über den empirischen Gehalt des Modells gesehen werden; es bleibt die
Möglichkeit, daß der Konsument auf andere kognitive Weise zu ähnlichen
Ergebnissen gelangt. Zudem muß gesehen werden, daß echte Entscheidungen, in denen ein vollständiger komplexer Entscheidungsverlauf
stattfindet, eher die Ausnahme, zumindest nicht die Regel sein dürften.
Andere Entscheidungsformen mit sehr viel weniger bewußten Verarbei-
tungsprozessen dürften der Regelfall sein (BETTMANN & ZINS 1977). Die
von diesen Autoren verwandte Methode des „lauten Denkens" kann zudem
als Korrektiv wirken: Stärker von der Person als vom Modell ausgehend gelangt man zu den Prozessen, die sich faktisch in Entscheidungssituationen
abspielen (vgl. auch THOMAE 1960).

b) Operationalisierung

Bei der Untersuchung kognitiver Verarbeitungsprozesse (VAN RAAIJ 1977; RUSSO 1978; ASCHENBRENNER 1980; KROEBER-RIEL 1980) konfrontiert man die Versuchsperson mit *kontrollierten Wahl- bzw. Entscheidungssituationen,* beobachtet ihr Verhalten (gelegentlich auch durch Blickregistrierung) und befragt sie nach ihren Erlebnissen (z. B. mit der Methode des lauten Denkens).

Die für die Entscheidung relevante Information wird dem Probanden dabei häufig in Matrixform dargeboten (JACOBY et al. 1976). Tabelle 7 zeigt den formalen Aufbau einer solchen Matrix, die Tafel 9 ein konkretes Beispiel aus dem Zigarettenmarkt.

Tab. 7: Matrix zur Untersuchung kognitiver Verarbeitungsprozesse.

		Produktalternativen						
		1	2	3	4	•	•	•
Produkteigenschaften	A	a_1	a_2	a_3	a_4	•	•	•
	B	b_1	b_2	b_3	b_4	•	•	•
	C	c_1	c_2	c_3	c_4	•	•	•
	•	•	•	•	•	•	•	•
	•	•	•	•	•	•	•	•
	•	•	•	•	•	•	•	•

GERDTS et al. (1979) schrieb für seine Untersuchung die einzelnen Informationseinheiten auf Lochkarten und deponierte sie in einem Holzkasten, dessen Fächer die Felder der Matrix bilden. Die Versuchsperson konnte für ihre Entscheidung beliebig viele Karten in beliebiger Reihenfolge herausnehmen und die Information lesen. Die gelesenen Karten wurden in der gewählten Reihenfolge in einen Computer eingegeben und ausgewertet.

Neben solchen Vorgehensweisen, mit denen man die für eine bestimmte Entscheidung benötigte Informationsart und -menge untersucht, gibt es

Verfahren, durch die geprüft werden kann, ob eine bestimmte Information typographisch und inhaltlich leicht lesbar ist (vgl. auch FRÜH 1980).

Das Verfahren zur *Prüfung des äußeren Lesewiderstandes* (SPIEGEL 1970) gibt Aufschluß darüber, welche typographische Aufmachung (Schrifttyp, räumliche Gliederung und ähnliches) für eine Information am besten ist. Die verschiedenen Versionen werden auf Kärtchen geschrieben und der Versuchsperson so vorgelegt, daß möglichst alle gleichzeitig sichtbar sind. Die Versuchsperson soll, der das eigentliche Versuchsziel tarnenden Instruktion folgend, in kurzer Zeit möglichst viele Kärtchen vorlesen (und wird natürlich vor allem diejenigen auswählen, von denen sie glaubt, sie schnell und leicht lesen zu können). Der *textbedingte Lesewiderstand*, die Verständlichkeit des Textes muß dabei konstant gehalten werden. Er wird mit anderen Verfahren analysiert (s. z. B. FLESCH 1948, 1949; LANGER et al. 1981).

Relativ einfach sind hierbei die sogenannten Schwierigkeitsindizes zu ermitteln, wie etwa der Abstraktheitsindex von GÜNTHER & GROEBEN (1978), bei dem der Anteil ganz bestimmter Substantiva (etwa mit den Endungen „-ismus", wie Realismus, „-tur", wie Registratur, „-ion", wie Meditation, usw.) am Gesamttext ausgezählt wird.

Komplizierter und meist auch angemessener ist der mehrdimensionale Ansatz von LANGER et al. (1981), bei dem ein Text nach folgenden Dimensionen (von +2 bis −2) eingestuft wird:
– Einfachheit (vs. Kompliziertheit),
– Gliederung/Ordnung (vs. Ungegliedertheit/Zusammenhanglosigkeit),
– Kürze/Prägnanz (vs. Weitschweifigkeit) und
– Stimulanz (vs. keine Stimulanz).

c) Beispiele empirischer Untersuchungen

Ein wichtiger Ausgangspunkt für die Untersuchungen der Informationsaufnahme, -verarbeitung und -belastung war die empirische Arbeit von JACOBY et al. (1974). In dieser experimentellen Studie wurde, ähnlich wie in späteren Nachfolgeuntersuchungen, mit einer Display-Matrix gearbeitet, wie sie die Tabelle 7 zeigte. Es wurden dabei die Produktalternativen und die Aussagen pro Marke in ihrer Anzahl variiert. Die Autoren fanden, daß bei steigender Informationsmenge die Zufriedenheit der Vpn mit der schließlich getroffenen Entscheidung anstieg, während die sachliche Qualität der Entscheidung zurückging. Ähnlich angelegt waren Untersuchungen von RAFFÉE et al. (1976) und JACOBY et al. (1977): Auch hier zeigte es sich, daß die Konsumenten zur Produktbeurteilung nur einen kleinen Teil der ihnen angebotenen Information nutzten, wobei bevorzugt auf die zuvor beschriebenen Schlüsselinformationen zurückgegriffen wurde. Beim Fehlen derartiger Schlüsselinformationen benötigte man mehr Einzelinformationen. Das Angebot von sehr viel Information führte zum beschriebenen Phänomen der Informationsüberlastung. Allerdings kam RUSSO (1978) zu teilweise widersprüchlichen Ergebnissen: Er konnte nachweisen, daß vermehrte Information von den Konsumenten nicht nur gefordert, sondern auch sinnvoll genutzt wurde. Allerdings bleibt auch hier die Frage nach dem Optimum im Vergleich zum Maximum.

d) Anwendungsmöglichkeiten

Die Beantwortung der Frage, welche Information überhaupt aufgenommen wird, wie sie gewichtet und verarbeitet wird, ist sowohl für diejenigen interessant, die Produkte, Dienstleistungen oder Ideen verbreiten wollen, als auch für diejenigen, die diese Verbreitung verhindern wollen. So kann es für einen *Anbieter* höchst interessant sein, ob z. B. eine von ihm gewählte Verpackung einschließlich der verschiedenen Informationen so beachtet und kognitiv verarbeitet wird, wie er es intendiert. Wird der Markenname überhaupt wahrgenommen, die Gebrauchsanweisung gelesen? Ist der Grund für die häufigen Reklamationsfälle bei erklärungsbedürftigen Gütern darin zu suchen, daß die Gebrauchsanweisung den Konsumenten mit Information überlastet? Zur Beantwortung derartiger Fragestellungen ist vor allem die Blickregistrierung oder auch die versteckte Beobachtung in der quasi-biotischen Situation (SPIEGEL 1970) geeignet.

Von gleicher Bedeutung ist dieser Ansatz für den *Konsumentenschutz:* Wird z. B. das, was die Stiftung Warentest an Information anbietet, in der Form verarbeitet, wie es von der Stiftung intendiert ist? Sind z. B. die tabellarischen Darstellungen der wichtigsten Ergebnisse, die von vielen Tageszeitungen übernommen werden, der Weisheit letzter Schluß (vgl. z. B. Tafel 9 gegenüber Tafel 10)? Sollte man hier alternativen- oder attributsweise informieren?

Welche Informationsmenge ist zumutbar und wann ist der Punkt erreicht, in dem der Konsument subjektiv oder objektiv überlastet ist, wann fühlt er sich durch das Informationsangebot verwirrt, wann wird trotz Zufriedenheit mit dem Informationsangebot die Entscheidung schlechter? Bei welchen Produktgruppen ist die Wahrscheinlichkeit größer, daß extensive Entscheidungen anfallen und dabei dann auch faktisch mehr Information verarbeitet wird? (Vgl. hierzu VON ROSENSTIEL, 1981; DEDLER et al. 1981). Einige dieser Fragen lassen sich aufgrund der vorliegenden Forschungsergebnisse schon heute beantworten. In vielen Fällen ist jedoch jeweils eine spezielle empirische Überprüfung ratsam. Ein derartiges, empirisch geleitetes Vorgehen erscheint sinnvoller als eine Ideologie vom „mündigen Verbraucher", der ohne Rücksicht auf die direkten und indirekten Kosten, die mit der Informationsaufnahme verbunden sind, rational auf der Grundlage vollkommener Information entscheidet, wie es nur bei der imaginären Modellfigur des Homo oeconomicus, nicht aber bei real existierenden Nachfragern festgestellt werden kann.

Die Fragestellungen einschlägiger wissenschaftlicher Untersuchungen sollten daher nicht zu eng angelegt sein. Selbst dann, wenn man im Einzelfall darauf verzichtet, die Homo-oeconomicus-Prämisse zu realisieren, lediglich auf aggregiertem Niveau bemüht ist, die Funktionsfähigkeit des Marktes annähernd wiederherzustellen (SCHERHORN 1982), und es sich tatsächlich zeigt, daß aufgrund gezielter Information die Entscheidungen der Konsumenten (SILBERER et al. 1981) für bestimmte Konsumbereiche auf eine bessere Informationsgrundlage gestellt und damit rationaler werden, bleibt die Frage nach den meist nicht kontrollierten Nebenwirkungen offen. Implizites und explizites Ziel der Stiftung Warentest ist schließlich nicht nur die *Verbesserung von Konsumentenentscheidungen,* sondern auch erhöhte *Bedarfsreflexion* (hierzu SCHAFFARTZIK 1981; DEDLER 1980). Es liegen aber Hinweise dafür vor, daß durch Informationen der Stiftung Warentest keineswegs immer das Ziel einer erhöhten Bedarfsreflexion erreicht wird; im Gegenteil: Als unerwarteter Nebeneffekt scheint sich gelegentlich eine unkritische Haltung gegenüber dem Konsum insgesamt und der Konsumwerbung für die getesteten Produkte einzustellen. Wer z. B. bislang gar nicht daran dachte, sich einen Mikrowellenherd zu kaufen, gerät durch die Lektüre der Testberichte in die Versuchung, sich das Produkt anzuschaffen, das die beste Beurteilung fand.

Noch weitere dysfunktionale Effekte können auftreten: Da die Produkte kleinerer Hersteller seltener getestet werden, wird die Konzentration gefördert und damit die Konkurrenz reduziert (vgl. hierzu SILBERER et al. 1981).

Die Informationspolitik der Stiftung Warentest – sicherlich mit dem Ziel eines besseren Funktionierens des Marktes konzipiert – erreicht dieses Ziel nur unter ganz bestimmten Aspekten, während sie andere Ziele möglicherweise ver- oder behindert. Einschlägige Forschung könnte einen Beitrag dazu liefern, daß erwünschte Effekte empirisch nachweisbar häufiger und intensiver auftreten, als unerwünschte und dysfunktionale.

TEIL IV

REAKTION: VERHALTEN DER PERSON

Erinnern wir uns an das dem Aufbau dieses Buches zugrundeliegende
S-O-R-Paradigma (vgl. Abbildung 13, S. 47). Ausgehend von diesem
Schema haben wir im Teil III über O-Variablen gesprochen, also jenen Bereich, der in der Konsumentenforschung häufig als "black box" bezeichnet
wird (Topritzhofer 1974). Die in Teil III dargestellten Überlegungen
dienten dem Ziel, den „schwarzen Kasten" ein wenig aufzuhellen. Dies war
nur dadurch möglich, daß wir für Wahrnehmungs- und Lernprozesse,
für Einstellungsbildung, Aktivierung und kognitive Verarbeitungsprozesse beobachtbare (Verhaltens-)Indikatoren fanden (z. B. Aussagen der
Vp). Wir sprachen also bereits bei den O-Variablen von „R". Hat man allerdings den theoretischen Zusammenhang vor Augen, so interessierte
nicht so sehr das erfaßte offene Verhalten. Es wurde nur als *Indikator* für
etwas „Dahinterstehendes" betrachtet, etwas in O Befindliches. Dabei
bleibt offen, wie reliabel, repräsentativ und valide der Indikator für das In-
dizierte ist (vgl. zu dieser Problematik in der psychologischen Diagnostik
Hörmann 1964, in der Soziologie und Ökonomie Zapf 1974). Diese Dop-
pelgesichtigkeit, die sich bei der Operationalisierung von O-Variablen ergibt, wurde auch im schon besprochenen Prozeßmodell von Howard &
Sheth (1969; siehe Abbildung 12) deutlich. Dort findet man wichtige, in O
konzipierte hypothetische Konstrukte – Kaufabsicht, Einstellung, Markenkenntnis, Aufmerksamkeit – auch bei den Output-Variablen, also bei R wieder.
Wenn wir hier gesondert von R sprechen, so sollen damit solche Verhaltensvariablen gemeint sein, die nicht primär O-Variable repräsentieren
bzw. indizieren. Beim Vorgang der Operationalisierung bzw. Messung
solcher Verhaltensvariablen kommt es selbstverständlich auch zur Konzeption von Indikatoren. Diese Indikatoren aber zeigen etwas an, was prinzi-
piell der unmittelbaren Beobachtung zugänglich ist. Dafür ein Beispiel:
In einem Experiment von Auger et al. (1972) interessierte die Verhal-
tenswirksamkeit von Beeinflussungsmaßnahmen, die gegen das Rauchen
gerichtet waren. Die Fragestellung war nicht, ob sich dadurch z. B. die Einstellungen gegenüber dem Rauchen wandelten (Einstellungen sind O-Variablen), sondern ob faktisch weniger geraucht wurde (R); als Indikator des
Rauchverhaltens galt die Zahl der gefundenen Zigarettenstummel (Kip-

pen). Die Wahl dieses Indikators ist originell und leuchtet unmittelbar ein (Inhalts- und Face-Validität sind hoch). Ob die *empirische* Validität tatsächlich sehr hoch ist, muß erst empirisch nachgewiesen werden (es könnte ja sein, daß einige Kippen nicht gefunden werden, einige Raucher die Kippen mitnahmen oder zum Fenster hinauswarfen etc.). Uns interessieren in diesem Abschnitt also offene, durch verbreitungspolitische Instrumente beeinflußte Verhaltensweisen bzw. Indikatoren, die diese Verhaltensweisen anzeigen.

Welche dieser Verhaltensweisen im konkreten Fall bedeutsam sind, hängt von der Zielsetzung der wissenschaftlichen Untersuchung bzw. von den Vorstellungen des Auftraggebers ab.

Dies soll wiederum am Beispiel des Rauchens verdeutlicht werden:

Die Wirkung der Werbung, der Produktgestaltung, des Preises oder des gewählten Absatzweges einer ganz bestimmten Zigarettenmarke ließe sich empirisch daran ermitteln, wie viele davon gekauft werden (Umsatzindikator, Marktanteilsindikator etc.), wie viele „Accessoires" dieser Marke erworben wurden (z. B. den Markennamen tragende Feuerzeuge, Regenschirme, Geldbörsen etc.), in welchem Maße sich Mitglieder der Zielgruppe an Preisausschreiben beteiligen, wie viele Raucher dieser Marke versuchen, andere von den Vorteilen zu überzeugen, usw.

Ganz ähnlich ließen sich Verhaltensindikatoren für die Wirkung einer „Antiraucherkampagne" (KOMPA & VON ROSENSTIEL 1981) finden: Wie viele Personen fordern Aufklärungsmaterial über die gesundheitsschädliche Wirkung des Rauchens an, wie viele suchen eine Beratungsstelle auf? Wie viele versuchen, Freunde oder Verwandte vom Rauchen abzubringen oder sind bereit, an ihrem Arbeitsplatz oder ihrem häuslichen Umfeld Antiraucherwerbung zu plazieren?

a) Theoretische Grundlagen

Geht man vom S-O-R-Paradigma aus, so ist das Verhalten die Reaktion auf Stimuli, die aus der Umwelt kommen und in spezifischer Weise vom Organismus verarbeitet worden sind. Dabei wird das Individuum meist als relativ passiv gesehen. Neuere Ansätze, die allerdings das S-O-R-Paradigma deutlich relativieren, gehen von einer Eigenaktivität des einzelnen aus (BANDURA & WALTERS 1970; BANDURA 1969; DREITZEL 1973): Das Individuum kann z. B. – und inzwischen spricht viel empirische Evidenz dafür – auf die Suche nach Stimulussituationen gehen, sich also bewußt einem bestimmten „S" aussetzen. Nun kann man selbstverständlich fragen, ob dieses Verhalten wiederum durch andere Stimuli determiniert war.

Dennoch bleibt festzuhalten, daß ein Paradigmenwechsel (KUHN 1967) stattgefunden hat: In den Sozialwissenschaften ist das von den klassischen Lerntheorien (SKINNER 1938) favorisierte Bild des passiven einzelnen zurückgedrängt worden zugunsten des aktiven, selbstgesteuerten Menschen (vgl. auch die Hypothesentheorie der Wahrnehmung, S. 82 ff.). Parallel dazu ist – zumindest derzeit – das Modell des „passiven Verbrauchers" (GUTJAHR 1974), der „problemlos beeinflußbar" ist (HOFFMANN 1972 S. 41), z. Z. zumindest nicht modern, was sich auch in der Wirkungsforschung zeigt (SCHENK 1978).

Dort allerdings, wo man die Effekte einer Veränderung des Preises, der Werbung, des Vertriebsweges oder der Produktgestaltung auf das Verhalten experimentell untersucht, spielen derartige Überlegungen eine untergeordnete Rolle. Hier läßt man in der „Herstellungssituation" des Experiments der Vp nur geringe Möglichkeiten zur Eigenaktivität (VON ROSENSTIEL & EWALD 1982). Ihr Verhalten wird dann als abhängige Variable der systematisch variierten Situation betrachtet. Man kann sich bei einem derartigen, für die reale Lebenssituation häufig wenig repräsentativen Vorgehen fragen, warum man dann nicht ausschließlich S-R-Variablen untersucht. Das Ziel derer, die andere Menschen beeinflussen möchten, dürfte ja in der Regel darin bestehen, Verhalten zu ändern und nicht z. B. die Markenbekanntheit oder die Einstellungen zu analysieren. Hier allerdings gelten Einschränkungen: Man kann sich sehr wohl Beeinflussungsstrategien denken, deren „letztes Ziel" in O und nicht in R liegt. Kirchlicher Werbung z. B. müßte es wichtiger sein, daß die Angesprochenen in ihrem Glauben bestärkt werden, als daß sie ein großzügigeres Spendenverhalten zeigen oder häufiger in die Kirche gehen. Dennoch wird in den meisten Fällen bei Beeinflussungsstrategien das Verhalten interessieren: Der potentielle Konsument soll kaufen, der von der politischen Werbung Angesprochene die werbende Partei wählen etc. Wenn trotzdem so häufig der Erfolg der Beeinflussungsmaßnahmen an O-Variablen definiert wird, hat dies nicht so sehr wissenschaftliche Gründe (Erhellung des O; Einsicht in den Wirkungszusammenhang), sondern liegt eher daran, daß das offene Verhalten von so vielen Einflußgrößen abhängig ist, daß es selbst bei sorgfältiger experimenteller Planung sehr schwer ist, die Beeinflussungsstrategie in halbwegs situationsrepräsentativen (HOLZKAMP 1964) Untersuchungszusammenhängen zu isolieren. Es kann dennoch kein Zweifel daran bestehen, daß z. B. in der Werbewirkungsforschung Verhaltensindikatoren, die sauber erhoben sind, stärkeres Interesse finden als Indikatoren für O-Variablen; konkret: Wer für Zigaretten wirbt, wird wenig davon beeindruckt sein, daß seine Werbung schlecht erinnert, ästhetisch negativ beurteilt wurde oder die Einstellungen zur Zigarettenmarke nicht verbesserte, wenn er nur darauf verweisen kann, daß die Umsätze sprunghaft gestiegen sind (was natürlich durch ganz andere Faktoren als die Werbung bedingt sein konnte).

Methodisch steht man also vor einem Dilemma: Der *externen* Validität wegen wird man geneigt sein, als Indikatoren des Beeinflussungserfolgs R-Variablen zu wählen, der *internen* Validität der Untersuchung wegen muß man häufig darauf verzichten und sich mit O-Variablen „begnügen". Um so interessanter sind jene (wenigen) Operationalisierungsansätze, mit denen man systematisch versucht hat, R-Variablen zu erfassen. Dies ist vor allem auf dem Gebiet der Marktpsychologie geschehen: hier speziell zur Wirkungsanalyse des absatzpolitischen Instrumentariums bei Konsumgütern.

b) Operationalisierung

Die Reaktionen auf verbreitungspolitische Instrumente, die in ihrer *endgültigen* oder in einer *Versuchs*form (SPIEGEL 1970) dem *ganzen* Markt oder nur einem kleinen, repräsentativen *Ausschnitt,* dem sogenannten *Testmarkt* (HANRIEDER 1975), präsentiert werden können, sind der *Fremdbeobachtung* direkt zugänglich oder lassen sich aus den *Verhaltensergebnissen* schließen.

Die Analyse solcher „geronnenen Spuren" (KLAGES 1928, LERSCH 1961) von Verhaltensweisen erweitert die Aktivität des Forschers (vgl. Abbildung 1 auf S. 3) um eine vierte Alternative. In unserem Zusammenhang ist an die Erfassung von Abnutzungen (z. B. am Fußboden eines Geschäfts) oder Ablagerungen (z. B. Staub im Regal) zu denken, die durch Gebrauch bzw. Nichtgebrauch entstehen (vgl. WEBB et al. 1975) und – wie in der *sekundären* Marktforschung üblich (SCHÄFER 1953) – an die Analyse von Dokumentationen, Berichten oder Statistiken z. B. über Absatz- und Umsatzzahlen, Marktanteile, Anforderungen von Prospekten, Katalogen, Warenproben oder Vertreterbesuchen, Beteiligung an Preisrätseln, Gewinnaktionen, Spielen u. ä. (gegebenenfalls in einem Vorher-Nachher-Design).

Um Änderungen dieser Indikatoren auf eine bestimmte Änderung im verbreitungspolitischen Instrumentarium zurückführen zu können, muß wieder die *ceteris-paribus-Voraussetzung* erfüllt sein – es sei denn, man mißt auch die Veränderungen *aller* übrigen Bedingungen (z. B. die verbreitungspolitischen Aktivitäten der Konkurrenten, wirtschaftliche, gesellschaftliche oder politische Entwicklungen), die sich auf die Indikatoren ebenfalls auswirken könnten, und versucht dann mit varianzanalytischen Berechnungen (GLASER 1978; EIMER 1978) den Anteil der interessierenden Variablen an den vorgefundenen Ergebnissen zu *isolieren*. Beides ist im

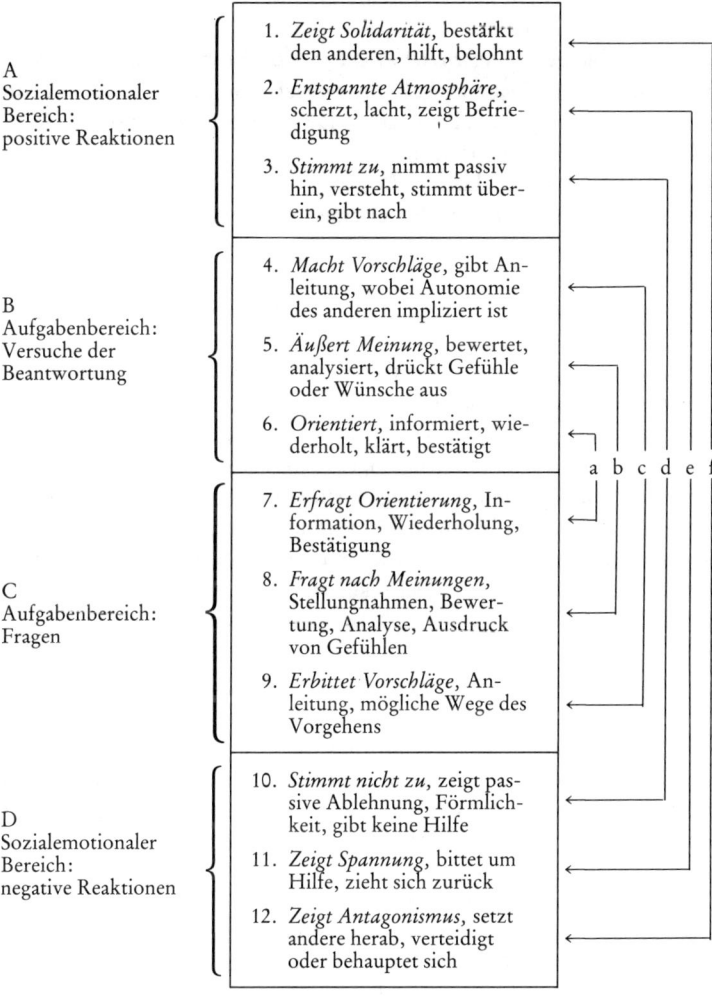

A
Sozialemotionaler
Bereich:
positive Reaktionen

1. *Zeigt Solidarität*, bestärkt den anderen, hilft, belohnt

2. *Entspannte Atmosphäre*, scherzt, lacht, zeigt Befriedigung

3. *Stimmt zu*, nimmt passiv hin, versteht, stimmt überein, gibt nach

B
Aufgabenbereich:
Versuche der
Beantwortung

4. *Macht Vorschläge*, gibt Anleitung, wobei Autonomie des anderen impliziert ist

5. *Äußert Meinung*, bewertet, analysiert, drückt Gefühle oder Wünsche aus

6. *Orientiert*, informiert, wiederholt, klärt, bestätigt

C
Aufgabenbereich:
Fragen

7. *Erfragt Orientierung*, Information, Wiederholung, Bestätigung

8. *Fragt nach Meinungen*, Stellungnahmen, Bewertung, Analyse, Ausdruck von Gefühlen

9. *Erbittet Vorschläge*, Anleitung, mögliche Wege des Vorgehens

D
Sozialemotionaler
Bereich:
negative Reaktionen

10. *Stimmt nicht zu*, zeigt passive Ablehnung, Förmlichkeit, gibt keine Hilfe

11. *Zeigt Spannung*, bittet um Hilfe, zieht sich zurück

12. *Zeigt Antagonismus*, setzt andere herab, verteidigt oder behauptet sich

a b c d e f

Schlüssel:

a – Probleme der Orientierung
b – Probleme der Bewertung
c – Probleme der Kontrolle
d – Probleme der Entscheidung
e – Probleme der Spannungsbewältigung
f – Probleme der Integration

Abb. 47: Das Kategoriensystem von BALES (1962).

komplexen Beziehungsfeld verbreitungspolitischer Beeinflussung praktisch nicht zu realisieren.

Diese Probleme verringern sich, wenn man die Reaktion auf eine verbreitungspolitische Maßnahme *direkt beobachtet*. Die Beobachtung (KÖNIG 1962; ATTESLANDER 1971; FRIEDRICHS 1973; MEES 1977; MAYNTZ, HOLM & HÜBNER 1978) kann erfolgen

● im Labor oder im Feld,
● offen oder versteckt (z. B. hinter einem Einwegspiegel),
● unmittelbar oder über technische Geräte vermittelt (z. B. Video- oder Filmaufzeichnungen),
● mit aktiver, passiver oder ohne Teilnahme des Beobachters (FRIEDRICHS & LÜDTKE 1971),
● unsystematisch oder systematisch (auch im Rahmen experimenteller bzw. quasiexperimenteller Designs).

Systematische Beobachtung bedient sich oft kategorialer Beobachtungsschemata, die für einige Fragestellungen (z. B. zur Analyse von Interaktionen, HERKNER 1981) bereits vorliegen (wie etwa das Kategoriensystem von BALES 1950, 1962, s. Abbildung 47, siehe auch MERKENS & SEILER 1978), für andere erst noch erarbeitet werden müssen. Hinweise zur Konstruktion solcher Schemata finden sich bei FIEGUTH 1977.

c) Beispiele empirischer Untersuchungen

Als geradezu klassisches feldexperimentelles Untersuchungsbeispiel, in dem sich die abhängige Variable auf Verhaltensindikatoren bezog, darf der Schaufensterversuch von LYSINSKI (1919) gelten. LYSINSKI variierte die Schaufenstergestaltung unter folgenden Aspekten:

– ausgestellte Gegenstände mit bzw. ohne Preis,
– buntes bzw. unifarbiges Schaufenster,
– große bzw. kleine Anzahl ausgestellter Gegenstände,
– Ausstattung mit bzw. ohne dekorativem Beiwerk.

Als abhängige Variable wurden die Beschauerfrequenz in Prozent, die durchschnittliche Betrachtungsdauer, die Häufigkeit des Hinweises auf das Schaufenster im Verkaufsraum und schließlich die Anzahl der verkauften Gegenstände erfaßt.

Relativ viele, meist experimentelle Untersuchungen, in denen Verhaltensindikatoren als abhängige Variable verwendet wurden, gibt es im Konsumbereich zur *Reaktanz* (vgl. zusammenfassend WISWEDE 1979; SILBERER 1980). Als Beispiel sei das Experiment von WEINER & BREHM (1966) genannt, das modifiziert von McGILLIS & BREHM (1973) wiederholt wurde: In einem Supermarkt wurde Hausfrauen ein bestimmter Geldbetrag gegeben mit der Bitte, sich eine ganz bestimmte Brotmarke zu kaufen. In der Kontrollgruppe (kein Einfluß) kauften 24 % diese Marke, bei mäßigem Einfluß („Bitte kaufen Sie …") taten dies 70 %, während bei starkem Druck („Sie sollen …") nur noch 51 % diese Marke kauften. Das Absinken der Verkäufe von 70 auf 51 % wurde als durch die Reaktanz bedingt interpretiert.

Verhaltensindikatoren lassen sich also – wie diese beiden Beispiele zeigen – mit ausreichender Bedingungskontrolle auch im *Feld* erheben. Besser können wichtige Bedingungen selbstverständlich im *Labor* kontrolliert werden. Hierfür sei als Beispiel eine der vielen, von SPIEGEL (1970, S. 148) geschilderten Untersuchungen in der quasi-biotischen Situation zitiert:

„Es sollte eine neue Haushaltsseife von universaler Verwendbarkeit eingeführt werden, die ihrem Charakter nach etwa zwischen Kernseife und Toilettenseife lag und die zum Putzen ebenso verwendet werden sollte wie zum Händewaschen oder zum Waschen schmutziger Kinder. Die Schwierigkeit lag darin, für das Seifenstück eine Form zu finden, die die Seife weder für die geringeren Zwecke als zu wertvoll oder zu milde noch bei höherer Verwendung als zu gewöhnlich und zu derb erscheinen ließ. Es wurden die verschiedensten Formen entworfen und stets drei Stücke gleichzeitig im Versuch eingesetzt. Dieser … verlief bei der Verwendung zum Putzen etwa folgendermaßen: Die Versuchsperson wußte zwar, daß sie sich „in einer Art Versuch" befand, wurde aber bei der Instruktion über das Ziel des Versuches in der Weise fehlgeleitet, daß sie glaubte, es sollten irgendwelche Scheuer-, Schrubb- oder Waschbewegungen beobachtet werden. … Während nun die drei verschiedenartig geformten Seifen, zusammen mit den anderen erforderlichen Gerätschaften und Hilfsmitteln, handlich bereitlagen, ergriff sie unreflektiert eine davon, und zwar … stets diejenige, welche ihr für den jeweiligen Zweck am geeignetsten erschien; genauer: diejenige, die … den stärksten Aufforderungscharakter hatte. Mit dieser Versuchsanordnung war für das Ergreifen der geeignetsten Seife die gleiche Situation geschaffen, wie sie im Alltag vorliegt …"

Die aufwendigsten Methoden, um unter gut kontrollierten Bedingungen Verhaltensindikatoren bei relativ hoher Situationsrepräsentativität zu erfassen und dadurch die Wirkung verbreitungspolitischer Instrumente zu prüfen, stellen wohl der Minitestmarkt bzw. der Testmarkt dar (siehe HANRIEDER 1975; REHORN 1977).

d) Anwendungsmöglichkeiten

Letztlich verdeutlichen die genannten empirischen Untersuchungsbeispiele exemplarisch die Anwendungsmöglichkeiten. Sie zeigen zugleich, daß dabei in der Regel ein etwas größerer Aufwand als bei der Operationali-

sierung von O-Variablen nötig ist, bei denen oft mit Hilfe von „Papier-
und Bleistiftverfahren" operationalisiert wird, obwohl auch hier andersartige Vorgehensweisen, insbesondere psychophysiologische Methoden
(KROEBER-RIEL 1980) im Vormarsch sind.

   Trotz dieses größeren Aufwandes sind allerdings eine Reihe von Anwen-
dungsstrategien durchaus verbreitet. So wird z. B. der Erfolg bestimmter
werblicher Maßnahmen routinemäßig dadurch überprüft, daß Coupons,
die den zu untersuchenden Werbemitteln anhängen (und z. B. zum Emp-
fang von Prospekten oder kleineren Geschenken berechtigen), an den
Werbenden zurückgeschickt werden sollen.

   Routinemäßig angewandt wird auch der zuvor schon dargestellte
SCHWERIN-Test, bei dem annähernd repräsentativ ausgewählte Personen in
einem Kino einen Film und Werbespots ansehen. Die Wahl der Geschenke
– im Vergleich zu den zuvor angegebenen Präferenzen – dient dabei als Indikator der Werbewirkung (relative vergleichende Bevorzugung: RCP).

   Ebenfalls routinemäßig angewandt wird die sogenannte Coupon-Me-
thode (VAN GONTEN 1971): Hier werden Personen zufällig beim Einkaufs-
bummel angesprochen, interviewt und sodann zu einer Vorführung von
Werbespots gebeten. Man händigt ihnen Gutscheine aus und bittet sie, den
Einkauf fortzusetzen. Es wird ausgezählt, für welche der beworbenen
Marken sie ihre Gutscheine benutzen; die Kontrolle erfolgt über ein
Versuchs-Kontrollgruppen-Design.

TEIL V

KONSEQUENZEN DES VERHALTENS:
DIE NACHENTSCHEIDUNGSPHASE

Für manchen, der sich theoretisch oder empirisch mit Strategien der Beeinflussung auseinandersetzt, kann die ihn interessierende Frage als beantwortet gelten, wenn ein bestimmtes Ergebnis erzielt, die Hypothese gestützt oder falsifiziert wurde. Tatsächlich aber ist der Beeinflussungsprozeß nicht zu Ende, wenn z. B. ein Markenwechsel stattgefunden hat. Das Abschneiden der Analyse an dieser Stelle ist willkürlich. Durch die Entscheidung des Konsumenten ist ja – gewissermaßen als Rückkopplungsprozeß – sowohl in R (alltägliche Auseinandersetzung mit einer anderen Marke) als auch in O (veränderte Präferenzen) etwas modifiziert worden, was nun wiederum künftiges Verhalten beeinflußt bzw. künftigen Beeinflussungsversuchen neue Bedingungen schafft. Es verwundert daher nicht, daß die Nachentscheidungsphase zunehmend wissenschaftliches Interesse gefunden hat (vgl. z. B. EHRLICH et al. 1971; RAFFÉE et al. 1973).

Die Bedeutung dieser Nachentscheidungsphase soll wiederum am Beispiel der Zigarettenwerbung bzw. Antiraucherkampagne demonstriert werden.

Nehmen wir an, daß die Zigarettenwerbung bei bisherigen Nichtrauchern Erfolg hat: Sie beginnen, dem „heroischen, aktiv-dynamischen Leitbild" folgend, zu rauchen. Dies hat Konsequenzen, die zum einen beim Individuum selbst, zum anderen in der es umgebenden Umwelt liegen. Durch häufiges Rauchen kann jemand – was zunächst eine physiologische Basis hat – süchtig werden, wozu allerdings auch psychologische Suchtphänomene kommen können: In bestimmten Situationen wird das Rauchen subjektiv zur Notwendigkeit, die Zigarette zu einem Instrument, das man in Belastungssituationen in der Hand hat, um die eigene Unruhe zu verbergen. Das Bewußtwerden dieser Abhängigkeit kann wiederum dazu führen, daß man den eigenen Verhaltensspielraum eingeengt erlebt, Reaktanz aufgebaut wird und somit die Neigung wächst, vom Rauchen wieder freizukommen. Es ist ebenso denkbar, daß die neu erworbene Verhaltensweise im Widerspruch zu früheren Aussagen steht und somit kognitive Dissonanz (FESTINGER 1957) entsteht: Zuvor geäußerte Einstellungen und nun gezeigtes Verhalten widersprechen einander: Um Konsonanz herzustellen, werden die Einstellungen modifiziert.

Die neue Gewohnheit wirkt sich auch in der Auseinandersetzung mit der Umwelt aus. Nicht nur, daß möglicherweise das Haushaltsbudget stärker belastet wird, was wiederum Konflikte nach sich ziehen kann (z. B. Entwenden von Geld aus dem Portemonnaie der Mutter durch Schüler, deren Taschengeld für das Rauchen nicht ausreicht), es kann auch ein Wechsel in der Mitgliedsgruppe geben: Aufgrund des Rauchens kommt es zur sozialen Zurückweisung bei den einen bzw. zur erhöhten Akzeptanz bei anderen Personen. Auf aggregiertem Niveau kann das Ansteigen des Rauchens dazu führen, daß von Politikern Antiraucherkampagnen beschlossen werden. Haben diese Kampagnen Erfolg, so können auch dadurch bedeutsame Effekte eintreten, wie z. B. das Ausweichen auf andere Genußmittel, Streß, soziale Konflikte, aber auch erhöhte Fitness, gesteigertes Wohlbefinden. Hierdurch verändert sich die Prädisposition für künftige Beeinflussungsversuche.

a) Theoretische Grundlagen

Die Nachentscheidungsphase läßt sich unter verschiedenartigen theoretischen Aspekten analysieren. Letztlich aber hat in der Marktpsychologie nur ein theoretischer Ansatz zur Erklärung des Verhaltens in der Nachentscheidungsphase erhöhtes Interesse gefunden: die *Theorie der kognitiven Dissonanz* (FESTINGER 1957). Die Grundannahme FESTINGERS besteht darin, daß der Mensch nach Harmonie (kognitiver Konsonanz) strebt und demnach im Falle erlebter Dissonanz bemüht ist, diesen Zustand zu beseitigen, also Konsonanz herzustellen. Die dabei beobachtbare Anstrengung ist eine Funktion der Dissonanzhöhe, die sich aus der Zahl und Wichtigkeit der beteiligten kognitiven Elemente ergibt.

Folgt man den Ausführungen FESTINGERS, so ist kognitive Dissonanz vor allem dann wahrscheinlich,

– wenn *Entscheidungen* gefällt wurden, die *Wahl* einer Alternative also zwangsläufig mit dem *Verzicht* der anderen, häufig ebenfalls attraktiven verbunden ist,

– wenn ein Zwang zu einstellungs*diskrepantem* Verhalten besteht,

– wenn man einer Information ausgesetzt wird, die der eigenen Einstellung *widerspricht* oder

– wenn Meinungs*diskrepanz* innerhalb der Mitgliedsgruppe besteht.

All diese Konstellationen sind im markt- und werbepsychologischen Kontext denkbar. Wer etwa bei einer Wahl im Entscheidungskonflikt zwischen der SPD und den „Grünen" schwankt und schließlich sein Kreuz bei den Grünen setzt, kann anschließend bereuen, nicht der in seinen Augen außenpolitisch kompetenteren Partei seine Stimme gegeben zu haben. Wer im Rahmen eines Kongresses durch die Kongreßordnung gezwungen wird, auf die gewohnte Zigarette zu verzichten und sich dort aufgrund des sozialen Druckes sogar genötigt sieht, sich gegen das Rauchen auszusprechen, kann erhebliche Dissonanz erleben. Wer als überzeugter Raucher erfährt, daß das Rauchen hochsignifikant mit Krebs oder Durchblutungsstörungen verbunden ist, wird mit dissonanter Information konfrontiert und bemüht sein, entweder das Rauchen einzustellen oder die dissonanzerzeugende Information als unglaubwürdig abwehren. Wer im Freundeskreis, in dem Gespräche über das Auto eine große Rolle spielen und nur deutsche Autos positiv eingestuft werden, ein Sonderangebot nutzt und einen amerikanischen Straßenkreuzer erwirbt, wird gleichfalls in eine Dissonanzsituation geraten, aus der er durch verschiedene Reduktionsbemühungen versuchen wird herauszukommen.

Die unterschiedlichen Strategien, die zur Dissonanzreduktion zur Verfügung stehen, sind zugleich eine der Schwächen des Ansatzes: Verhaltensprognosen werden schwierig. Wer z. B. Nachentscheidungsdissonanz erlebt, kann zum Dissonanzabbau die gewählte Alternative nachträglich höher bewerten, kann sich zusätzlich um konsonante Information bemühen oder kann versuchen, andere von der Richtigkeit seiner Entscheidung zu überzeugen (zu weiteren Reduktionsalternativen vgl. RAFFÉE et al. 1973).

Die Theorie der kognitiven Dissonanz ist sicherlich nicht nur für die Analyse der Nachentscheidungsphase geeignet, sondern – bezogen auf das Verhalten beeinflußter Personen – für nahezu alle Phasen (z. B. bereits auf die Phase der Informationsaufnahme, vgl. VON ROSENSTIEL & EWALD 1979 b), doch hat sie für die Nachentscheidungsphase besondere Bedeutung erlangt.

b) Operationalisierung

Zur Analyse der Nachentscheidungsphase können im Prinzip alle Methoden der empirischen Sozialforschung herangezogen werden: Die *Fremd-* und *Selbstbeobachtung* (vgl. z. B. THOMAE 1960), die *Befragung* und die Analyse der *Ergebnisse des Verhaltens*. Entscheidend ist hier die Wahl eines passenden Designs, von denen zwei besonders bekannte, nämlich das von BREHM (1965) und das von EHRLICH (1971), im folgenden Abschnitt dargestellt werden (vgl. auch RAFFÉE et al. 1973 und SILBERER 1980).

c) Empirische Untersuchungen

BREHM (1965) bot seinen Vpn als Dank für die Teilnahme am Versuch Geschenke an. Zuvor hatten die Vpn die verschiedenen Alternativen auf einer 8punktigen Skala (von „überhaupt nicht wünschenswert" bis „überaus wünschenswert" reichend) einzustufen. Nach dem Experiment war allerdings die Wahl zwischen den Alternativen deutlich eingeschränkt: Ein Teil der Vpn konnte zwischen zwei Produkten wählen, die in den individuellen Einstufungen sehr eng *beieinander* lagen, während bei der anderen Gruppe die Wahl zwischen zwei Produkten getroffen werden mußte, die sich in der Präferenz deutlich voneinander *unterschieden*. Dadurch wurde *hohe* bzw. *geringe* Dissonanz erzeugt. Nach den getroffenen Wahlen wurden den Vpn Testberichte zur Lektüre gegeben. Und zwar zur Hälfte solche, die sich u. a. auch auf die *eigenen* Wahlalternativen bezogen (relevante Informationen), und zur Hälfte solche, die nur positive und negative Aspekte der im Einzelfall *nicht* wählbaren Produkte enthielten (irrelevante Information). Anschließend sollten alle Produkte noch einmal bewertet werden.

BREHM wollte damit untersuchen, ob

1. bei Einengung der Wahlmöglichkeit eine Höherbewertung der gewählten und eine Herabsetzung der ausgeschlagenen Alternative erfolgt,

2. diese Reduktionsbemühungen größer sind, wenn beide Alternativen nahezu gleich wünschenswert sind und

3. der Dissonanzabbau stärker ist, wenn die bereitgestellte Information für die zuvor gewählte Alternative spricht. Die empirischen Daten (siehe Abbildung 48) stützten die beiden ersten Annahmen, nicht jedoch die dritte.

Ähnlich häufig zitiert wie das Experiment von BREHM wird eine Untersuchung von EHRLICH et al. (1971). Die Autoren zeigten, daß nach einer Kaufentscheidung besonders solche Information Beachtung findet, die in der Lage ist, die vom Konsumenten getroffene Wahl zu bestätigen. Dabei wurden zwei Gruppen männlicher Autobesitzer ausgewählt, die ihr Fahrzeug erst wenige Wochen bzw. länger als 3 Jahre besaßen. Es stellte sich heraus, daß diejenigen Autofahrer, die ihr Auto erst kurz besaßen und eine andere Marke ernsthaft in Betracht gezogen hatten, sich in erhöhtem Maße mit Information (z. B. Werbeprospekten) beschäftigten, die ihre Entscheidung bestätigte.

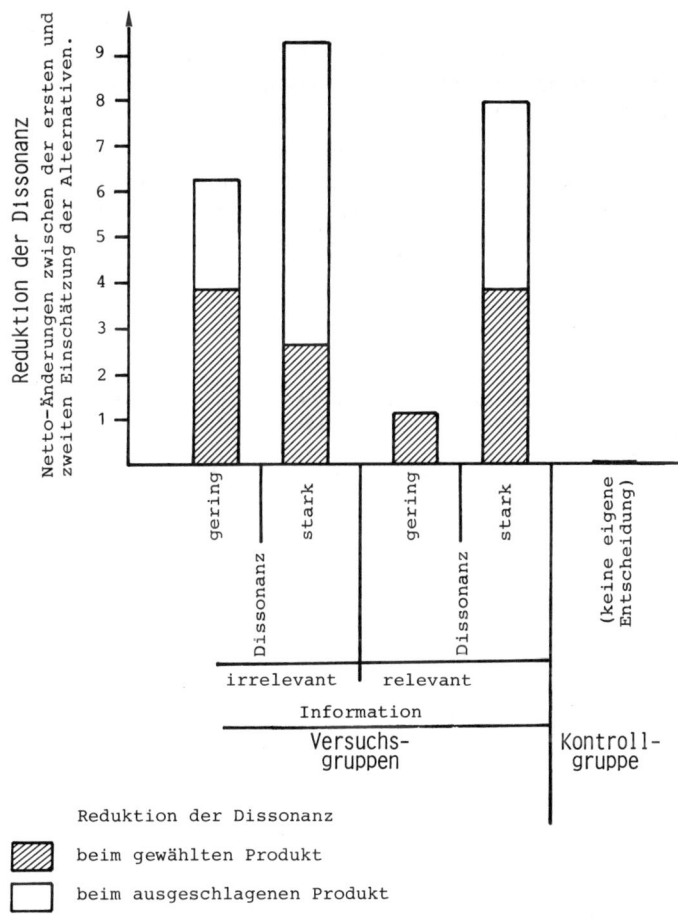

Reduktion der Dissonanz

[hatched] beim gewählten Produkt

[white] beim ausgeschlagenen Produkt

zusammen = Gesamtreduzierung

Abb. 48: Reduktion der Dissonanz in Abhängigkeit von der Höhe
der (experimentell erzeugten) Dissonanz und der Relevanz
der dissonanzerzeugenden Information (nach Daten von BREHM, 1965).

d) Anwendungsmöglichkeiten

Anwendungsmöglichkeiten ergeben sich vor allem dann, wenn man als
Beeinflussender denjenigen, den man als Anhänger gewonnen hat, nach
dessen Entscheidung oder Verhaltensmodifikation nicht vernachlässigt.
Auch *nach* der Entscheidung sollten ihm Informationen zur Verfügung ge-

stellt werden, die geeignet sind, mögliche noch bestehende Dissonanzen zu reduzieren (DONNELLY & IVANCEVICH 1970). Tatsächlich kann – das macht die Untersuchung von EHRLICH et al. wahrscheinlich – dieses nach der Entscheidung bereitgestellte Material überdurchschnittliche Beachtung finden und der so Informierte, um die Dissonanz weiter abzubauen, auch andere von der Richtigkeit seiner Entscheidung zu überzeugen suchen (VON ROSENSTIEL 1973). Er wird somit zum „unbezahlten Verbreiter" der Idee bzw. der werblichen Information, die ihn selbst – wenn auch mit Konflikten – überzeugt hat. Ein Beispiel einer Information, mit der eine mögliche Dissonanz abgebaut werden kann, zeigt Abbildung 49.

Wir beglückwünschen Sie zu Ihrem neuen FORD. Ihre Entscheidung bestätigt Sie als informierten Käufer, der weiß, daß hoher Anspruch an Qualität, Technik und Ausstattungskomfort zu vernünftigem Preis zu erfüllen ist.

Abb. 49: Vorwort im Bedienungshandbuch für einen Pkw (Ford Fiesta 1980).

DAS UMFELD DES BEEINFLUSSUNGSPROZESSES: ÖKONOMISCHER, SOZIALER UND POLITISCHER KONTEXT

Die Beeinflussung einer Person durch verbreitungspolitische Instrumente geschieht nicht im „luftleeren" Raum; neben den verbreitungspolitischen Aktivitäten eines Anbieters wirken noch eine Reihe anderer Einflüsse auf diese Person ein; z. B.

● der prägende Einfluß der *Kultur,* in der der Beeinflußte aufwuchs (Enkulturation): So bestehen z. b. deutliche interkulturelle Unterschiede wirtschaftlichen Verhaltens (STRÜMPEL 1980), sowohl was das Leistungs- (MCCLELLAND 1966) als auch was das Konsumverhalten (KATONA, STRÜMPEL & ZAHN 1971) betrifft. In jeder Kultur bzw. in jedem sozialen Kontext wird in spezifischer Weise sozialisiert (KROEBER-RIEL & MÖCKS 1980), wobei die verbreitungspolitischen Aktivitäten eben nur einen Teil der Determinanten ausmachen, die mit den übrigen in wechselseitiger Interaktion stehen. Vermutlich wirkt hier ein zweistufiger Prozeß (WARD & WACKMAN 1971; WARD, WACKMAN & WARTELLA 1979; KROEBER-RIEL 1980):

1. Die Massenmedien liefern den Heranwachsenden *Modelle* für ihr Konsumverhalten.

2. Die persönliche Kommunikation mit den Eltern bestimmt, ob und wie diese Modelle tatsächlich *umgesetzt* werden.

Aber nicht nur die überdauernde Prägung des einzelnen durch Enkulturation und Sozialisation im Zuge seiner Biographie bestimmt, wie er auf die verbreitungspolitischen Maßnahmen reagiert, sondern auch die *aktuelle* Situation, z. B.

● die *Familie.* So wird etwa eine Hausfrau, die eine Werbung für ein neues Küchengerät wahrnimmt, kaum die Entscheidung über die Anschaffung alleine treffen, sondern in Interaktion mit ihrem Ehemann oder mit anderen Familienmitgliedern (ÜBEL 1965; DAHLHOFF 1980; MEFFERT & DAHLHOFF 1980).

● Aber auch die Familie steht nicht als „geschlossenes System" den verbreitungspolitischen Aktivitäten des Anbieters gegenüber, sondern ist in soziale Netzwerke eingebunden und wird z. B. durch *Meinungsführer* (KATZ & LAZARSFELD 1955) beeinflußt. Diese Meinungsführer geben

nicht nur *Information* bei Informationsdefiziten weiter, sondern üben –
stärker noch – *Einfluß* aus (TROLDAHL & VAN DAM 1965/66), wobei sie
nicht nur die Aktivitäten *eines* Anbieters, sondern auch die
● der *Konkurrenz* berücksichtigen.

Vielfältig determiniert sind allerdings nicht nur die *Beeinflußten*, sondern auch die *Beeinflussenden*. Nicht nur, daß sie ebenfalls der Enkulturation, der Sozialisation, dem Einfluß von Bezugspersonen und dem der
Konkurrenz unterliegen, sondern auch dadurch, daß sie sich mit ganz bestimmten sozialen, ökonomischen und politischen Restriktionen auseinanderzusetzen haben: Wer z. B. in Indien Konserven mit Rindfleisch verkaufen möchte, wird sich schwer tun, da die dortigen Normen den Verzehr von
Rindfleisch nicht zulassen. Wer bundesweit für ein durchaus innovatives
Produkt als kleiner Hersteller werben möchte, wird rasch ökonomische
Schranken erkennen und sich auf Teilmärkte beschränken müssen. Wer –
durch amerikanische Werbung angeregt – vergleichend werben möchte,
stößt in der Bundesrepublik Deutschland bald an die Grenzen des bestehenden Wettbewerbsrechts.

Die Probleme seien wiederum an unserem Beispiel der Zigarettenwerbung bzw. Antiraucherwerbung aufgezeigt:

Der Zigarettenhersteller möchte – weil empirische Untersuchungen für
den Erfolg dieses Mediums sprechen – für seine Produkte im Fernsehen
werben, was aber durch gesetzliche Bestimmungen untersagt ist. Auf der
anderen Seite ist dies – geht man von seiner Interessenlage aus – vielleicht
gar nicht so schmerzlich, da zum einen der Bundeskanzler oder andere viel
beachtete Personen, wie etwa die Helden in Spielfilmen, in diesem Medium
als unbezahlte „Gemeinschaftswerber" für die Zigarettenindustrie auftreten und zum anderen der Konkurrenz der direkte Weg gleichfalls versagt ist.

Eine beliebige Intensivierung der Werbung des Zigarettenherstellers in
Zeitungen und Zeitschriften ist ebenfalls nicht möglich: So darf in der Bundesrepublik Deutschland nicht auf Doppelseiten geworben und der „Held"
nicht beim Inhalieren gezeigt werden.

Wer Werbung für Zigaretten macht, muß allerdings nicht nur die rechtli-
chen Restriktionen bedenken, sondern auch die sozialen und kulturellen.
Dies sei an einem Beispiel verdeutlicht (vgl. Abbildung 50):

Die Abbildung – eine Zigarettenwerbung aus den fünfziger Jahren – zeigt
einen Araber, der als Leitbild für eine Orientzigarette steht und seinerzeit
vor dem Hintergrund der traditionellen deutsch-arabischen Freundschaft
und der Symbolik der „Friedenspfeife" positiv erlebt wurde. In der Zwi-
schenzeit kam es auf politischem Gebiet durch die Krisen um den Staat
Israel mehrfach zu Konflikten zwischen der Bundesrepublik Deutschland
und den arabischen Staaten, die bis zum Abbruch diplomatischer Bezie-

Ein Zeugnis
der Freundfchaft

SENOUSSI

Abb. 50: Annonce von Senoussi aus den 50er Jahren
(aus von HOLZSCHUHER, 1956, S. 300).

hungen führten. Es kam zu verschiedenen Anschlägen arabischer Terror-
organisationen überall in der Welt, so auch in Deutschland – etwa bei den
Olympischen Spielen in München. Es kam zur Ölkrise von 1973 und zu
den sich daran anschließenden ständigen Verteuerungen des Ölpreises,
wobei die arabischen Staaten eine nicht unwesentliche Rolle spielten. Ein
arabischer Scheich als Zeichen der Freundschaft würde zur Zeit als positives
Leitbild vermutlich nicht akzeptiert werden (vgl. hierzu die 1981 geschal-
tete und heftig angegriffene Werbung von Suzuki: „Suzuki hat drei traurige
Neuigkeiten für alle Ölscheichs"). Eine kleine Untersuchung, die wir 1980
durchführten, bestätigt dies (siehe Abbildung 51):

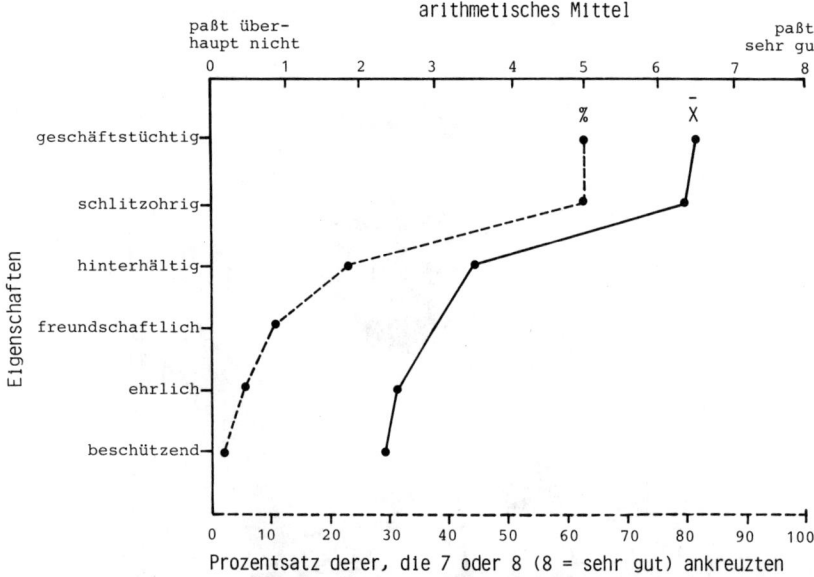

Abb. 51: Einstufung der Person von Abbildung 50 (ohne Produkt und Headline).

Die Person – Headline und Zigarettenpackung waren weggeschnitten – wurde relativ negativ gesehen. Freie Assoziationen gingen in die gleiche Richtung: Der dargestellte Araber erschien als „reichlich düstere Type, gerissen, gestikulierend, fordernd, der wird uns schon wieder mehr Geld fürs Öl abknöpfen wollen, möglicherweise hat er eine Knarre in der Hand und sagt, wenn's nicht anders geht, dann eben mit Gewalt" (typische Assoziationskette einer Vp). Der weltpolitische Wandel ist nicht ohne Folgen geblieben, die auch der Werbegestaltende zur Kenntnis nehmen muß.

Aber nicht nur das verbreitungspolitische Instrument *Werbung* unterliegt Restriktionen, sondern auch die Gestaltung der *Produkte* und *Verpakkungen*:

So müssen etwa die Werte für Nikotin und Kondensat auf der Packung aufgedruckt sein.

Auch der *Absatzweg* ist nicht frei: Nicht überall dürfen Zigaretten verkauft werden. Die Grenzen für die *Preis*gestaltung ergeben sich nicht nur – wie auf anderen Gebieten – aus den Kosten für die Rohstoffe, die Löhne und aus der Handelsspanne, sondern für die Zigaretten im weit überdurchschnittlichen Maße aus steuerlichen Belastungen. Sie sind aber auch dadurch determiniert, daß als Absatzweg für Zigaretten nicht selten der Automat gewählt wird, womit bestimmte Preisgestaltungen (z. B. gebrochene Preise) zumindest erschwert sind.

Aber auch derjenige, der gegen das Rauchen eintritt, muß bei seinen Beeinflussungsbemühungen Restriktionen erkennen: Ein völliges Verbot des Rauchens wäre bei uns mit den Normen eines freiheitlichen Staates schwer zu vereinbaren und wegen des damit verbundenen Steuerausfalls auch auf Regierungsseite vermutlich kaum erwünscht. Das Verbot der Zigarettenwerbung im Fernsehen ist partiell ein Schlag ins Wasser, wenn man nicht gleichzeitig auch Spielfilme, in denen geraucht wird, verbietet oder den Interviewpartnern vor der Fernsehkamera das Rauchen untersagt. Die kulturell recht verfestigte Auffassung, daß das Rauchen „für Männlichkeit" steht, wird schwer durch Beeinflussungsmaßnahmen reduziert werden können, solange dieses Image für den einzelnen durch Bezugsgruppen immer wieder verstärkt wird.

a) Soziale Einflüsse: Theoretische Grundlagen

Die obigen Überlegungen verdeutlichen, daß man die verbreitungspolitischen Aktivitäten keineswegs ausschließlich unter psychologischen Aspekten sehen darf. Neben einer Markt- und Werbepsychologie sind z. B. eine Ökonomie, eine Jurisprudenz, eine Politologie, eine Soziologie, eine Kulturanthropologie des Marktes und der Werbung denkbar. Eine auch nur bruchstückhafte Darstellung dieser Bereiche würde den Rahmen dieses Buches sprengen. Wir wollen vielmehr, im Sinne einer *Sozial*psychologie des Marktes und der Werbung (und damit im Übergangsbereich zur Marktsoziologie, vgl. Wiswede 1972), die soziale Situation des Beeinflussungsprozesses lediglich an zwei Beispielen exemplarisch aufzeigen. Es soll damit zugleich dem Eindruck entgegengewirkt werden, als stünde der einzelne (O) den verbreitungspolitischen Aktivitäten (S) isoliert gegenüber, als wären seine Reaktionen (R) ausschließlich das Ergebnis der Interaktion zwischen ihm und den Beeinflussungsmaßnahmen.

Eine erste entscheidende Relativierung erlitt die soeben skizzierte Auffassung durch eine klassische Studie von Lazarsfeld, Berelson & Gaudet (1948). Während des Wahlkampfes in den USA 1940 wurden – zur allgemeinen Überraschung – die Wähler stärker durch unmittelbare Kontakte mit anderen Personen als durch die Massenkommunikationsmittel beeinflußt. Dabei fanden sich Personen, die andere besonders häufig bzw. besonders intensiv beeinflußten. Sie wurden als *Meinungsführer* (opinion leader) bezeichnet. Als Meinungsführer galten dabei solche Personen, die die beiden folgenden Fragen bejahten:

- „Haben Sie in letzter Zeit versucht, jemanden von Ihren politischen Ansichten zu überzeugen?"
- „Hat Sie jemand in letzter Zeit um ihren Rat bezüglich politischer Fragen gebeten?"

Aufgrund dieser Ergebnisse wurde das Zweistufenmodell der Kommunikation entwickelt (vgl. Abbildung 52):

Abb. 52: Das Zweistufenmodell der Kommunikation.

Dieses Konzept wurde nicht nur im Rahmen politischer Beeinflussung untersucht, sondern auch auf dem Feld der Werbung und des Marketings (HUMMRICH 1976; SCHWEIGER & SCHWARZ 1980). Nach diesen Ergebnissen allerdings kann das einfache Zweistufenmodell als gescheitert angesehen werden. Vielfältige Differenzierungen sind erforderlich (ARNDT 1968; REIMANN 1974). So scheinen Meinungsführer zum einen eine „*Relais*funktion" und eine „*Verstärker*funktion" zu haben: Sie übermitteln Information von den Medien zu den weniger aktiven Bevölkerungsmitgliedern und beeinflussen sie. In einer Zeit moderner Massenkommunikationsmittel ist eine Differenzierung zwischen *Beeinflussung* und *Information* ratsam: Die klassischen Untersuchungen zum Zweistufenprozeß stammen aus den vierziger und fünfziger Jahren (LAZARSFELD, BERELSON & GAUDET 1948; MERTON 1949; KATZ & LAZARSFELD 1955; MENZEL & KATZ 1955; COLEMAN, KATZ & MENZEL 1957). Damals stand noch keineswegs in jedem Haushalt ein Fernsehgerät. Heute, in der Zeit nahezu perfektionierter Massenkommunikationsmittel, kann man bei vielen Informationen davon ausgehen, daß sie direkt beim Empfänger ankommen, obwohl es hier bei Ereignissen in Abhängigkeit vom Grade ihrer Aktualität noch erhebliche Unterschiede gibt (GREENBERG 1964). Ob allerdings die Information auch das Verhalten beeinflußt, hängt von der Interpretation dieser Information durch andere Personen, z.B. durch Meinungsführer, ab.

Das Konzept des Meinungsführers verlangt also nach Differenzierung. Die Meinungsführer beeinflussen die Einstellung und das Verhalten anderer Personen durchaus, obwohl diese die Information direkt aus den Medien beziehen. Sie wenden sich allerdings mit der Bitte um Rat an Meinungsführer, die ihrerseits ihre Expertenschaft durch Rückfrage bei professionellen Ratgebern absichern, wie Abbildung 53 verdeutlicht.

Bedenkt man, daß auf dem Feld der Konsumgüter viele Entscheidungen

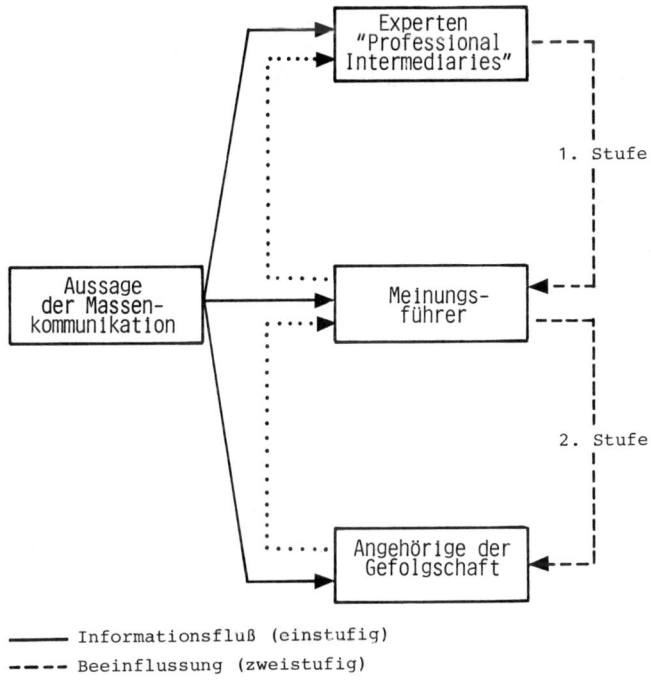

```
                 ┌──────────────┐
             ┌──→│   Experten   │─ ─ ─ ┐
             │ ┌→│ "Professional│      │
             │ : │Intermediaries"│     │
             │ : └──────────────┘      │
             │ :                    1. Stufe
             │ :                       │
┌──────────┐ │ :  ┌──────────┐         │
│  Aussage │─┘ └─→│ Meinungs-│◄─ ─ ─ ┘
│der Massen-│─ ─ →│  führer  │◄─ ─ ─ ┐
│kommunikation│──  └──────────┘      │
└──────────┘ :                       │
             :                    2. Stufe
             :                       │
             :    ┌──────────────┐   │
             └····→│ Angehörige der│◄─ ─ ┘
                  │ Gefolgschaft  │
                  └──────────────┘
```

────── Informationsfluß (einstufig)
─ ─ ─ ─ Beeinflussung (zweistufig)
······· Informations- und Kontaktsuche

Abb. 53: Einstufiger Informationsfluß, zweistufige Beeinflussung
(nach TROLDAHL, 1966).

in privaten Haushalten getroffen werden, so ist sehr wohl vorstellbar, daß
bei manchen Anschaffungen der Mann, bei anderen wiederum die Frau, bei
wiederum anderen die Kinder Meinungsführer sind. Hierauf werden wir
auf S. 195 ff. näher eingehen.

b) Operationalisierung

Vielfältig wie die Einflüsse aus dem Umfeld sind auch die zu ihrer Messung einsetzbaren Methoden. Als ausgewähltes Beispiel soll hier nur die
Operationalisierung von Meinungsführung beschrieben werden.

Meinungsführung kann (KROEBER-RIEL 1980) auf drei verschiedenen
Wegen erfaßt werden, über
– soziometrische Verfahren,
– Selbsteinschätzung der Befragten und

– Befragung von gutinformierten Gruppenmitgliedern, den sog. Schlüssel-
informanten (eine Methode, die wegen schwerwiegender methodischer
Probleme – wie wird z. B. die Informiertheit operationalisiert? – nur eine
untergeordnete Rolle spielt).

Das wohl bekannteste soziometrische Verfahren (FRIEDRICHS 1973) ist das
Soziogramm (MORENO 1967): Jedes Mitglied einer Gruppe soll diejenigen
Personen angeben, die es unter bestimmten Voraussetzungen wählen bzw.
ablehnen würde. Typische Fragen wären etwa: „Mit wem würden Sie am
liebsten (bzw. am wenigsten gern) einkaufen gehen?", „Mit wem würden
Sie sich am liebsten (bzw. am wenigsten gern) vor einem Autokauf beraten?" usw. Die Zahl der positiven bzw. negativen und aktiven bzw. passiven Wahlen werden für jedes Gruppenmitglied ermittelt und dann grafisch
dargestellt, wie es etwa die Abbildung 54 zeigt:

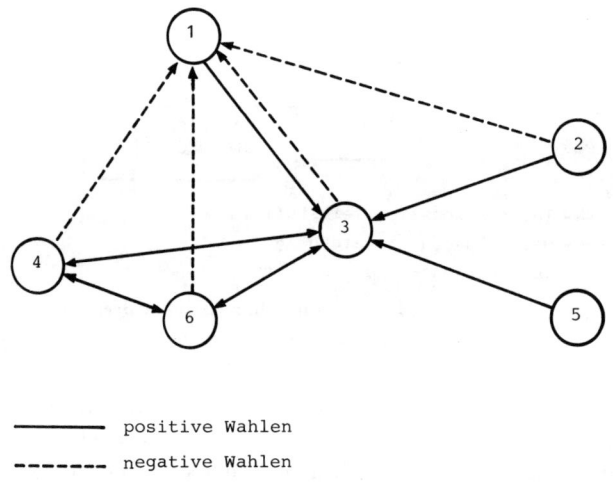

—————— positive Wahlen

– – – – – – negative Wahlen

Abb. 54: Beispiel eines Soziogramms.

Aus solchen Darstellungen lassen sich dann bestimmte Konstellationen
erkennen:
– Die Zentralperson bzw. der Meinungsführer (3),
– das schwarze Schaf (1),
– Mitläufer (2 und 5),
– Cliquenbildungen (3, 4 und 6).

Die *Selbsteinschätzung* der Befragten kann wie bei der Untersuchung von
KING & SUMMERS (1970) erfolgen. Die Versuchspersonen sollten hier
folgende Fragen beantworten:
– „Sprechen Sie mit Ihren Freunden gern über das Produkt X?"

- „Meinen Sie, daß Sie dabei Ihren Freunden nur sehr wenig, durchschnittlich viel oder sehr viel Informationen über das Produkt X geben?"
- „Haben Sie während der letzten 6 Monate auch anderen Leuten außer Ihren Freunden über das Produkt X erzählt?"
- „Wenn Sie mit Ihren Freunden über das Produkt X diskutieren, welche Rolle spielen Sie dabei meistens? Hören Sie hauptsächlich zu, was Ihre Freunde sagen, oder versuchen Sie, Ihre Freunde von Ihren eigenen Ideen zu überzeugen?"
- „Wenn Sie sich mit Ihren Freunden vergleichen, werden Sie ungefähr genauso gern, mehr oder weniger gern um Ratschläge über das Produkt X befragt?"
- „Was passiert häufiger: Berichten Sie Ihren Freunden vom Produkt X oder berichten diese Ihnen?"
- „Haben Sie ganz allgemein den Eindruck, daß Sie von Ihren Freunden und Nachbarn als gute Quelle für Ratschläge betrachtet werden?"

c) Beispiele empirischer Untersuchungen

Gerade zur Rollendifferenzierung zwischen Mann und Frau in privaten Haushalten (WISWEDE 1976) sind relativ viele empirischen Forschungen durchgeführt worden (SCOTT 1970), die auch zu vielerlei theoretischen Ansätzen führten. Ein Beispiel dafür sei knapp aufgezeigt. DAVIS & RIGAUX (1974) haben ein Modell der *Rollenverteilung im familiären Kaufentscheidungsprozeß* erstellt, das Abbildung 55 auf S. 196 zeigt.

Die Darstellung verdeutlicht, daß es offensichtlich wenig verspricht, lediglich danach zu fragen, ob in einer Partnerschaft *generell* die Frau oder der Mann dominant ist, ob jeder den anderen autonom entscheiden läßt oder ob man zu gemeinsamen Entscheidungen kommt. Hier sind ganz offensichtlich Interaktionen mit dem *Produktbereich* zu bedenken. Für spezifische Produktgruppen scheint in der Familie das Expertentum des Mannes, für andere das der Frau anerkannt zu sein, während in wieder anderen Feldern autonome oder gemeinsame Entscheidungen beobachtet werden können.

Darüber hinaus konnte DAHLHOFF (1980) bei einer empirischen Untersuchung zum Entscheidungsverhalten in privaten Haushalten bei der Anschaffung von langlebigen Konsumgütern (wie z. B. Elektroherden, Pkw und Polstermöbeln) zeigen, daß der Entscheidungsvorgang als *Prozeß* zu verstehen ist, innerhalb dessen der Einfluß der Partner und der Grad ihrer Kooperation ständig *wechseln*. Folgt man seiner Differenzierung des Prozesses in eine *Anregungs-, Legitimations-, Such-, Auswahl-, Konzentra-*

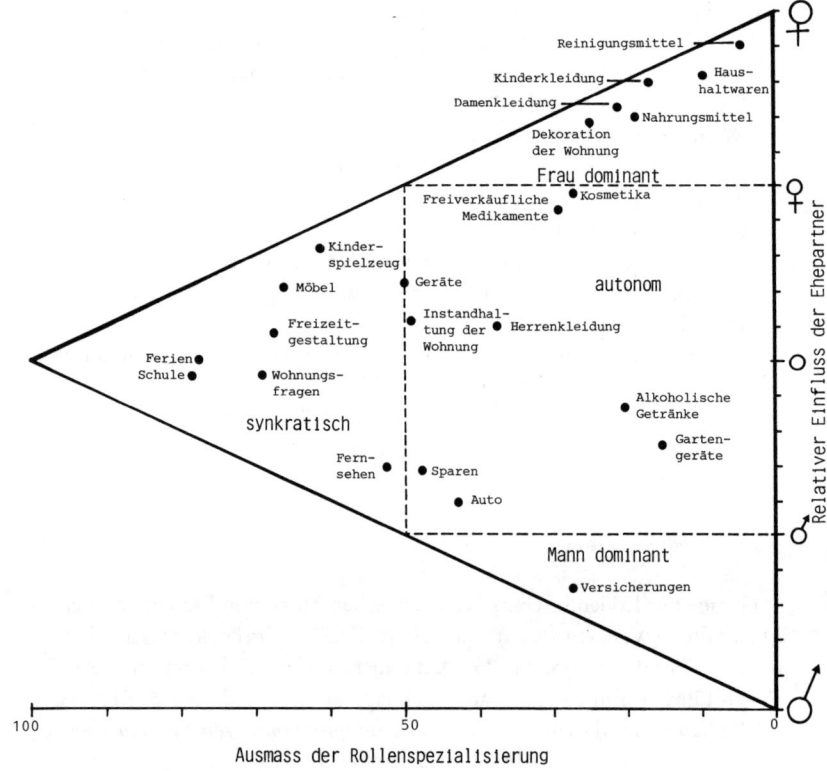

Abb. 55: Die Rollenverteilung bei Kaufentscheidungen von Ehepartnern.

tions- und *Kaufphase,* so kann man erkennen, daß sich innerhalb dieser Phasen der Einfluß der Partner und der Grad ihrer Kooperation ändern. Die Ergebnisse für einige der von DAHLHOFF untersuchten Produkte zeigt Abbildung 56.

Am Beispiel des Bausparvertrages kann man erkennen, daß in der Anregungsphase der Mann dominiert, in der Legitimationsphase beide autonom mit einiger Interaktion. In der Suchphase wird wiederum der Einfluß des Mannes etwas stärker, um in der Auswahlphase dahin zu führen, daß das Gewicht beider Partner ausgeglichen ist (allerdings ohne starke Interaktion); in der Konzentrationsphase verlagert sich der Einfluß etwas auf den Mann, und in der abschließenden Kaufphase (Abschluß des Vertrags) wirken dann beide Partner bei hoher Interaktion zusammen.

Ein Beispiel zur bereits diskutierten Frage der *Meinungsführer:* KING &

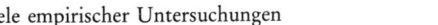

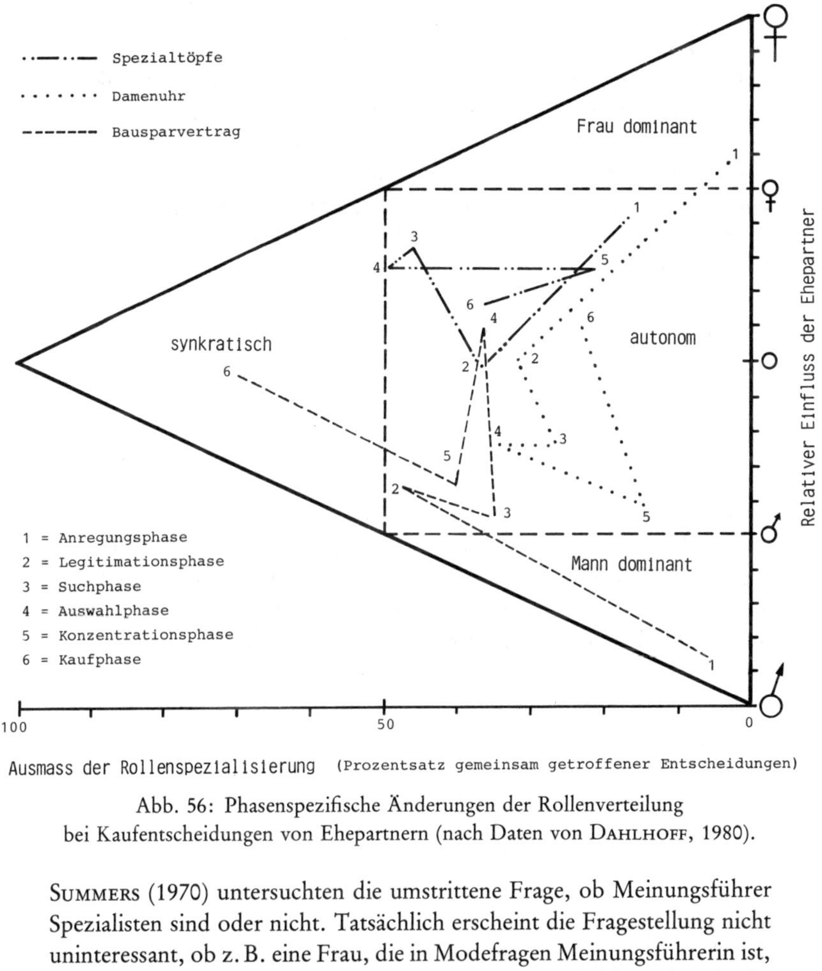

··—··— Spezialtöpfe

········ Damenuhr

------- Bausparvertrag

Frau dominant

synkratisch

autonom

Mann dominant

Relativer Einfluss der Ehepartner

1 = Anregungsphase
2 = Legitimationsphase
3 = Suchphase
4 = Auswahlphase
5 = Konzentrationsphase
6 = Kaufphase

100   50   0

Ausmass der Rollenspezialisierung (Prozentsatz gemeinsam getroffener Entscheidungen)

Abb. 56: Phasenspezifische Änderungen der Rollenverteilung
bei Kaufentscheidungen von Ehepartnern (nach Daten von DAHLHOFF, 1980).

SUMMERS (1970) untersuchten die umstrittene Frage, ob Meinungsführer
Spezialisten sind oder nicht. Tatsächlich erscheint die Fragestellung nicht
uninteressant, ob z. B. eine Frau, die in Modefragen Meinungsführerin ist,
mit über- oder unterdurchschnittlicher Wahrscheinlichkeit die gleiche
Rolle beim Kochen, bei der Gartengestaltung oder Ferienreisen einnimmt.
Interessant war an der Studie von KING & SUMMERS zunächst die Operationalisierung des Meinungsführers.

KING & SUMMERS entschieden sich für das Verfahren der Selbsteinschätzung, wobei nicht nur mit einer, sondern mit mehreren, bereits unter b)
vorgestellten Fragen gearbeitet wurde. Sie fanden, daß Meinungsführer
nicht als reine Spezialisten angesprochen werden können. Sie spielen diese
Rolle nicht selten über *mehrere* Produktmärkte hinweg. Allerdings ist die
Überlappung von Meinungsführung dann besonders groß, wenn durch die

Produkte einander ähnliche Interessen angesprochen werden. Im einzelnen zeigte es sich, daß

- 46 % der Personen, die sich als Meinungsführer einschätzten, zugleich Meinungsführer auf zwei oder mehr Produktmärkten waren;
- 28 % Meinungsführer auf drei oder mehr Produktmärkten;
- 13 % Meinungsführer auf vier oder mehr Produktmärkten.

Die Autoren sehen darin eine Bestätigung ihrer Hypothese, daß jemand, der ein Meinungsführer für ein Produkt ist, mit größerer Wahrscheinlichkeit auch Meinungsführer für andere Produkte ist. Freilich ist dieses Ergebnis, das recht deutlich von der früheren Auffassung, daß Meinungsführer Spezialisten seien, abweicht, nicht unbestritten geblieben (SUDMAN 1971; HUMMRICH 1976).

d) Anwendungsmöglichkeiten

Die praktische Bedeutung der Forschungsergebnisse zum *Kommunikationsfluß* sei an einigen Beispielen aufgezeigt: Bedenkt man, daß die werbliche Information zwar in aller Regel von den Massenmedien direkt zur Zielgruppe fließt, die Bewertung dieser Information aber oft von Meinungsführern zumindest mitbestimmt wird, so folgt daraus, daß die Aussage von ihren *Anreizen* her für die Zielgruppe repräsentativ ausgewählt, die *Bewertungsargumente* allerdings auf den Informationsstand und die Interessenlage der Meinungsführer zugeschnitten sein sollten (vgl. z.B. die zweiseitigen Anzeigen von Metabo, die 1980 geschaltet wurden). Denkbar wäre auch eine Verteilung der Argumentation im Längsschnitt: Zunächst wird das Interesse aller geweckt, dann werden, speziell für die Meinungsführer, Bewertungsargumente bereitgestellt. .

Es empfiehlt sich weiterhin, Merkmale von Meinungsführern bei bestimmten Produktgruppen zu ermitteln und sie durch die Medien anzusprechen, die von den Merkmalsträgern bevorzugt werden (man denke z.B. an Medien, die als Themenschwerpunkte Nahrung, Kindererziehung oder Mode haben).

Interessant ist auch der Gedanke, Meinungsführer zu *schaffen* (KROEBER-RIEL 1980): Man kann z.B. ein Fertighaus, ein Schwimmbecken, eine besondere Gartengestaltung dem Kunden verbilligt anbieten, wenn er sich bereit erklärt, andere Interessenten zu informieren.

Schließlich kann auch an die Nutzung des Abbaus kognitiver Dissonanz im Zusammenhang mit Meinungsführung gedacht werden: Wer sich nach langem Hin und Her endlich für ein langlebiges Produkt entschieden hat, wird geneigt sein, zum Abbau seiner kognitiven Dissonanz mit anderen darüber zu sprechen. Ihm sollte also nach dem Kauf (und nicht nur vor dem Kauf) gezielt Informationsmaterial zur Verfügung gestellt werden, das ihn in seiner Entscheidung bestärkt und ihm Argumente gibt, mit Freunden darüber zu sprechen und auch diese zu überzeugen (vgl. Abb. 49 auf S. 186).

Auch die Analyse des Prozesses bei *Haushaltsentscheidungen* ist von praktischer Bedeutung: So kann es z. b. empfehlenswert sein, zunächst nur *einen* Partner anzusprechen, wenn das Interesse an dem Produkt geweckt werden soll, während es ratsam ist, sich an *beide* Partner zu wenden, wenn es um das Abwägen der Argumente oder um die endgültige Kaufentscheidung geht. Das Studium der Ergebnisse des Entscheidungsprozesses sollte also in die Gestaltung der verbreitungspolitischen Aktivitäten eingehen.

ABSCHLUSS

Die Markt- und Werbepsychologie hat vorwiegend auf empirischer Basis Erkenntnisse gesammelt und systematisiert, die geeignet sind, das Verhalten derer, die *beeinflussen,* weit eher aber das Verhalten derer, die *beeinflußt werden,* zu beschreiben, zu erklären und zu prognostizieren. Daraus ergibt sich die Möglichkeit, fremdes Verhalten zu steuern. Markt- bzw. werbepsychologisches Wissen ist in diesem Sinne durchaus *Herrschaftswissen.* Die Legitimation zur Anwendung dieses Wissens mit dem Ziele der Beeinflussung ist – pointiert ausgedrückt – zweifach.

● *Geld* gibt (z. B. industriellen Anbietern, aber auch Parteien, Verbänden etc.) die Möglichkeit, sich Spezialisten innerhalb ihrer Organisation oder externe Berater zu leisten, die die Erkenntnisse in praktikable Strategien umsetzen. Das Geld ermöglicht es zudem, geplante Strategien zu realisieren. Ob die Mehrheit der Bevölkerung oder die von ihr legitimierten Vertreter mit diesen Maßnahmen einverstanden sind oder nicht, spielt dabei – sieht man von Extremfällen ab – keine Rolle.

● *Demokratische* Legitimation: Gewählte Vertreter, Regierungen oder von ihr beauftragte Instanzen können sich – ähnlich wie privatwirtschaftliche Organisationen – markt- und werbepsychologisches Wissen aufbereiten oder aufbereiten lassen, um damit ihre Beeinflussungsziele zu verfolgen.

Bei einer Beurteilung dieser Maßnahmen sollte man nicht nur danach fragen, welche *Legitimation* besteht; man sollte unabhängig davon auch fragen, welche *Ziele* angestrebt werden, *wofür* geworben wird. Neben den manifesten Zielen sollte man allerdings auch nach den *latenten Wirkungen* fragen. Es ist sehr wohl denkbar, daß für eine „gute Sache" mit Mitteln geworben wird, die negative Begleiteffekte haben. So kann z. B. das Ziel, das ökologische Bewußtsein schärfen, auf eine Weise erreicht werden, die intolerant, blind für andere Wertgesichtspunkte und aggressiv macht. Ähnlich sind Fälle denkbar, wo positiv zu bewertende Leitbilder in den Dienst höchst fragwürdiger Ziele gestellt werden.

Wer also werbe- und marktpsychologische Arbeiten übernimmt, sollte sich fragen, wer sein Auftraggeber ist, welche Ziele mit den Maßnahmen erreicht werden sollen und welche, vielleicht gar nicht intendierten Effekte durch die Maßnahmen herbeigeführt werden.

ABKÜRZUNGEN DER ZITIERTEN ZEITSCHRIFTEN

(nach Leistner, O.: Internationale Titelabkürzungen [ITA]. Osnabrück 1977.)

Am. Beh. Scien.	American Behavioral Scientist
ARF	Advertising Research Foundation
Ann. Rev. Psych.	Annual Review of Psychology
Arch. Psych.	Archiv für die gesamte Psychologie
Char. Pers.	Character and Personality
Cognit. Psych.	Cognitive Psychology
Educ. Psychol. Meas.	Educational and Psychological Measurement
Harv. Bus. R.	Harvard Business Review
Hum. Rel.	Human Relations
J. abn. soc. Psych.	Journal of Abnormal and Social Psychology
JAR	Journal of Advertising Research
J. Appl. Psych.	Journal of Applied Psychology
J. Bus.	Journal of Business
J. exp. Psychol.	Journal of Experimental Psychology
JM	Journal of Marketing
JMR	Journal of Marketing Research
J. Nerv. M. dis.	Journal of Nervous and Mental Disease
J. Pers.	Journal of Personality
J. Pers. Soc. Psych.	Journal of Personality and Social Psychology
J. Psych.	Journal of Psychology
J. Q.	Journalism Quarterly
Organ. Behav. Hum. Perf.	Organizational Behavior and Human Performance
Parl.	Das Parlament
Psych. Bull.	Psychological Bulletin
Psych. Monogr.	Psychological Monographs
Psych. R.	Psychological Review
Psych. Rd.	Psychologische Rundschau
POQ	Public Opinion Quarterly
StZ	Stimmen der Zeit
ZfHwHpr	Zeitschrift für Handelswissenschaften und Handelspraxis
WiSt	Wirtschaftswissenschaftliches Studium
Z. exp. angew. Psychol.	Zeitschrift für experimentelle und angewandte Psychologie
Z. Soz. Psych.	Zeitschrift für Sozialpsychologie

LITERATURVERZEICHNIS

absatzwirtschaft, 5, 1980, 30–43: „Was leisten die Methoden?"

Achenbaum, A. A.: Knowledge is a thing called measurement, in: Adler, L. & Crespi, J. (eds.), Attitude research at sea. Chicago 1966, 111–126.

AGVP (Arbeitsgruppe für Verbraucherforschung und Verbraucherpolitik an der Gesamthochschule Wuppertal): Verbrauchervereine als Form der Selbstorganisation von Verbrauchern in der Bundesrepublik Deutschland. Düsseldorf, Ministerium für Wirtschaft, Mittelstand und Verkehr des Landes Nordrhein-Westfalen 1979.

Ajzen, I., & Fishbein, M.: Attitude-behavior relations: A theoretical analysis and review of empirical research. Psych. Bull. 1977, 84, 888–918.

Albers, Gisela, Brandstätter, H. & Peltzer, U.: Zum Problem der Messung von Einstellungsänderungen durch Meßwiederholung, in: Problem und Entscheidung, 1975, 14, 9–16.

Albert, H.: Der Marktmechanismus im sozialen Kräftefeld. Zur soziologischen Problematik pretialer Steuerungssysteme, in: Kloten, N., Krelle, W., Müller, H. & Neumark, F. (Hrsg.), Systeme und Methoden in den Wirtschafts- und Sozialwissenschaften. E. von Beckerath zum 75. Geburtstag. Tübingen 1964, 83 bis 105.

Albert, H.: Marktsoziologie und Entscheidungslogik. Ökonomische Probleme in soziologischer Perspektive. Soziol. Texte, Bd. 36. Neuwied 1967.

Allport, G. W.: Attitudes, in: Murchison, C. M. (ed.), Handbook of social psychology. Worchester, Mass. 1935.

Anastasi, A.: Angewandte Psychologie. Weinheim 1973.

Anderson, J. C.: The validity of Haire's shopping list projective technique. JMR 1978, 15, 644–649.

Andrews, J. R. & Valenzi, E. R.: The relationship between price and blind-rated quality for margarines and butter. JMR 1970, 3, 393–395.

Arch, D. C., Bettman, J. R. & Kakker, P.: Subjects' information processing in information display board studies, in: Hunt, H. K. (ed.), Advances in consumer research, Bd. V. Chicago 1978.

Arndt, J.: Testing the "two-step-flow of communication" hypothesis, in: Arndt, J. (ed.), Insights into consumer behavior. Boston 1968.

Arndt, J.: Haire's shopping list revisited. JAR 1973, 13, 57–61.

Asch, S. E.: Forming impressions of personality. J. abn. soc. Psych. 1946, 41, 258–290.

Aschenbrenner, K. M.: Komplexes Wahlverhalten: Entscheidungen zwischen multiattributen Alternativen, in: Hartmann, K. D. & Koeppler, K.-F. (Hrsg.), Fortschritte der Marktpsychologie. Frankfurt a. M. 1977, 21–52.

Aschenbrenner, K. M.: Kaufentscheidung, in: Hoyos, C. Graf, Kroeber-Riel, W., Rosenstiel, L. v. & Strümpel, B. (Hrsg.), Grundbegriffe der Wirtschaftspsychologie. München 1980, 151–161.

Atkinson, R. C. & Shiffrin, R. M.: Human memory: A proposed system and its control processes, in: Spence, K. W. & Spence, J. T. (eds.), The psychology of learning and motivation: Advances in research and theory, Bd. II. N. Y. 1968.

Atteslander, P.: Methoden der empirischen Sozialforschung. Berlin 1971.

Auger, T. J., Wright, E. & Simpson, R. H.: Posters as smoking deterrents. J. Appl. Psych. 1972, 56, 169–171.

Axelrod, J. N.: Attitude measures that predict purchase. JAR 1968, 8, 3–18.

Bales, R. F.: Interaction process analysis: A method for the study of small groups. Cambridge 1950.

Bales, R. F.: Die Interaktionsanalyse: Ein Beobachtungsverfahren zur Untersuchung kleiner Gruppen, in: König, R. (Hrsg.), Praktische Sozialforschung 2: Beobachtung und Experiment in der Sozialforschung. Köln, Berlin 1962.

Bandura, A.: Principles of behavior modification. N. Y. 1969.

Bandura, A. & Walters, R. H.: Social learning and personality development. New York 1970.

Barg, C.-D.: Messung und Wirkung der psychischen Aktivierung durch die Werbung. Diss. Universität Saarbrücken 1977.

Beckwith, N. E. & Lehmann, D. R.: The importance of differential weights in multiple attribute models of consumer attitude. JMR 1973, 10, 141–145.

Beckwith, N. E. & Lehmann, D. R.: The importance of halo effects in multi-attribute models. JMR 1975, 12, 265–275.

Behrens, G.: Lernen – Grundlagen und Anwendungen auf das Konsumentenverhalten, in: Kroeber-Riel, W. (Hrsg.), Konsumentenverhalten und Marketing. Opladen 1973, 83–124.

Behrens, G.: Werbewirkungsanalyse. Opladen 1976.

Behrens, G.: Werbewirkungsforschung. WiST 1978, 8, 345–351.

Behrens, G. & Hartmann, K.: Werbepsychologie. München 1977.

Behrens, G., Schneider, R. u. Weinberg, P.: Messung der Qualität von Produkten – eine empirische Studie, in: E. Topritzhofer (Hrsg.), Marketing. Neue Ergebnisse aus Forschung und Praxis. Wiesbaden 1978.

Behrens, K. Chr. (Hrsg.): Handbuch der Werbung. Wiesbaden 1975.

Beier, U.: Vergleichende Warentests: Aufgaben, Ergebnisse, Möglichkeiten. Arbeitsbericht Nr. 0611/04-76. Universität Hamburg 1976.

Bender, M.: Die Messung des Werbeerfolges in der Werbeträgerforschung. Würzburg 1976.

Benninghaus, H.: Ergebnisse und Perspektiven der Einstellungs-Verhaltens-Forschung. Meisenheim 1976.

Berekoven, L., Eckert, W. & Ellenrieder, P.: Marktforschung. Methodische Grundlagen und praktische Anwendung. Wiesbaden 1977.

Bergler, R.: Psychologie des Marken- und Firmenbildes. Göttingen 1963.

Bergler, R.: Psychologie stereotyper Systeme. Bern, Stuttgart 1966.

Bergler, R.: Konsumententypologie, in: Bergler, R. (Hrsg.): Marktpsychologie. Bern, Stuttgart 1972 a, 11–142.

Bergler, R. (Hrsg.): Marktpsychologie. Bern, Stuttgart 1972b.

Bergler, R. (Hrsg.): Das Eindrucksdifferential. Theorie und Technik. Bern, Stuttgart 1975.

Bergler, R.: Einstellung und Verhalten als theoretisches Problem, in: Hartmann, K. D. & Koeppler, K. (Hrsg.); Fortschritte der Marktpsychologie. Frankfurt a. M. 1977, 53–67.

Bergler, R.: Konsumententypologien, in: Hoyos, C. Graf, Kroeber-Riel, W., Rosenstiel, L. v. & Strümpel, B. (Hrsg.), Grundbegriffe der Wirtschaftspsychologie. München 1980, 247–258.

Berndt, H.: Die Auswirkung von Preisveränderungen auf das Konsumentenverhalten – Eine ökonomisch-psychologische Analyse. Unveröff. Diplomarbeit, Universität München 1979.

Bernhard, U.: Die Bedeutung und Verwendung der Blickregistrierung für den Pretest, in: Hartmann, K. D. & Koeppler, K. (Hrsg.), Fortschritte der Marktpsychologie. Frankfurt a. M. 1977, 169–186.

Bernhard, U.: Blickverhalten und Gedächtnisleistung beim visuellen Werbekontakt unter besonderer Berücksichtigung von Plazierungseinflüssen. Diss. Univ. Saarbrücken 1978.

Berth, R.: Marktforschung zwischen Zahl und Psyche. Stuttgart 1959.

Bettman, J. R. & Zins, M. A.: Constructive processes in consumer choice. Journal of Consumer Research 1977, 4, 75–85.

Bidlingmaier, J.: Marketing I. Reinbek b. Hamburg 1973.

Biervert, B.: Erweiterte Marketingkonzepte, in: Hoyos, C. Graf, Kroeber-Riel, W., Rosenstiel, L. v. & Strümpel, B. (Hrsg.), Grundbegriffe der Wirtschaftspsychologie. München 1980, 270–282.

Biervert, B., Fechtner, H., Fischer-Winkelmann, W. F., Monse, K., Rock, R. & Siedt, H. G.: Verbrauchervereine als Form der Selbstorganisation von Verbrauchern in der Bundesrepublik Deutschland. Untersuchung der Arbeitsgruppe für Verbraucherforschung und Verbraucherpolitik – AGVP – an der Gesamthochschule Wuppertal im Auftrag des Ministers für Wirtschaft, Mittelstand und Verkehr des Landes Nordrhein-Westfalen. Düsseldorf 1979.

Biervert, B., Fischer-Winkelmann, W. & Rock, R.: Grundlagen der Verbraucherpolitik. Reinbek b. Hamburg 1977.

Biervert, B., Fischer-Winkelmann, W. & Rock, R. (Hrsg.): Verbraucherpolitik in der Marktwirtschaft. Reinbek b. Hamburg 1978.

Birbaumer, N.: Physiologische Psychologie – eine Einführung an ausgewählten Themen. Berlin, Heidelberg, N. Y. 1975.

Bogardus, E. S.: Immigration and race attitudes. Boston 1928.

Bogardus, E. S.: Measuring social distance, in: Fishbein, M. (ed.), Readings in attitude theory and measurement. N. Y. 1967.

Bongard, W.: Nationalökonomie, wohin? Realtypen des wirtschaftlichen Verhaltens. Köln, Opladen 1965.

Bostian, K. R.: The two-step-flow theory: cross and cultural implications. J. Q. 1970, 47, 109–117.

Brand, H. W.: Die Legende von den geheimen Verführern. Kritische Analyse zur unterschwelligen Wahrnehmung und Beeinflussung. Weinheim, Basel 1978.

Brandstätter, H.: Die Beurteilung von Mitarbeitern, in: Mayer, A. & Herwig, B. (Hrsg.), Handbuch der Psychologie, Bd. 9: Betriebspsychologie. Göttingen 1970a, 668–734.

Brandstätter, H.: Leistungsprognose und Erfolgskontrolle. Eine Methodenstudie. Bern, Stuttgart 1970b.

Brandstätter, H., Franke, H. & Rosenstiel, L. v.: Zur persönlichkeitsspezifischen Vorhersagbarkeit von Leistungsdaten. Z. exp. angew. Psychol. 1966, 13, 183–198.

Bredenkamp, J. & Wippich, W.: Lern- und Gedächtnispsychologie. 2 Bde. Stuttgart 1977.

Brehm, J. W.: Postdecision changes in the desirability of alternatives. J. abn. soc. Psych. 1965, 52, 384–389.

Bruner, J. S.: Personality dynamics and the process of perceiving, in: Blake, R. R. & Ramsey, G. V. (eds.), Perception – an approach to personality. N.Y. 1951.

Bruner, J. S. & Goodman, C. C.: Value and need as organizing factors in perception. J. abn. soc. Psych. 1947, 42, 33–44.

Bruner, J. S. & Postman, L.: An approach to social perception, in: Dennis, W. (ed.), Current trends in social psychology. Univ. Pittsburgh Press 1951.

Bruner, J. S. & Postman, L.: Emotional selectivity in perception and reaction. J. Pers. 16, 1957, 69–77.

Byrne, D.: The effect of a subliminal food stimulus on verbal responses. J. Appl. Psych. 1959, 43, 249–251.

Byrne, D.: Attitudes and attraction, in: Berkowitz, L. (ed.), Advances in experimental social psychology. Vol. IV. N.Y., London 1969.

Caffyn, J. M.: Psychological laboratory technique in copy research. JAR 1964, 4, 4.

Cautela, J. R.: Covert processes and behavioral modification. J. Nerv. M. dis. 1973, 157. 27–36.

Cohen, J. B., Fishbein, M. & Ahtola, O. T.: The nature and uses of expectancy-value models in consumer attitude research. JMR 1972, 9, 456–460.

Cohen, R.: Die Psychodynamik der Testsituation. Diagnostica 1962, 8, 3–12.

Coleman, J. S., Katz, E. & Menzel, H.: The diffusion of an innovation among physicians. Sociometry 1957, 20, 253–270.

Cook, T. D. & Campbell, D. T.: The design and conduct of quasi-experiments and true experiments in field settings, in: Dunnette, M. D. (ed.), Handbook of industrial and organizational psychology. Chicago 1976, 223–326.

Cooper, J. B. & Pollock, D.: The identification of prejudicial attitudes by the galvanic skin response, in: Fishbein, M. (ed.), Readings in attitude theory and measurement. New York 1967.

Cronbach, L. J.: Response sets and test validity. Educ. Psychol. Meas. 1946, 6, 475–494.

Cronbach, L. J.: Further evidence on response sets and test design. Educ. Psychol. Meas. 1950, 10, 3–31.

Dahlhoff, H.-D.: Kaufentscheidungsprozesse von Familien – Empirische Untersuchung zur Beteiligung von Mann und Frau an der Kaufentscheidung. Frankfurt a. M. 1980.

Davis, H. L. & Rigaux, B. P.: Perception of marital roles in decision processes. Journal of Consumer Research 1974, 1, 51 ff.

Day, G. S.: Buyer attitude and brand choice behavior. N. Y. 1970.

Dedler, K.: Arbeitspapier 3: Funktionen und Strategien der Verbraucherinformation: Zur Auswahl der Untersuchungsobjekte. Universität Hohenheim, Stuttgart 1980.

Dedler, K., Gottschalk, Ingrid, Grunert, K. G., Heiderich, Margot & Scherhorn, G.: Informationseffizienz und Möglichkeiten ihrer Verbesserung auf dem Automobilmarkt, in: Fleischmann, G. (Hrsg.): Der kritische Verbraucher. Frankfurt, N. Y. 1981, 61–89.

Dichter, E.: Strategie im Reich der Wünsche. Düsseldorf 1961.

Dichter, E.: Handbuch der Kaufmotive. Der Sellingappeal von Waren, Werkstoffen und Dienstleistungen. Wien, Düsseldorf 1964.

Dichtl, E.; Müller-Heumann, G.: Konsumententypologische und produktorientierte Marktsegmentierung, in: GfK Nürnberg (Hrsg.): Jahrbuch der Absatz- und Verbrauchsforschung. 1972. 249–265.

Diller, H.: Theoretische und empirische Grundlagen zur Erfassung der Irreführung über die Preismessung. WiSt 1978, 6, 249–255.

Donelly, J. H. & Ivancevich, J. M.: Post-purchase reinforcement and back-out behavior. JMR 1970, 7, 399–400.

Dreitzel, H. R. (ed.): Childhood and socialization. N. Y. 1973.

Ebbinghaus, H.: Über das Gedächtnis. Leipzig 1885.

Edwards, A. L.: The relationship between the judged desirability of a trait and the probability that the trait will be endorsed. J. Appl. Psych. 1953, 37, 90–93.

Edwards, A. L.: The social desirability variable in personality assessment and research. N. Y. 1957a.

Edwards, A. L.: Techniques of attitude scale construction. New York 1957b.

Edwards, A. L. & Kilpatrick, F. P.: A technique for the construction of attitude scales. J. Appl. Psych. 1948, 32, 374–384.

Edwards, W.: Behavioral decision theory, in: Ann. Rev. Psych. Vol. 12, Palo Alto. Calif. Ann. Rev. 1961, 473–498.

Ehrenfels, Ch. von: Über Gestaltqualitäten. Vierteljahresschrift f. wissenschaftliche Philosophie 1890, 14.

Ehrlich, D., Guttman, J., Schönbach, P. & Mills, J.: Die Verarbeitung relevanter Informationen nach einer Entscheidung, in: Thomae, H. (Hrsg.), Die Motivation menschlichen Handelns. Köln 1971, 405–412.

Eibl-Eibesfeld, I. von: Der vorprogrammierte Mensch. Wien 1973.

Eimer, E.: Varianzanalyse. Stuttgart 1978.

Elhardt, S.: Tiefenpsychologie – Eine Einführung. Stuttgart 1971.

Engel, J. F., Kollat, D. T. & Blackwell, R. D.: Consumer behavior. N. Y. 1968.

Erhardt, K. J.: Neuropsychologie „motivierten" Verhaltens – Antriebe und kognitive Funktionen der Verhaltenssteuerung. Stuttgart 1975.

Erikson, E.: Kindheit und Gesellschaft. Stuttgart 1965.

Evans, F. B.: Selling as a dyadic relationship – a new approach. Am. Beh. Scien. 1963, 9, 76–79.

Ewald, G.: Markt als Umwelt, in: Hoyos, C. Graf, Kroeber-Riel, W., Rosenstiel, L. v. & Strümpel, B. (Hrsg.), Grundbegriffe der Wirtschaftspsychologie. München 1980, 460–467.

Fahrenberg, J., Walschburger, P., Foerster, F., Myrtek, M. & Müller, W.: Psychophysiologische Aktivierungsforschung. München 1979.

Fechner, G. Th.: Elemente der Psychophysik. Leipzig 1860.

Feger, H. & Faltin, G.: Die Einstellungsstruktur von Gruppen. Anmerkungen zur Arbeit von Hartmann und Wakenhut. Z. Soz. Psych. 1975, 6, 160–163.

Feller, F. M.: Psychodynamik der Reklame. Bern 1932.

Festinger, L.: A theory of cognitive dissonance. Stanford 1957. Deutsche Übersetzung: Irle, M. & Möntmann, V. (Hrsg.), Theorie der kognitiven Dissonanz. Bern 1978.

Festinger, L.: Behavioral support for opinion change. POQ 1964, 28, 404–417.

Fieguth, Gerlind: Die Entwicklung eines kategoriellen Beobachtungsschemas, in: Mees, U. & Selg, H. (Hrsg.), Verhaltensbeobachtung und Verhaltensmodifikation. Stuttgart 1977.

Fischer, A. & Kohr, H.-U.: Politisches Verhalten und empirische Sozialforschung – Leistung und Grenzen von Befragungsinstrumenten. München 1980.

Fishbein, M.: The investigation of the relationship between beliefs about an object and the attitude toward that object. Hum . Rel. 1963, 16, 233–239.

Fishbein, M. (ed.): Readings in attitude theory and Measurement. N. Y. 1967.

Flanders, J. P.: A review of research on imitative behaviour. Psych. Bull. 1968, 69, 316–337.

Fleischmann, G. (Hrsg.): Der kritische Verbraucher. Frankfurt, N. Y. 1981.

Flesch, R. A.: A new readability yardstideck. J. Appl. Psych. 1948, 32, 221–223.

Flesch, R. A.: The art of readable writing. N. Y. 1949.

Florin, Irmela & Rosenstiel, L. von: Leistungsstörung und Prüfungsangst. München 1976.

Foley, J. P. (jr.): The use of free association technique in the investigation of the stimulus value of trade names. J. Appl. Psych. 1944, 28, 431–435.

Foppa, K.: Lernen, Gedächtnis, Verhalten. Köln, Berlin 1970.

Franke, H.: Unterschwellige Wahrnehmung – eine kritische Analyse. Diss. München 1967.

Fredrikson, M., Hugdahl, K. & Öhmann, A.: Electrodermal conditioning to potentially phobic stimuli in male and female subjects. Biological Psychology 1976, 4, 305–314.

Freud, S.: Formulierungen über zwei Prinzipien des psychischen Geschehens 1911, Ges. Werke, Bd. 8, 1909–1913, Repr. Frankfurt a. M. 1964, 230–238.

Friedrichs, J.: Methoden empirischer Sozialforschung. Reinbek b. Hamburg 1973.

Friedrichs, J. & Lüdtke, H.: Teilnehmende Beobachtung. Weinheim 1971.

Fromm, E.: Haben und Sein. Stuttgart 1976.

Früh, W.: Lesen, Verstehen, Urteilen. Untersuchungen über den Zusammenhang von Textgestaltung und Textverarbeitung. Freiburg/München 1980.

Gaarder, K. R.: Eye movements, vision and behavior. Washington 1975.

Gabor, A. & Granger, C.: The pricing of new products. Scientific Business 1965, 3, 141–150.

Gabor, A. & Granger, C.: Price as an indicator of quality; report on an inquiry. Economia 1966, 46, 43–70.

Gärtner-Harnach, V.: Angst und Leistung. Weinheim 1972.

Gardner, B. & Levy, S.: The product and the brand. Harv. Bus. R. 1955, 33, 33–40.

Gardner, D. M.: Is there a generalized price quality relationship? JMR 1971, 8, 241–243.

Geiser, G. & Reining, H.-J.: Der ratlose Reisende vor dem Fahrkartenautomaten, in: forschung – Mitteilungen der DFG 1980, 4, 26–28.

Gerdts, U. u. a.: Problemorientiertes Entscheidungsverhalten bei Entscheidungssituationen mit mehrfacher Zielsetzung, in: Ueckert, H. & Rhenius, D. (Hrsg.): Komplexe menschliche Informationsverarbeitung. Bern 1979, 425–433.

GfK (Gesellschaft für Konsum-, Markt- und Absatzforschung) (Hrsg.): Der Spielwarenmarkt in der BRD. Daten, Analysen, Trends. Nürnberg 1977.

Glaser, W. R.: Varianzanalyse. Stuttgart 1978.

Gonten, M. van: A behavioral measurement of TV commercial effectiveness. Proc. 17th Annual Conference. ARF 1971, 43–45.

Graefe, O.: Analyse des inneren Aufbaus einer im peripheren Gesichtsfeld wahrgenommenen Figur. Z. exp. angew. Psychol. 1957, 4, 105–138.

Graumann, C. F.: "Social perception". Die Motivation der Wahrnehmung in neueren amerikanischen Untersuchungen. Z. exp. angew. Psychol. 1956, 3. 605 bis 661.

Graumann, C. F.: Aktualgenese. Z. exp. angew. Psychol. 1959, 6, 410–448.

Graumann, C. F.: Eigenschaften als Problem der Persönlichkeitsforschung, in: Lersch, Ph. & Thomae, H. (Hrsg.). Handbuch der Psychologie, Bd. IV: Persönlichkeitsforschung und Persönlichkeitstheorie. Göttingen 1960, 87–154.

Graumann, C. F.: Methoden der Motivationsforschung, in: Thomae, H. (Hrsg.), Handbuch der Psychologie, Bd. II: Allgemeine Psychologie II. Motivation. Göttingen 1965, 123–202.

Graumann, C. F.: Nicht-sinnliche Bedingungen des Wahrnehmens, in: Metzger, W. (Hrsg.), Handbuch der Psychologie, Bd. 1: Allgemeine Psychologie. Der Aufbau des Erkennens. 1. Halbb. Wahrnehmung und Bewußtsein. Göttingen 1966a, 1031–1096.

Graumann, C. F.: Bewußtsein und Bewußtheit – Probleme der psychologischen Bewußtseinsforschung, in: Metzger, W. (Hrsg.), Handbuch der Psychologie,

Bd. 1: Allgemeine Psychologie. Der Aufbau des Erkennens. 1. Halbband: Wahrnehmung und Bewußtsein. Göttingen 1966b, 79–127.

Graumann, C. F.: Einführung in die Psychologie, Bd. 1: Motivation. Bern, Stuttgart 1969.

Graumann, C. F.: Handbuch der Psychologie, Bd. VII: Sozialpsychologie, 2. Halbband. Göttingen 1972, 1109–1262.

Greenberg, B. S.: Person-to-person communication in the diffusion of new events. J. Q. 1964, 41, 489–494.

Grunert, K. G. & Stupening, E.: Werbung – ihre gesellschaftliche und ökonomische Problematik. Frankfurt a. M., New York 1981.

Günther, U. & Groeben, N.: Abstraktheitssuffix-Verfahren: Vorschlag einer objektiven ökonomischen Messung der Abstrakheit/Konkretheit von Texten, in: Z. exp. angew. Psychol. 1978, 1, 55–74.

Gut, A.: Produktqualität in objektiven Analysen und in visueller, olfaktorischer und gustatorischer Wahrnehmung. Eine empirische Untersuchung im Pilsbier-Markt. Unveröff. Diplomarbeit, Universität München 1982.

Gutenberg, E.: Grundlagen der Betriebswirtschaftslehre, 2. Bd.: Absatz. Berlin 1970.

Gutjahr, G.: Markt- und Werbepsychologie, Teil I: Verbraucher und Produkt. Heidelberg 1972.

Gutjahr, G.: Markt- und Werbepsychologie, Teil II: Verbraucher und Werbung. Heidelberg 1974.

Guttman, L.: The basis for scalogramm analysis, in: Stouffer, S. A. (ed.), Measurement and prediction. Princeton 1950.

Hahnemann, P.: Marktlücken, in: Marketing Enzyklopädie Band 2. München 1974.

Haire, M.: Projektive techniques in marketing research. JM 1950, 14, 649–656.

Hammond, K. R.: Measuring attitudes by error-choice: an indirect method. J. abn. soc. Psych. 1948, 43, 38–48.

Hanrieder, M.: Testmarketing. Marketing Enzyklopädie, Bd. 3. München 1975, 331–339.

Hartmann, H.: Psychologische Diagnostik. Stuttgart 1973.

Hartmann, H. & Wakenhut, R.: Strukturanalysen in der Attitudenforschung. Theorie und Methode. Z. Soz. Psych. 1975, 6, 164–171.

Hartmann, K. D. & Koeppler, K. (Hrsg.): Fortschritte der Marktpsychologie, Bd. 1. Frankfurt a. M. 1977.

Hartmann, K. D. & Koeppler, K. (Hrsg.): Fortschritte der Marktpsychologie, Bd. 2. Frankfurt a. M. 1980.

Haseloff, O. W. & Hoffmann, H. J.: Kleines Lehrbuch der Statistik. Berlin 1968.

Hawkins, D.: The effects of subliminal stimulation on drive level and brand preference. JMR 1970, 7, 322–326.

Heckhausen, H.: Trainingskurse zur Erhöhung der Leistungsmotivation und der unternehmerischen Aktivität in einem Entwicklungsland: Eine nachträgliche Analyse des erzielten Motivwandels. Zeitschrift für Entwicklungspsychologie und Pädagogische Psychiatrie 1971, 3, 253–268.

Heckhausen, H.: Die Interaktion der Sozialisationsvariablen in der Genese des Leistungsmotivs, in: Graumann, C. F. (Hrsg.) Handbuch der Psychologie Bd. 7, 2. Halbband. Göttingen 1972, 955–1019.

Heckhausen, H.: Motivation und Handeln. Berlin 1980.

Heiss, R.: Allgemeine Tiefenpsychologie. Bern, Stuttgart 1956.

Hera, Annette: Die Identifikationsgeschwindigkeit für plakative Werbedarbietungen mit emotionalen Blickfängen. Diss. Universität Saarbrücken 1978.

Hera, Annette: Non-verbale Methoden zur Messung der realistischen Aufmerksamkeitswirkung von Anzeigen. Interview und Analyse 1979, 6, 357–360.

Herber, H.-J.: Motivationspsychologie. Stuttgart 1976.

Herkner, W.: Einführung in die Sozialpsychologie. Bern 1981.

Herrmann, Th.: Psychologie als Problem. Stuttgart 1979.

Hermanns, A.: Sozialisation durch Werbung. Düsseldorf 1972.

Hilgard, E. R. & Bower, G. H.: Theorien des Lernens, Teil I. Stuttgart 1970.

Hilgard, E. R. & Bower, G. H.: Theorien des Lernens, Teil II. Stuttgart 1971.

Hill, C. R.: Another look at two instant coffee studies. JAR 1960, 1, 18–21.

Hill, C. R.: Haire's classic instant coffee study – 18 years later. J. Q. 1968, 45, 466–472.

Hoepfner, F. G.: Beeinflussung des Verbraucherverhaltens. Psychologische Grundlagen des Marketing. München 1975.

Hoepfner, F. G., Knorring, E. & Rosenstiel, L. von: Die Bestimmungsfaktoren des privaten Konsum- und Sparverhaltens aus makroökonomischer und psychologischer Sicht. Zeitschrift für Wirtschafts- und Sozialwissenschaften 1972, 92, 271–288.

Hörmann, H.: Theoretische Grundlagen der projektiven Tests, in: Heiss, R. (Hrsg.), Handbuch der Psychologie, Bd. VI: Psychologische Diagnostik. Göttingen 1964, 71–112.

Hörmann, H. & Moog, W.: Der Rosenzweig P-F-Test. Göttingen 1957.

Hoffmann, H.-J.: Werbepsychologie. Berlin 1972.

Hoffmann, H.-J.: Psychologie und Massenkommunikation. Planung, Durchführung und Analyse öffentlicher Beeinflussung. Berlin 1976.

Hofstätter, P. R.: Das Denken in Stereotypen. Göttingen 1960.

Hofstätter, P. R.: Einführung in die Sozialpsychologie. Stuttgart 1963.

Hofstätter, P. R.: Gruppendynamik. Reinbek b. Hamburg 1971.

Hofstätter, P. R.: Sozialpsychologie. Berlin, New York 1973.

Hofstätter, P. R.: Psychologie. Frankfurt a. M. 1981.

Hofstätter, P. R. & Lübbert, H.: Bericht über eine neue Methode der Eindrucksanalyse in der Marktforschung. Psychologie und Praxis 1958, 2, 71–77.

Holm, K. (Hrsg.): Die Befragung. Bd. I, München 1975. Bd. II, München 1975. Bd. III, München 1976. Bd. VI, München 1979.

Holzkamp, K.: Theorie und Experiment in der Psychologie. Eine grundlagenkritische Untersuchung. Berlin 1964.

Holzkamp, K.: Begutachtung als Kommunikation, in: Holzkamp, K. et al. (Hrsg.), Psychologische Diagnostik. Göttingen 1966, 19–40.

Holzkamp, K.: Wissenschaftstheoretische Voraussetzungen kritisch-emanzipatorischer Psychologie. Z. Soz. Psych. 1970, 1, 1–2 Teil I, 109–141 Teil II.

Holzschuher, L. v.: Psychologische Grundlagen der Werbung. Essen 1956.

Homans, G. H.: The human group. N. Y. 1950.

Horn, W.: Leistungsprüfsystem (L-P-S). Göttingen 1962.

Hovland, C. I., Janis, I. L. & Kelley, H. H.: Communication and persuasion. New Haven, London 1953.

Hovland, C. I. & Janis, I. L. (eds.): Personality and persuasibility. New Haven, London 1959.

Hovland, C. I., Lumbsdaine, A. A. & Sheffield, F. D.: Experiments on mass communication. Princeton 1949.

Howard, J. A. & Ostlund, L. E. (eds.): Buyer behavior: theoretical and empirical foundations. N. Y. 1973.

Howard, J. A. & Sheth, J. N.: A theory of buyer behavior, in: Kassarjian, H. H. & Robertson, T. S. (eds.), Perspectives in consumer behavior. Glenview, Ill. 1968, 467–487.

Howard, J. A. & Sheth, J. N.: The theory of buyer behavior. N. Y. 1969.

Hoyos, C. Graf: Arbeitspsychologie. Stuttgart 1974.

Hoyos, C. Graf, Kroeber-Riel, W., Rosenstiel, L. v. & Strümpel, B. (Hrsg.): Grundbegriffe der Wirtschaftspsychologie. München 1980.

Hüttner, M.: Grundzüge der Marktforschung. Wiesbaden 1977.

Hugdahl, C. K. & Öhman, A.: Effects of instruction on organization and extinction in electrodermal conditioning to fear-relevant stimuli. J. exp. Psychol. 1977, 3, 602–618.

Hummrich, U.: Interpersonelle Kommunikation im Konsumgütermarketing. Wiesbaden 1976.

Hundhausen, C.: Wirtschaftswerbung. Essen 1963.

Huppert, E.: Das Marktexperiment als Entscheidungshilfe, in: Der Marktforscher 1974, 6, 125–130.

Interview und Analyse 1980, 12, 510–511 (Interview des Monats, mit Prof. Dr. W. Kroeber-Riel).

Irle, M.: Lehrbuch der Sozialpsychologie. Göttingen 1975.

Jacobi, H.: Werbepsychologie. Ganzheits- und gestaltpsychologische Grundlagen der Werbung. Wiesbaden 1963.

Jacoby, J.: Consumer psychology: an octennium. Ann. Rev. Psych. 1976a, 331–358.

Jacoby, J.: Perspectives on a consumer information processing research programm, in: Ray, M. L. & Ward, S. (eds.), Communicating with consumers. The information processing approach. Beverly Hills, London 1976b.

Jacoby, J. et al.: Pre-purchase information acquisition: Description of a process methodology, research paradigm and pilot investigation, in: Anderson, B. B. (ed.): Advances in consumer research, vol. 3. Chicago 1976c.

Jacoby, J.: Information load and decision quality: Some contested issues. JMR 1977, 14, 569–573.

Jacoby, J., Olson, J. C. & Haddock, R. A.: Price, brand name and product composition characteristics as determinants of perceived quality. J. Appl. Psych. 1971, 55, 570–579.

Jacoby, J., Speller, D. E. & Kohn-Berning, C.: Brand choice behavior as a function of information load: Replication and extension. Journal of Consumer Research 1974, 1, 33–42.

Jacoby, J., Szybillo, G. J. & Busato-Schach, J.: Information acquisition behavior in brand choice situations, in: Journal of Consumer Research 1977, 3, 209–216.

Jacoby, J., Chestnut, R. W. & Fisher, W. A.: A behavioral approach to information acquisition in nondurable purchasing. JMR 1978, 15, 532–544.

Jahnke, J.: Interpersonale Wahrnehmung. Stuttgart 1975.

Janis, I. L.: Personality correlates to susceptibility to persuasion. J. Pers. 1954, 22, 504–518.

Janis, I. L. & Feshbach, S.: Effects of fear arousing communication. J. abn. soc. Psych. 1953, 48, 78–92.

Janis, I. L. & Field P. B.: Sex differences and personality factors related to persuasibility, in: Hovland, C. I. & Janis, I. L. (eds.), Personality and persuasibility. New Haven, London 1959.

Jaspert, F.: Methoden zur Erforschung der Werbewirkung. Suttgart 1963.

Johannsen, U.: Das Marken- und Firmen-Image. Theorie, Methodik, Praxis. Berlin 1971.

Johnson, E. J. & Russo, J. E.: The organisation of product information in memory identified by recall times, in: Hunt, H. K. (ed.), Advances in consumer research, Vol. 5. Ann Arbor 1978.

Just, M. A. & Carpenter, P. A.: Eye fixations and cognitive processes. Cognit. Psych. 8, 1976, 441–480.

Kaas, K. P.: Empirische Preisabsatzfunktionen bei Konsumgütern. Berlin, Heidelberg, N.Y. 1977.

Kaminski, G.: Das Bild vom Anderen. Berlin 1959.

Kanfer, F. H.: Verbal conditioning: A review of its current states, in: Dixon, T. R. & Horton, D. L. (eds.), Verbal behavior and general behavior theory. Englewood Cliffs 1968.

Katona, G.: Rational behavior and economic behavior. Psych. R. 1953, 60, 307–318.

Katona, G.: Das Verhalten der Verbraucher und Unternehmer. Tübingen 1960.

Katona, G. & Mueller, E.: A study of purchase decisions, in: Clark, L. H. (ed.), Consumer behavior: The dynamics of consumer reaction. N.Y. 1955, 30–87.

Katona, G. & Mueller, E.: Consumer response to income increases. Washington 1968.

Katona, G., Strümpel, B. & Zahn, E.: Aspirations and affluence: Comparative studies in the United States and Western Europe. N.Y. 1971. Deutsche Fassung: Zwei Wege zur Prosperität. Wien, Düsseldorf 1971.

Kathrein, H.: Messung von Produktimages mit dem Semantischen Differential und der Multidimensionalen Skalierung. Eine empirische Untersuchung im Absatzmarkt Pilsbier. Unveröff. Diplomarbeit, Universität München 1982.

Katz, D.: The functional approach to the study of attitudes. POQ 1960, 24, 163–191.

Katz, E. & Lazarsfeld, P. F.: Personal influence. The part played by people in the flow of mass communication. Glencoe 1955; dtsch.: München 1962.

Keitz, W. von & Hemberle, G.: Forderungen an Verbraucherfunktionäre, in: Arbeitnehmer. Zeitschrift der Arbeitskammer des Saarlandes 1978.

Kelley, H. H.: The warm-cold variable in first impressions of persons. J. Pers. 1950, 18, 431–439.

Kelman, H. C.: Processes of opinion change. POQ 1961, 25, 57–78.

Keynes, J. M.: The general theory of employment, interest and money. N. Y. 1936; dtsch.: Berlin 1936, 1952, 1955, 1966, 1974.

King, C. W. & Summers, J. O.: Overlap of opinion leadership across consumer product categories. JMR 1970, 7, 43–50.

Kislat, G.: Ideologie als soziale Determinante der Verhaltensregulation. XXII. Internationaler Kongreß für Psychologie, Kurzfassungen. Leipzig 1980, 378.

Klages, L.: Die Grundlagen der Charakterkunde. Leipzig 1928.

Kleining, G.: Image, in: Bernsdorf, W. (Hrsg.), Wörterbuch der Soziologie. Stuttgart 1962.

Klenger, F. & Krautter, J.: Simulation des Käuferverhaltens. Teil I: Werbewirkungen und Käuferverhalten. Teil II: Analyse eines Kaufprozesses. Teil III: Computermodell des Käuferverhaltens. Wiesbaden 1972.

Kleppner, O.: Advertising procedure. Englewood Cliffs 1973.

Köhler, W.: Gestalt Psychology, N. Y. 1928.

König, R.: Die Beobachtung, in: König, R. (Hrsg.): Handbuch der empirischen Sozialforschung, Bd. 1. Stuttgart 1962, 107–135.

Koeppler, K.: Untersuchung der Subception-Hypothese unter der Bedingung des Vergleichs zweier simultan optisch dargebotener Figuren von gleicher Helligkeitsintensität. Z. exp. angew. Psychol. 1969, 16, 62–113.

Koeppler, K.: Unterschwellig wahrnehmen, unterschwellig lernen. Stuttgart 1972.

Koeppler, K.: Wahrnehmung absatzpolitischer Aktivitäten, in: Hoyos, Graf C. u. a., Handwörterbuch der Wirtschaft. München 1980, 336–344.

Koeppler, K. et al.: Werbewirkungen definiert und gemessen. Velbert 1974.

Koffka, K.: Beiträge zur Psychologie der Gestalt. Leipzig 1919.

Koffka, K.: Principles of Gestalt-Psychology. N. Y. 1935.

Kompa, A. & Rosenstiel, L. v.: Gesundheitsverhaltens, in: Hockel, M. & Feldhege, F. J. (Hrsg.): Handbuch der Angewandten Psychologie, Bd. 2: Behandlung und Gesundheit. Landsberg 1981, 1333–1360.

Koordinierungsstelle des Forschungsverbundes (Hrsg.), Anwendungsorientierte Verbraucherforschung – Der Förderungsschwerpunkt „Empirische Verbraucherforschung" des Bundesministers für Forschung und Technologie. Frankfurt a. M. 1980.

Koppe, F.: Testwirkungen und deren Analyse im Anbieter- und Konsumentenbe-

reich, in: Fleischmann, G. (Hrsg.): Der kritische Verbraucher. Frankfurt, N. Y.
1981.

Koppelmann, U.: Grundlagen des Produktmarketing. Stuttgart 1978.

Kotler, Ph.: Marketing für Nonprofit-Organisationen. Stuttgart 1978.

Krech, D., Crutchfield, R. S. & Ballachey, E. L.: Individual in society. N. Y., London 1962.

Kreikebaum, H. & Rinsche, G.: Das Prestigemotiv in Konsum und Investition. Berlin 1961.

Kreyszig, E.: Statistische Methoden und ihre Anwendungen. Göttingen 1973.

Kroeber-Riel, W.: Konsumentenverhalten und Marketing. Arbeitspapiere des Instituts für Konsum- und Verhaltensforschung an der Universität des Saarlandes. Opladen 1973a.

Kroeber-Riel, W.: Theoretische Konstruktionen und empirische Basis in mikroökonomischen Darstellungen des Konsumentenverhaltens, in: Kroeber-Riel, W. (Hrsg.), Konsumentenverhalten und Marketing. Opladen 1973b, 21–30.

Kroeber-Riel, W.: Werbung als beeinflussende Kommunikation, in: Kroeber-Riel, W. (Hrsg.), Konsumentenverhalten und Marketing. Opladen 1973c.

Kroeber-Riel, W.: Psychologie der Beeinflussung. Bund Deutscher Werbeberater 1973d, 75–104.

Kroeber-Riel, W.: Kritik und Neuformulierung der Verbraucherpolitik auf verhaltenswissenschaftlicher Grundlage. Die Betriebswirtschaft 1977a, 37, 89–103.

Kroeber-Riel, W.: Ziele der Verbraucherpolitik. Arbeitnehmer 1977b, 5, 221–229.

Kroeber-Riel, W.: Konsumentenverhalten. München 1980.

Kroeber-Riel, W., Hemberle, G. & Keitz, W. von: Product-Differentiation by Emotional Conditioning. Saarbrücken, Institut für Konsum- und Verhaltensforschung an der Universität des Saarlandes 1979.

Kroeber-Riel, W.: Wirkungen von Warentestinformationen im Anbieter- und Konsumentenbereich. Begleitreferat zum Bericht der Mannheimer Forschungsgruppe Konsumenteninformation, in: Fleischmann, G. (Hrsg.): Der kritische Verbraucher. Frankfurt N. Y. 1981, 43–52.

Kroeber-Riel, W., Hemberle, G., Keitz, W. von & Wimmer, R. M.: Produktdifferenzierung durch emotionale Konditionierung. Univ. d. Saarlandes 1978.

Kroeber-Riel, W. & Möcks, Ruth: Konsumentensozialisation, in: Hoyos, C. Graf, Kroeber-Riel, W., Rosenstiel, L. v. & Strümpel, B. (Hrsg.), Grundbegriffe der Wirtschaftspsychologie. München 1980, 576–582.

Krueger, F.: Das Wesen der Gefühle. Leipzig 1928.

Krug, S.: Förderung und Änderung des Leistungsmotivs: Theoretische Grundlagen und deren Anwendung, in: Schmalt, H. D. & Meyer, W.-U. (Hrsg.), Leistungsmotivation und Verhalten. Stuttgart 1976.

Krugman, H. E.: The impact of television advertising: Learning without involvement. POQ 1965, 29, 349–356.

Krugman, H. E.: The measurement of advertising involvement. POQ 1966/7, 30, 583.

Krugman, H. F.: Some applications of pupil measurement. JMR 1964, 1, 15–19.

Krugman, H. E.: Brainwave measures of media involvement. JAR 1971, 11, 3–9.

Kuhlmann, E.: Impulsives Kaufverhalten. Zur Theorie und Messung ungeplanten Konsumentenverhaltens. Arbeitspapiere des Instituts für Konsum- und Verhaltensforschung an der Universität des Saarlandes, Heft 26. Saarbrücken 1974.

Kuhn, Th. S.: Die Struktur wissenschaftlicher Revolutionen. Frankfurt a. M. 1967.

Lanc, O.: Psychophysiologische Methoden. Stuttgart 1977.

Langer, I., Schulz v. Thun, F. & Tausch, R.: Sich verständlich ausdrücken. München 1981.

Langer, M.: Die Vicary-Studie. Einstellungen von Studenten zu einem umstrittenen Forschungsergebnis. Unveröff. Diplomarbeit, Universität München 1981.

Lappe, H.: Die Verhaltensrelevanz von Einstellungen als methodologisches Problem, in: Hartmann, K. D. & Koeppler, K. (Hrsg.), Fortschritte der Marktpsychologie, Bd. 1. Frankfurt a. M. 1977, 71–84.

Lasswell, H. D.: Propaganda Technique in the World War. N. Y. 1927.

Lazarsfeld, P. F., Berelson, B. & Gaudet, A.: The people's choice. N. Y. 1948.

Lazarus, R. S. & McCleary, R. A.: Autonomic discrimination without awareness. A study of subception. Psych. R. 1951, 58, 113–122.

Leavitt, C., Waddell, C. & Wells, W.: Improving day-after recall techniques. JAR 1970, 10, 13.

Leavitt, H. J.: A note on some experimental findings about the meaning of price. J. Bus. 1954, 205–210.

Leibenstein, H.: Mitläufer-, Snob- u. Veblen-Effekte in der Theorie der Konsumentennachfrage, in: Streissler, E. & Streissler, M. (Hrsg.), Konsum und Nachfrage. Köln 1966, 231–255; engl. 1950.

Lersch, Ph.: Gesicht und Seele. München 1961.

Lersch, Ph.: Aufbau der Person. München 1964.

Leventhal, H. & Watts, J. C.: Sources of resistance to fear arousing communication on smoking and lung cancer. J. Pers. 1966, 34, 155–175.

Leventhal, H., Watts, J. C. & Pagano, F.: Effects for fear and instructions on how to cope with danger. J. Pers. Soc. Psych. 1967, 6, 313–321.

Lewin, K.: Principles of topological psychology. N. Y. 1936.

Lewin, K.: The conceptual representation and the measurement of psychological forces. Contr. psychol. theory 1938, 4.

Lewin, K.: Field theory in social science. N. Y. 1951.

Lewin, K.: Group decision and social change, in: Maccoby, E. E., Newcomb, T. M. & Hartley, E. L. (eds.), Readings in social psychology. N. Y. 1958, 197–211.

Lienert, G. A.: Testaufbau und Testanalyse. Weinheim 1967.

Likert, R. A.: A technique for the measurement of attitudes. Arch. Psychol. 1932, 140, 1–155.

Lilli, W.: Die Hypothesentheorie der sozialen Wahrnehmung, in: Frey, D. (Hrsg.), Kognitive Theorien der Sozialpsychologie. Bern, Stuttgart 1978, 19–46.

Lindsay, P. H. & Norman, D. A.: Einführung in die Psychologie. Informationsaufnahme und Verarbeitung beim Menschen. Berlin, Heidelberg, New York 1981.

Loftus, G. R.: A frame work for a theory of picture recognition, in: Monty, R. A. & Senders, J. W. (eds.), Eye movements and psychological processes. Hillsdale 1976.

Loftus, G. R. & Loftus, E. F.: Human memory. The processing of information. Hollsdale (N. J.) 1976.

Lorenz, K.: Das sogenannte Böse. Wien 1963.

Lowenfeld, J.: Negative effect as a causal factor in the occurrence of repression, subception and perceptual defense. J. Pers. 1961, 29, 54–63.

Lowenfeld, J.; Rubenfeld, S. & Guthrie, G.: Verbal inhibition in subception. J. of Genetic Psychology 1956, 54, 171–176.

Lucas, D. B. & Britt, St. H.: Messung der Werbewirkung. Essen 1966.

Lutz, R. J.: An experimental investigation of causal relations among cognitions, affect and behavioral intention. Journal of Consumer Research 1977, 3, 197–208.

Lykken, D. Th.: A tremor in blood. New York 1981.

Lysinski, E.: Zur Psychologie der Schaufensterreklame. Z. f. Hw. Hpr. 1919, 12, 6–19.

Makens, J. C.: Effect of brand preference upon consumers' perceived taste of turkey meat. J. Appl. Psych. 1965, 49, 261–263.

Maloney, J. C. (ed.): Attitude research plays for high stakes, proceedings of the 8th annual attitude research conference. Chicago 1979.

Mandl, H., Tergan, S. O. & Ballstaedt, S.-P.: Textverständlichkeit – Textverstehen. Forschungsbericht 12 des Deutschen Instituts für Fernstudien an der Universität Tübingen 1981.

Mason, R. S.: Conspicuous consumption. Westmead, Farnborough, Hampshire 1981.

Matthöfer, H. (Hrsg.): Verbraucherforschung. Frankfurt a. M. 1977.

Mayntz, Renate, Holm, K. & Hübner, P.: Einführung in die Methoden der empirischen Soziologie. Opladen 1978.

Mazanec, J.: Probabilistische Meßverfahren in der Marketingforschung – ein empirischer Anwendungsversuch zur Planung absatzpolitischer Strategien. Marketing 1979, 3, 174–186.

McClelland, D. C.: Die Leistungsgesellschaft – Psychologische Analyse der Voraussetzungen wirtschaftlicher Entwicklung. Stuttgart, Berlin 1966.

McClelland, D. C. & Atkinson, J. W.: The projective expression of needs. I. The effect of different intensities of hunger drive on perception. J. Psych. 1948, 25, 205–222.

McClelland, D. C., Atkinson, J. W., Clark, R. & Lowell, E. L.: The achievement motive. N. Y. 1953.

McClelland, D. C. & Liberman, A. M.: The effects of need for achievement on recognition of need-related words. J. Pers. 1949, 18, 236–251.

McClelland, D. C. & Winter, D. G.: Motivating economic achievement. N. Y. 1969.

McCorquodale, K. & Meehl, P. E.: On a distinction between hypothetical constructs and intervening variables. Psych. R. 1948, 55, 95–107.

McDougall, W.: Aufbaukräfte der Seele. Stuttgart 1947.

McGillis, D. B. & Brehm, J. W.: Compliance as a function of inducements that threaten freedom and freedom restoration – a field experiment. Unveröffentl. Manuskript, Duke University 1973.

McGregor, D.: The major determinants of the prediction of social events. J. of Abnormal Soc. Psychology 1938, 33, 179–204.

McGuire, W. J.: The nature of attitudes and attitude change, in: Lindzey, G. & Aronson, E. (eds.), The handbook of social psychology, Vol. III. Reading/London 1969, 136–314.

Mees, U.: Verhaltensbeobachtung in natürlicher Umgebung, in: Mees, U. & Selg, H. (Hrsg.), Verhaltensbeobachtung und Verhaltensmodifikation. Stuttgart 1977.

Meffert, M.: Konsumerismus, in: Marketing Enzyklopädie, Bd. 2. München 1974, 163–182.

Meffert, H. & Dahlhoff, H.-D.: Entscheidungen im privaten Haushalt, in: Hoyos, C. Graf, Kroeber-Riel, W., Rosenstiel, L. v. & Strümpel, B. (Hrsg.), Grundbegriffe der Wirtschaftspsychologie. München 1980, 216–227.

Meffert, H. & Freter, H.: Käuferverhalten, in: Marketing Enzyklopädie, Bd. 2. München 74, 15–31.

Meinefeld, W.: Einstellung und soziales Handeln. Reinbek 1977.

Menzel, H. & Katz, E.: Social relations and innovation in the medical profession: The epidemiology of a new drug. POQ 1955, 19, 337–352.

Merkens, H. & Seiler, H.: Interaktionsanalyse. Stuttgart 1978.

Merton, R. K.: Social theory and social structure. Glencoe 1949.

Merz, F. & Stelzl, Ingeborg: Einführung in die Erbpsychologie. Stuttgart 1977.

Metzger, W.: Gesetze des Sehens. Frankfurt a. M. 1953.

Metzger, W.: Psychologie. Darmstadt 1963.

Meyer, G.: Psychologische Aspekte der Geschäftswahl, in: Bergler, R. (Hrsg.), Psychologische Marktanalyse. Bern, Stuttgart 1965, 106–120.

Meyer, P. W.: Die machbare Wirtschaft. Essen 1973.

Meyer, P. W. & Hermanns, A.: Theorie der Wirtschaftswerbung. Stuttgart 1981.

Meyer, P. W. & Koller, B.: Die Rolle der Wirtschaftswerbung bei der Sozialisation, in: Ronneberger, F. (Hrsg.), Der Mensch als soziales und personales Wesen. Stuttgart 1971.

Michel, L.: Allgemeine Grundlagen psychometrischer Tests, in: Heiß, R.: Handbuch der Psychologie, Bd. 6: Psychologische Diagnostik. Göttingen 1964. 19–112.

Milgram, S., Mann, L. & Harter, S.: The lost letter technique: a tool of social research. POQ 1965, 29, 437–438.

Miller, G. A.: The magical number seven, plus or minus two: Some limits on our compacity for processing information. Psych. R. 1956, 63, 81–97.

Mindak, W. A.: Fitting the semantic differential to the marketing problem, in: McNeal, J. U. (ed.): Dimensions of consumer behavior. N. Y. 1969, 337–345.

Mittenecker, E.: Subjektive Tests zur Messung der Persönlichkeit, in: Heiss, R. (Hrsg.), Handbuch der Psychologie, Bd. 6: Psychologische Diagnostik. Göttingen 1964, 461–487.

Mittenecker, E.: Planung und statistische Auswertung von Experimenten. Wien 1974.

Modigliani, F. & Ando, A.: Tests of the life cycle hypothesis of savings. Bulletin of the Oxford Univ. Inst. of Statistics 1957, 19, 99–124.

Monroe, K. B.: Buyers subjective perceptions of price. JMR 1973, 10, 70 bis 80.

Monse, K. & Müller, S.: Die Wirksamkeit wiederholter Furchtappelle auf die Einstellung zum Rauchen und die Höhe des Zigarettenkonsums, in: Hartmann, K. D. & Koeppler, K. (Hrsg.), Fortschritte der Marktpsychologie. Frankfurt a. M. 1977, 237–258.

Monty, R. A. & Senders, J. W. (eds.): Eye movements and psychological processes. Hillsdale 1976.

Moreno, J. L.: Die Grundlagen der Soziometrie. Köln 1967.

Moser, H.: Zur Gliederung des Nutzens bei Vershofen. Jahrbuch der Absatz- und Verbrauchsforschung 1963, 9, 214–235.

Müller, G.: Das Image des Markenartikels. Opladen 1971.

Münsterberg, H.: Psychologie und Wirtschaftsleben – Ein Beitrag zur angewandten Experimental-Psychologie. Leipzig 1912.

Murray, H. A.: Explorations in personality. N. Y. 1938.

Nagashima, A.: A comparative "made in" produkt image survey among Japanese businessmen. JM 1977, 41, 95–100.

Neisser, U.: Kognitive Psychologie. Stuttgart 1974.

Neuberger, O.: Techniken der Manipulation. St. Z. 1970, 95, 390–405.

Neumann, L. F.: Werden wir manipuliert? Sozialpsychologische Aspekte der Verbraucheraufklärung. Parl. 1976, 26, Nr. 43, 3.

Neumann, P. & Rosenstiel, L. v.: Positionierungsforschung für die Werbung, in: Tietz, B. (Hrsg.): Die Werbung, Handbuch für Werbe- und Kommunikationswirtschaft, Bd. 1. Landsberg 1981.

Nicosia, F. M.: Consumer decision processes. Englewood Cliffs, N. J. 1966.

Nieschlag, R., Dichtl, E. & Hörschgen, H.: Einführung in die Lehre von der Absatzwirtschaft. Ein entscheidungstheoretischer Ansatz. Berlin 1968.

Nieschlag, R., Dichtl, E. & Hörschgen, H.: Marketing – Ein entscheidungstheoretischer Ansatz. Berlin 1976.

Ogden, C. K. & Richards, I. A.: The meaning of meaning. N. Y. 1923.

Öhman, A., Fredrikson, M. & Hugdahl, C. K.: Toward an experimental model for simple phobic reactions. Behavioral Analysis and Modification 1978, 2, 97 bis 114.

Olson, J. C.: Price as an informational cue: Effects on product evaluations, in: Woodside, A. G., Sheth, J. W. & Bennett, P. D. (eds.), Consumer and industrial buying behavior. N. Y. 1979, 265–286.

Orth, B.: Einführung in die Theorie des Messens. Stuttgart 1974.

Osgood, C. E., Suci, J. & Tannenbaum, P. H.: The measurement of meaning. Urbana 1957.

Packard, V.: Die geheimen Verführer. Düsseldorf 1957.

Pawlow, J. P.: Conditioned reflexes. London 1927.

Payne, J. W.: Task complexity and contingent processing in decision making. Organizational Behavior and Human Performance 1976, 16, 366–387.

Petermann, F.: Veränderungsmessung. Stuttgart, Berlin 1978.

Peterson, R.: The price-perceived quality relationship: experimental evidence. JMR 1970, 7, 525–528.

Phares, E. J.: Locus of control in personality. Morristown, N.Y. 1976.

Pincus, S. & Waters, L. K.: Product quality ratings as a function of availability of intrinsic product cues and price information. J. Appl. Psych. 1975, 60, 280 bis 282.

Politz, A.: Media studies. The Rochester study. Philadelphia 1960.

Portmann, A.: Zoologie und das neue Bild des Menschen. Reinbek bei Hamburg 1956.

Postman, L.: Toward a general theory of cognition, in: Rohrer, J. H. & Sherif, M, (eds.), Social psychology at the crossroad. N.Y. 1951, 242–272.

Postman, L.: The experimental analysis of motivational factors in perception, in: Brown, J. S. (ed.), Current theory and research in motivation. Lincoln, Nebr. 1953.

Postman, L., Bruner, J. S. & McGinnies, E.: Personal values as selective factors in perception. J. abn. soc. Psych. 1948, 43, 142–154.

Pulver, U., Lang, A. & Schmid, F. E. (Hrsg.): Ist Psychodiagnostik verantwortbar? Bern, Stuttgart 1978.

Raaij, W. F. van: Consumer information processing for different information structures and formats, in: Perreault, W. D. (ed.), Advances in consumer research, Vol. 4. Atlanta 1977.

Raffée, H. & Fritz, W.: Informationsüberlastung des Konsumenten, in: Hoyos, C. Graf, Kroeber-Riel, W., Rosenstiel, L. v. & Strümpel, B. (Hrsg.), Grundbegriffe der Wirtschaftspsychologie. München 1980, 83–90.

Raffée, H., Gosslar, H., Hiss, W., Kandler, C. & Welzel, H.: Irreführende Werbung. Wiesbaden 1976.

Raffée, H., Hefner, M., Schöler, M., Grabicke, K. & Jacoby, J.: Informationsverhalten und Markenwahl, in: Die Unternehmung 1976, 30, 95–107.

Raffée, H., Sauter, B. & Silberer, G.: Theorie der kognitiven Dissonanz und Konsumgüter-Marketing. Wiesbaden 1973.

Rapaport, D.: Principles underlying projective techniques. Char. Pers. 1942, 10, 213–219.

Rehorn, J.: Markttest. Neuwied 1977.

Reich. J. W., Ferguson, J. M. & Weinberger, M. G.: An information integration analysis of retail store image. J. Appl. Psych. 1977, 62, 609–614.

Reimann, H.: Kommunikationssysteme. Tübingen 1974.

Revenstorf, D.: Lehrbuch der Faktorenanalyse. Stuttgart 1976.

Ricardo, D.: Gesammelte Werke von 1809–1823, in: Works and correspondence Sraffa, P. (ed. F), in 10 Bänden. Cambridge University Press, 1953–1955.

Riesman, D.: Die einsame Masse. Darmstadt 1971.

Rinsche, G.: Der aufwendige Verbrauch, in: Kreikebaum, H. & Rinsche, G., Das Prestigemotiv in Konsum und Investition. Berlin 1961.

Robertson, T. S.: The new product diffusion process, in: Britt, St. H. (ed.), Consumer behavior in theory and in action. N. Y. 1970, 315–323.

Rogers, E. M. & Stanfield, D. J.: Adoption and diffusion of new products: Emerging generalizations and hypotheses, in: Bass, F. M. et al. (eds.), Applications of the sciences in marketing management. N. Y. 1968.

Rohracher, H.: Einführung in die Psychologie. München. Berlin, Wien 1976 (11. Auflage).

Ronneberger, F. (Hrsg.): Der Mensch als soziales und personales Wesen. Stuttgart 1971.

Rosenberg, M. J.: An analysis of affective-cognitive consistency, in: Hovland, C. I. & Rosenberg, M. J. (eds.), Attitude organization and change. New Haven, London 1960.

Rosenberg, M. J. & Hovland, C. I.: Cognitive, Affective and Behavioral Components of Attituder, in: Rosenberg, M. J. et al. (eds.), Attitude Organization and Change. New Haven 1960.

Rosenstiel, L. von: Zur Psychologie des politischen Plakats, in: Hampel, J. & Grulich, W. (Hrsg.), Politische Plakate der Welt. München 1971.

Rosenstiel, L. von: Psychologie der Werbung. Rosenheim 1973.

Rosenstiel, L. von: Werbepsychologie, in: Marketing Enzyklopädie, Bd. 3. München 1975, 729–739.

Rosenstiel, L. von: Produktdifferenzierung durch Werbung. Marketing 1979, 3, 151–165.

Rosenstiel, L. von: Grundlagen der Organisationspsychologie – Basiswissen und Anwendungshinweise –. Stuttgart 1980a.

Rosenstiel, L. von: Gruppen und Gruppenbeziehung, in: Grochla, E. (Hrsg.), Handwörterbuch der Organisation. Stuttgart 1980b, 793–804.

Rosenstiel, L. von: Organisationspsychologie, in: Grochla, E. (Hrsg.), Handwörterbuch der Organisation. Stuttgart 1980c, 1758–1769.

Rosenstiel, L. von: Korreferat zum Referat des Projektes Hohenheim: Informationseffizienz und Möglichkeiten ihrer Verbesserung auf dem Automobilmarkt, in: Fleischmann, G. (Hrsg.): Der kritische Verbraucher. Frankfurt, N. Y. 1981, 91–104.

Rosenstiel, L. von & Ewald, G.: Marktpsychologie, Bd. I: Konsumverhalten und Kaufentscheidung. Stuttgart 1979a.

Rosenstiel, L. von & Ewald, G.: Marktpsychologie, Bd. II: Psychologie der absatzpolitischen Instrumente. Stuttgart 1979b.

Rosenstiel, L. von & Ewald, G.: Methoden und Ergebnisse labor- und feldexperimenteller marktpsychologischer Forschung, in: Irle, M. (Hrsg.), Handbuch der Psychologie, Bd. XII: Marktpsychologie. Göttingen 1982.

Rosenthal, R. & Jacobson, L.: Pygmalion in the classroom: Teacher expectation and pupil's intellectual development. N. Y. 1968.

Rossiter, J. R. & Percy, L.: Visual imaging ability as a mediator for advertising response, in: Hunt, H. K. (ed.), Advances in consumer research V. Ann Arbor 1978, 621–629.

Roth, E.: Einstellung als Determination individuellen Verhaltens. Göttingen 1967.

Roth, W. L. & Kessler, B. H.: Verdeckte positive Verstärkung: Analyse und Kritik klinischer Therapieexperimente. Arbeiten der Fachrichtung Psychologie. Universität Saarbrücken Nr. 61, 1979.

Rotter, J. B.: Generalized expectancies for internal versus external control of reinforcement. Psych. Monogr. 1966, 80, 1–28.

Rudinger, G. & Bierhoff, H. W.: Quasi-experimentelle Versuchspläne für die Markt- und Kommunikationspsychologie, in: Hartmann, K. D. & Koeppler, K. (Hrsg.), Fortschritte der Marktpsychologie. Frankfurt a. M. 1980, 115–134.

Rüttinger B., Rosenstiel, L. von & Molt, W.: Motivation des wirtschaftlichen Verhaltens. Stuttgart 1974.

Russo, J. E.: Eye fixations can save the world: A critical evaluation and a comparison between eye fixations and other information processing methodologies, in: Hunt, H. K. (ed.), Advances in consumer research, Vol. 5. Ann Arbor 1978.

Sabel, H.: Zur Preispolitik bei neuen Produkten, in: Koch. H. (Hrsg.), Zur Theorie des Absatzes. Wiesbaden 1973, 415–446.

Salcher, F.: Psychologische Marktforschung. Berlin 1978.

Sander, F.: Experimentelle Ergebnisse der Gestaltpsychologie. Ber. 10. Kongr. Dt. Ges. Psychol. in Bonn 1927. Jena 1928.

Sander, F.: Funktionale Struktur, Erlebnisganzheit und Gestalt. Archiv f. die ges. Psychologie. Leipzig 1932, 85, 237–260.

Sauermann, P.: Marktpsychologie. Stuttgart 1980.

Sawyer, A. G.: A laboratory experimental investigation of the effects of repetition of advertising. Stanford Univ. 1971.

Schäfer, E.: Grundlagen der Marktforschung. Köln, Opladen 1953.

Schaffartzik, L.-H.: Korreferat zum Referat des Projektes Hohenheim: Informationseffizienz und Möglichkeiten ihrer Verbesserung auf dem Automobilmarkt, in: Fleischmann, G. (Hrsg.): Der kritische Verbraucher. Frankfurt, N. Y. 1981, 105–113.

Schenk, M.: Publikums- und Wirkungsforschung. Tübingen 1978.

Scherhorn, G. unter Mitarbeit von Augustin, E., Brune, H. G., Eichler, G., Hoffmann, A., Schumacher, H., Werner, C. H. & Wieken, K.: Verbraucherinteresse und Verbraucherpolitik. Göttingen 1975.

Scherhorn, G.: Die Funktionsfähigkeit von Konsumgütermärkten, in: Irle, M. (Hrsg.), Handbuch der Psychologie, Bd. XII: Marktpsychologie. Göttingen 1982.

Scheuch, E. K.: Das Interview in der Sozialforschung, in: König, R. (Hrsg.), Handbuch der empirischen Sozialforschung. Stuttgart 1967a. 136–196.

Scheuch, E. K.: Skalierungsverfahren in der Sozialforschung, in: König, R. (Hrsg.), Handbuch der empirischen Sozialforschung. Stuttgart 1967b, 348–384.

Schmerl, Christiana, Huber, Michaela & Lakaschus, Carmen: Die Frau in der Werbung. Psychologie heute 1979, 6/2, 22–33.

Schmölders, G.: Psychologie des Geldes. Reinbek b. Hamburg 1966.

Schneewind, K. A.: Zum Selbstverständnis der Psychologie als anwendungsorientierter Wissenschaft von menschlichen Handeln und Erleben. Psych. Rd. 1973, 24, 227–247.

Schoch, R.: Der Verkaufsvorgang als sozialer Interaktionsprozeß. Winterthur 1969.

Schuchard-Ficher, C.; Backhaus, K.; Humme, U.; Lohrberg, W.; Plinke, W. & Schreiner, W.: Multivariate Analysemethoden. Berlin, Heidelberg, N. Y. 1980.

Schuler, H.: Das Bild vom Mitarbeiter. München 1972.

Schuler, H.: Sympathie und Gruppenentscheidung. Z. Soz. Psych. 1975, Beiheft 1.

Schuler, H.: Ethische Probleme psychologischer Forschung. Göttingen 1980.

Schulte, D. & Kemmler, Lilly: Systematische Beobachtung in der Verhaltenstherapie, in: Schulte, D. (Hrsg.), Diagnostik in der Verhaltenstherapie. München, Berlin, Wien 1976.

Schulz, R.: Kaufentscheidungsprozesse des Konsumenten. Wiesbaden 1972.

Schulz von Thun, F.: Verständlich informieren. Psychologie heute 1975, 5, 42 bis 51.

Schuman, H. & Johnson, M. P.: Attitudes and behavior. Ann. Rev. of Sociol. 1976, 2, 161–207.

Schweiger, G. & Schwarz, Helga: Kommunikation im Markt, in: Hoyos, C. Graf, Kroeber-Riel, W., Rosenstiel, L. v. & Strümpel, B. (Hrsg.), Grundbegriffe der Wirtschaftspsychologie. München 1980, 365–377.

Scott, R. A.: Husband – Wife interaction in a household purchase situation. Southon Journal of Business 1970, 218–225.

Scott, W. T.: The psychology of advertising. Boston 1908.

Selg, H.: Zur Aggression verdammt. Stuttgart 1971.

Selg, H.: Einführung in die experimentelle Psychologie. Stuttgart 1974.

Seyffert, R.: Werbelehre, Werbung in Theorie und Praxis. Stuttgart 1966.

Sheth, J. N.: Projective attitudes toward instant coffee in late sixties. Markedskommunikasjon 1971, 8, 73–79.

Sheth, J. N.: Reply to comments in the nature and uses of expectancy-value models in consumer attitude research. JMR 1972, 9, 462–465.

Sheth, J. N.: Brand profiles from beliefs and importance. JAR 1973, 1, 37–42.

Sheth, J. N. & Rajn, P. S.: Sequential and cyclical nature of information processing. Models repetitive choice behavior, in: Ward, S. & Wright, P. (eds.), Advances in consumer research, Bd. I. Urbana 1974.

Sheth, J. N. & Talarzyle, W. W.: Perceived instrumentality and value importance as determinants of attitudes. JMR 1972, 9, 6–9.

Silberer, G.: Dissonanz bei Konsumenten, in: Hoyos, C. Graf, Kroeber-Riel, W., Rosenstiel, L. v. & Strümpel, B. (Hrsg.), Grundbegriffe der Wirtschaftspsychologie. München 1980, 344–351.

Silberer, G., Fritz, W., Raffée, H., Hilger, H. & Förster, F.: Testwirkungen im Anbieter- und Konsumentenbereich, in: Fleischmann, G. (Hrsg.), Der kritische Verbraucher. Frankfurt, N. Y. 1981.

Sixtl, F.: Meßmethoden der Psychologie. Weinheim 1979.

Skinner, B. F.: The behavior of organisms: an experimental analysis. N. Y. 1938.

Smith, A.: An inquiry into the nature and causes of the wealth of nations. London 1776. Neuauflage, hrsg. von E. Cannan, London 1950.

Smith, A.: The theory of moral sentiment (1759). Neuauflage New York 1966.

Smith, G. H.: Motivation research in advertising and marketing. N.Y. 1954.

Smith, G. H. & Engel, R.: Influence of a female model on perceived characteristics of an automobile. Proceedings of the 76the Annual Convention of the APA 1968, 681–682.

Spence, H. E., Engel, J. F. & Blackwell, R. D.: Perceived risk in mailorder and retail store buying. JMR 1970, 7, 364–369.

Spiegel, B.: Zur Theorie der Vorgestalt. Diss. Heidelberg 1951.

Spiegel, B.: Die Struktur der Meinungsverteilung im sozialen Feld. Das psychologische Marktmodell. Bern/Stuttgart 1961.

Spiegel, B.: Werbepsychologische Untersuchungsmethoden. Berlin 1970.

Staats, C. K. & Staats, A. W.: Meaning established by classical conditioning. J. exp. Psychol. 1957, 54, 74–80.

Staats, A. W. & Staats, C. K.: Attitudes established by classical conditioning. J. abn. soc. Behavior 1958, 57, 37–40.

Stadler, M., Seeger, F. & Raeithel, A.: Psychologie der Wahrnehmung. München 1975.

Steadman, M.: How sexy illustrations affect brand recall. JAR 1969, 915–19.

Stocker-Kreichgauer, Gisela: Stellvertretende soziale Verstärkung und Einfluß in Entscheidungsgruppen. Diss. Augsburg 1976.

Streissler, E. & Streissler, M. (Hrsg.): Konsum und Nachfrage. Köln, Berlin 1966.

Streissler, M.: Theorie des Haushalts. Stuttgart 1974.

Strümpel, B.: Interkulturelle Differenzen wirtschaftlichen Verhaltens, in: Hoyos, C. Graf, Kroeber-Riel, W., Rosenstiel, L. v. & Strümpel, B. (Hrsg.), Grundbegriffe der Wirtschaftspsychologie. München 1980, 569–576.

Strümpel, B., Kuss, A. & Curtin, R.: The use and potential of consumer anticipations data in the member countries of the european communities, Second report. Universität Berlin 1980.

Sudman, S.: Overlap of opinion leadership across consumer product categories. JMR 1971, 8, 258–259.

Süllwold, F.: Theorie und Methodik der Einstellungsmessung, in: Graumann, C. F. (Hrsg.), Handbuch der Psychologie Bd. 7/1. Göttingen 1969, 475–514.

Summers, J. O.: Less information is better? JMR 1974, 11, 467–468.

Svenson, O.: Process descriptions of decision making. Organ. Behav. Hum. Perf. 1979, 23, 86–112.

SZ (Süddeutsche Zeitung) vom 12. 7. 80, S. 1: „Warnung auf Zigarettenpackungen".

SZ (Süddeutsche Zeitung) vom 14./15. 3. 1981, S. 33: „Rechenkünstler".

Szybillo, G. J. & Jacoby, J.: Intrinsic verus extrinsic cues as determinants of perceived product quality. J. Appl. Psych. 1974, 59, 74–78.

test: Zeitschrift der Stiftung Warentest, 6, 1980.

Thomae, H.: Der Mensch in der Entscheidung. München 1960.

Thomae, H.: Zur allgemeinen Charakteristik des Motivationsgeschehens, in: Thomae, H. (Hrsg.), Handbuch der Psychologie, Bd. 2: Allgemeine Psychologie, 2. Halbband Motivation. Göttingen 1965, 45–122.

Thomae, H.: Das Problem der unterschwelligen Werbung, in: Bergler, R. (Hrsg.), Marktpsychologie. Bern, Stuttgart 1972, 270–285.

Thorndike, E. L.: Educational psychology: The psychology of learning, Vol. II. Columbia Univ. 1913.

Thurstone, L. L. & Chave, E. J.: The measurement of attitudes. Chicago 1929.

Tinker, M. A.: The relative legibility of modern and old style numerals. J. exp. Psychol. 1930, 13, 453–461.

Tolman, E. C.: Purpositive behavior in animals and men. N.Y. 1932.

Topritzhofer, E.: Modelle des Kaufverhaltens: Ein kritischer Überblick, in: Hansen, R. R. (Hrsg.), Computergestützte Marketing-Planung, München 1974, 35–73.

Troldahl, V. C.: A field test of a modified 'two-step flow of communication' model. POQ 1966, 30, 609–623.

Troldahl, V. C. & Dam, R. van: Face-to-face-communication about major topics in the news. POQ 1965/66, 29, 626–634.

Trommsdorff, V.: Die Messung von Produktimages für das Marketing. Köln, Berlin 1975.

Trommsdorff, V.: Image- und Einstellungsmessung in der Marktforschung: theoretische und pragmatische Argumente zur mehrdimensionalen Messung. Der Markt 1976, 57, 28–32.

Trommsdorff, V.: Image als Einstellung zum Angebot, in: Hoyos, C. Graf, Kroeber-Riel, W., Rosenstiel, L. v. & Strümpel, B. (Hrsg.), Grundbegriffe der Wirtschaftspsychologie. München 1980, 117–128.

Tull, D., Boring, R. A. & Gonsior, M. H.: A note on the relationship of price and imputet quality. J. Bus. 1964, 37, 186–191.

Übel, F.: Geschlechtsspezifische Aspekte im Einkaufsverhalten technischer Gebrauchsgüter, in: Bergler, R. (Hrsg.), Psychologische Marktanalyse. Bern, Stuttgart 1965.

Valenzi, E. R. & Andrews, I. R.: Effects of hourly overpay and underpay tested with a new induction method. J. Appl. Psych. 1971, 55, 22–27.

Vanderplas, J. M. & Blake, R. R.: Selective sensitization in auditory perception. J. Pers. 1949/50, 18, 252–266.

Veblen, T.: The theory of the leisure class. N.Y. 1899.

Ven, Ad van der: Einführung in die Skalierung. Bern 1980.

Vershofen, W.: Handbuch der Verbrauchsforschung. Markt und Verbrauch 1939, 8, 369–376.

Vershofen, W.: Handbuch der Verbrauchsforschung. Berlin 1940.

Vroom, V. H.: Some personality determinants of the effects of participation. J. abn. soc. Psych. 1959, 59, 322–327.

Vroom, V. H.: Work and motivation. N.Y., London 1964.

W & V (Werben & Verkaufen), 15. 2. 80, S. 24: „Werben für's Beten: Spots für Gläubige".

Ward, S. L. & Wackman, D.: Family and media influences on adolescent consumer learning. Am. Beh. Scien. 1971, 14, 415–427.

Ward, S. L., Wackman, D. B. & Wartella, E.: The development of consumer information-processing skills: Integrating cognitive development and family interaction theories, in: Wilkie, W. (Hrsg.), Advances in consumer research, Bd. 4. Ann Arbor 1979, 166–171.

Warum!, 1977, 8, 8–9: „Wer raucht, ist out".

Watson, J. B.: Psychology as the behaviorist views it. Psych. R. 1913, 20, 158–177.

Watson, J. B. & Ryner, R.: Conditioned emotional reactions. J. exp. Psychol. 1920, 3, 1–14.

Webb, E. J., Campbell, D. T., Schwartz, R. D. & Sechrest, L.: Nichtreaktive Meßverfahren. Weinheim 1975.

Weber, E. H.: De pulsu, resorptione auditu et factu annotationes et physiologicae. Leipzig 1834.

Webster, F. E. & Pechmann, F. von: A replication of the "shopping list" study. JM 1970, Vol. 34, 61–63.

Weinberg, P. & Behrens, G.: Produktqualität, methodische und verhaltenswissenschaftliche Grundlegung. WiSt 1978, 1, 15–18.

Weinberg, P., Behrens, G. & Schneider, R.: Bericht über das Forschungsprojekt Messung der Qualität von Produkten im Forschungsschwerpunkt „Marktprozesse" 1975–1976. Arbeitspapier des Fachbereichs Wirtschaftswissenschaft der Gesamthochschule Paderborn 1976.

Weiner, J. & Brehm, J. W.: Buying behavior as a function of verbal and monetary inducements, in: Brehm, J. W., A theory of psychological reactance. N. Y. 1966.

Wells, W. D.: EQ, son of EQ and the reaction profile. JM 1964, 4, 45.

Wheatley, J. J. & Chin, J. S. Y.: The effects of price, store image and product and respondent characteristics on perceptions of quality. JMR 1977, 14, 181–186.

Windheuser, J. & Niketta, R.: Eine deutsche Form der "Reinforcement Survey Schedule" von Cautela und Kastenbaum, in: Schulte, D. (Hrsg.), Diagnostik der Verhaltenstherapie. München 1976, 264–272.

Wiswede, G.: Soziologie des Verbraucherverhaltens. Stuttgart 1972.

Wiswede, G.: Motivation und Verbraucherverhalten. München, Basel 1973.

Wiswede, G.: Rollenstruktur des Haushaltes – Rollentheoretische Aspekte eines sozialen Subsystems, in: Specht, K. G. & Wiswede, G. (Hrsg.), Marketingsoziologie. Berlin 1976.

Wiswede, G.: Rollentheorie. Stuttgart 1977.

Wiswede, G.: Reaktanz. Zur Anwendung einer sozialwissenschaftlichen Theorie auf Probleme der Werbung und des Verkaufs, in: Jahrbuch der Absatz- und Verbrauchsforschung 25, 1979, 81–110.

Witt, D.: Blickverhalten und Erinnerung bei emotionaler Anzeigenwerbung – eine experimentelle Untersuchung mit der Methode der Blickaufzeichnung. Diss. Univ. Saarbrücken 1977.

Wölker, H.: Die Bedeutung der empirischen Verhaltensforschung für die ökonomische Theorie. Meisenheim a. Gl. 1961.

Wohlfahrt, E.: Der Auffassungsvorgang an kleinen Gestalten – Ein Beitrag zur Psychologie des Vorgestalterlebnisses. Neue Psychologische Studien 1932, 4. Bd., 347–414.

Woodside, A. G.: A shopping list experiment of beer brand images. J. Appl. Psych. 1972, 56, 512–513.

Woodside, A. G., Sheth, J. N. & Bennett, P. D. (eds.): Consumer and industrial buying behavior. N. Y., Oxford 1979.

Wundt, W.: Grundriß der Psychologie. Leipzig 1913.

Yerkes, R. M. & Dodson, J. D.: The relation of stringth of stimulus to rapidity of habit formation. Journ. of Comp. Neurol. Psychol., 1908, 18, 45–482.

Zapf, W. (Hrsg.): Soziale Indikatoren. Frankfurt a. M. 1974.

Zielinski, J.: Werbung: Aufgabe und wirtschaftliche Bedeutung – Unterrichtsmodell. Essen 1974.

Zielske, H. A.: The remembering and forgetting of advertising. JM 1959, 23, 239–243.

Zimbardo, P. G. & Ruch, F. L.: Lehrbuch der Psychologie. Berlin 1978.

Zimmer, D.: Die erste Natur des Menschen. München 1979.

Zöllner, J. F.: Über eine neue Art anorthoskopischer Zerrbilder. Poggendorffs Annalen der Physik. Leipzig 1862, 117.

Zwiedineck-Südenhorst, O. von: Allgemeine Volkswirtschaftslehre. Berlin 1932.

AUTORENREGISTER

absatzwirtschaft 11
Achenbaum, A. A. 122
AGVP 31
Ahtola, O. T. 126
Ajzen, I. 122
Albers, G. 112
Albert, H. 20. 22
Allport, G. W. 125
Anastasi, A. 27. 72. 104. 109. 115. 147.
  159. 163
Anderson, J. C. 138
Ando, A. 42
Andrews, J. R. 92
Arch, D. C. 166
Arndt, J. 52, 137, 192
Aschenbrenner, K. M. 164. 166. 167. 169
Atkinson, J. W. 60. 85
Atkinson, R. C. 99
Atteslander, P. 3. 178
Auger, T. J. 173
Axelrod, J. N. 138. 139. 157

Bales, R. F. 5. 177. 178
Ballachey, E. L. 38. 124
Bandura, A. 118. 119. 156. 174
Barg, C.-D. 151
Beckwith, N. E. 167
Behrens, G. 11. 29. 63. 72. 101. 105.
  119. 163. 168
Beier, U. 95
Bender, M. 27. 29. 53. 104. 105. 138
Bennett, P. D. 52
Benninghaus, H. 122
Berekoven, L. 11
Berelson, B. 52. 191. 192
Bergler, R. 122. 123. 132. 134. 161
Berndt, H. 166
Bernhard, U. 72. 101. 108. 152

Berth, R. 125. 157
Bettman, J. R. 166. 168
Bierhoff, H. W. 112
Biervert, B. 23. 31. 33
Bidlingmaier, J. 29
Birbaumer, N. 150. 151
Blackwell, R. D. 17. 29. 44. 52. 109
Blake, R. R. 127
Bogardus, E. S. 125. 129
Bongard, W. 5. 21
Boring, R. A. 92
Bostian, K. R. 52
Bower, G. H. 115
Brand, H. W. 62. 63
Brandstätter, H. 5. 149. 167
Bredenkamp, J. 99
Brehm, J. W. 178. 183. 184. 185
Britt, St. M. 151
Bruner, J. S. 60. 84. 86. 127
Busato-Schach, J. 92
Byrne, D. 63. 167

Caffyn, J. M. 87
Campbell, D. T. 8
Carpenter, P. A. 64
Cautela, J. R. 121
Chave, E. J. 130
Ching, J. S. Y. 140
Cohen, J. B. 126, 168
Cohen, R. 133. 162
Coleman, J. S. 192
Cook, T. D. 8
Cooper, J. B. 127
Cronbach, L. J. 127
Crutchfield, R. S. 38. 124

Dahlhoff, H.-D. 187. 195. 196. 197
Dam, R. van 188

Davis, H. L. 195
Day, G. S. 125
Dedler, K. 32. 165. 171. 172
Dichter, E. 28. 155
Dichtl, E. 50. 51. 52. 123
Diller, H. 166
Dodson, J. D. 146. 147
Donnelly, J. H. 186
Dreitzel, H. R. 174

Ebbinghaus, H. 98. 99. 101. 102. 103
Eckert, W. 11
Edwards, A. L. 127. 131. 133. 168
Ehrenfels, Ch. v. 27
Ehrlich, D. 181. 183. 184. 186
Eibl-Eibesfeld, I. v. 154
Eimer, E. 6. 176
Elhardt, S. 155
Engel, J. F. 17. 29. 44. 52. 109
Engel, R. 113
Erhardt, K. J. 146
Erikson, E. 120
Ellenrieder, P. 11
Evans, F. B. 119
Ewald, G. 17. 22. 31. 45. 48. 50. 53. 63.
    83. 86. 88. 90. 96. 102. 105. 123. 127.
    129. 175. 183

Faltin, G. 99
Fahrenberg, J. 150
Fechner, G. Th. 2. 27. 40
Feger, H. 99
Feller, F. M. 28. 155
Feshbach, S. 55. 148
Fergusen, J. M. 140
Festinger, L. 94. 122. 181. 182
Fieguth, G. 178
Field, P. B. 42
Fishbein, M. 122. 125. 126. 129. 131.
    132
Fischer, A. 127
Fischer-Winkelmann, W. F. 23. 31.
    33
Flanders, J. P. 116. 118
Fleischmann, G. 23. 31

Flesch, R. A. 163. 170
Florin, I. 117
Foley, J. P. 106
Foppa, K. 84. 98. 105
Franke, H. 63. 149
Fredrikson, M. 112
Freter, H. 48
Freud, S. 29
Friedrichs, J. 3. 11. 178. 194
Fritz, W. 164
Fromm, E. 37
Früh, W. 170

Gaarder, K. R. 64
Gabor, A. 29. 91
Gärtner-Harnach, V. 149
Gardner, B. 123
Gaudet, A. 52. 191. 192
Geiser, G. 65. 66
Gerdts, U. 169
GfK 160. 161
Glaser, W. R. 176
Goodman, C. C. 60
Gonsior, M. H. 92
Gonten, M. van 180
Graefe, O. 77
Granger, C. 29. 91
Graumann, C. F. 19. 41. 50. 58. 60.
    74. 79. 82. 86. 89. 122. 140. 155. 156.
    161
Greenberg, B. S. 192
Groeben, N. 170
Grunert, K. G. 37. 38
Günther, U. 170
Gut, A. 94
Gutenberg, E. 18. 34. 50. 51
Guthrie, G. 62
Gutjahr, G. 29. 90. 146. 175
Guttman, L. 125. 129. 131

Haddock, R. A. 92
Hahnemann, P. 16. 144. 146
Haire, M. 125. 136. 137. 138. 140. 158
Hammond, K. R. 134
Hanrieder, M. 176. 179

Hartmann, H. 15. 99. 162
Hartmann, K. D. 11. 63. 72. 163
Haseloff, O. W. 11
Hawkins, D. 68
Heckhausen, H. 156
Heiss, R. 34. 80
Hemberle, G. 34. 41
Hera, A. 64. 152
Herber, H.-J. 168
Herkner, W. 178
Hermann, Th. 14. 15
Hermanns, A. 37. 51. 96. 156
Hilgard, E. R. 115
Hill, C. R. 137
Hoepfner, F. G. 120. 123. 167
Hörmann, H. 9. 85. 132. 133. 173
Hörschgen, H. 50. 51. 52
Hoffmann, H. J. 11. 19. 40. 63. 81.
    102. 106. 107. 108. 123. 161. 175
Hofstätter, P. R. 34. 114. 120. 123.
    125. 131. 135
Holm, K. 11. 126. 178
Holzkamp, K. 8. 14. 15. 81. 175
Holzschuher, L. v. 26. 155. 189
Homans, G. H. 109
Horn, W. 78
Hovland, C. I. 42. 50
Howard, J. A. 44. 45. 46. 48. 125. 167.
    173
Hoyos, C. Graf 156. 168
Hübner, P. 11. 178
Hüttner, M. 11. 12. 13. 29. 132
Hugdahl, C. K. 112
Hummrich, U. 192. 198
Hundhausen, C. 33
Huppert, E. 29

Irle, M. 14. 16
Ivancevich, J. M. 186

Jacobsen, L. 8
Jacobi, H. 27. 28
Jacoby, J. 88. 92. 94. 164. 165. 166.
    169. 170
Jahnke, J. 123. 167

Janis, I. L. 42. 50. 55. 148
Jaspert, F. 11. 75. 77. 86. 87. 102. 103.
    133
Johannsen, U. 123
Johnson, E. J. 166
Johnson, M. P. 122
Just, M. A. 64

Kaas, K. P. 29. 88. 124
Kaminski, G. 164
Kanfer, F. H. 117
Kathrein, H. 93
Katona, G. 7. 17. 43. 44. 88. 140. 167.
    187
Katz, D. 125
Katz, E. 28. 52. 187. 192
Keitz, W. v. 34. 41
Kelley, H. H. 42. 167
Kelman, H. C. 83
Kemmler, L. 5
Kessler, B. H. 121
Keynes, J. M. 22. 40. 42. 119
Kilpatrick, F. P. 131
King, C. W. 194. 196. 197
Kislat, G. 113
Klages, L. 176
Kleining, G. 123. 126
Klenger, F. 28. 144
Knorring, E. 120
Köhler, W. 28
König, R. 178
Koeppler, K. 11. 56. 62. 63. 74. 87. 92.
    95. 102. 150. 152. 158
Koffka, K. 28
Kohr, H. U. 127
Kollat, D. T. 17. 44. 52. 109
Koller, B. 37. 96
Kompa, A. 174
Koordinierungsstelle des Forschungs-
    verbundes 23. 31
Koppelmann, U. 51. 158
Kotler, Ph. 19. 30. 50. 80
Krautter, J. 28. 144
Krech, D. 38. 124
Kreikebaum, H. 159

Kreyszig, E. 11
Kroeber-Riel, W. 9. 11. 17. 19. 21. 25.
  29. 31. 32. 33. 34. 41. 52. 55. 64. 65.
  72. 75. 80. 92. 95. 96. 101. 102. 103.
  112. 119. 120. 121. 123. 124. 127.
  140. 146. 147. 150. 153. 154. 155.
  162. 164. 165. 166. 169. 180. 187.
  193. 198
Krueger, F. 73
Krug, S. 156
Krugman, H. E. 126. 150. 152
Kuhlmann, E. 126
Kuhn, Th. S. 175

Lanc, O. 150
Langer, I. 163. 170
Langer, M. IX. 63
Lappe, H. 122
Lasswell, H. D. 39
Lazarsfeld, P. F. 28. 52. 187. 191.
  192
Lazarus, R. S. 62
Leavitt, C. 150. 152
Leavitt, H. J. 92. 166
Lehmann, D. R. 167
Leibenstein, H. 54
Lersch, Ph. 11. 15. 155. 176
Leventhal, H. 148
Levy, S. 123
Lewin, K. 16. 55. 126. 141
Liberman, A. M. 60. 61
Lienert, G. A. 3. 74
Likert, R. A. 125. 129. 130. 131
Lilli, W. 82
Lindsay, P. H. 162
Loftus, E. F. 99
Loftus, G. R. 99
Lorenz, K. 154
Lowenfeld, J. 62
Lucas, D. B. 151
Lübbert, H. 125. 131. 135
Lüdtke, H. 178
Lumbsdaine, A. A. 42
Lykken, D. Th. 150
Lysinski, E. 178

Makens, J. C. 94. 165. 167
Maloney, J. C. 126
Mandl, H. 163
Mason, R. S. 90
Matthöfer, H. 31
Mayntz, R. 11. 178
Mazanec, J. 126
McClelland, D. C. 60. 61. 85. 156. 187
McCleary, R. A. 62
McCorquodale, K. 41
McDougall, W. 155
McGillis, D. B. 178
McGinnies, E. 127
McGregor, D. 134
McGuire, W. J. 19. 28. 42. 50. 52. 53.
  122. 140
Meehl, P. E. 41
Mees, U. 178
Meffert, H. 48. 187
Meinefeld, W. 122
Menzel, H. 192
Merkens, H. 178
Merton, R. K. 192
Merz, F. 154
Metzger, W. 28. 53. 60. 73. 79. 81. 86.
  144
Meyer, G. 53
Meyer, P. W. 37. 51. 96. 158
Michel, L. 127
Milgram, S. 127
Miller, G. A. 164
Mindak, W. A. 132
Mittenecker, E. 7. 8. 11. 102
Modigliani, L. 42
Möcks, R. 96. 154. 187
Molt, W. 120. 146
Monroe, K. B. 29. 53. 82. 88. 92. 124.
  140. 166
Monse, K. 55. 148
Monty, R. A. 64
Moog, W. 132
Moreno, J. L. 194
Moser, H. 158
Mueller, E. 43. 167
Müller, G. 52. 140

Müller, S. 55. 148
Müller-Hermann, G. 123
Münsterberg, H. 27. 98. 103
Murray, H. A. 132

Nagashima, A. 94
Neisser, U. 99
Neuberger, O. 34
Neumann, L. F. 33. 55
Neumann, P. 39. 51. 53. 79. 82. 83. 95.
  99. 123. 124. 140. 141
Nicosia, F. M. 44
Nieschlag, R. 50. 51. 52
Niketta, R. 117
Norman, D. A. 162

Öhmann, A. 112
Ogden, C. K. 73
Olson, J. C. 29. 88. 92. 124. 140. 166
Orth, B. 10
Osgood, C. E. 131
Ostlund, L. E. 44

Packard, V. 30. 63
Pagano, F. 148
Pawlow, J. P. 110
Payne, J. W. 166
Pechmann, F. v. 137
Percy, L. 126
Petermann, F. 112
Peterson, R. 91. 94
Phares, E. J. 38
Pincus, S. 88. 92. 94
Politz, A. 104. 105. 138
Pollock, D. 127
Portmann, A. 96
Postman, L. 60. 84. 86. 127
Pulver, U. 164

Raaij, W. F. van 164. 166. 169
Raffée, H. 72. 83. 92. 96. 164. 166.
  170. 181. 183
Rajn, P. S. 167
Rapaport, D. 19
Rehorn, J. 179

Reich, J. W. 140
Reimann, H. 52. 192
Reining, H. J. 65. 66
Revenstorf, D. 161
Ricardo, D. 20
Richards, J. A. 73
Riesman, D. 38
Rigaux, B. P. 195
Rinsche, G. 159
Robertson, T. S. 29
Rock, R. 23. 31. 33
Rogers, E. M. 121
Rohracher, H. 34. 57. 58. 98. 155. 162
Ronneberger, F. 156
Rosenberg, M. J. 42, 168
Rosenstiel, L. v. 4. 17. 19. 22. 27. 31.
  32. 34. 35. 37. 39. 45. 48. 50. 51. 53.
  61. 63. 72. 79. 82. 83. 86. 88. 90. 95.
  99. 102. 104. 105. 117. 119. 120. 121.
  123. 124. 127. 129. 140. 141. 146.
  147. 149. 158. 171. 174. 175. 183. 186
Rosenthal, R. 8
Rossiter, J. R. 126
Roth, E. 125
Roth, W. L. 121
Rotter, J. B. 38
Rubenfeld, S. 62
Ruch, R. F. 146
Rudinger, G. 112
Rüttinger, B. 120. 146. 155
Russo, J. E. 164. 166. 169. 171
Ryner, R. 111

Sabel, H. 51
Salcher, F. 12. 13. 29. 67. 129. 132. 134.
  141. 157
Sander, F. 73. 74.
Sauermann, P. 12
Sawyer, A. G. 138
Schäfer, E. 176
Schaffartzik, L.-H. 172
Schenk, M. 19. 28. 52. 175
Scherhorn, G. 31. 33. 55. 172
Scheuch, E. K. 4. 129
Schmerl, Ch. 38

Schmölders, G. 120
Schneewind, K. A. 15
Schoch, R. 119
Schuchard-Ficher, C. 6
Schuler, H. 8. 167
Schulte, D. 5
Schulz, R. 18. 44. 45. 48
Schulz von Thun, F. 163
Schuman, H. 122
Schwarz, H. 192
Schweiger, G. 192
Scott, R. A. 195
Scott, W. T. 27. 98. 103
Seiler, H. 178
Selg, H. 6. 154
Senders, J. W. 64
Seyffert, R. 33
Sheffield, F. D. 42
Sheth, J. N. 41. 44. 45. 46. 48. 52. 125.
    126. 138. 167. 168. 173
Shiffrin, R. M. 99
Silberer, G. 31. 72. 165. 172. 178. 183
Sixtl, F. 123
Skinner, B. F. 115. 117. 175
Smith, A. 20
Smith, G. H. 113. 125
Spence, H. E. 29
Spiegel, B. 11. 12. 16. 29. 64. 67. 74. 75.
    77. 79. 80. 82. 83. 86. 87. 95. 124.
    132: 134. 141. 143. 144. 146. 148.
    149. 157. 158. 163. 170. 171. 176. 179
Staats, A. W. 84. 111
Staats, C. K. 84. 111
Stadler, M. 78
Stanfield, D. J. 121
Steadman, M. 45. 147
Stelzl, I. 154
Stocker-Kreichgauer, G. 156
Streissler, E. 22
Streissler, M. 22
Strümpel, B. 43. 187
Stupening, E. 37. 38
Suci, J. 131
Sudman, S. 198
Süllwold, F. 123. 127. 129

Summers, J. O. 164. 194. 197
Svenson, O. 166
SZ 24
Szybillo, G. 88. 92. 94

Tannenbaum, P. H. 131
Talarzyle, W. W. 126
Thomae, H. 63. 146. 154. 162. 168. 183
Thorndike, E. L. 117
Thurstone, L. L. 129. 130. 131
Tinker, M. A. 78
Tolman, E. C. 126
Topritzhofer, E. 44. 45. 173
Troldahl, V. C. 188. 193
Trommsdorf, V. 123. 124. 125. 126.
    129. 131. 132. 168
Tull, D. 92

Übel, F. 187

Valenzi, E. R. 92
Vanderplas, J. M. 127
Veblen, T. 89
Ven, A. van der 129
Vershofen, W. 158
Vroom, V. H. 123. 156. 168

W & V 19
Wackman, D. B. 187
Waddell, C. 150. 152
Wakenhut, R. 99
Walters, R. H. 118. 119. 174
Ward, S. L. 187
Wartella, E. 187
WARUM 136
Waters, L. K. 88. 92. 94
Watson, J. B. 4. 111
Watts, J. C. 148
Webb, E. J. 11. 127. 176
Weber, E. H. 2
Webster, F. E. 137
Weinberg, P. 168
Weinberger, M. G. 140
Weiner, J. 178
Wells, W. D. 150. 152

Wheatley, J. J. 140
Windheuser, J. 117
Winter, D. G. 156
Wippich, W. 99
Wiswede, G. 38. 51. 53. 63. 140. 167.
     178. 191. 195
Witt, D. 64. 68. 108. 152
Wölker, H. 44
Wohlfahrt, E. 78
Woodside, A. G. 52. 138
Wundt, W. 6. 7

Yerkes, R. M. 146. 147

Zahn, E. 187
Zapf, W. 173
Zielinski, J. 37
Zielske, H. A. 104. 105
Zimbardo, P. G. 146
Zimmer, D. 154
Zins, M. A. 166. 168
Zöllner, J. F. 87
Zwiedineck-Südenhorst, O. v. 51

SACHREGISTER

Hinweis: Die verschiedenen Untersuchungsmethoden sind unter „Forschungsmethoden", konkrete Beispiele zu einzelnen Produkten, Dienstleistungen oder Ideen unter „Beispiele für bestimmte Angebote" alphabetisch zusammengestellt.

Absatzpolitische Instrumente (Marketing Mix) siehe verbreitungspolitische Instrumente

aggregiertes (vs. individuelles) Niveau 43 f. 98 f. 172

Ähnlichkeit von Produkten 105 f.

AIDA-Regel 25 ff.

Aktivierung 146–162

–, allgemeine (unspezifische) 68. 146 f. 149–153

–, spezifische (Motivaktivierung) 154–162

Aktivierungssystem, retikuläres 149

Aktualgenese 73 f.

Angebot und Nachfrage (siehe Preisbildung)

Angewandte Psychologie (siehe unter Psychologie)

Anmutung (siehe unter Wahrnehmung)

Anreiz 146. 156. 161 f.

Assoziation 98. 106 f.

Attraktivität 142 f.

Aufforderungswert 143 f.

Beachtung (siehe unter Wahrnehmung)

Bedeutung (für die Zielgruppe) 60 f.

Bedürfnis (siehe Motive und Aktivierung, spezifische)

Befragung (siehe unter Forschungsmethoden)

Behaviorismus 4. 39

Beispiele für bestimmte Angebote (Produkte, Dienstleistungen, Ideen)

Beispiele (Forts.)

Automobile 32. 36 f. 43. 113 f. 125. 140 f. 146. 184. 186, Tafel 2 und 6 im Anhang

Autoradio 89

Bausparvertrag 196 f.

Bestecke 152

Bier 93 f.

Cola-Getränke 63. 69. 106

Damenuhr 197

Fahrkartenautomat 66

Familienbedarf 195 ff.

Fluggesellschaft (BOAC) 65

Genußmittel 80

Getränkekonzentrat 91 f.

Haushaltsprodukte 92 f. 196

Hautcreme 109

Insektenvernichtungsmittel 26 f.

Kaffee, löslicher 136 f.

Kleidung 159 f., Tafel 8 im Anhang

Kriminalpolizei 115, Tafel 5 im Anhang

Nichtrauchen 24. 54 f. 57. 82. 97. 110. 115 f. 124. 136. 147 f. 163. 174. 182. 191, Tafel 3 im Anhang

Nylonstrümpfe 90 f.

Popcorn 63

Politische Parteien 35 f. 80. 113. 140. 191 f., Tafel 1 im Anhang

Rauchen (siehe auch Zigaretten) 24. 54. 57. 82. 97. 109 f. 116. 124. 136. 148. 173 f. 181 ff. 188 ff.

Schallplatten 85

Schaufelbagger 159

Beispiele (Forts.)
Schmerzmittel 67 f.
Seife 113. 179
Sekt 90
Speiseeis 83 f., Tafel 4 im Anhang
Spezialtöpfe 197
Spielzeug 160 f.
Stiftung Warentest 31 f. 95 f. 163.
165. 171 f.
Waschmittel, Weichspüler 121
Zigaretten, Tabakwaren (siehe auch
Rauchen) 120. 135 f. 148 f. 163 ff.
173 f. 188 f., Tafel 9 und 10 im An-
hang
Bekanntheitsgrad (siehe Gedächtnis-
wert)
Belohnung (siehe Verstärkung)
Beobachtung (siehe unter Forschungs-
methoden)
Beschreibbarkeit (von Experimenten) 7
Bestrafung (siehe auch Verstärkung)
116 f.
Bumerangeffekt 94

Diffusionsphasen 107
Dissonanz, kognitive 94. 181 ff. 198 f.
Drei-Speicher-Modell 99 ff. 108
Durchschaubarkeit
– der Versuchssituation 11 f. 103. 133 f.
– der Beeinflussungsstrategie (siehe
Manipulation)

Einkommenshypothese, permanente
42 f.
Einstellungen (und Einstellungsbildung) 122–146
(Definition) 122
– und Kaufverhalten 122 f.
Entscheidung (siehe Konsumentenentscheidung)
Erfolgskontrolle der verbreitungs- bzw.
absatzpolitischen Instrumente (siehe
Operationalisierung und Forschungsmethoden)
Erwartungs-Wert-Modelle 126

Experiment (siehe unter Forschungsstrategie)
Experten (Professionals) 193

Feldtheorie 141 ff.
Feldforschung 8
Figur-Grund-Problem 60 f.
Fixationen 67. 108
Forschungsdesign 13. 86. 92 f. 112. 118
Forschungsmethoden (siehe auch Ope-
rationalisierung und Forschungs-
design)
aided recall (siehe unter Erinnerung)
aktualgenetische Verfahren (gelok-
kerte Reizbindung) 64. 73 ff. 80 f.
101
akustische Sättigung 87 f.
Assoziationsverfahren 132
Ballontest 132 f.
Bedürfnissteigerung 148 f. 157
Befragung 4. 13. 126 ff.
–, Formen der 127 ff.
direkte vs. indirekte – 129. 133
Gruppen- 129
nondirektive – 128 f.
Omnibus- 129
projektive – 129. 132 f.
Beobachtung
Fremdbeobachtung 4. 13. 118
–, Formen der 178
Selbstbeobachtung (Introspektion)
4. 39. 194 f. 198
Bilder-Erzähl-Test 132 f.
Blickregistrierung 64 ff. 152. 169
Coupon-Methode 180
Display-Matrix 169 ff.
Einkaufslistenverfahren 137 f.
Elementenverringung 78
Entfernung 78
Erinnerung (Reproduktion, recall)
102 f.
–, gestützte (aided recall) 102 f. 105
EQ-Skala 150
Error-Choice-Technik 134
Ersparnismethode 101

Forschungsmethoden (Forts.)
gelockerte Reizbindung (siehe aktualgenetische Verfahren)
Gestaltfestigkeit 64. 86 ff.
Impact-Test 103
Informationsverarbeitung 169 ff.
Infratest-Anzeigen-Kompaß 103
Introspektion (s. unter Beobachtung)
Kategoriensystem von BALES 177
Kuller-Kombinationsverfahren 102
Lesewiderstand
–, äußerer 163. 170
–, innerer (textbedingter, Verständlichkeit) 163. 170
Lückentest 134
Matrix 169 ff.
Nachbildverfahren 67 f. 87
nondirektive Interviews 128 f.
nonreaktive Methoden 11 f. 118. 176
Nyktoskop 77 f.
Perimeter (Verseitlichung) 77
Persönliche Produktreaktion (PPR) 150. 152
physiologische Indikatoren (siehe psychophysiologische Verfahren)
Polaritätenprofil (semantisches Differential) 131 f.
projektive Verfahren 85. 132
psychogalvanische Hautreaktion (PGR) 62. 151 f.
Psycho-physiologischer Pretest (PPP) 153
psychophysiologische Verfahren 126. 150 ff. 180
Pupillenreaktion 152 f.
reaktive Methoden 11 f.
recall (siehe Erinnerung)
recognition (siehe Wiedererkennung)
Reizbindung, gelockerte (siehe aktualgenetische Verfahren)
Reproduktion (siehe Erinnerung)
Schnellgreifbühne 158
SCHWERIN-Test (Theatertest) 158. 180
Schwierigkeitsindex 170

Forschungsmethoden (Forts.)
sekundäre Marktforschung 176
Selbsteinschätzung von Meinungsführern 194 f. 198
Semantisches Differential (Polaritätenprofil) 131 f.
Skalierung
–, eindimensionale 125. 129 ff.
–, mehrdimensionale 125. 131 ff.
–, nach BOGARDUS 129 f.
–, nach THURSTONE 130
–, nach LIKERT 130
–, nach FISHBEIN 132
–, nach TROMMSDORFF 132
Son of EQ 150
Soziale Distanzskala 129 f.
Soziogramm 194
STARCH-Test 103
Tachistoskop 75 ff. 80 f.
–, stereoskopisches 87
Testmarkt 176. 179
Theater-Test (SCHWERIN-Test) 158. 180
Torsionsstereoskop 87
Verdunkelung (Nyktoskop) 77 f.
Verkleinerung 78
Verseitlichung (Perimeter) 77
Verständlichkeit (siehe unter Lesewiderstand)
Verunschärfung 78
Vorhersage künftiger Ereignisse 134
Wiedererkennung (recognition) 102 f.
WOLLRAB-Situation 79
ZÖLLNER-Verfahren 87
Zuordnungsverfahren 133 f.
Forschungspolitik 23
Forschungsstrategie
–, experimentelle 5 ff. 13
–, quasiexperimentelle 5 ff.
–, systematische 5
–, unsystematische 5

Ganzheitspsychologie 73
Gefühle (siehe Lernen von Gefühlen)
Gedächtnisforschung 98

Gedächtniswert (Erinnerungs- bzw. Wiedererkennungswert, Bekanntheitsgrad) 103. 104. 152

Geltungsstreben (Prestigemotivation) 159f.

Generalisierung (des Reizes) 105ff. 111

Gesetz
–, grundlegendes psychologisches (von KEYNES) 40
– vom Erfolg (law of effect) 117
– von HOMANS 109
– von YERKES & DODSON 146f.

Gesetzgebung 23. 188

Gestaltpsychologie 73. 81

Größe von Anzeigen 27f.

Grundnutzen 158f.

Gültigkeit (siehe Validität)

Gütekriterien (von Forschungsmethoden) (siehe auch Reliabilität und Validität) 3

Halo-Effekt 167

Homo oeconomicus 21f. 32f. 172

Hypothesentheorie der Wahrnehmung (social-perception) 82ff. 94. 175

hypothetisches Konstrukt 9. 41ff. 173

Image (siehe auch Einstellungen) 123ff.
Selbst- und Fremdimages 136

Indikatoren (siehe auch Operationalisierung) 9. 150. 173ff.

individuelles (vs. aggregiertes) Niveau (siehe aggregiertes Niveau)

Informations
– -einheiten (information-chunks) 164
– -politik 23
– -spreizung 165
– -überlastung 164f. 170f.
– -verarbeitung 149. 162–172

Instrumentalität 125f.

Irradiation 81–96
–, Erklärung der 83ff.

Kaufentscheidung (siehe Konsumentenentscheidung)

Kaufentscheidungsmodell von HOWARD & SHETH 46ff. 173

Kausalität (Ursache-Wirkungs-Zusammenhang) 4ff. 122. 138f.

kognitive Dissonanz (siehe Dissonanz)

kognitive Verarbeitung (siehe Informationsverarbeitung)

Kommunikation
Massen- (siehe Massenmedien)
Stufenmodell der – 192f.
– -svariable 28. 42. 50ff. 140

Konditionierung 84. 110–122
–, klassische 110ff.
– erster Ordnung 110
– höherer Ordnung 111
–, operante 117. 119
–, instrumentelle 119
–, verdeckte 121

Konsequenzen des Verhaltens 116. 119. 181–186

Konstanzannahme, klassische 58. 81

Konsumenten
– -entscheidung 21f. 32f. 45ff. 163 –172
– und famil. Rollenverteilung 195ff.
Reaktion der – 173–180
– -schutz 33. 55. 72. 171
– -typen 89f. 160f.

Konsumquote 119

Kurzzeitspeicher 100f. 108

Laborforschung 8. 81

Langzeitspeicher 100f. 108

Leistungsmotivation 156

Leitbildwerbung 38. 188ff.

Lernkurven 98f. 104

Lernen 96–122
(Definition) 96
– von Gefühlen 109–115
– von Verhaltensweisen 115–122
– von Wissensinhalten 97–109. 151f.

Lesewiderstand
–, textbedingter (Verständlichkeit) 163. 170
–, äußerer 163. 170

Manipulation 34 ff.
Marken
- -artikel (-name) 25. 93. 165
- -zeichen (Signet) 70 f.
Marketing Mix (siehe verbreitungspolitische Instrumente)
Markt
- -forschung 29 f.
-, sekundäre 176
- -lücke 143 f.
- -modelle
-, ökonomische (klassische) 20
-, psychologische 141 ff.
- -nische 143 ff.
-, manifeste vs. latente 144 f.
- -psychologie
(Definition) 17 f.
- des Anbieters bzw. Nachfragers 17
-, betriebswirtschaftliche Orientierung 17 f.
Beziehung zur Werbepsychologie 19–24
- als Herrschaftswissen 200
-, historische Entwicklung 25–30
-, volkswirtschaftliche Orientierung 17 f.
Wertproblem in der - 30–39
- -wirtschaft, soziale 22 f.
Massenmedien 40. 191 ff.
Meinungsführer (opinion leader) 187 f. 191 ff. 197 f.
Meßvorschriften (siehe Operationalisierung)
Meßmethoden (siehe Forschungsmethoden)
Modellernen (siehe unter Verstärkung)
Motive 154–162
Bewußtseinsgrad von -n 155
- Genese von -n 154. 156
-, primäre vs. sekundäre 154 f.

Nachentscheidungsphase 181–186. 198 f.
Nische (siehe unter Markt)

Nutzen (Nürnberger Nutzenschema) 158 f.

Objektivität 3
Operationalisierung (siehe auch Forschungsmethoden und Forschungsdesign) 2 ff. 9 ff. 13. 173
- der allgemeinen Aktivierung 150–151
- der Anmutung 75–80
- der Einstellungen 126–134
- des Erwerbs von Verhaltensmustern 118
- der Irradiation 86–88
- der kognitiven Verarbeitung 169–170
- des Lernens von Gefühlen 112
- der Nachentscheidungsphase 183
- der Reaktion (des Verhaltens) 176–178
- des situativen Umfelds 193–195
- der spezifischen Aktivierung (Motivaktivierung) 157–158
- der Wahrnehmungsselektion 64–67
- der Wissensspeicherung 101–103
Optimusindex 43
Organismusvariable 54–172. 173

Plazierung 72. 108
Pluralistische Ignoranz 38
Positionierung 135 f. 141 ff.
Prägnanz (der Gestaltung) 60. 67 f. 70 f.
Praktische Psychologie (siehe unter Psychologie)
Preis 51 ff. 166
- Absatz-Funktion 89 ff.
- -bildung (Angebot und Nachfrage) 20 f.
- -differenzen 92 f.
- -politik (siehe verbreitungspolitische Instrumente)
- und Qualität 88 ff. 92 f.
Prestigemotivation (Geltungsstreben) 159 f.

Produkt
- -abweichungen, objektive 106
- -differenzierung (durch absatzpolitische Instrumente) 82. 124. 135 f.
140 ff.
- -gestaltung (siehe verbreitungspolitische Instrumente)
- -merkmale (intrinsische vs. extrinsische) 88. 91. 94 f.
Psychologie
(Definition als empirische Wissenschaft) 1 ff.
-, Angewandte 15
-, Praktische 15
-, Theoretische 14
- des Marktes (siehe Marktpsychologie)
- der Werbung (siehe Werbepsychologie)
Psychophysik 58. 81

Quadratwurzelgesetz der Aufmerksamkeitswirkung 27 f.
Qualitätsunterschiede, vermutete (siehe
auch unter Preis) 92
Quasiexperiment (siehe unter Forschungsstrategie)

Reaktanz 40. 178 f.
Reaktion (des Konsumenten) 173–
180
reinforcement (siehe Verstärkung)
Reizgeneralisierung (siehe Generalisierung)
Reliabilität (Zuverlässigkeit) 3. 138 f.
Relevanz
-, äußere 14 ff.
-, innere 15
Repräsentativität
- der Situation 81. 175. 179
- der Stichprobe 10
Response–Sets 127
Restriktionen (soziale, ökonomische,
politische) 23. 188 ff.
Rochester-Studie 104 f. 138

Saccade 67
Schlüsselinformation 72. 92. 94. 165 f.
Schwierigkeitsindex 170
Selektion (siehe unter Wahrnehmung)
Sensorischer Speicher (Ultrakurzzeit-
speicher) 99 ff. 108
Situatives Umfeld 45 ff. 187–199
Snob-Effekt 54
Social-perception (siehe Hypothesen-
theorie der Wahrnehmung)
S-O-R-Modell 41–45. 174
Soziales Feld 141 f.
Sozialisierung (durch Werbung) 37. 96.
156. 187
Sparquote 119
Speicherung von Wissensinhalten (siehe
unter Lernen)
S-R-Modell 39–41
Stiftung Warentest (siehe unter Bei-
spiele)
Stimulusgeneralisierung (siehe Genera-
lisierung)
Stimulusvariable 50–53
subjektive Verarbeitung der – 53.
54–172. 139 f.
Stufenmodell der Kommunikation
192 f.
Subception-Hypothese 62
Sympathie 109

Teilbarkeit des Gutes 121
Test der verbreitungspolitischen In-
strumente (siehe Forschungsmetho-
den und Operationalisierung)
Theoretische Psychologie (siehe unter
Psychologie)
Transferzahlungen 23
Trennschärfeindex 131
Typenbildung (siehe Konsumententy-
pen)

Ultrakurzzeitspeicher (siehe Sensorischer Speicher)
„Unterschwellige" Wahrnehmung
57–73

Untersuchungsmethoden (siehe Forschungsmethoden)

Ursache-Wirkungs-Verhältnis (siehe Kausalität)

Validität (Gültigkeit) 3. 8. 11. 138 f. 174
–, interne vs. externe 176
Variable
–, abhängige (siehe auch Verhalten) 5
–, intervenierende (siehe auch Organismusvariable) 9. 41 ff.
–, unabhängige (siehe auch Stimulusvariable) 5. 92 f.
Variierbarkeit (bei Experimenten) 6
VEBLEN-Effekt 54. 89 f.
Verarbeitung (siehe unter Information)
Verbraucherschutz (siehe Konsumentenschutz)
Verbreitungspolitische Instrumente 39 ff. 50–53
subjektive Verarbeitung der – 54–172
Vergessenskurve 99. 104
Verhalten (des Konsumenten) 173–180
Verständlichkeit (siehe unter Lesewiderstand)
Verstärkung (reinforcement) 115–122
–, direkte 116. 119
–, indirekte (stellvertretende; Modelllernen) 116. 118 ff. 156
–, negative vs. positive 118
Versuchssituation
–, biotische 11 f.
–, durchschaubare 11 f. 103. 133 f.
–, offene 11 f.
–, quasibiotische 11 f.
Vertriebsweg (siehe verbreitungspolitische Instrumente)
VICARY-Studie 63

Vorher-Nachher-Design (siehe auch Forschungsdesign) 112. 118

Wahlhandlung (siehe Konsumentenentscheidung)
Wahrnehmung 56–96
Anmutung 73–81
Irradiation 81–96
Selektion (Beachtung) 27 f. 57–73
Warentest (siehe unter Beispiele: Stiftung Warentest)
Werbepsychologie
(Definition) 18 f.
Beziehung zur Marktpsychologie 19–24
– als Herrschaftswissen 200
historische Entwicklung 25–30
Wertproblem in der – 30–39
Werbung (siehe auch verbreitungspolitische Instrumente)
–, emotionale 112 ff.
–, für Konkurrenz 107 f.
Kontrolle des Erfolgs (siehe Operationalisierung und Forschungsmethoden)
Wertproblem 30–39. 200
Wiederholbarkeit (von Experimenten) 6
Wiederholungen (der Werbung)
Zahl der – 104 f.
Verteilung der – 104 f.
Willkür (bei Experimenten) 6
wirtschaftliches Handeln des Staates 22
Wissensspeicherung 97–109. 151 f.

Zusatznutzen 158 f.
Zuverlässigkeit (Reliabilität) 3. 138 f.

TAFELTEIL

Tafel 1: Österreichischer Wahlkampf: Verstecktes Ansprechen von Motiven.
Im Original farbig (siehe S. 35 f.).

Schadensfreiheit

Es gibt Automobile, die in extremen Fahrsituationen ihrem Fahrer helfen. Und es gibt Automobile, deren Fahrer sich dann selbst helfen müssen. Es ist in unserer Verkehrsdichte wahrscheinlicher, daß Sie mit aufwendiger BMW Technik weiter kommen, als mit „gesundem" Optimismus. BMW Automobile gibt es ab DM 8.757,90

Aus Freude am Fahren — BMW

Tafel 2: Verstecktes Ansprechen kaufentscheidender Motive (siehe S. 36 f.).

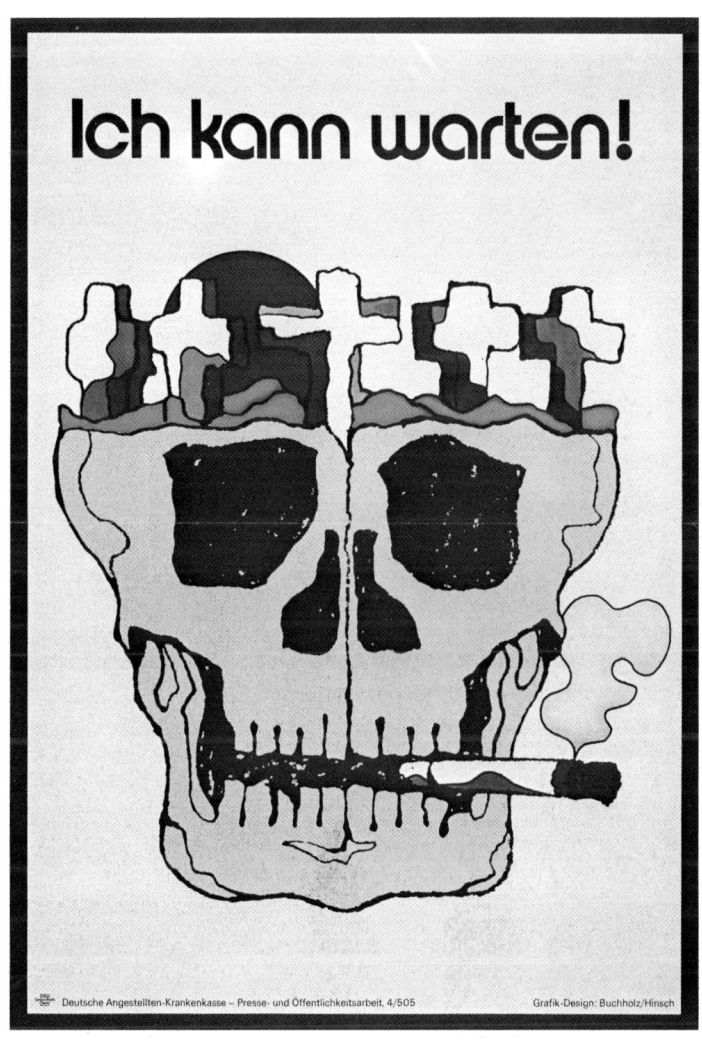

Tafel 3: Angstauslösendes Plakat gegen das Rauchen. Im Original farbig
(siehe S. 57, 110, 115).

Tafel 4: Versuch, die wahrgenommene Größe eines Produkts in der Werbung zu beeinflussen. Im Original farbig (siehe S. 83 f.).

Tafel 5: Beispiel einer negativen Werbung, wo der Versuch, Aufmerksamkeit zu erzeugen, die Gefahr der Abwehr und der Konditionierung negativer Gefühle mit dem Informierenden (Kriminalpolizei) in sich birgt (siehe S. 115).

Tafel 6: Versuch einer Image-Korrektur. Im Original farbig (siehe S. 140 f.).

Die einen bauen auf aktive Sicherheit.

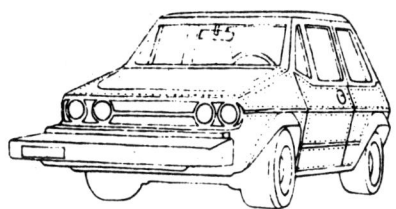

Die anderen auf passive Sicherheit.

Wir bauen beides.

Mercedes-Benz bietet mehr:

Ein System aus aktiver und passiver Sicherheit. Mit über 100 Konstruktions- und Ausstattungs-Details, die sich gegenseitig ergänzen.

Ein System, von dem Sie erwarten können, daß einerseits alles getan ist, um Unfälle zu vermeiden. Und man andererseits ehrlich genug ist zuzugeben, daß trotzdem etwas passieren kann. Und deshalb alles getan hat, um Folgen zu mildern.

Mercedes-Benz. Ihr guter Stern auf allen Straßen.

Tafel 7: Plazierung im sozialen Feld (siehe S. 146).

Belleseine
Sprich: Bell-sehm

Mode mit Anspruch

Kostbar im Look. Wunderbar weich und geschmeidig im Griff. Mit seidig schimmerndem Lüster und elegantem, bezaubernd schönem Fall. Belleseime ist kein Samt. Belleseime ist kein Wildleder. Belleseime ist eine Herausforderung. Eine Fashion-Sensation, die Kostüme, Röcke, Mäntel und Jacken zu modischen Kostbarkeiten macht. Und das mit allen Vorzügen moderner Gewebe: waschbar, pflegeleicht, farbecht.

Belleseime – Wunder der Wissenschaft. Von Menschen erdacht, für die Mode gemacht.

Girmes – Garant für wertvolle Textilien

Sportlich-elegante Belleseime-Modelle aus der Valmeline-Exklusiv-Kollektion.
Modell 12612: Belleseime-Mantel mit Strickkragen und ausknöpfbarem Steppfutter.
Modell 12610: Der ideale Reisemantel in Belleseime, wahlweise mit ausknöpfbarem Steppfutter oder echtem Hamsterfutter.
Bezugsquellennachweis: Valentin Mehler AG, Edelzellerstraße 44, 6400 Fulda.

valmeline exclusiv

Vertrieb für Europa: J. L. de Ball Vertriebsgesellschaft m. b. H., ein Unternehmen der Girmes-Gruppe, 4155 Grefrath 2/Oedt
Flugzeug-Abbildung: Rhein-Flugzeugbau »Fanliner«. Cockpit-Design: Colani.

Tafel 8: Exklusivität vermittelnde Anzeige: Ansprechen des Geltungsnutzens.
Im Original farbig (siehe S. 160).

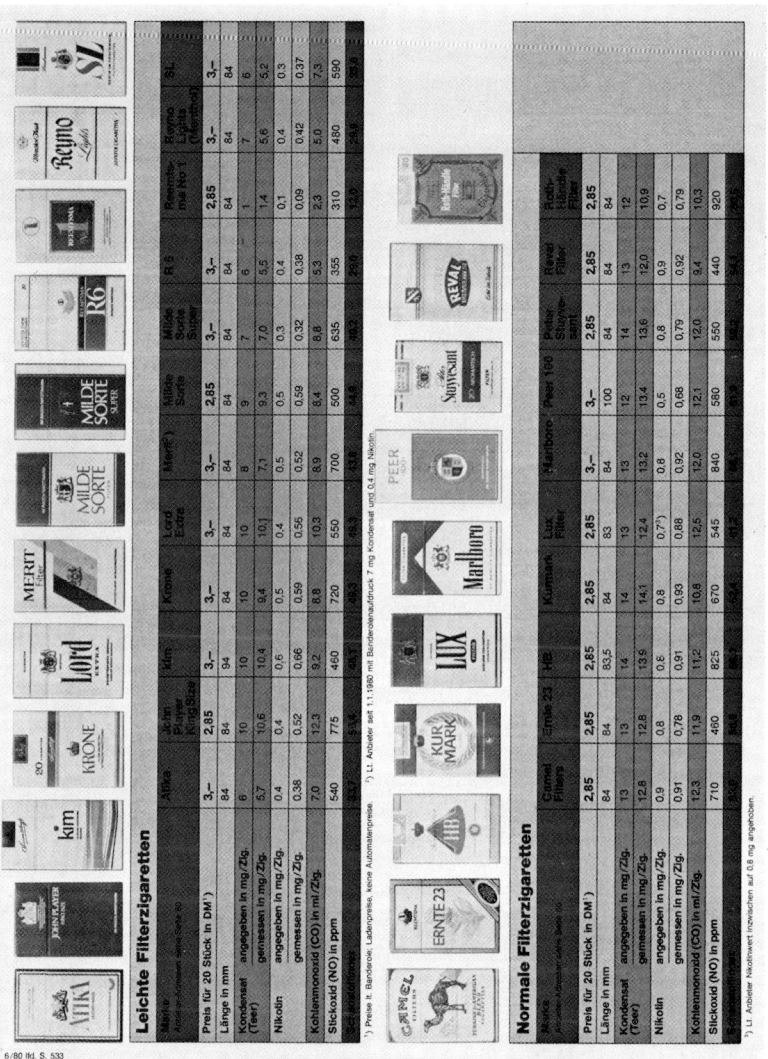

Leichte Filterzigaretten

Marke	Attika	John Player KingSize	kim	Krone	Lord Extra	Merit	Milde Sorte	Milde Sorte Super	R6	Reemtsma Nr 1	Reyno Lights (Menthol)	SL
Preis für 20 Stück in DM[1]	3,–	2,85	3,–	3,–	3,–	3,–	2,85	3,–	3,–	2,85	3,–	3,–
Länge in mm	84	84	94	84	84	84	84	84	84	84	84	84
Kondensat (Teer) angegeben in mg/Zig.	6	10	10	10	10	8	9	7	6	1	7	6
Kondensat (Teer) gemessen in mg/Zig.	5,7	10,6	10,4	9,4	10,1	7,1	9,3	7,0	5,5	1,4	5,6	5,2
Nikotin angegeben in mg/Zig.	0,4	0,4	0,6	0,5	0,4	0,5	0,5	0,3	0,4	0,1	0,4	0,3
Nikotin gemessen in mg/Zig.	0,38	0,52	0,66	0,59	0,56	0,52	0,59	0,32	0,38	0,09	0,42	0,37
Kohlenmonoxid (CO) in ml/Zig.	7,0	12,3	9,2	8,8	10,3	8,9	8,4	8,8	5,3	2,3	5,0	7,3
Stickoxid (NO) in ppm	540	775	460	720	550	700	500	635	355	310	480	590
Schadstoffindex	33,7	51,4		48,3	48,3	43,6	44,6	40,2	29,0	12,0	29,8	29,9

[1] Preise lt. Bandrolle. Ladenpreise, keine Automatenpreise. [2] Lt. Arbeiter seit 1.1.1980 mit Banderolenaufdruck 7 mg Kondensat und 0,4 mg Nikotin.

Normale Filterzigaretten

Marke	Camel Filters	Ernte 23	HB	Kurmark	Lux Filter	Marlboro	Peer 100	Peter Stuyvesant	Reval Filter	Roth-Händle Filter
Preis für 20 Stück in DM[1]	2,85	2,85	2,85	2,85	2,85	3,–	3,–	2,85	2,85	2,85
Länge in mm	84	84	83,5	84	83	84	100	84	84	84
Kondensat (Teer) angegeben in mg/Zig.	13	13	14	14	13	13	12	14	13	12
Kondensat (Teer) gemessen in mg/Zig.	12,8	12,8	13,9	14,1	12,4	13,2	13,4	13,6	12,0	10,9
Nikotin angegeben in mg/Zig.	0,9	0,8	0,8	0,8	0,7[²]	0,8	0,5	0,8	0,9	0,7
Nikotin gemessen in mg/Zig.	0,91	0,78	0,91	0,93	0,88	0,92	0,68	0,79	0,92	0,79
Kohlenmonoxid (CO) in ml/Zig.	12,3	11,9	11,2	10,8	12,5	12,0	12,1	12,0	9,4	10,3
Stickoxid (NO) in ppm	710	460	825	670	545	840	580	550	440	920
Schadstoffindex										

[1] Lt. Arbeiter Nikotinwert inzwischen auf 0,8 mg angehoben.

6/80 lfd. S. 533

Tafel 9: Informationsflut (aus: test, 1980, S. 81). Im Original zweifarbig (siehe S. 163 ff.).

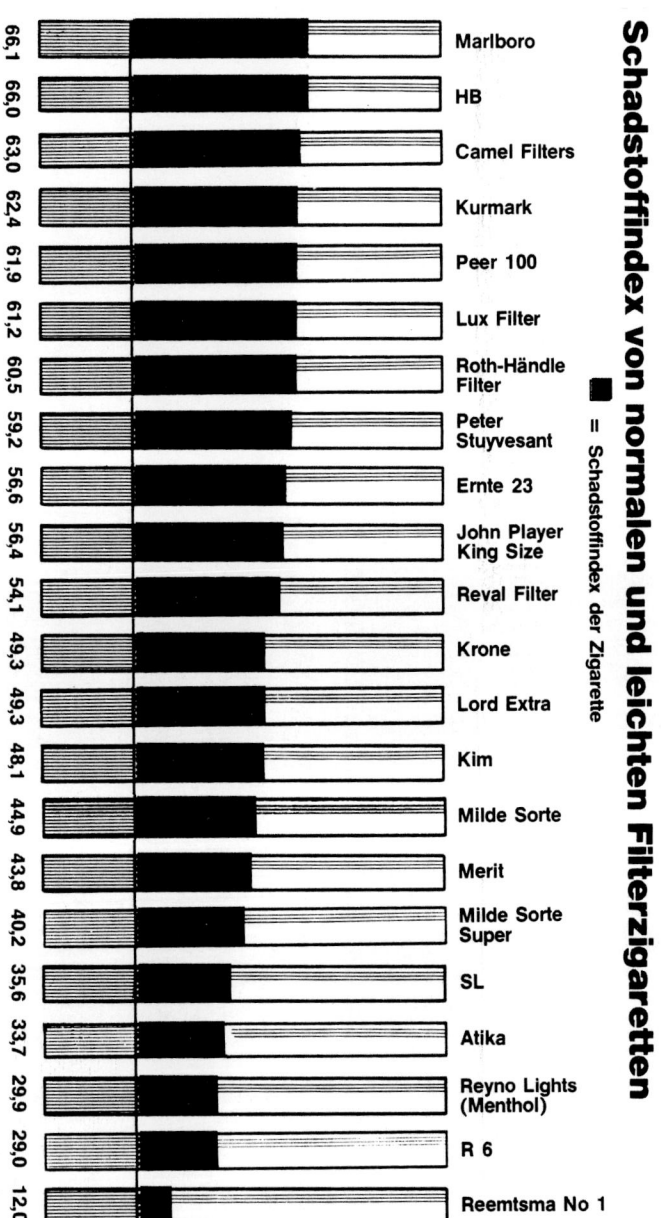

66,1	Marlboro
66,0	HB
63,0	Camel Filters
62,4	Kurmark
61,9	Peer 100
61,2	Lux Filter
60,5	Roth-Händle Filter
59,2	Peter Stuyvesant
56,6	Ernte 23
56,4	John Player King Size
54,1	Reval Filter
49,3	Krone
49,3	Lord Extra
48,1	Kim
44,9	Milde Sorte
43,8	Merit
40,2	Milde Sorte Super
35,6	SL
33,7	Atika
29,9	Reyno Lights (Menthol)
29,0	R 6
12,0	Reemtsma No 1

Schadstoffindex von normalen und leichten Filterzigaretten

■ = Schadstoffindex der Zigarette

Tafel 10: Verbrauchergerechte Informationskomprimierung (aus: test, 1980, S. 79). Im Original zweifarbig (siehe S. 163 ff.).